JOURNAL
D'UN VOYAGE

EN ITALIE ET EN SUISSE,

PENDANT L'ANNÉE 1828.

> On doit se consoler de n'avoir pas les grands talens, comme on se console de n'avoir pas les grandes places.
>
> (Vauvenargues.)

JOURNAL
D'UN VOYAGE

EN ITALIE ET EN SUISSE,

PENDANT L'ANNÉE 1828.

PAR M. R. C.

> Voyageons un peu, nous ferons bien ; revenons vivre chez nous avec un peu d'aisance, nous ferons encore mieux.
> (Duclos.)

PARIS,
VERDIÈRE, LIBRAIRE-EDITEUR,
QUAI DES AUGUSTINS, N° 25.

1833.

A M. JAY,

FONDATEUR DU MUSÉE DE GRENOBLE,

MEMBRE CORRESPONDANT DE L'ACADÉMIE DES BEAUX-ARTS
DE L'INSTITUT DE FRANCE.

Mon cher ami,

Votre souvenir m'a constamment accompagné pendant le voyage dont voici la relation; en vous l'adressant, j'en fais hommage au Philosophe indulgent et aimable, au Professeur bienveillant, à l'Amant si passionné du beau et du bon, à l'Homme vénéré auquel je dois le plus de gratitude, à l'Ami fidèle de toute ma vie.

R. C.

Paris, mars 1833.

AVERTISSEMENT.

Je partis pour l'Italie dans le but de rétablir ma santé, mais me promettant bien de voir et d'étudier de mon mieux tout ce que ce beau pays renferme de curieux.

Arrivé à Lyon, le cœur encore fort oppressé des adieux au départ de Paris, j'écrivis quelques lignes, et j'en éprouvai du soulagement. A Turin, le besoin de prendre des notes se fit sentir. A Gênes, ce fut comme une nécessité de faire un journal.

Dans mes courses, je croquais au crayon les impressions du moment. Le soir, avant de me coucher, aidé de mes souvenirs, je mettais quelque ordre dans ces notes; ensuite je les transcrivais à l'encre; c'est ainsi que ce journal s'est trouvé achevé.

J'ai parlé de ce que j'ai vu, n'ajoutant foi, quant aux assertions, qu'à celles qui m'ont semblé vraies.

Que d'objets attirent l'attention dans cette Italie ! L'antiquité, le moyen âge, les temps modernes ; le paganisme, le catholicisme ; le droit du plus fort et du plus habile, qui fonde la royauté. Viennent après, la république, l'empire, la papauté ; et puis, vers la fin du douzième siècle, apparaissent ces petites républiques qui enfantent de si grands caractères, des hommes si énergiques. Plus tard, c'est le joug étranger supporté impatiemment par des populations attendant toujours leur bonheur d'un changement de maîtres ; ensuite, des mœurs particulières, la lutte entre le bigotisme ligué avec le despotisme, et la liberté renaissant au pied des échafauds, où les carbonari confessent son culte ! Certes, jamais plus vaste champ ne fut ouvert à la méditation.

L'Italie est la grande école de la peinture, de l'architecture, de la sculpture, de la musique ; elle renferme les productions les plus nobles des génies anciens et modernes ; la nature y étale toutes ses beautés ; on y trouve une assez grande variété de gouvernemens ; il n'y a presque aucun lieu qui n'ait sa célébrité historique, pas une montagne, pas une rivière qui n'ait été la scène de quelque action mémorable. La liste de ses grands hommes est longue; il n'y manque que Lafayette, cette gloire si pure, à nulle autre comparable!

Voulant parler de tout, et brièvement, je suis souvent obligé de prendre un ton tranchant; mais il s'agit d'émettre mon opinion, et en peu de mots.

Dans ma course si rapide en Italie, j'ai tâché de me défendre de l'engouement qui porte beaucoup de voyageurs à tout admirer, et à nous faire parfois de grands récits de fort petites choses. Un homme sensé trouve souvent à en rabattre; mais pour peu qu'il aime les arts, il aura fréquemment l'occasion de s'extasier devant leurs miraculeuses créations.

En écrivant ce journal, je ne songeais point à le publier; c'étaient tout simplement des souvenirs que je notais, parce que je trouvais du plaisir à les conserver. Lorsqu'il s'est agi d'envoyer le manuscrit à l'imprimerie, un petit frisson s'est glissé près du cœur. Toutefois, je me suis un peu rassuré en pensant que ce Journal pourrait être de quelque utilité aux personnes qui auraient la fantaisie de faire ce que j'ai fait.

JOURNAL
D'UN VOYAGE
EN ITALIE ET EN SUISSE.

Mars 1828. — Des maux de tête accompagnés de tous les petits malaises qui forment leur cortège habituel, résistent depuis trois ans aux remèdes que je fais pour les chasser. Après y avoir réfléchi, je me persuade qu'un exercice en même temps forcé et agréable, et qu'un changement total dans ma manière de vivre, me procureront le soulagement que j'ai inutilement demandé à la médecine.

Le voyage d'Italie réunit, ce me semble, toutes les conditions désirables pour opérer ma cure : son climat, ses sites, ses curiosités ; la possibilité de jeter un coup d'œil sur ce beau pays ; tout m'enchante, tout me séduit ! c'est là qu'il faut aller ! c'est là que je recouvrerai la santé. Mon parti est pris ; les préparatifs sont bientôt achevés. Malgré une fièvre assez incommode, mon ancien ami, le brillant et spirituel B...., me dicte cinquante pages d'itinéraire, à mon usage. Ce précieux secours en poche, nous nous embrassons, et il me souhaite bon voyage.

14 *mars.* — A six heures du soir, je prends place dans la malle-poste de Paris à Lyon. Un voyageur occupe l'autre coin. Encore fort ému du crève-cœur au départ, j'évite toute conversation ; je parcours l'Itinéraire d'Italie de Vallardi ; mon voisin trouve la même distraction dans celui des États-Unis.

16 *mars.* — Arrivé à Lyon. Nous avons mis quarante-six heures, par la route de Bourgogne, pour parcourir les cent vingt lieues de Paris à Lyon.

17 *mars.* — Séjour à Lyon. — Je vois, sur la place de Belle-Cour, la statue équestre, en bronze, de Louis XIV : cette statue, de dix-huit pieds de hauteur et du poids de quatorze mille kilogrammes, a été transportée en 1825, de Paris à Lyon, sur un chariot traîné par vingt-deux chevaux ; c'est le premier essai que l'on ait fait de semblable moyen de transport ; il réussit parfaitement ; le trajet eut lieu en quinze jours. Ce n'est que très-confusément que je me rappelle l'ancienne statue et les parterres de la place de Belle-Cour ; la dernière fois que je les ai vus, je pouvais avoir quatre ans ; ainsi, il ne m'est guère possible de prononcer sur le mérite relatif des deux monumens ; mais celui-ci me paraît être le chef-d'œuvre de M. Lemot ; il produit un effet fort agréable, au milieu de cette belle place.

J'entre à huit heures du soir dans la diligence de Turin ; j'y rencontre bonne compagnie ; je me mets tout de suite en conversation avec deux jeunes Danois, bien élevés, voyageant pour leur plaisir : ce dernier point est à prendre en considération ; car les gens qui ne parcourent les routes que pour leurs affaires, en sont naturellement préoccupés et vous en assourdissent.

18 *mars*. — Nous voici au pont de Beauvoisin ; là, on quitte la France pour entrer par les Alpes dans la Savoie, et c'est aussi le commencement du voyage d'Italie. Les premiers momens en seraient difficiles, sans la belle route tracée au sein des montagnes, qu'il y a à franchir. Les douaniers sardes sont polis et peu sévères ; la visite de ma malle prend à peine deux minutes.

Le temps est superbe ; je fais une promenade à pied, de quatre heures, sur la croupe de la montagne de Chaille ; j'en revois avec plaisir les torrens, les précipices, toutes les belles horreurs. Je fais remarquer à mes nouveaux amis le percé, de cent cinquante toises, fait par Napoléon à la montagne des Echelles.

Nous entrevoyons, à la clarté de la lune, la jolie cascade de Saint-Thibaud-de-Couz ; celle-là même auprès de laquelle J.-J. Rousseau eut ses vêtemens si trempés, au retour d'un voyage à Lyon, en 1732.

Une heure après, nous sommes à Chambéry ; j'éprouve un certain plaisir à me retrouver dans le chef-lieu de l'ex-département du Mont-Blanc, que j'ai habité, et où je suis arrivé, pour la première fois, en mai 1805. — Nous couchons à Chambéry.

19 *mars*. — A peu de distance de Montmeillan, on entre dans la Maurienne, pour n'en sortir qu'à

Suze; le temps continue à être beau; la neige blanchit à peine le sommet des montagnes.

A Aiguebelle, la mendicité commence à devenir insupportable; cette hideuse industrie est exercée par la population la plus difforme que j'aie jamais vue. Outre le goître, dont chaque individu, à peu d'exceptions près, est pourvu, la laideur des visages est repoussante. Les goîtres sont si communs dans cette partie de la Savoie, que c'est une question dans le pays, de savoir si c'est un défaut d'en avoir, ou de n'en avoir pas. Quant aux crétins, cette espèce abâtardie et dégradée, on n'en rencontre guère dans la Maurienne; le Valais paraît être leur véritable patrie.

Nous traversons Saint-Jean de Maurienne.

Ce dut être un spectacle fort curieux pour Henri II, que la singulière réception que lui fit l'évêque, lors de son passage à Saint-Jean de Maurienne, en 1548. Le roi et son cortège avaient à peine fait deux cents pas dans la ville, que cent hommes entièrement couverts de peaux d'ours et les singeant à s'y méprendre, vinrent se jeter entre le roi et sa garde, et accompagnèrent le monarque jusque devant l'église; puis le ramenèrent à l'appartement qui lui avait été préparé. Là, ils firent mille tours et gambades. Ces hommes imitaient tellement les mouvemens et jusqu'aux hurlemens des ours, que l'illusion fut complète. Mais les chevaux de la suite du roi en eurent une telle peur, qu'ils rompirent leurs harnais, renversèrent les cavaliers et s'enfuirent au galop. Quant au roi, il déclara n'avoir jamais rien vu d'aussi bouffon, et fit distribuer 2,000 écus aux ours pour rire.

Couché à Saint-Michel, qui est à moitié chemin de Lyon à Turin.

20 *mars.* — Nous passons sous les trois forts d'Aussoy (la forteresse de Bramant), que le gouvernement sarde fait construire pour intercepter les communications quand M. de Metternich lui en donnera l'ordre. Commencés en 1818, ces travaux touchent à leur fin et paraissent bien conçus.

Pendant notre dîner à Lanslebourg, entre dans la salle Élisabeth Métral, femme de cent quatorze ans, qui a été présentée, à Paris, au roi, à la famille royale et à tous les grands de la cour; elle en conserve des attestations sur un album couvert de signatures et d'empreintes de riches armoiries. C'est une paysanne qui cause bien et dont le moral n'est nullement affaibli; elle a encore la moitié de ses dents et de ses cheveux; elle fait de longs voyages à pied; de Lanslebourg à Turin, par exemple; on lui donnerait, au plus, soixante et dix ans. Cette femme, née à Villaroux, à trois lieues de Chambéry, s'est mariée à l'âge de soixante-six ans, avec un sieur Durieux qui n'avait que vingt-cinq ans; elle l'a perdu après douze ans de mariage.

Lanslebourg est au pied du mont Cenis.—La matinée a été assez belle; cependant le ciel est couvert, le temps douteux; nous éprouvons ce genre d'anxiété que connaissent si bien les voyageurs, au moment de franchir un pas quelquefois difficile, et dont on voudrait observer les détails à la faveur d'un beau jour, sur lequel on n'ose pas compter. Tout va à merveille; les nuages se dissipent; je marche sur la neige pendant deux heures; dans certains endroits, il y en a jusqu'à cinq pieds; comme elle ne porte pas toujours, la diligence, quoique fort légère, s'enfonce de temps en temps. Ici, comme dans le reste de la Maurienne, chacun mendie avec une effronterie et une opiniâtreté sans exemple.

Nous apercevons, de la portière, les ruines du fort de la Brunette, démoli par les Français en 1797.

Arrivé de nuit à Suze, je n'ai pu voir l'arc de triomphe élevé à Auguste, le seul antique qu'il y ait dans toute la Lombardie. Ce monument, nous dit un de nos compagnons de voyage, se voit à la porte de la ville, du côté de la Novalèse, en sortant à droite. Il est d'une seule arcade, d'une pierre blanchâtre, bien conservé, à l'exception de quelques fragmens de corniche. On y voit quatre colonnes avec des chapiteaux corinthiens; la voûte est sans caissons, sans aucune espèce d'ornement, et le goût de cette architecture est fort simple.

C'est à Suze que commence la plaine de Lombardie, qui a quatre-vingt-dix lieues de longueur, jusqu'à la mer Adriatique; elle est la plus vaste, la plus délicieuse, et l'une des plus fertiles qu'il y ait en Europe.

21 *mars*. — Nous traversons, au point du jour, la petite ville de Rivoli, autrefois le Versailles et le

Windsor de la cour de Sardaigne; et deux heures après, à six heures, la diligence entre à Turin par la porte Susina.

Promenade dans la ville; elle a plus de cent églises; j'entre dans celles : du *Corpus Domini*, de Saint-Vincent de Paule; dans la cathédrale, où le roi a sa tribune; dans la Consolata, qui est comme composée de trois églises, la nef, la coupole et le chœur. On conserve dans la chapelle du Saint-Suaire, à Saint-Jean-Baptiste (la cathédrale), le linceul dans lequel Jésus-Christ fut enseveli. Misson affirme avoir trouvé, dans ses voyages, huit saints-suaires, tous autorisés par des bulles; il regarde celui de Turin comme l'un des moins authentiques, et il donne la préférence au suaire de Cadouin en Périgord, qui a pour lui plusieurs bulles.

Je vais au couvent dei Cappucini del Monte, bâti au sommet d'un monticule. Fort près, est une maison de plaisance appartenant à la reine.

L'entrée de Turin par le pont sur le Pô, est très-belle; malheureusement, de vilaines bicoques, bâties le long du fleuve, nuisent beaucoup à l'effet des deux façades de la place Victor-Amédée. Élégantes habitations sur le Corso.

La plupart des rues sont superbes; un ruisseau d'eau pure y coule constamment et entraîne les immondices.

La Contrada Dora grossa, comme plusieurs autres rues de Turin, doit sa régularité à l'alliance d'un prince de Piémont avec une infante d'Espagne. Dans ces occasions, des maisons étaient abattues, des balcons enlevés, des fenêtres bouchées, et les propriétés privées étaient sacrifiées, pour que les yeux de la princesse ne fussent offensés par aucun angle saillant, aucune déviation hardie de la noble uniformité qu'on croyait devoir lui être plus agréable.

La rue du Pô a des arcades sous lesquelles les désœuvrés passent toute leur journée à causer.

Au milieu de la Piazza-Castello, où je suis logé, on voit le palazzo del Duca, dont le grand escalier fait l'admiration et le désespoir des architectes. Ce château renferme les bureaux de diverses administrations. Sur la même place est le Palazzo reale, habité par le roi et sa famille.

La princesse de Carignan passe en voiture; sa figure me plaît; le bruit court qu'elle est malheureuse par le fait du prince, son mari; en voilà plus qu'il n'en faut pour attirer un vif intérêt sur cette jeune femme. Le prince de Carignan, comme chacun sait, est allé se laver au Trocadero, de sa participation à la révolution piémontaise de 1820. S. A. perdit une botte, dit-on, en montant à l'assaut; mais, en revanche, elle gagna de belles épaulettes de laine rouge, de grenadier français, dont M. le duc d'Angoulême para son habit. C'est une des plus divertissantes parades de cette ridicule promenade militaire que l'on qualifia pompeusement, en 1823, du nom de *campagne d'Espagne.*

Les galeries de la rue du Pô ressemblent assez à celles de notre rue de Rivoli, mais elles ont plus d'élévation et de largeur. L'attitude des promeneurs décèle une ville où il y a peu d'industrie et beaucoup d'oisifs ; on cause en marchant, on n'est point pressé ; c'est le contraire de Paris. Sur cinquante individus pris au hasard, il y a quinze ecclésiastiques ou moines, huit militaires, quatre chevaliers de l'ordre de Saint-Maurice. De loin en loin, on aperçoit quelques dandys, tous aussi ridicules que certains de nos *beaux* du boulevard de Gand.

Pendant le carême, tous les spectacles, sauf celui des Marionnettes, sont fermés ; ce sera un plaisir de moins pour moi.

Le théâtre de Carignan est décoré d'un portique ; vis-à-vis est le palais de ce prince ; la façade a un aspect agréable et majestueux.

Depuis notre entrée dans le royaume de Sardaigne, les visas de passeport sont notre grande affaire. Pour sortir de Turin, il m'en faut obtenir trois : celui de l'ambassadeur de France, celui du ministre des affaires étrangères de Sardaigne, et celui de la police de Turin ; ces formalités vexatoires irritent prodigieusement, prennent beaucoup de temps, et coûtent passablement d'argent.

22 *mars*. — Promenade à la Superga, ancienne sépulture des rois de Sardaigne ; on suit une route charmante, d'abord sur la chaussée, entre le Pô et une branche du fleuve, détournée pour donner de l'eau au village della Madonna del Pilone ; puis on monte au milieu des bois. En deux heures et un quart, sans nous fatiguer, mes deux jeunes Danois

et moi, nous sommes arrivés sur le plateau où est l'église de la Superga; beau point de vue.

Huit colonnes forment le joli péristyle de l'église; l'intérieur est de forme ronde; le jour vient du dôme, soutenu par huit colonnes en marbre vert; entre elles sont six chapelles. Je vois deux bas-reliefs, dont l'un représente l'Annonciation et l'autre la Naissance du Sauveur; l'expression de tête de la Vierge, dans ce dernier, est charmante.

La Superga, commencée en 1715 et consacrée en 1731, est l'accomplissement d'un vœu fait par Victor-Amédée, en 1706, pendant le siège de Turin; le prince Eugène battit les Français, commandés par le maréchal de Marsin, et fit lever le siège après la mort du maréchal.

La place S. Carlo est fort belle; des portiques règnent sur les deux grands côtés de ce parallélogramme; deux églises, séparées par une rue, occupent l'un des petits côtés. Celle de S. Carlo n'a pas de façade; on voit dans l'intérieur beaucoup d'incrustations en marbres blanc et noir

S. Cristina, la seconde église, est le plus bel ornement de la place; son élégante façade a été faite sur les dessins de Juvara. Dans l'église est la statue de sainte Thérèse, par Legros. Le sculpteur a saisi admirablement un instant d'extase, où la sainte ouvre ses vêtemens pour découvrir son cœur à Dieu; il y a un bel enthousiasme dans cette composition; la tête est pleine d'expression passionnée, les draperies sont bien traitées. Par la manière tendre dont cette statue exprime l'amour divin, on se sent ramené, malgré la sainteté du lieu, à des sentimens très-mondains.

Le roi étant parti ce matin pour Gênes, j'ai pu voir son palais, ainsi que ses tableaux; je crois en reconnaître de Vandyck, du Guide, du Guerchin, du Titien, d'Albert Durer, de l'Albane. Les appartemens sont vastes, nombreux, couverts d'oripeaux et meublés d'antiquailles; une salle est tendue en tapisseries des Gobelins; dans une autre, sont des tentures du même genre, provenant des fabriques du royaume. L'aspect de ces appartemens est fort triste, et rappelle le goût régnant au commencement du dix-huitième siècle. Le prie-dieu du roi occupe le fond d'un petit cabinet obscur; celui des princesses est plus en vue. Au moyen d'un ressort, le *custode* (gardien) fait tourner la tête aux bustes en cire du grand-père et de la grand'mère du roi actuel. Ces appartemens peuvent avoir une élévation de vingt à vingt-cinq pieds.

Le Musée Égyptien renferme une très-belle collection vendue au roi par M. Drovetti, consul français au Caire et né en Piémont. Entre autres choses curieuses, on y voit: vingt-quatre momies, quantité de statues en pierre, en jaspe, etc., beaucoup de petits objets de parure. Sauf les papyrus, que je crois en plus grand nombre au musée Charles X, cette collection me semble supérieure à celle du Louvre.

Je sors de dîner au restaurant du Grand Hôtel de Paris, place S. Carlo; c'est une suite de salons très-vastes; à cinq heures, j'y étais tout seul; ici on dîne beaucoup plus tôt. J'ai été parfaitement bien servi pour 2 fr. 25 c., y compris l'étrenne au garçon. A Paris, chez un restaurateur du même ordre, et dans une encoigure de croisée, ce dîner coûterait de 7 à 8 fr. Vous choisissez le pain que vous désirez, dans une grande corbeille où il y en a de toutes les formes, de toutes les dimensions; le garçon apporte tout ce qui concerne le dîner, sur une assiette, voire même la carte à payer.

Les Piémontais paraissent très-attachés à leur religion, à toutes ses cérémonies, à toutes ses règles; cependant hier, vendredi de carême, j'ai vu manger de la viande à côté de moi, dans un restaurant; c'était peut-être un étranger qui se rendait coupable de ce péché mortel.

Turin a quatre-vingt mille habitans.

25 *mars*. — Départ de Turin.

La berline de notre *vetturino* est pour quatre dans l'intérieur; nous sommes six, par conséquent très-gênés. Quelque attention que l'on apporte dans la rédaction des traités (1) que l'on fait avec les *vetturini*, il est impossible de n'être pas trompé sur un point ou sur un autre.

Déjeuné à Villanuova. Couché à Asti; assisté à la bénédiction à l'église de Sainte-Catherine, où l'on fêtait Notre-Dame-des-Sept-Douleurs; deux cents cierges allumés; jolie musique vocale et instrumentale, soutenue par l'orgue. — Alfieri est né à Asti.

(1) Voir l'Appendice.

24 *mars*. — Déjeuné à Alexandrie, après avoir passé le Tanaro à deux lieues d'Asti. — Entré dans quatre à cinq églises; on n'y voit point de marbre, mais l'architecture est toujours bonne. — Traversé le grand pont sur le Tanaro; promenade autour des glacis de l'immense citadelle où Napoléon a enfoui tant de millions en pure perte pour nous.

Des galériens, traînant leur chaîne, demandent l'aumône dans les rues et vendent de petits objets de leur fabrication.

Traversé le champ de bataille de Marengo, à cinq milles au sud d'Alexandrie. Desaix tomba au coin d'un champ, près la route, à côté d'un fossé; le monument élevé à ce héros a disparu; on a labouré dessus, et maintenant il y croît du blé; voici le moyen de reconnaître ce lieu :

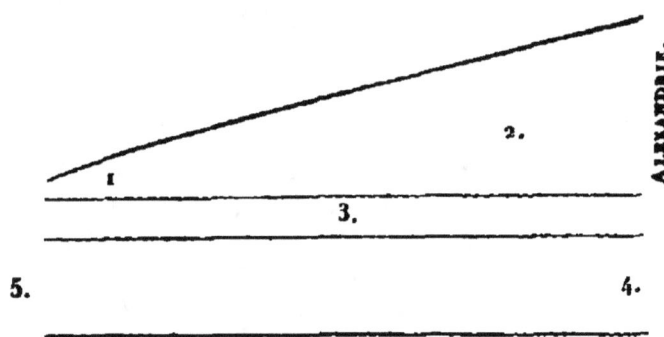

1. Emplacement du monument détruit.
2. Forme du champ où Desaix reçut le coup mortel.
3. Fossé qui longe le champ et la route.
4. Route d'Alexandrie à *Novi*.
5. Village de *Marengo*.

Vu à Novi trois ou quatre églises vraiment fort bien.

Il se présente ici un des accidens assez fréquens dans les voyages par voiturin ; l'un des chevaux du nôtre tombe malade ; il veut nous *céder* à un confrère, refus unanime ; le voiturin est forcé de louer un autre cheval et de continuer sa route.

25 *mars*. — Le général Joubert fut tué sous les murs de Novi, près des maisons qui bordent la route, à droite, en sortant pour aller à Gênes. Le *cameriere*, le garçon d'écurie et d'autres notabilités du même étage, nous affirment que Moreau fit assassiner Joubert, tué par derrière, comme on se le rappelle ; je n'ose ajouter foi à cette version ; mais ce qu'il y a de certain, c'est que cette opinion populaire est très-accréditée à Novi. — Peu après être sorti de la ville, on entre dans les Apennins ; nous les traversons par une pluie froide. La nouvelle route par la Bocchetta est fort belle.

Déjeuné à Ronco.

Arrivé à la porte de la Lanterne, à Gênes, à huit heures. Afin d'éviter la visite de nos malles, chaque voyageur donne 30 ou 40 centimes aux douaniers. On retient nos passeports à la porte.

Nous descendons à l'hôtel de Londres ; les *camerieri* ne peuvent pas porter les bagages dans nos chambres ; ce privilège appartient aux *facchini* ; quarante de ces misérables s'arrachent nos sacs de nuit ; ils ont physiquement quatre pas à faire de la voiture à l'hôtel, et chacun de nous doit donner un franc ; on répond à nos réclamations que ce *minimum* est fixé par l'autorité locale. Une heure après que nous sommes installés, tant bien que mal, arrive un sergent fort obséquieux, qui nous apporte la carte nécessaire pour pouvoir retirer nos passeports des griffes de la police; chacun lui donne 15 centimes pour sa peine.

26 *mars*. — Journée superbe et admirablement remplie. — Je vais revoir le faubourg de Saint-Pierre d'Arena, par lequel je suis arrivé hier; c'est la belle entrée de Gênes. Voilà le phare très-élevé que Louis XII fit construire. La ville, bâtie en amphithéâtre, a un port fort grand.

Un aimable chanoine a bien voulu nous guider, mes compagnons et moi, au milieu de cette grande ville; sans lui nous nous serions égarés à chaque instant, dans ces rues tellement étroites qu'on peut se toucher la main des croisées vis-à-vis. Généralement le milieu de la voie publique est pavé de pierres taillées en forme de brique et placées de champ; c'est la partie réservée aux mulets chargés; les deux côtés sont couverts de larges dalles; il règne beaucoup de propreté dans ces rues.

Visité le palais du doge, ainsi que les deux salles où se réunissaient le grand et le petit conseil.

L'église des Jésuites, tout incrustée de marbres de diverses couleurs, a une Assomption du Guide. — A l'église de Saint-Étienne est le fameux tableau de Jules Romain représentant le martyre du saint; lors de son enlèvement par les Français, en 1812, il y eut à Gênes un petit soulèvement.

On voit dans l'église de Carignan plusieurs belles

statues; celle de saint Sébastien, par le Puget, exprime la douleur de manière à la faire partager; la foi, on n'en peut douter, sortira victorieuse du combat que le martyr soutient avec tant de courage. — Tableaux de l'un des Procaccini, du Guerchin, de Carle Maratte, de Piola. Ces tableaux sont tous plus ou moins endommagés, et, avant dix ans, si l'on n'y prend garde, ils seront tout-à-fait perdus. La famille de Carignan, à qui appartient l'église, n'est pas riche, nous dit M. Z....., notre très-bon et très-complaisant *cicerone*. De la terrasse, devant la façade, vue de la mer jusqu'à Savone et par-delà. Le *custode* de l'église de Carignan nous raconte fort en détail les incroyables souffrances des habitans pendant le mémorable siège que Gênes, défendue par Masséna, soutint en 1800 contre les Autrichiens.

L'Annunziata, église attenante au couvent de l'ordre de Saint-François, est toute revêtue de marbres; de très-belles colonnes soutiennent la voûte, couverte de fresques de Carlone. — Tableau de la Cène de Procaccini. — Dans la chapelle des Français, saint Louis implorant la Vierge. — Madone s'évanouissant à l'aspect du Sauveur attaché à la croix, de Scotti, artiste génois; la douleur d'une tendre mère ne saurait être rendue avec une expression plus déchirante; l'œil gauche de la Vierge semble mobile. On est saisi de terreur par l'affreuse vérité répandue dans le tableau de Carlone, représentant le martyre d'un malheureux chrétien; je ne puis en détacher les yeux.

Une particularité assez remarquable, c'est que les belles églises de Gênes sont chacune l'ouvrage d'un seul homme ou d'une seule famille.

S. Lorenzo, la cathédrale, est bâtie en entier de marbre blanc et noir, tant en dedans qu'en dehors; — marqueterie assez curieuse des stalles des chanoines; — tableau de la Nativité, par le Baroche, dans la chapelle à gauche du chœur.

Palais Durazzo, rue Balbi; colonne et escalier en marbre blanc; par sa légèreté et son élégance, l'escalier peut passer pour une petite merveille. Le roi occupe le grand palais Durazzo, également dans la rue Balbi.

Palais de l'Université, remarquable par sa cour, entourée de colonnes.

Nous sommes allés voir hors de la ville, des jardins en terrasses, qui appartiennent encore à un Durazzo; les *agrumi* (on appelle ainsi tous les arbres de l'espèce des orangers, citronniers, etc.) y croissent sur une légère couche de terre, dont on a recouvert le rocher. Du belvédère placé au haut de ces jardins, coup-d'œil ravissant.

Rentrés en ville, nous visitons le palais Doria, dans une situation admirable, au bord de la mer. Charles-Quint, François Ier, Clément VII, Napoléon, et d'autres grands personnages, l'ont habité. Est-il concevable qu'on le laisse ainsi tomber en ruines! Le marbre blanc est prodigué dans le jardin; au centre est un bassin entouré d'aigles, au milieu duquel s'élève un Neptune guidant trois chevaux marins ; de magnifiques terrasses, à plusieurs étages, règnent le long de la mer ; ses vapeurs en rongent incessamment le marbre.

Les deux jeunes Danois avec lesquels je voyage depuis Lyon, MM. J..... et comte de H....., se rendent à Rome, pour les cérémonies de la Semaine Sainte ; nous nous y retrouverons.

Un pont, de plus de cent pieds de hauteur, réunit la colline de Carignano à celle de Sarzano, au milieu de la ville ; on voit dessous des maisons de cinq et six étages.

La Bourse ou Banchi, est sur une petite place très-fréquentée.

Visité le palais de l'archevêché, la chambre à coucher, la chapelle, la bibliothèque de monseigneur Lambruschini, nonce à Paris. M. Z....., dont il est le patron, espère que Léon XII lui enverra bientôt le chapeau de cardinal. Notre jeune chanoine montre beaucoup d'inquiétude sur le sort des Jésuites et de la religion catholique en France ; je fais de vains efforts pour le rassurer ; il nous parle beaucoup de M. l'abbé de Lamennais, qui a passé dix jours à Gênes lors de son voyage à Rome en 1825.

D'après M. Z..... le peuple de Gênes est ignorant, méchant, dangereux même, mais il a beaucoup de religion, et le clergé a sur lui un empire absolu. M. Z..... doit tout à son archevêque, M. Lambruschini ; partant, il ne parle de lui qu'avec le plus profond respect. Son canonicat lui rapporte environ 1000 francs par an ; à quoi il réunit encore un revenu de 150 francs provenant d'un petit bénéfice.

Lors de la révolution, l'État de Gênes forma la république Ligurienne. — Aujourd'hui, on s'en aperçoit aisément, les Génois sont tant soit peu humiliés de leur agrégation au Piémont. Le roi passe à Gênes trois mois, chaque année, et considère ce séjour comme l'accomplissement d'un devoir; de leur côté, les habitans, si on en excepte les gens en place, s'occupent fort peu de Sa Majesté. Le monarque est ici dans ce moment, et personne ne m'a encore dit un mot le concernant

27 *mars*. — Revu l'Annunziata. — Entré dans la belle église de S. Siro, dont les peintures de la voûte ont conservé un vif éclat. — S. Filippo Neri, petite, mais charmante église; riche; tout or et marbre.

Pour une population de quatre-vingt mille ames, Gênes compte environ quatre-vingts églises. Dans les rues on rencontre, à chaque pas, des ecclésiastiques de tous les degrés hiérarchiques et des moines de tous les ordres.

Les forçats, enchaînés deux à deux, transportent des fardeaux, ou sont occupés à d'autres travaux, sur le port et dans les rues.

Rien de remarquable à l'église S. Luca. — Celle delle Vigne est belle; le maître-autel est du Puget.

P..., notre célèbre faiseur de gambades, se trouve placé à côté de moi, à la table d'hôte de l'Aquila d'oro; il arrive de Venise, et vient à Gênes pour l'ouverture du nouveau théâtre, à laquelle je regrette de ne pouvoir assister ; car cette solennité paraît devoir attirer beaucoup de monde.

Porté ma lettre de recommandation pour madame M.....; elle est partie hier pour Milan ; ce petit désappointement tourne à mon profit ; car, lorsqu'on n'a que peu de temps à consacrer à un semblable voyage, il n'y a rien de perfide comme les lettres de recommandation ; elles vous introduisent dans une société qu'on ne peut qu'entrevoir, et vous éloignent du but que l'on se propose principalement en visitant l'Italie. Voilà un parti pris, je ne verrai qu'un très-petit nombre des personnes pour lesquelles on m'a remis des lettres.

28 *mars*. — Depuis hier soir, c'est une averse continuelle avec un vent violent ; comme les rues sont fort étroites et que l'eau tombe des toits, on est inondé par toutes ces petites cascades. A part quatre ou cinq rues où les voitures peuvent circuler, il faut aller à pied dans le reste de la ville.

La campagne, aux environs de Gênes, n'est guère plus avancée qu'à Paris ; les feuilles des arbres sont encore rares ; seulement, comme le climat est plus doux, on mange des petits pois et des artichauts ; les orangers et les citronniers sont chargés de fruits et de fleurs ; il y a, en pleine terre, des orangers de trente à quarante pieds de hauteur.

La pluie a enfin cessé ; M. Z.... est venu me prendre à l'hôtel, et nous avons été à l'Albergo de' Poveri, lieu de refuge où les malheureux sont reçus en présentant un certificat d'indigence, délivré par leur curé. On y fabrique du drap, du damassé en fil, des rubans de soie, des tapis de pied. Ces pauvres sont proprement vêtus; l'édifice est très-vaste, d'une belle architecture et en bon air; partout des colonnes, des escaliers, des statues de marbre. On voit, dans l'église, un bas-relief en médaillon, dans lequel Michel-Ange a représenté la Vierge regardant le Christ mort. Au-dessus du maître-autel est l'Assomption du Puget, groupe en marbre blanc; l'expression de tête donnée à la mère du Sauveur est délicieuse.

A l'Hôpital, étonnante profusion de marbres, façonnés de toutes les manières; tout y est grand; dans les salles des malades, on voit les statues des bienfaiteurs de l'établissement; ceux représentés assis, ont donné au moins 100,000 livres de Gênes (80,000 francs de France); ceux debout, n'ont légué que des sommes inférieures. En traversant un dortoir, je vois couper les cheveux à une femme; on la couvre d'un drap; elle vient d'expirer! Ce triste avertissement, dis-je à M. Z...., rappelle le : « *Pulvis es, et in pulverem reverteris.* »

De ce lieu de douleur, passé dans le salon Serra, admirable par ses dorures, ses glaces, ses colonnes, ses cristaux, et le goût qui a présidé à la distribution des richesses qui y sont réunies; il a coûté un million, il y a près de quarante ans. Madame de Staël dit, en voyant le salon Serra : « C'est le temple du soleil. »

On m'a fait remarquer en passant dans la strada di

Portoria, une large pierre blanche au milieu du pavé ; c'est l'endroit où commença, le 10 décembre 1746, l'émeute à la suite de laquelle les Autrichiens évacuèrent la ville. Un mortier de bronze avait enfoncé le pavé au-dessus d'un égout ; les Autrichiens voulurent forcer le peuple à l'en retirer ; le peuple se fâcha, et chassa les Autrichiens.

Je sors de la nouvelle salle de spectacle, que l'on achève en toute hâte, son ouverture devant avoir lieu le lundi de Pâques ; elle est superbe ; l'intérieur blanc et or ; les draperies des loges en soie ; le lustre a été fait à Paris ; toutes les loges sont déjà achetées à des prix qui varient de 8 à 18,000 livres. Escaliers, plinthes, colonnes, revêtemens, tout est de marbre blanc. Salles magnifiquement décorées pour le jeu et les bals. On travaille à une seconde façade, dont le portique sera formé de huit colonnes de marbre blanc, d'un seul fût et de quatre à cinq pieds de diamètre ; il n'est pas de Génois qui n'éprouve un sentiment de fierté en passant devant ce théâtre.

Nous montons à la promenade de l'Aqua sola ; belle vue. Ce palais, du prince Pallavicini, a été fait sur les dessins de Michel-Ange. On y voit, dit-on, deux tableaux fameux : l'un, du Guide, représentant la tentation du premier homme ; l'autre, du Valentin, des soldats jouent la robe de notre Seigneur.

Le jeune marquis de C...., avec lequel j'ai passé une partie de la journée, est un homme très-modeste et très-poli, bien qu'il y ait eu un doge dans sa famille; en 1775, la maison C..... était l'une des plus riches de l'Europe. Il n'était pas d'entreprise qui pût l'effrayer; des services signalés rendus à la patrie, firent passer les C..... au rang des nobles; cette famille donnait, chaque année, 200,000 livres aux pauvres.

J'ai recueilli, dans la conversation de M. de C...., des observations intéressantes. — Voici une chose dont il est bon d'être averti: l'usage général, en Italie, est de désigner les personnes par leur nom de baptême; ceci explique pourquoi les plus grands peintres ne sont connus généralement que par leur prénom: Raphaël, Michel-Ange, Dominiquin.

29 *mars.* — Départ de Gênes pour Pise.

Haute insolence du *cameriere* de l'hôtel de Londres; je gratifie le *piccolo* (celui qui cire les bottes), de l'étrenne destinée à cet insolent valet.

Route admirable sur le bord de la mer; point de cette uniformité qui répand de la monotonie sur les plus belles choses; curieux aspect du château et du petit port de Porto-Fino, vus perpendiculairement de la route.

Nous déjeunons à Ronta.

La côte, depuis Gênes, est couverte de *ville*, d'orangers, d'oliviers chargés de fruits; cet ensemble ravit. Nous passons sous trois voûtes percées dans le rocher, au travers duquel on a tracé la route ouverte depuis quatre à cinq ans seulement; c'est la continuation de celle par la Corniche. Partout on a multiplié les terrasses pour soutenir les étroites plates-bandes sur lesquelles croissent les oliviers ; ils couvrent jusqu'au sommet ce revers des Apennins. On rencontre souvent un bois de sapins à côté d'un bois d'oliviers ; des aloës de quatre à cinq pieds de hauteur bordent le chemin.

Traversé Chiavari.

Couché à Sestri di Levante, au fond d'une presqu'île.

30 *mars*. — Nous perdons de vue la mer, en nous enfonçant dans les Apennins ; jolies bruyères en fleurs odorantes.

Les femmes de Borghetto, où la voiture s'arrête quelques instans, portent la coeffure à la romaine ; c'est un morceau de linge carré sur la tête.

Nous allons coucher à la Spezzia, un des plus sûrs, des plus vastes et des plus beaux ports que la nature ait formés ; il contiendrait plusieurs armées navales.

Ici, grande dispute avec le *vetturino* ; nous voulons l'obliger à remplacer un de ses chevaux qui a refusé le service pendant toute la journée ; M. L..... jette à la porte le *vetturino* ; celui-ci le menace ; recours à l'autorité (*i carabinieri*), qui nous promet sa protection pour demain.

31 *mars*. — Le cocher se procure un autre cheval, et nous partons.

Arrivés à Lavenza, deux Anglais et moi nous quittons la grande route pour prendre celle de Carrara. — Toutes les constructions sont en marbre, même les caisses de citronniers ; il est ici la pierre à bâtir.

Carrara n'a d'importance que par ses carrières. Ce sont de hautes montagnes, dont la majeure partie, sur une longueur de deux lieues, est de marbre, depuis la base jusqu'au sommet. Le bleu turquin se trouve assez ordinairement dans le bas, près du blanc veiné. Ces fameuses carrières étaient déjà connues des anciens; on en tira le marbre du Panthéon. L'exploitation a lieu le plus ordinairement par couches, que l'on détache au moyen de coins en fer, après avoir ouvert une tranchée d'une fente à l'autre, dans la largeur du bloc; quelquefois, cependant, on est obligé de faire jouer la mine. L'exploitation de ces carrières est pénible et dangereuse; le méchant sentier qui y conduit de Carrara, suit les détours de la montagne de marbre; il est couvert de ses éclats et d'un accès très-difficile. Seize paires de bœufs descendent devant nous un très-gros bloc, placé sur un chariot à quatre roues fort basses; un autre bloc est tiré par quatorze paires de bœufs. Les accidens graves sont fréquens, nous dit-on; d'après l'aspect des lieux, c'est chose facile à concevoir.

En 1816, on a élevé, sur la place de Carrara, une statue à la duchesse de Massa, Marie-Béatrix d'Este.

Le *cicerone* nous fait cadeau de petits morceaux de cristal, d'un vif éclat, trouvés dans le marbre.

Vu, dans deux ateliers de sculpture, de jolies copies de statues antiques et plusieurs bustes de Napoléon.

Belle route de Carrara à Massa, où l'on arrive par un pont en marbre blanc, fait aux frais des habitans de Carrara. Les champs sont gris d'oliviers.

Massa est la résidence de la souveraine du duché de Massa et Carrara. Marie-Béatrix a soixante-dix-huit ans; à sa mort, le duc de Modène, son fils, héritera du duché; c'est vingt-cinq mille ames de plus que ce *tyranneau* aura à tourmenter; il est le dernier rejeton de la maison d'Este, et règne sous le nom de François IV; la célébrité qu'il s'est acquise par sa déraison, la rigueur de son gouvernement et sa cruauté au besoin, éloignent de Modène beaucoup de curieux.

Couché à Monte-di-Chiesa.

1er *avril.* — Arrivé à *Pise* à neuf heures du matin. Sa population est réduite à 20,000 ames, de 180,000 qu'elle a été.

La Torre, le Duomo, le Battisterio, le Campo Santo, sont quatre monumens en marbre, à côté les uns des autres.

La célèbre tour a huit étages de colonnades; on arrive au sommet par un escalier de 293 marches. L'inclinaison qui, d'après Soufflot, est de 12 pieds, et de 13 d'après La Condamine, produit de l'effroi; il faut même un certain courage pour monter sur cette tour, haute de 193 pieds; car on croit braver un danger imminent. Impossible de me persuader que l'inclinaison soit l'effet d'un tremblement de terre, ou de l'instabilité du terrain, un dérangement quelconque s'en serait suivi; or, la tour, tant à l'intérieur qu'à l'extérieur, n'en présente aucun ; c'est donc probablement par une pure bizarrerie de l'architecte, qu'elle est ainsi penchée. De la plate-forme de ce beau clocher, la vue est étendue ; ce sont les bains à quatre milles de Pise; c'est le village d'Acciano, d'où part l'aquéduc qui apporte les eaux à la ville; ce sont de riches campagnes, et la mer au couchant.

Le Duomo, grande église du douzième siècle. — Les échafaudages dressés pour des réparations au plafond, m'empêchent de bien voir les tableaux. — Derrière le grand autel, quatre statues : Adam et Eve, et deux anges. — Jean de Bologne a sculpté les portes en bronze de la façade.

Le Battisterio est un monument de forme ronde, où les nouveau-nés de Pise doivent être présentés, à l'exclusion de tous les autres fonts baptismaux de la ville. Bel écho.

Le Campo Santo fut une espèce de panthéon élevé sous la république pour recevoir les dépouilles des hommes qui rendraient de grands services à l'Etat. C'est un grand parallélogramme, autour duquel sont des galeries à portiques ; le gazon du milieu pousse sur une couche de sept pieds de terre apportée de Palestine en 1228, lors du retour des vaisseaux pisans, de la troisième croisade ; on attribuait à cette terre la propriété de dévorer en quarante-huit heures les corps qu'on y déposait.

Les murs des galeries du Campo Santo sont couverts de peintures à fresque de Giotto, des deux frères Orcagna, et de Simone Memmi ; la plupart de ces tableaux, très-altérés par l'humidité, disparaissent insensiblement. Au milieu des monumens funéraires dont le Campo Santo est rempli, on remarque quelques bonnes statues et des bas-reliefs estimés ; entre autres le portrait de Michel-Ange, de sa main.

Le *custode* m'affirme sérieusement que Paris, Florence et Rome, ne possèdent rien d'aussi beau que certains des objets confiés à sa garde.

Pise est bâtie sur l'Arno, qui la partage à peu près également ; trois ponts servent aux communications de l'une à l'autre rive. En me promenant sur les quais, je m'arrête devant la chapelle gothique de Sainte-Marie della Spina ; la figure du mendiant qui l'a fait bâtir avec le produit de sa gueuserie, est sculptée en bas-relief à l'extérieur. Ce travail est du chevalier Sodome.

En deux heures, une voiture me transporte à Livourne par une route superbe. De l'Aquila nera, où je loge, vue sur la mer et sur le canal de Pise.

2 *avril.* — Livourne est l'un des deux ports francs de l'Italie ; c'est principalement à cette circonstance qu'il faut attribuer l'activité et le mouvement qui s'y font remarquer. Quelques rues, entre autres celle S. Ferdinanda, sont longues et larges. La place d'armes, au centre de la ville et dans le quartier des affaires, est vaste.

On va voir sur le port la statue pédestre, en marbre, de Ferdinand Ier, par le Donatello ; c'est à ce prince que Livourne dut la franchise de son port. Quatre esclaves en bronze sont enchaînés aux pieds de Ferdinand ; les têtes ont une belle expression ; c'est une vive douleur accompagnée de résignation ; la tête du nègre, surtout, me semble parfaite.

Je vais au cimetière des Anglais, hors de la ville ; ses monumens sont de bon goût et en marbre blanc ; un obélisque décore le tombeau de Tobiæ Smollett, le continuateur de l'historien Hume ; Smollett mourut à Livourne, le 16 septembre 1773.

Promenade en bateau dans le port. — La Torre della Melloria sort de la mer à trois lieues.

Entré dans les églises de la Madonne et des Arméniens.

La Synagogue, qui passe pour la plus belle de l'Europe, n'a rien de bien remarquable, à mon avis.

Livourne est un témoignage du génie des ducs de Toscane, qui avaient fait, d'un village marécageux, la ville d'Italie la plus florissante.

3 *avril*. — Quitté Livourne à cinq heures du matin ; arrivé à Florence à cinq heures du soir ; ainsi, en changeant deux fois de chevaux, on fait soixante-deux milles italiens, par *vetturino*, en douze heures.

De la pluie toute la journée. — Belle route. — Les douaniers, à la sortie de Livourne et à l'entrée de Florence, ont mis de la promptitude et des égards dans la visite de nos effets. Au devant des maisons, sur les bords de la route, on voit des essaims de jeunes paysannes occupées à tresser ces nattes fines dont se composent les chapeaux de paille de Florence. La paille employée est celle d'un froment sans barbe, coupé avant son entière maturité, et dont la végétation a été étiolée par la stérilité du sol. Ce sol est choisi dans les collines calcaires; il n'est jamais fumé, et les plantes sont semées très-épais. L'Ombronne se jette dans l'Arno, à la Gonfolina, une lieue de Florence.

4 avril. — Promené dans Florence; première vue de beaucoup de belles choses. L'aspect général de la ville est plutôt triste que gai; sauf un petit nombre de rues, toutes sont étroites; mais on ne fait pas cent pas sans rencontrer un monument ou une statue.

Pendant la Semaine Sainte les tableaux des églises sont couverts, ce qui contrarie fort les étrangers. A S. Felicità, cependant, le rideau est tiré. — Beau portrait de saint Charles Borromée, entouré de pierres précieuses, dans la chapelle Capponi; — Assomption du Votteranno; — portrait en mosaïque d'Alexandre Barbadori, oncle d'Urbain VIII.

De même qu'à Pise, la cathédrale, le clocher et le Batistère, sont trois édifices séparés et entièrement en marbre.

S. Maria del Fiore (le dôme, la cathédrale), est grande et majestueuse. — Portrait du Dante, par Paolo Orcagna, le seul souvenir de ce grand poète qu'il y ait à Florence. — Quatre Evangélistes du Donatello; — portrait de Giotto; peintures de Vasari et de Zuccheri.

Rien de plus élégant que le clocher ou campanile. Charles-Quint le trouvait trop beau, trop précieux, pour être exposé à l'air; il disait qu'on devrait le conserver dans un étui. C'est en effet un magnifique bijou d'architecture.

Les portes en bronze du batistère, sculptées par Ghiberti, sont si belles que Michel-Ange les appelait les portes du Paradis.

Tous les *vetturini* sont à Rome, où ils ont conduit les curieux attirés par les cérémonies de la Semaine Sainte; le gouvernement, dans l'intérêt des voiturins, ne permet pas d'établir des diligences en Toscane; ainsi pour toute personne qui ne voyage pas avec ses chevaux, ou en poste, il n'y aurait pas moyen de quitter Florence avant quatre à cinq jours, ou même davantage, s'il n'arrive pas de *vetturino* d'ici-là.

Les papiers publics de France et du reste de l'Europe, arrivent à Florence; on les lit dans les cafés et au cabinet littéraire de M. Vieusseux; voilà une particularité assez remarquable, sous un prince absolu.

5 *avril*.—Sortant par la porte S. Niccolo, je monte à S. Miniato, jolie église, au sommet d'une colline; on n'y dit la messe que trois fois par an; facade revêtue en marbres blanc et noir; le *custode* me fait remarquer une grande mosaïque, la chapelle bâtie par ordre de Pierre de Médicis, des vitraux en marbre transparent, la chapelle de Saint-Jacques, ornée de porphyre.

Arrivé au couvent de S. Francesco al Monte delle Croci ; beau point de vue.

Descendu la rampe qui part de ce couvent et remonté la colline opposée; fait le tour des remparts. Partout des vignes et des oliviers. De la Porta Romana, pris la grande allée, d'un mille de long, qui conduit à Poggio Imperiale ; cette belle avenue est plantée de pins et de chênes verts, sur trois à quatre rangs. Le palais a une assez belle apparence. Promené dans le jardin, où on ne rencontre pas un seul soldat ou garde; le *custode* même est absent; en sorte, que je ne puis voir les appartemens.

Rentré à Florence. Il y a dans l'église de Saint-Pierre martyr, sur la place S. Felic, un tableau de Salvator Rosa, ainsi que des tombeaux de Gabbianni et de Piamontini.

Grand concours de peuple des campagnes, pour voir le feu d'artifice que l'on tire à midi, entre le batistère et la cathédrale, à l'occasion du samedi saint. Les villageoises portent généralement le chapeau rond en feutre noir, avec une grande plume noire, placée sur le devant; cette coiffure leur sied à merveille. Je suis la foule avec un ami anglais; nous sommes comme portés sur la place du Duomo; dans la nuit, on y a placé un grand coffre, de la forme d'un œuf, plein de pièces d'artifice; à midi, une fusée lancée de l'intérieur de la cathédrale y met le feu, et aussitôt toutes les cloches de la ville, sonnent; les grenades qui s'échappent de cette singulière machine, viennent éclater contre l'église et sur nous; on se pousse, on se foule pour éviter le danger.

J'abandonne cette parade, pour faire une seconde visite à l'église de S. Lorenzo; je vais droit à la chapelle dei Principi, où sont sept statues de Michel-Ange; quel malheur qu'il n'en ait complètement achevé que deux, celles de Julien et de Laurent de Médicis! On a eu le bon esprit de laisser telles quelles les cinq autres.

A côté de cette chapelle est celle renfermant les six tombeaux des Médicis; elle est vaste comme une église, a la forme octogone et un dôme. C'est la merveille de la Toscane pour ses richesses; les murs sont revêtus de marbres et de toutes sortes de pierres précieuses. L'échafaudage, dressé pour des réparations au plafond, est des plus ingénieux. Dix à douze ans sont encore nécessaires pour terminer la chapelle; on estime à un million de *francesconi* (5 fr. 60 cent.), les dépenses restant à faire. Chaque année, le 27 septembre, jour de Saint-Côme, on célèbre dans la basilique impériale et royale de S. Lorenzo, la fête consacrée à la mémoire du père de la patrie, Côme de Médicis. Le premier magistrat de Florence y assiste toujours, et ne néglige rien pour que cette solennité soit digne de son objet.

C'est à tort que beaucoup d'étrangers négligent le bas-relief de Bandinelli, qui est dans un coin de la place S. Lorenzo ; il représente des prisonniers de guerre amenés au grand Côme.

La magnifique église de S. Maria novella appartient aux dominicains ; Michel-Ange l'appelait *son épouse* ; elle renferme tant de belles choses qu'il est impossible de les énumérer.

Les deux pyramides en marbre, posées sur des tortues de bronze, que l'on voit sur la place de S. Maria novella, sont de ce Jean de Bologne dont le génie a enrichi Florence de tant d'ouvrages.

Le portique de S. Paolo, école pour les filles pauvres, est de Brunellesco.

Les palais de Gênes sont en marbre, décorés de colonnes grecques et d'une extrême élégance ; ceux de Florence ne leur ressemblent pas du tout, et me plaisent moins ; ils ont l'aspect de véritables forteresses ; beaucoup sont en pierres de taille saillantes, d'ordre rustique : les palais Pitti, Ricardi, Strozzi, par exemple ; on a conservé brut le côté qui regarde la rue (1).

Le Ponte Vecchio est aux trois quarts couvert de maisons, dont les boutiques sont occupées par des orfèvres et des bijoutiers.

Florence a cent cinquante églises.

On accuse la capitale de la Toscane de mœurs

---

(1) Au surplus cette architecture à laquelle le premier coup-d'œil est peu favorable, me semble grande, mais austère. Elle rappelle le treizième siècle, époque glorieuse, où chaque ville d'Italie était une petite république, avec ses factions, ses rivalités, ses ambitions, ses guerres ; enfin, avec tout ce qui excite le génie et le développe au plus haut degré.

très-corrompues ; je ne saurais en juger ; mais ce qui me paraît évident, c'est que le luxe de la toilette, des ameublemens, des équipages, est très-grand; beaucoup de femmes sont soupçonnées de pourvoir à leurs dépenses par des moyens déshonnêtes; n'en est-il aucune à Paris dans ce cas?

Lady Morgan dit que le *patito*, ou souffrant de Gênes, est le *cavaliere servente* de Milan, et le *cicisbeo* de Florence et de Rome.

6 *avril.* — Jour de Pâques.

Je vais à l'église S. Spirito, où sont plusieurs tableaux de ce Filippo Lippi qui s'éprit d'amour pour une belle religieuse, sous les traits de laquelle il devait représenter la Vierge. — Tableaux de Giotto, Ghirlandajo, Pietro di Cosimo, Bronzino, Bimbacci.

Belle et vaste église d'il Carmine : fresques du Masaccio, dans la chapelle de la sainte Vierge; ces peintures furent en quelque sorte la Croix de par Dieu de Michel-Ange, Léonard de Vinci, André del Sarto, Raphaël et le Frate, tous contemporains. Masaccio mourut à Florence à l'âge de quarante-deux ans, probablement empoisonné (1443). — Magnifique chapelle de la famille Corsini. C'est au Carmine que Michel-Ange, dans sa première jeunesse, reçut de Torrigiani le coup de poing sur le nez dont il garda toute sa vie la marque.

Voir les tableaux de Gherardini et du Guide, à l'église de Cestello, ou S. Frediano.

L'église de S. Trinità, faite sur les dessins de Nicolas Pisano, a des peintures du Ghirlandajo, d'Albertinelli, du Bronzino, de Jacopo da Empoli.

Voici la colonne de granit, tirée des thermes d'Antonin, dont Pie IV fit cadeau à Côme Ier. La figure de la Justice, placée au sommet, avait donné lieu à ce proverbe de Florence, que :

« La justice est si haut que personne n'y peut at-
« teindre. »

Pont S. Trinità, le plus beau des quatre sur l'Arno; malgré sa longueur il n'a que trois arches; celle du milieu est fort large ; aux deux extrémités sont des statues représentant les quatre Saisons.

Le grand duc et sa cour se rendent à la cathédrale ; tout l'état militaire du prince est sous les armes; trente garde-du-corps, en habits d'écarlate, font partie du cortège ; des dragons ferment la marche; huit superbes voitures à six chevaux traversent au pas le pont S. Trinità ; nombreux valets de pied en grande livrée et l'épée au côté. Cette livrée ressemble beaucoup à celle de Charles X lorsque la cour de France va à un *Te Deum*, ou à la messe du Saint-Esprit pour l'ouverture des Chambres. Le coureur est très-richement vêtu ; grand-luxe des seigneurs de la suite du prince ; à côté de leurs eyducs, ceux de nos pairs feraient triste figure ; la troupe est habillée à l'autrichienne. Le grand duc me paraît fort laid (voir pour la ressemblance quelques portraits des rois d'Espagne dans la galerie de M. le duc d'Orléans).

Parcouru les jardins Boboli, derrière le palais

Pitti; ils offrent beaucoup de variété; des hauts et des bas, de grandes allées et de petits bosquets; des parterres, des gazons, des statues. Les palmiers y croissent en pleine terre, et j'aperçois des dattes entre les feuilles.—Une des pierres de la grande façade rustique du palais Pitti a neuf pas de longueur.

A cinq heures du soir, je vais à la promenade des Cascine; dans la grande rue qui y conduit (le Corso), est l'hôpital de Saint-Jean de Dieu, bâti à l'endroit même où fut jadis la maison de cet Améric Vespuce qui enleva à Christophe Colomb l'honneur de donner son nom à l'Amérique; c'est là que commencent les courses de chevaux.

Je ne connais pas de promenade plus agréable que cette longue suite de pelouses, de bosquets, d'avenues, de fourrés, de gazons, bordés d'un côté par l'Arno, et de l'autre par le canal qui a son embouchure dans ce fleuve; la promenade a au moins deux milles de longueur; elle est couverte d'équipages et de cavaliers; aux toilettes et à la forme des voitures, on se croirait aux Champs-Élysées; seulement, ici, il y a plus d'équipages à un seul cheval. Le grand-duc, en frac bleu et suivi de deux écuyers vêtus comme lui, circule à cheval, au milieu des promeneurs; la princesse fait quelques pas à pied et remonte en voiture; le mari et la femme me paraissent encore un peu plus laids que ce matin. Au moment où le prince passe, les personnes près de lui lèvent leur chapeau et s'inclinent; de temps en temps le grand-duc rend le salut de la même manière; mais le plus souvent il se borne à porter la main à son chapeau. — Les faisans courent devant nous dans les allées.

M. B....., jeune médecin anglais, m'apprend que l'on conserve précieusement, à Volterra, un clou de la vraie croix, dont l'attouchement, sur les blessures, prévient le développement du venin de la rage, lorsqu'on a été mordu par quelque animal atteint de cette affreuse maladie. L'aimable hérétique soutient imperturbablement l'efficacité du remède; mais il ajoute, pour vaincre mon incrédulité, qu'avant d'appliquer la sainte relique sur la blessure, on a la précaution de la chauffer jusqu'au rouge. Ainsi, le secret de la cautérisation, si moderne dans la médecine, se pratique depuis longtemps en Toscane.

En revenant des Cascine, je passe devant le palais Corsini; il est moderne et l'un des plus beaux de Florence.

7 avril. — M. de Lamartine, chez lequel je m'étais présenté sans le rencontrer, ne m'ayant pas trouvé hier à l'hôtel, m'a envoyé, ce matin, une invitation à dîner pour aujourd'hui.

Continué la visite des églises.

Que de belles choses à l'Annunziata! j'en suis ébloui; j'y reviendrai, si le temps me le permet.

Dans S. Maria Maddalena, crucifix en bois de Buontalenti; douze colonnes de diaspre de Sicile, avec socles et chapiteaux de bronze doré, à la chapelle de Sainte-Magdeleine.

Il y a, à la Badia Fiorentina, des tableaux de Vasari et de Lippi.

Seconde visite à Santa-Croce : admirable chapelle des Niccolini. — Madone de Cimabue, curieuse par son ancienneté. — Les quatre Sibylles, fresques célèbres du Volterrano. — Revu les tombeaux de Michel-Ange, de Galilée, d'Alfieri (1).

Le mausolée de ce dernier, élevé par la comtesse d'Albany, veuve du dernier des Stuarts, est l'ouvrage de leur ami commun, Canova. L'épitaphe simple et touchante de sa noble amie avait été faite par Alfieri, en même temps que la sienne; en voici la traduction :

« Ici repose Héloïse E. St., comtesse d'Al, il-
« lustre par ses aïeux, célèbre par les graces de sa
« personne, par les agrémens de son esprit, et par
« la candeur incomparable de son ame. Inhumée
« près de Victor Alfieri, dans un même tombeau (2);
« il la préféra pendant vingt-six ans à toutes les
« choses de la terre. Mortelle, elle fut constamment
« suivie et honorée par lui, comme si elle eût été une
« divinité.

« Née à Mons; elle vécut.... et mourut le........

---

(1) En février 1830, le tombeau du Dante a été placé dans Santa-Croce; le monument est de M. Stefano Ricci, sculpteur florentin.

(2) « Ainsi j'ai écrit, espérant, désirant mourir le premier; mais s'il « plait à Dieu d'en ordonner autrement, il faudra autrement écrire:

« Inhumée par la volonté de Victor Alfieri, qui sera bientôt enseveli près « d'elle dans un même tombeau. » *Note d'Alfieri.*

Visité le palais Pitti, bâti aux quinzième et seizième siècles.

La Vénus de Canova occupe le centre d'un petit salon rond, à la suite des appartemens qu'habitait Ferdinand III, père du grand-duc régnant (mort en 1824); cette charmante statue se répète à l'infini dans les quatre glaces au milieu desquelles s'élève son piédestal.

De nombreux tableaux des plus grands maîtres couvrent les murs de la galerie. La Cléopâtre du Guide, six ou sept Raphaël, entre autres la Vierge à la Chaise, l'un de ses plus séduisans ouvrages.

Sur la place de l'Annunziata, statue équestre du grand-duc Ferdinand Ier. Jean de Bologne la fondit avec le bronze de canons pris aux Turcs par les galères toscanes; on lit sur la sangle, sous le ventre du cheval :

« *Dei metalli rapiti al fiero Trace.* »

Je revois cette magnifique église de l'Annunziata; plafonds, peintures, sculptures, tout est admirable. Tableaux du Volterrano; crucifix en bronze, sur un modèle de Jean de Bologne.

Eglise de S. Marco. — Multitude de tableaux et de statues. Chapelles des Serragli et de S. Antonino; dans cette dernière est le tableau du Bronzino (Alexandre Allori), représentant le retour de Jésus-Christ des limbes.

Les cendres de Pico della Mirandola reposent dans Saint-Marc. A l'âge de dix-huit ans, ce prince passait pour savoir vingt-deux langues; à vingt-quatre ans, il soutint à Rome des thèses sur toutes les sciences, sans exception. Afin de s'adonner entièrement à l'étude, cet homme prodigieux quitta sa principauté et se retira à Florence, où il mourut, en 1494, à l'âge de trente-deux ou trente-six ans.

On peut voir au couvent de S. Marco, la chapelle construite dans l'enceinte même des petites chambres, autrefois les cellules de Savonarola. Ce prieur des dominicains de Saint-Marc fut brûlé sur la place du vieux château, en 1498, pour avoir voulu faire le Luther, en Italie; mais ce n'était pas son seul crime; le moine, zélé républicain, avait dévoilé la scélératesse et la turpitude d'Alexandre VI; ce pape le livra à l'inquisition, et elle le condamna comme hérétique.

Au-dessus de la porte d'entrée de la chapelle consacrée à la mémoire de Savonarola, on lit une inscription latine, dont voici la traduction.

« Le vénérable père Jérôme Savonarola, homme
« apostolique, a habité ces cellules. »

Je me rends chez M. de Lamartine; il m'accueille avec une politesse bienveillante, et me traite tout-à-fait amicalement. Une dizaine de convives arrivent successivement. Je suis bientôt en conversation avec M. de Maistre, l'auteur du Voyage autour de ma chambre; il cache son esprit si fin, si délicat, sous des dehors pleins de simplicité et de bonhomie; nous nous entretenons de nos amis G..... et de M...... Le dîner réunit la recherche et l'élégance.

M. de Lamartine me paraît, au surplus, fort

décidé à refuser le rôle secondaire qui lui resterait après l'arrivée de M. le baron de Vitrolles, récemment nommé ambassadeur à Florence.

Je vais au théâtre de la Pergola, voir *Danao re d'Argo* et un ballet; la salle est pleine; elle me paraît plus grande que celle de la rue Lepelletier à Paris. Le premier acte de l'opéra fini, on passe au ballet; le geste des acteurs se coordonne rigoureusement avec les temps de la mesure musicale, ce qui me semble ridicule; on croirait voir des marionnettes se mouvant au moyen d'un fil.

8 avril. — Monté à Bellosguardo, tout-à-fait digne de son nom par le coup-d'œil dont on y jouit.

Galilée habitait une maison d'Arcetri, près d'ici, mais abreuvé de chagrins; car sa vue s'affaiblissait journellement et les persécutions de ses ennemis recommençaient; on s'enquérait de ses disciples s'il enseignait *positivement* le mouvement de la terre. Ce grand génie, né le jour de la mort de Michel-Ange, occupa dix années cette petite maison surnommée *Giojello* (le joyau), de la fin de décembre 1633 au mercredi 8 janvier 1642, qu'il rendit le dernier soupir, le jour même de la naissance de Newton.

Rentrant en ville, je traverse les jardins Boboli, ouverts aujourd'hui, apparemment en l'honneur de la troisième fête de Pâques; car le public n'y est admis que le dimanche et le jeudi, bien qu'il n'y ait pas d'autre promenade dans Florence.

Les grisailles, au-dessus du tableau du maître-autel, à S. Jacopo oltr'Arno, imitent le bas-relief d'une manière surprenante.

Seconde visite à l'église d'il Carmine, pour revoir les fresques de Masolino da Panicale, et de son élève Masaccio. Ainsi que la plupart des églises de Florence, celle-ci n'a pas de façade.

L'église dei Santi Apostoli, est une des plus anciennes de la ville; tableaux de Vasari, Gamberucci, etc.

Groupe en marbre blanc, par Jean de Bologne, sur la petite place, au bas du Ponte Vecchio, vers la rive gauche de l'Arno; il représente Hercule terrassant le centaure Nessus, qu'il est sur le point de tuer.

Aujourd'hui, jour férié, il y a des boutiques fermées et d'autres ouvertes; chaque marchand fait comme il l'entend, indice d'une certaine liberté religieuse. L'on voit exposés en vente des bustes de Napoléon et des gravures représentant quelque trait de sa vie; personne ne songe à le trouver mauvais; naguère encore, à Paris, on y voyait un danger.

Revu le Duomo, le Batistère, le Campanile; la description de ces trois monumens exigerait seule un volume de trois cents pages. Derrière l'autel du Duomo est une Pietà, ébauchée par Michel-Ange; des défauts qu'il aperçut dans le marbre, le portèrent à laisser cet ouvrage inachevé; sur ce même grand autel, beau groupe de Bandinelli, représentant Dieu le père assis, ayant à ses pieds Jésus-Christ mort, soutenu par un ange.

La Loggia di Mercato nuovo, est un portique où se réunissent les marchands de soie; il y a un sanglier en bronze qui verse de l'eau par la bouche ; cette bonne copie de celui de la galerie royale est de Pietro Tacca.

9 *avril*. — Une heure du matin. Je sors d'un bal au Casino des nobles ; — beaux salons fort bien éclairés avec de longues bougies ; quelques femmes belles et jolies, dont les toilettes et les poses sont comme celles de Paris ; beaucoup de crachats ; tous les ambassadeurs et tous les hauts fonctionnaires du grand-duché.

A la vue de cette multitude d'hommes parés d'un bout de ruban, ou d'une plaque de métal, diverses pensées se succèdent. Et d'abord, que peuvent ajouter à la considération individuelle, des distinctions prodiguées tour à tour à la fidélité et à la trahison ? tantôt au génie, tantôt à la sottise obséquieuse ? Au milieu de cette foule de gens décorés, que, depuis quelques années surtout, on rencontre dans tous les coins de l'Europe, en est-il beaucoup qui pussent prendre la devise de « chevalier sans peur et sans « reproche ? » Dès lors, que signifient ces décorations ? Ce sont tout simplement de petits encouragemens, que des monarques plus ou moins impopulaires prodiguent à ceux qui veulent bien se faire leurs créatures ; sans réfléchir qu'en récompensant souvent le parjure, ils le sanctionnent, ils l'autorisent à leur égard.

Toutefois, il est rare dans la nature qu'à côté d'un mal il ne se trouve pas quelque bien ; cette manie de décorer ne laisse pas que d'être favorable aux arts; elle procure des encouragemens à la peinture et à la sculpture. Tel honnête employé, industriel ou garde national, qui n'avait jamais songé à la nécessité de laisser son image, voudra avoir un buste ou un portrait, pour léguer aux siècles futurs le souvenir de cette espèce de noblesse qui fait rage de nos jours.

Il est agréable de pouvoir mettre sur sa carte de visite, « le vicomte ou le marquis de ***; » mais impossible, au moins jusqu'à ce moment, de mettre son titre au bas d'un portrait; cependant les nigauds ne refusent jamais leur estime à une décoration quelconque et de quelque part qu'elle vienne. Or, rien ne pouvait flatter davantage la vanité d'un bourgeois, que de voir à son habit le même signe qu'il remarquait depuis si long-temps, avec envie, à la boutonnière de toutes les livrées de la cour et de tous les habitués des antichambres ministérielles.

L'église Orsanmichele, que je visite pour la troisième fois, est d'une belle architecture; elle a des statues en bronze et en marbre aux quatorze niches extérieures. Je passe une heure à examiner le tabernacle en marbre blanc et noir; on dirait de l'ébène inscrustée dans de l'ivoire. — Groupe de la Vierge et de l'enfant Jésus, par S. Gallo.

A l'église de S. Maria Maggiore, il faut donner une attention particulière aux peintures à la voûte de la chapelle Orlandini; le Volterrano y a représenté l'enlèvement d'Elie.

Dernière visite à S. Lorenzo, pour les adieux à la chapelle de' Principi, faite sur les dessins de Michel-Ange. A gauche, sont les statues du Crépuscule et de l'Aurore, sur le tombeau de Laurent de Médicis. A droite, celles du Jour et de la Nuit, sur le mausolée de Julien. Quel sommeil que celui de la figure représentant la Nuit! Les statues d'hommes me paraissent cependant supérieures à celles de femmes, dont les formes sont un peu herculéennes. Cette Madone portant l'enfant Jésus est également de Michel-Ange. C'est dans cette chapelle qu'on doit aller étudier ce grand sculpteur; il a donné à la figure humaine un caractère qui ne ressemble ni à la beauté antique, ni à l'affectation des modernes. On croit y découvrir l'esprit tout entier du moyen âge, une ame énergique et sombre, des formes très-prononcées, des traits qui portent l'empreinte des passions, mais ne constituent point l'idéal de la beauté. Michel-Ange mourut à Rome, le 17 février 1563, âgé de quatre-vingt-neuf ans onze mois et quinze jours; il peignait de la main gauche et sculptait de la droite.

La célèbre galerie royale, fermée depuis le mercredi des Cendres, est enfin ouverte; c'est la collection la plus riche et la plus nombreuse qu'il y ait au monde, de statues antiques, de tableaux, de bronzes, de médailles et d'autres curiosités de la nature et de l'art. Elle porte le nom de la maison de Médicis, dont la magnificence et la richesse se sont épuisées pendant deux siècles à réunir cet immense trésor. Je parcours les trois grands corridors et les vingt salles appelées *gabinetti*, où ces richesses sont exposées; je parviens à tout voir, mais à la course. Que de temps il faudrait pour étudier convenablement tous ces objets d'art!... Le local est simple, peu orné, très-bien approprié à sa destination.

Que dire de toutes les merveilles qui passent sous mes yeux! comment les énumérer! Je veux cependant conserver le souvenir de celles qui m'ont donné le plus de plaisir ; en voici une courte notice :

STATUES.

Le Brutus de Michel-Ange, à peine ébauché : il laissa la figure dans cet état d'imperfection, par l'effet de la même inconstance qui lui a fait abandonner tant de choses commencées. — Un Apollon, également ébauché, et un Bacchus, encore de Michel-Ange. — Copie du Laocoon, par Bandinelli. — L'Hermaphrodite, dans la même attitude que celui du musée de Paris, portant le surnom de Borghèse. — Le célèbre groupe de la famille de Niobé, composé de seize statues grecques; la mère est la plus belle; elle a une expression déchirante; la plus jeune de ses filles se jette entre ses genoux, où elle cherche un asile. — La *contessina* de M..... me fait remarquer que nous parlons bas comme dans une église, circonstance tout-à-fait involontaire et provenant d'une émotion respectueuse. — Plusieurs Vénus. — Hercule tuant le centaure Nessus.

TABLEAUX.

Du Titien, une Sainte Famille et le portrait de sa maîtresse. — De Léonard de Vinci, l'Adoration des Rois; grande ébauche fort estimée. La tête de Méduse avec les cheveux changés en serpens; celle-là même qui fit une si grande peur à son père. — Sainte Lucie en manteau rouge, avec une blessure rayonnante au cou; un des meilleurs ouvrages de Dolci pour l'expression et la dévote beauté qu'il a su donner à sa physionomie. — Copie de la Magdeleine du Corrège, qu'on voit à Dresde, par Allori du Ghirlandajo, le maître de Michel-Ange; la Vierge avec l'enfant Jésus, assise sur un trône, ayant à ses côtés saint Victor, saint Bernard, saint Jean, saint Zanobi. — Descente du Sauveur aux lymbes, chef-d'œuvre du Bronzino. — Le martyre de saint Étienne, de Cigoli. — Joseph au moment de présenter son père à Pharaon, du Pontormo : composition délicieuse.

Une salle entièrement remplie de portraits des meilleurs peintres de tous les pays, et de leur main. — Comment a-t-on pu laisser parmi tant de belles choses cette Vénus qui peigne Cupidon? Ce tableau de Jean de Saint-Jean devrait être relégué au galetas.

J'arrive à la Tribune, où l'on a réuni les objets les plus précieux; ce salon, de forme octogone, s'élève en coupole et a un dôme orné de nacre. La Tribune ne contient que six statues; mais ce sont la Vénus de

Médicis, l'Apollino, le Faune danseur, les Lutteurs et le Remouleur, qui, selon des savans, est le Scyte aiguisant sa serpe, avant d'écorcher Marsyas. Pendant que la Vénus de Médicis était au Louvre, celle de Canova occupait sa place dans la Tribune.

Les tableaux sont dignes des statues dans ce temple du goût :

La Vierge à genoux, donnant l'enfant Jésus à saint Joseph, un des meilleurs tableaux de Michel-Ange. — Deux Vénus du Titien ; celle qui tient des fleurs de la main droite est magique. — La Madone sur un piédestal, saint François et saint Jean l'Évangéliste debout, le meilleur ouvrage d'André del Sarto. — Une Bacchante, vue par le dos, d'Annibal Carrache. — Six tableaux de Raphaël, ou supposés de lui (car de prétendus connaisseurs en contestent trois); ce sont : le portrait de Madeleine Doni, dame Florentine ; deux Saintes familles ; dans l'une, le petit saint Jean tient un chardonneret ; dans l'autre, l'enfant Jésus embrasse la Vierge. Un portrait de la Fornarina, d'une vive expression. Saint Jean dans le désert, assis et vu de face. Le portrait de Jules II, d'une fraîcheur et d'un coloris incroyables, pour un tableau fait depuis trois siècles ; ce Raphaël entendait un peu mieux l'amalgame des couleurs que tous nos célèbres chimistes. — Quatre tableaux du Corrège : la Vierge adorant son divin fils ; que de tendresse dans les yeux de cette heureuse mère ! La Vierge en Egypte, tenant l'enfant Jésus entre ses bras. La tête de saint Jean dans un bassin. Tête d'enfant presque colossale sur papier. — Hérodiade et sa servante, recevant la tête de saint Jean-Baptiste de la main du bourreau, par Léonard de Vinci.

Mon attention est distraite un moment; on me fait remarquer divers membres de la famille Buonaparte, entr'autres le fils aîné du prince Louis.

Après l'admirable collection que je viens d'entrevoir, il resterait encore à visiter le grand médailler, les camées, ciselures, gravures, dessins, vases étrusques, etc.; mais, outre qu'on ne peut voir ces objets qu'avec une permission, dont j'ai négligé de me pourvoir, le temps me manque.

Le Musée d'histoire naturelle renferme dans des salles séparées de belles collections des trois règnes. Quatorze chambres et une galerie sont entièrement remplies d'ouvrages en cire, formant un cours complet d'anatomie humaine; on y voit toutes les pièces les plus secrètes de notre machine. Cette partie du musée est sans doute très-curieuse; mais l'entrée ne devrait, ce me semble, en être permise qu'aux hommes de l'art ou aux personnes d'un âge mûr.

Je prends congé de M. de Lamartine, qui renouvelle ses instances pour me présenter samedi prochain au prince Borghèse, qui donne une grande fête dans ses *quarante-deux* salons; mais je pars demain pour Rome.

Pendant son séjour à Florence, l'étranger passe une ou deux fois chaque jour sur la Piazza del Gran-Duca; il y est ramené par sa situation presque au centre de la ville et par les bureaux de la poste aux lettres. Sur cette place sont beaucoup de chefs-d'œuvre en plein air : l'enlèvement d'une Sabine, de Jean de Boulogne, groupe dans lequel il a représenté les trois âges de la vie. — Hercule abattant Cacus, de Bandinelli. — Le David, de Michel-Ange. — La Loggia dell'Orcagna, de Lanzi. — La Judith, en bronze, du Donatello. — Le Persée, de Benvenuto Cellini. — La statue équestre de Côme Ier, par Jean de Bologne. — La fontaine publique. — Le Palazzo Vecchio, avec sa tour menaçante entourée de créneaux, entre lesquels sont peints les écussons de toutes les familles qui ont influé sur le sort de Florence. Au-dessous de ces créneaux, on voit une horloge de nuit, ou cadran, dont l'heure actuelle est toujours éclairée, tandis que les autres sont dans l'obscurité.

LES MÉDICIS.

Il n'est guère possible de voir Florence et ses monumens sans s'intéresser aux Médicis, dont la grandeur se manifeste partout, et dont les noms se retrouvent à chaque instant; c'est à cette famille principalement que les lettres dûrent leur renaissance en Europe, et les arts leur plus haute illustration.

Exclus du gouvernement sous la république, les nobles florentins se livrèrent au travail et au commerce. La maison de Médicis fit sa fortune en vendant des laines en Asie et dans le Levant.

Dès l'an 1378, un Sylvestre de Médicis devint

gonfalonier de Florence. Son fils Jean occupa le même poste et mourut en 1428; il fut le père de Côme, surnommé *le Père de la patrie.*

Né en 1399, ce grand homme obtint une immense popularité, tout en devenant le souverain de son pays. « C'était, dit Voltaire, une chose aussi admi-
« rable qu'éloignée de nos mœurs, de voir ce ci-
« toyen, qui faisait toujours le commerce, vendre
« d'une main les denrées du Levant, et soutenir de
« l'autre le fardeau de la république, entretenir des
« facteurs, et recevoir des ambassadeurs; résister au
« pape, faire la guerre et la paix, être l'oracle des
« princes, cultiver les belles-lettres, donner des
« spectacles au peuple, et accueillir tous les savans
« grecs, errans et sans asile, depuis la prise de
« Constantinople (1453). »

Ses ennemis parvinrent à faire exiler Côme, qui se retira à Venise; mais une année après il fut rappelé à Florence, et y mourut en 1464.

Pierre, fils de Côme, jouit dans Florence de la même autorité dont son père avait fait un si noble usage. A sa mort, en 1472, la république adopta solennellement ses deux fils, Laurent et Julien.

Le 26 avril 1478, Julien périt assassiné dans l'église de Santa-Maria del Fiore, de la main de Francesco Pazzi, son rival malheureureux auprès de Camilla Caffarelli. Pazzi se trouvait à la tête d'une conspiration en faveur de la liberté, dont le pape Sixte IV s'était fait le chef en haine des Médicis.

Laurent échappa comme par miracle aux conjurés qui avaient également arrêté sa mort; il devint bientôt prince de la république et fut surnommé *le Magnifique*.

Laurent passait sa vie, avec les hommes supérieurs de son siècle, dans ses belles habitations aux environs de Florence. Il découvrit le génie du jeune Michel-Ange, encouragea ses premiers essais, le logea dans son palais, l'admit à sa table. Ce prince, à la fois grand et aimable, mourut à Florence en 1492, à peine âgé de quarante-quatre ans. Voyant approcher ses derniers instans, il réclama les secours spirituels de Savonarola; celui-ci y ayant mis la condition que Laurent rendrait la liberté à sa patrie et le prince s'y étant refusé, Savonarola, à son tour, n'accéda point à sa demande.

Julien avait laissé un fils naturel qui devint pape sous le nom de Clément VII, le 18 novembre 1523.

Laurent-le-Magnifique eut deux enfans, Pierre II, exilé en 1449, mort en 1504, et Jean, fait cardinal à quatorze ans, qui fut pape à trente-six, sous le nom de Léon X, ce prince, dont la cour fut la plus aimable qui ait existé; pour le malheur des arts et des sciences, il mourut le 1" décembre 1521, âgé seulement de quarante-sept ans.

D'autres membres de la famille de Médicis ont été chefs du gouvernement de la Toscane, sous les titres de gonfalonier, de duc, de grand-duc; le dernier fut Jean Gaston, fils de Côme III, qui mourut le 9 juillet 1737. Après lui, le duc de Lorraine, gendre de l'empereur Charles VI, occupa le trône de Toscane, qu'il transmit, en 1765, au second de ses fils, lequel eut pour successeur le grand-duc Léopold.

Si, entraîné par un sentiment irrésistible, on ne peut s'abstenir d'un mouvement de sympathie pour les Médicis, qui volèrent la liberté à leur pays, on est saisi d'une douce émotion au souvenir de Léopold Iᵉʳ. Ce prince, ami des hommes et despote philosophe, rêvait, pour la Toscane, toutes les améliorations dont un gouvernement est susceptible; il voulait la doter d'une constitution libérale, appropriée aux mœurs, aux temps, et renfermant tous les germes de progrès qu'une administration sage et bienveillante aurait eu la mission de féconder. Cette charte était terminée et approuvée; mais le temps manqua à son auteur pour réaliser ses généreuses intentions; il devint trop tôt empereur d'Autriche; et Ferdinand III, qui lui succéda, n'eut ni le loisir, ni la volonté de conduire à bien l'œuvre de son prédécesseur.

Léopold II, le grand-duc régnant, fils de Ferdinand III, semble comprendre les devoirs que lui impose le beau nom qu'il porte. Malgré de nombreuses déviations, dont plusieurs tiennent peut-être aux difficultés de l'époque, le gouvernement actuel de la Toscane n'est qu'une conséquence constitutionnelle du système de Pierre-Léopold.

Quelques faiblesses, quelques erreurs, sont mises en relief par les ennemis de ce grand prince, afin de déconsidérer son caractère politique; mais la liberté du commerce, une nouvelle législation criminelle, l'égalité établie entre tous les citoyens, l'institution de communes populaires, le frein mis à la tyrannie papale et au fanatisme (1), sont les titres qui le recommandent à la postérité. Elle honorera aussi la mémoire du sénateur Francesco Gianni, auquel il faut attribuer le mérite des meilleures lois de Léopold. Ce monarque avait pour maxime, qu'un gouvernement, quelle que soit sa forme, ne doit avoir qu'un seul but : « Le salut du peuple et le « bonheur du plus grand nombre. »

10 *avril*. — Départ de Florence.

Nous devions monter en voiture à six heures du matin ; mais un des voyageurs ayant oublié de faire viser son passeport, nous ne partons qu'à midi.

Couché à Poddgibouzi.

11 *avril*. — La voiture est en partie occupée par une famille française composée de cinq personnes, dont un enfant de quinze mois; tous sont d'une malpropreté repoussante. Malheureusement pour moi, au lieu d'avoir pris le cabriolet, j'occupe le *posto buono* (un coin du fond), qui, dans la circonstance, se trouve être *cattivissimo*. Je n'échappe qu'avec peine aux terribles suites d'un soulèvement de cœur continuel. Cette triste famille, couverte de haillons, voyage *pour son plaisir* en Italie, et se propose d'y passer quinze mois. Quel plaisir ! de

---

(1) En 1764, la Toscane fourmillait d'églises; Florence seule comptait trois cent vingt et soixante-douze couvens de filles.

se disputer constamment entre eux; de se quereller pour quelques centimes avec tous les *camerieri*, et de se priver souvent de nourriture; mais c'est trop s'en occuper.

Depuis Florence, la route est montueuse, le pays peu intéressant.

Arrivés de bonne heure à Sienne, le *vetturino* me donne le temps d'en voir les curiosités.

Il y a à peu près cent églises à Sienne, dont dix-sept paroissiales; et cependant cette ville, qui a eu plus de cent mille habitans, en compte à peine seize à dix-sept mille aujourd'hui. Sous le pontificat de Léon X, il y eut jusqu'à seize académies à Sienne.

La cathédrale, d'architecture gothique, est entièrement revêtue de marbre, tant en dehors qu'en dedans. On voit, dans une espèce de sacristie contiguë à l'église, appelée la Libreria, un joli groupe de marbre blanc, représentant les trois Graces qui dansent en rond; ce morceau grec, un peu mutilé, fut trouvé lors des fouilles pour les fondations de l'église. Les murs de la Libreria sont couverts de fresques très-bien conservées; la dernière, près des croisées, sur le mur à droite, est de Raphaël; les autres furent faites sur ses dessins et par ses élèves. Ces tableaux donnent l'histoire d'Énée Piccolomini, homme d'esprit et de génie, qui occupa le trône pontifical sous le nom de Pie II.

Dans l'église, des colonnes, des statues et des tableaux d'une grande beauté. Les bustes de tous les papes sont placés sur une galerie qui règne autour de la nef ; celui de la papesse Jeanne y a longtemps figuré ; il disparut seulement en 1600, à la prière de Clément VIII.

La tour del Palazzo della Signora est fort élégante et ressemble à celle de la place du Grand-Duc, à Florence. — Entré dans les églises dello Spedale, di S. Martino, di S. Quirico, du collège Tolomei. — Je ne mentionne ici aucune des mille absurdités que l'on débite sur sainte Catherine de Sienne, la grande sainte de la ville.

Le soir, au souper à S. Quirico, pour onze convives, on nous sert *douze* poulets, six bouillis et six rôtis ; l'ecclésiastique assis à mes côtés, oublie complètement que c'est aujourd'hui vendredi.

12 *avril*. — Après avoir dîné au village de la Novella, nous nous acheminons pour Pontecentino, au pied de la montagne de Radicofani ; c'est ici que commencent les Etats pontificaux. Les douaniers visitent *scrupuleusement* nos effets ; j'en éprouve un mouvement d'humeur très-prononcé. Dans le voyage d'Italie, il y a mille petites tribulations à supporter ; mais je mets en première ligne les inquiétudes toujours renaissantes et la contention d'esprit, résultant des tracasseries des douanes, et surtout de celles de la police des passeports ; ce serait vraiment à rebrousser chemin, si on n'avait à redouter les persiflages au retour.

Les cascades d'Aquapendente sont sans eaux ; reste des rochers d'une forme pittoresque.

S. Lorenzo, où l'on s'arrête pour passer la nuit,

est sur une éminence d'où l'on domine le lac de Bolsena, distant d'un mille seulement. Au milieu de ce lac sont trois petites îles, dont deux habitées par des pêcheurs. Ce fut dans celle appelée Martana, qu'Amalazonte, reine des Goths, fille de Théodoric, fut exilée et mise à mort (le 30 avril 535) par les ordres de l'ingrat Théodat, son cousin, avec lequel elle avait partagé le trône. Ces îles seraient le but d'une jolie promenade en bateau. Pie VI fit construire le village de S. Lorenzo-Nuovo pour recevoir les habitans de S. Lorenzo-Vecchio, où la fièvre régnait une grande partie de l'année.

Une chose qui choque tout le monde c'est la forme et la composition des lits d'auberge ; on les trouve détestables au premier moment ; mais, à la longue, on finit par en être assez content. Ils sont généralement composés de trois bancs, placés à la distance d'un pied les uns des autres, sur lesquels est posé un sac de cosses de blé de Turquie ; au-dessus est un matelas fort mince, jamais rebattu et rempli de bosses ; le tout surmonté d'une mauvaise couverture de serge ou de drap. Pour grimper sur ce lit, dont le coucher est à la hauteur de cinq à six pieds, il faut s'aider d'une chaise ou d'un tabouret. Une fois arrivé là, vous avez une place immense pour reposer ; mais au moindre mouvement, les larges et grosses feuilles de *maïs* font un bruit capable de réveiller un homme frappé de léthargie. Ce vaste lit sans rideaux, une chaise disloquée, les fragmens d'un vieux lavabo, sont souvent les seuls meubles d'une chambre blanchie à la chaux, dépourvue de volets ou persiennes, et dont les croisées ont toujours des vitres cassées. Si vous joignez à ces inconvéniens le désagrément d'avoir souvent jusqu'à trois ou quatre personnes couchées dans votre chambre, vous aurez une juste idée de tout ce qu'un tel état de choses a d'incommode.

Un grand inconvénient pour les femmes qui voyagent en Italie, c'est que les hommes y sont exclusivement chargés des soins du ménage; on ne voit qu'eux dans les chambres à coucher; ils font les lits, vont acheter les denrées au marché, les préparent, nettoient la vaisselle et la maison.

13 *avril*. — Nous traversons Bolsena, laissant à trois lieues sur la gauche la ville d'Orvietto, renommée pour ses vins. Le *vetturino* arrête quelques instans à Montefiascone, dont le muscat est vraimet parfait. Cette petite ville, située au sommet d'une colline, est enceinte d'un rempart flanqué de tours. Avant d'être promu à l'archevêché de Paris, M. le cardinal Maury avait l'évêché de Montefiascone.

Viterbo est assez bien bâti; ses rues sont pavées de larges dalles, et il y a plusieurs fontaines publiques. Entré dans trois églises. On montre à S. Francesco un tableau de Sébastien del Piombo, fait sur un dessin de Michel-Ange; il représente la Vierge et le Christ mort; la Vierge, levant les yeux au ciel, est belle. On a un très-grand soin de ce tableau; il est toujours couvert, et le sacristain a la clef du cadenas au moyen duquel on ferme le rideau.

Quatre papes ont leur tombeau dans la cathédrale : Jean XXI, Alexandre IV, Adrien V, Clément IV.

Il défile devant moi une longue procession de pénitens et pélerins blancs, noirs, gris, roses.

En sortant de Viterbo, on monte pendant deux heures et demie ; je fais la course à pied. Le sol est couvert d'un sable volcanique, que l'on nomme *rapillo*. Du sommet de Viterbo, vue superbe, à peu près un panorama ; d'un côté Viterbo, Montefiascone et la mer ; de l'autre, le lac de Vico, les Apennins dont les cimes sont blanchies par la neige ; enfin Rome dans le lointain.

Couché à Ronciglione ; maisons misérables, délabrées ; mais une église avec un dôme élevé et élégant.

14 *avril*. — Nous partons à cinq heures du matin, avec la pluie ; à midi le temps s'élève, pendant le déjeuner à la Storta, méchant cabaret, à neuf milles de la ville éternelle.

Voici la campagne de Rome : elle commence à Ronciglione ; cette plaine de trente lieues de longueur, occupe un espace de cent sept lieues carrées ; soixante-sept mille bêtes à cornes y trouvent leur nourriture. Des bergers à cheval, armés de longues piques, surveillent les buffles et ces bœufs à cornes gigantesques, originaires de Hongrie. L'Agro Romano est une prodigieuse quantité de petites collines incultes, sur lesquelles on aperçoit à peine un gazon court. A deux milles de la ville, l'herbe est un peu plus haute. Les arbres sont rares ; de loin en loin quelques chênes verts isolés, ou des rangées de pins maritimes ; ils offrent seuls de l'ombre aux troupeaux et une élégante parure à ces campagnes solitaires. Les pâturages sont séparés par des barrières de bois mort, au milieu desquelles paissent des bœufs et des chevaux. On voit par-ci, par-là, quelques ruines. La première dont s'occupent les itinéraires, à droite, sur le bord de la route, est un sarcophage antique, posé sur une maçonnerie moderne. Ce monument, qui porte le nom de *Tombeau de Néron*, est réellement celui de P. Vibius Marianus, proconsul, et de Reginie Maxima, sa femme. Il fut érigé sur la voie Cassienne, par leur fille Vibia Martia Maxima. Le véritable tombeau de Néron était à la porte du Peuple, dans l'endroit même où l'on a bâti l'église de Santa-Maria del Popolo.

Il y a quelque chose de vraiment pittoresque dans l'équipage et l'accoutrement de ce marchand de vin ambulant ; sa profession est même une de celles dont l'attirail offre l'ensemble le plus curieux à observer. Cet homme parcourt la campagne et les villages, juché sur les tonneaux, dont sa charrette à deux roues est chargée. Là, il dort en toute sécurité, abandonnant au cheval le soin de se conduire, ainsi que la responsabilité des accidens. Ce flegmatique industriel a les bras croisés sur la poitrine ; une peau de mouton, avec des trous pour passer les bras, est jetée sur ses épaules, et lui tient lieu de manteau ; un bonnet de coton et le chapeau pointu de feutre roux, composent sa coiffure; il appuie l'épaule gauche contre un morceau de vieille tapisserie, ajusté à deux branches d'arbre, fichées dans le brancard et liées ensemble avec des cordes. Quand le soleil est trop ardent, le grotesque colporteur suspend une tente sur sa voiture, au moyen des branches et des piquets dont elle est garnie.

Celui qui est le sujet de ces observations, vient de reprendre sa route, après avoir arrêté un moment. A son sérieux, à l'immobilité de ses traits, on pourrait le croire occupé de quelque méditation; c'est tout simplement de l'apathie et une profonde insouciance. Le cheval ne manque pas de tournure, ni de vigueur; un chien alerte fait sentinelle autour de la charrette.

Au risque de répéter ce que bien des nigauds se sont crus obligés de dire, je dois avouer qu'aux premiers regards que je pus jeter sur Rome, j'éprouvai un saisissement involontaire, un trouble inconnu.

Après avoir traversé le Tibre sur le Ponte Molle, nous entrons à Rome par la porta del Popolo, tout-à-fait digne d'annoncer cette ville célèbre.

Couru à la porte, tandis qu'on visite nos malles à la douane; j'y trouve une lettre que je lis, les yeux pleins de larmes. La colonne Antonine ne peut me distraire de la douce préoccupation qui absorbe ma pensée; je m'y abandonne avec délices, et je t'écris une longue lettre, ma chère Félicie; puisset-elle te faire éprouver quelque peu du plaisir que j'ai à te l'adresser !

15 *Avril.* — J'ai refusé ce matin, avant de sortir de l'hôtel, les services de deux ou trois ciceroni ; avec des livres, des cartes et un peu d'entente de la langue, il est inconcevable qu'on ait la bonhomie de se soumettre à la triste condition d'être accompagné, toute la journée, par un domestique de place, qui *gâte* toutes vos pensées. Je ne suis à Rome que depuis quelques heures, et j'en comprends la division générale.

On m'a beaucoup recommandé de me défier des indicateurs et des livres descriptifs ; les uns et les autres donnent souvent, il est vrai, aux ruines, aux statues, aux monumens, des noms et une destination qui leur sont tout-à-fait étrangers ; mais à côté de l'avantage de n'être *jamais* trompé, il faut craindre de tomber dans un scepticisme, dont le premier inconvénient serait de dépouiller de leur intérêt historique la plupart des belles choses que je vais voir. A tout prendre, j'aime encore mieux m'exposer à être dupe quelquefois.

Je n'ignore point d'ailleurs combien l'histoire des premiers siècles de Rome est incertaine ; je sais que Cicéron, dans une lettre à Atticus, tourne en ridicule l'histoire de Romulus ; que Polybe ne croit point à la défaite de Brennus par Camille ; que tous les documens publics furent brûlés, l'an 365 de Rome, lors de l'invasion des Gaulois ; mais ce que l'on ne peut contester, c'est que les Romains conquirent l'Italie et le reste du monde connu, dans l'espace de quelques centaines d'années; et que sous l'empereur Claude, cent vingt millions d'ames obéissaient à leurs lois; dès lors, on ne doit plus s'étonner de trouver de si nombreux vestiges de cette grande puissance, qui a fait l'admiration de tant de siècles!

Voici de charmantes pensées de M. de Châteaubriand sur la Rome d'aujourd'hui; je les place ici comme une espèce de *sauf-conduit*, pour ce que j'ai à dire sur la capitale du monde ancien et sur le cheflieu de la chrétienté :

« Quiconque n'a plus de liens dans la vie doit venir
« demeurer à Rome. Là, il trouvera pour société
« une terre qui nourrira ses réflexions et qui occu-
« pera son cœur, des promenades qui lui diront tou-
« jours quelque chose. La pierre qu'il foulera aux
« pieds lui parlera, la poussière que le vent élè-
« vera sous ses pas renfermera quelque grandeur hu-
« maine. »

Je traverse le pont Saint-Ange et je m'arrête un moment devant le mausolée d'Adrien, changé en forteresse lors de l'attaque de Rome par les Goths. Ce tombeau reposait sur un soubassement de forme carrée; du milieu s'élevait une grande masse ronde, toute incrustée de marbre; elle était de trois ordres d'architecture, dont il ne reste à présent que le premier, entouré jadis de colonnes en marbre de Paros, formant un portique circulaire, orné de statues. Le second rang avait pour décoration des pilastres et des statues. L'édifice se terminait par une espèce de coupole surmontée d'une pomme de pin, contenant les cendres d'Adrien. De ce merveilleux ouvrage, on n'a conservé que la grosse tour inférieure, au-dessus de laquelle est un ange en bronze, l'épée à la main. Bélisaire, forcé dans Rome par les barbares, se retira dans le mausolée d'Adrien; les moyens de défense lui manquant, il cassa les statues et avec leurs débris en écrasa l'ennemi. Les colonnes furent enlevées par Constantin, pour en orner l'église de Saint-Paul, où elles ont péri lors de l'incendie de cette basilique.

Maintenant, le château Saint-Ange est une bastille, un fort, dans lequel sont renfermés certains prisonniers. Alexandre VI fit faire ce long corridor, qui communique au palais du Vatican; en cas de surprise, le pape peut se réfugier au château Saint-Ange, distant du Vatican de cinq cents toises.

En cinq minutes je me trouve au pied de la colonnade de Saint-Pierre.

Pour apprécier, même imparfaitement, les proportions des deux ailes du portique qui dessine la place, il faut de toute nécessité recourir aux chiffres. Cette grande création du Bernin, se compose de deux cent quatre-vingt-quatre colonnes de travertin, entremêlées de quatre-vingt-huit pilastres, faisant trois galeries demi-circulaires; celle du milieu est assez large pour que deux carrosses puissent s'y croiser. Cette colonnade a cinquante-six pieds de largeur et cinquante-cinq de hauteur; la balustrade supérieure est ornée de cent quatre-vingt-douze statues en travertin, de douze pieds et demi de proportion. L'église de Saint-Pierre occupe un espace de cinq arpens et demi, et, en y joignant la place, il est de plus de vingt arpens. Ce monument, que Paul V a eu la gloire d'achever, a coûté deux cent cinquante millions de notre monnaie.

ÉGLISE SAINT-PIERRE.

En montant l'escalier, l'attention se porte d'abord sur les colonnes corinthiennes de la façade; elles ont huit pieds trois pouces de diamètre et quatre-vingt-huit pieds de hauteur, y compris la base et le chapiteau. Treize statues de dix-sept pieds de proportion, représentant Jésus et les apôtres, sont placées sur l'attique (1). — On pénètre dans le vestibule par cinq portes donnant entrée dans l'église; aux deux extrémités du vestibule sont les statues équestres, peu estimées, de Constantin et de Charlemagne.

Je pousse une lourde portière et me voilà dans l'intérieur du plus beau temple de l'univers, tout de marbre et d'or, resplendissant de lumière! Rien n'égale la fraîcheur, la propreté, l'éclat de cette incomparable église!

(1) Malgré tout, on ne peut se le dissimuler, ce temple n'a point une façade digne de lui. Michel-Ange voulait lui donner un portique sur le modèle de celui du Panthéon; avec une telle entrée, la coupole eût paru dans toute sa hardiesse et sa magnificence; la façade actuelle affaisse l'édifice et masque la coupole.

Je vais droit à la Confession de Saint-Pierre, c'est-à-dire au maître-autel placé sous le baldaquin, le plus grand ouvrage en bronze que l'on connaisse. Les reliques de l'apôtre qui *confessa* sa religion, en donnant son sang pour elle, reposent dans la chapelle souterraine ; on y descend par un escalier à deux rampes, dont la balustrade est ornée de cent douze lampes, toujours allumées, sauf le vendredi saint. En ce jour de deuil, elles sont éteintes et remplacées par une immense croix lumineuse, suspendue devant le baldaquin. Cette illumination, inventée par Michel-Ange, produit, dit-on, un très-bel effet.

L'église souterraine est l'espace compris entre le sol, ou le pavé de l'ancienne basilique bâtie par Constantin, et celui de la nouvelle construite dessus. Elle est formée par les anciennes grottes, qui furent respectées comme ayant été consacrées par le sang de nombreux martyrs avant Constantin, et par la sépulture de beaucoup de saints et de papes dans les siècles suivans. On y voit quantité de monumens, de statues, d'objets d'art intéressans, soit pour la religion, soit pour l'histoire.

Le grand autel de Saint-Pierre est réservé au pape ; par un usage contraire à celui adopté dans nos églises, l'autel est disposé de manière à ce que l'officiant tourne le dos à la *tribune* (le fond de l'église).

Je lève la tête et je contemple la plus vaste *coupole* qui existe et la partie la plus étonnante de l'édifice. Tout l'intérieur est revêtu de mosaïques, représentant le Sauveur, les apôtres, des saints, des anges, des chérubins.

Le Saint-André du Fiammengo, à l'une des niches des pendentifs, passe pour la plus belle statue qu'il y ait à Saint-Pierre.

Au fond de la Tribune est la chaire dans laquelle saint Pierre siégeait pontificalement; elle est renfermée dans une autre chaire de bronze doré, véritable châsse de cette relique; quatre figures de dix pieds de proportion soutiennent ce trône; cent cinquante-deux mille livres, poids de marc, de bronze y ont été employés.

Lady Morgan a énoncé, au sujet de la chaire de Saint-Pierre, un fait très-curieux, mais qui ne me paraît guère vraisemblable; je désire fort qu'un jour on puisse le démentir ou le confirmer.

« La curiosité des Français, dit cette femme spi« rituelle, a passé par-dessus tous les obstacles pour « voir le siège de saint Pierre. Ils enlevèrent sa su« perbe couverture et découvrirent la relique. Après « avoir ôté les toiles d'araignées et la poussière qui « couvraient le siége vénéré, on aperçut des figures « creusées dans le bois; c'était une inscription en « caractères arabes; on la copia exactement; elle « renfermait la profession bien connue de la foi ma« hométane : *Il n'y a de Dieu que Dieu, et Mahomet* « *est son prophète*. On supposa que ce siége était au « nombre des dépouilles offertes par les croisés à « l'église, dans un temps où il n'y avait encore ni sa« vans, ni antiquaires, ni académies des inscriptions.

« Cette histoire a été étouffée depuis et le siège re-
« placé. »

Derrière la chaire de Saint-Pierre, se voit une Gloire, vitrage de couleur aurore, dans lequel les rayons du soleil se jouent délicieusement à son coucher.

TOMBEAU DE CLÉMENT XIII (REZZONICO).

On donne pour certain que Rezzonico, riche banquier de Venise, procura le chapeau de cardinal à son second fils, moyennant 500,000 francs, qu'il donna au cardinal Neri Corsini, neveu de Clément XII. Me voici devant un des plus grands et des plus beaux ouvrages de Canova. Que de noblesse et de simplicité dans cette figure de la religion, s'appuyant sur la croix! En fait d'idéal moderne, quoi de plus beau que ce génie dans l'attitude de la douleur! Comme on voit bien que cette figure a été inventée depuis la naissance de l'Amour! car cette passion céleste n'existait réellement pas du temps d'Homère; les Romains l'entrevirent; mais elle n'apparut dans tous son charme qu'au treizième siècle, du temps d'Héloïse et d'Abeylard.

Quel admirable contraste ce génie si beau, fait avec les lions couchés près de l'entrée du tombeau! l'un d'eux sommeille, l'autre grince des dents et témoigne de la fureur. Quelqu'un demandait à Canova ce qu'il avait entendu par ces deux lions, et quel était le secret de sa pensée sur ces deux attitudes différentes ; il répondit :

« Le lion qui dort profondément est la mansué« tude du pape, qui n'attaque personne ; le lion
« qui rugit est la force qui résiste à l'Espagne, dont
« les ministres ont demandé si vivement la destruc« tion des jésuites. »

Cette anecdote, rapportée un jour devant M. de Cevallos, le mit dans une fureur qu'on ne put que difficilement apaiser.

TOMBEAU DES STUART.

Jacques III et ses deux fils, le cardinal d'York et le prétendant, époux de cette comtesse d'Albany, qui fut aimée d'Alfieri, sont les princes malheureux auxquels Georges IV fit élever ce monument. De leur vivant, il les eût probablement envoyés à l'échafaud, s'ils fussent tombés en son pouvoir ; morts, il a voulu que le ciseau de Canova transmît leur mémoire à la postérité.

Les deux anges, en bas-relief, placés à la porte du tombeau, sont des plus gracieux. Au reste, l'agencement, les formes, l'invention et la composition de ce monument, sont l'objet de quelques critiques, et Canova lui-même n'en était pas satisfait.

Je m'arrête quelques instans devant ces superbes mosaïques, copies de tableaux qui étaient dans les chapelles ; on s'est aperçu à temps des dangereux effets de l'humidité, et on a mis les originaux au Vatican.

La Pietà de Michel-Ange, se voit à la première chapelle, à droite, en entrant dans l'église. Comment se fait-il que ce grand artiste ait représenté Marie, pleurant sur son fils mort, sous les traits d'une femme de trente ans au plus?

Tout ce que l'on connaît d'architectes célèbres, Romains et Florentins, ont épuisé leur savoir pendant près de trois siècles (1), pour élever et décorer Saint-Pierre; le Bramante et Vignole ont eu la plus grande part au dedans; Lorenzetto aux revêtissemens extérieurs à ressauts; le dôme est le chef-d'œuvre de Michel-Ange; Jacques Delaporte et Fontana l'ont exécuté; le portail est de Charles Maderne, qui aurait mieux fait de suivre le plan de Michel-Ange.

Les Suisses, avec leurs hallebardes à la porte du Vatican, ont à peu près le même costume qu'au quinzième siècle; ils sont vêtus de bandes de drap jaune, rouge et bleu; les rabats qu'ils portent, au lieu de fraises, leurs donnent l'air de bedeaux de paroisse.

En se plaçant sur l'escalier de Saint-Pierre on a devant soi l'*obélisque* égyptien, tiré du cirque de Néron; il a cent vingt-quatre pieds de hauteur, à partir du pavé jusqu'à l'extrémité de la croix dont il est surmonté.

On sait que Sixte-Quint fit placer ici cet obélis-

(1) Justinien a reconstruit Sainte-Sophie de Constantinople en cinq ans onze mois et dix jours.

que en 1586, presqu'un siècle avant la construction de la colonnade ; mais peu de personnes connaissent une anecdote intéressante à laquelle cette opération donna lieu. Le transport de l'obélisque de l'emplacement où est maintenant la sacristie de Saint-Pierre, et son élévation sur le piédestal, eurent lieu sous la direction de Fontana, à l'aide de huit cents hommes, de cent soixante chevaux et de nombreuses mécaniques, et occasionèrent une dépense de 200,000 francs.

Sixte-Quint s'était fait détailler, par Fontana, les moyens qu'il comptait employer pour élever, sans accident, une masse aussi considérable. L'architecte exigeait le plus grand silence, de manière à ce que l'on pût entendre distinctement ses ordres. Sixte-Quint prononça *la peine de mort* contre le premier spectateur, de quelque rang, de quelque condition qu'il fût, qui proférerait un cri.

Le 10 septembre 1586, la place se remplit de bonne heure d'une foule considérable qui connaissait l'édit et avait la ferme résolution d'y obéir. Ce peuple, si sensible aux arts, prenait un vif intérêt à l'opération, et gardait le plus religieux silence. Le travail commence. Un mécanisme admirable, des cordes habilement distribuées et mises en mouvement, soulèvent l'obélisque, le portent comme par enchantement vers la base disposée pour le recevoir. Le pape, qui était présent, encourageait les ouvriers par des signes de tête. On allait atteindre le but. Fontana parlait seul ; il commandait une dernière manœuvre ; tout-à-coup un homme s'écrie du milieu de la foule et d'une voix retentissante :

« *Acqua alle corde!* (de l'eau aux cordes). »

Il s'avance aussitôt et va se livrer aux gardes placés près de l'instrument du supplice, dressé sur la place même. Fontana regarde avec attention les cordes, voit qu'effectivement elles sont tendues, qu'elles vont se rompre; il ordonne qu'on les mouille; à l'instant elles se resserrent, et l'opération s'achève au milieu des applaudissemens universels.

Fontana court à l'homme qui avait crié : *Acqua alle corde*, l'embrasse, le conduit au pape, à qui il demande sa grace; elle lui est accordée avec une pension considérable, et le lendemain le saint-père lui conféra de plus le privilége, dont jouit encore sa famille, de fournir les palmes qu'on distribue dans les églises le jour des Rameaux. Une fresque des chambres de la bibliothèque du Vatican représente cette scène extraordinaire.

A droite et à gauche de l'obélisque deux admirables fontaines, dont les eaux jaillissantes s'élèvent à une vingtaine de pieds et retombent en gerbes dans de vastes bassins.

Revu la place del Popolo, que j'ai traversée hier en arrivant. Elle est belle et à peu près ronde; deux églises, de façades parfaitement semblables, décorent noblement l'entrée de la rue du Corso; chacune a sa coupole, son clocher, son portique. Sur les côtés de la place, deux fontaines de marbre; au milieu, un obélisque couvert d'hiéroglyphes. C'est de la place du Peuple que partent les trois principales rues de Rome : Babuino, Ripetta et le Corso au milieu.

La colonne Trajane sur l'emplacement du foro Trajano, entre le Capitole et le Quirinal, est un des plus beaux monumens de Rome et la plus belle colonne qui soit dans le monde. Elle fut érigée l'an 99 de Jésus-Christ et de Rome 867. Le fût est formé de vingt-trois massifs de marbre posés les uns sur les autres. Le piédestal, orné de trophées et de guirlandes de feuilles de chêne soutenues par des aigles, est la plus belle partie de la colonne. Les bas-reliefs autour du fût se rapportent aux deux expéditions de Trajan contre les Daces; ils représentent des sièges, des marches, des campemens, des passages de rivières, et on y distingue deux mille cinq cents figures. La statue de Trajan couronnait le monument; elle a été remplacée par celle de saint Pierre.

Sixte-Quint fit découvrir le piédestal de la colonne Trajane, enfoui sous les débris des édifices de l'ancien foro Trajano, le lieu le plus célèbre de Rome par sa magnificence. En 1812, sous l'administration française, de nouvelles fouilles amenèrent la découverte des tronçons de colonnes appartenant à la basilique de Trajan, que l'on voit dans cette espèce de cour ou arène elliptique.

L'église des Saints-Apôtres, une des plus anciennes de Rome, renferme le tombeau de Clément XIV, par Canova.

Après avoir passé plusieurs années dans la retraite,

au couvent des frères mineurs conventuels des Saints-Apôtres, le bon cardinal Ganganelli monta sur le trône pontifical. Aujourd'hui son corps repose dans cette église, où le plus grand sculpteur que la nature ait donné au monde depuis Michel-Ange, Canova, lui a élevé un tombeau.

A la mort du pieux Rezzonico (Clément XIII), en 1769, les affaires du Saint-Siège étaient dans un désordre affreux. Clément XIV monta sur le trône et hésita long-temps avant de détruire cette milice qui, de nos jours redevenue formidable, va bouleversant tous les États, en s'efforçant de les soumettre à la théocratie. Mais enfin, le 21 juillet 1773, Ganganelli signa le bref contre les Jésuites, ne dissimulant à personne l'imminence du danger auquel l'exposait une semblable détermination, et regrettant sous la tiare sa cellule de simple cordelier. Les précautions les plus minutieuses furent prises dès ce moment pour le garantir des atteintes du poison.

Sept mois s'étaient à peine écoulés depuis la destruction des Jésuites, que le pape était empoisonné; les symptômes n'en furent point reconnus d'abord par la médecine; sa santé s'affaiblit graduellement depuis le mercredi de la Semaine Sainte de 1774, jusqu'au 22 septembre suivant, qu'il rendit le dernier soupir.

On trouve dans les Mémoires laissés par l'abbé Roman, contemporain de l'événement, de curieux détails sur les circonstances qui ont précédé et accompagné la mort de Clément XIV. Ses derniers momens furent marqués par des sentimens de résignation, de patience et d'une véritable piété ; son testament ne se composait que de ce peu de mots :

« Mon ame à Dieu, mes effets à mes parens. »

On pensa généralement que Ganganelli avait été empoisonné avec l'acquetta qui se fabriquait à Pérouse et en Calabre ; composition de même nature que l'acqua tofana.

Cette célèbre acqua tofana, dont on ne parle plus guère depuis quarante ans, était inodore et sans couleur. Une goutte, mêlée dans le café, le chocolat, ou certaines boissons, et administrée toutes les semaines, faisait mourir au bout de deux ans. Cet affreux poison, composé, dit-on, d'opium et de cantharides, attaquait les parties nobles de notre organisation, et jetait bientôt le malade dans un état de faiblesse et de consomption, contre lequel toutes les ressources de l'art venaient échouer.

L'ouverture du corps de Clément XIV et les circonstances qui accompagnèrent ses funérailles, ne laissèrent guère de doute sur la cause de sa mort. Un vase contenant ses viscères et ses intestins se rompit en éclat quelques heures après qu'on les y eut mis ; la chambre fut remplie d'une horrible infection. Le poison opérait encore si violemment lors des obsèques, qu'au moment où le cortége passait sur le pont Saint-Ange, une jambe se détacha du cadavre, pendit hors du cercueil et fut tombée par terre, si un estafier ne l'eût repoussée dedans.

Le besoin extrême que Rome a d'argent, fait que l'on y est indulgent pour tous les étrangers riches, sans distinction de religion et sans exiger d'eux aucune condition. Aussi, les Anglais ôtent bien leur chapeau dans les églises; mais, pour rien au monde, ils ne se soumettraient à la plus petite génuflexion, soit en passant devant l'autel au moment de l'élévation, soit au moment où le prêtre donne la bénédiction; j'en ai un exemple à l'instant même. Les dévotes, scandalisées de cette irrévérence, suspendent un moment leur prière, et disent en voyant passer ces mécréans :

« *Questa gente non crede in Dio, gran malora per loro.* »

16 *avril.* — Je demande le chemin du Capitolo; on me répond : *non so.* Pauvres Romains! ils ne connaissent que le Campidoglio.

Au bout du Corso j'entre dans la rue Marforio, qui me conduit à l'arc-de-triomphe de Septime-Sévère; il servait jadis d'entrée au Capitole du côté du Forum Romanum; sa base est à quinze ou seize pieds au-dessous du sol actuel.

Je prends une longue rampe, appelée Montée de Marforio, et j'arrive sur la place du Capitole; ce lieu d'où Scipion, Pompée, César, réglaient les destinées du monde.

Le Capitole est un édifice moderne bâti sur les ruines de l'ancien.

On arrive de la place du Capitole à l'église d'Ara-Cœli, par un escalier de cent vingt-quatre marches de marbre de Paros, tirées d'un temple à Romulus. Cette église, une des plus anciennes de Rome, occupe l'emplacement du temple de Jupiter-Capitolin, auquel ont sans doute appartenu les vingt-deux colonnes qui forment les trois nefs. Le tableau du maître-autel, représentant une sainte famille, est attribué à Raphaël.

Quelle opinion se former de la fragilité des choses humaines, lorsqu'on se rappelle ce que fut ce lieu et qu'on voit ce qu'il est maintenant! Cette petite colline qui, sous Romulus, commença par être un asile ouvert aux malfaiteurs, débiteurs insolvables, ou esclaves fugitifs; qui fut l'habitation des Sabins de Cures, lorsqu'ils vinrent s'établir avec les sujets de Romulus; ce Capitole enfin qui, devenu le centre de la terre, offrait la réunion des plus magnifiques monumens; ce temple célèbre, qui était, en même temps, le plus sacré pour le peuple le plus éclairé de l'antiquité; que de chefs-d'œuvre des arts, que de richesses y avaient été consacrées à Jupiter!

Eh bien! tout a disparu! aujourd'hui, trois à quatre cents cordeliers desservent l'église d'Ara-Cœli. Leur couvent est le chef-lieu de l'Observance, et sert d'habitation au général des cordeliers observantins, des récollets, et des pères du tiers-ordre, ou Picpus.

Ces moines ont trouvé un singulier moyen d'exploiter, à leur profit, la crédulité publique. Un cordelier, se trouvant en Palestine au commencement du siècle dernier, eut l'heureuse idée d'en rapporter un poupard en bois, travaillé de sa main ; ce moine déclara en arrivant, que cette petite statue, faite avec un morceau d'olivier pris sur la montagne où Jésus-Christ pria la veille de sa mort, avait manifesté sa sainteté, aussitôt après qu'elle fut formée ; qu'on vit des couleurs lui monter au visage, pour ne jamais pâlir. La précieuse relique, placée tout de suite dans la sacristie, fut bientôt couverte de pierreries, données en offrande, et devint un riche trésor.

Le Bambino rend la santé aux malades qui ont confiance en lui, et qui ont *les moyens* de se procurer sa visite ; car le Bambino ne voyageant qu'en carrosse, le malade a la course à payer, ainsi qu'une rétribution au cordelier qui l'apporte, et une seconde au couvent. Les pauvres diables, dans l'impossibité de faire la dépense, s'abandonnent à la volonté de Dieu et à la force de leur tempérament.

Le jour de Noël, chaque église expose les reliques qu'elle possède ; il y en a en cire, en bois, en terre ; c'est la crêche, la sainte famille, etc., etc. Mais le peuple de Rome et des campagnes se porte surtout à l'église d'Ara-Cœli, pour le Sacro Bambino, que l'on offre à l'adoration des fidèles, pendant la troisième messe de minuit.

Ces gens, que je vois montant à genoux le grand escalier, font cet acte de dévotion afin d'obtenir, par l'intercession de la poupée en bois, le gros lot à la loterie. En France, c'est à peine si le bas peuple se laisserait prendre à semblable jonglerie ; à Rome, tout est peuple, ou au moins fait semblant de l'être.

Un escalier vous conduit de la place du Capitole à la rue Montegrabino; au N° 139, on lit sur une méchante porte et en mauvais caractères : *Ingresso della rocca Tarpeia*.

Cette porte donne entrée dans un jardinet, planté de choux; c'est le sommet de la fameuse Roche Tarpéienne, aujourd'hui le Monte Caprino; de la petite terrasse du jardin à la base du rocher, il peut y avoir une hauteur de vingt-cinq pieds.

Du capitole, je descends au Forum Romanum, visitant ainsi presque simultanément les deux lieux les plus célèbres de l'ancienne Rome. Ici, Jupiter rendait ses oracles; là, un peuple belliqueux se soulevait contre une aristocratie d'autant plus puissante, que son origine était glorieuse. Enfin, de nombreux édifices faisaient de ce point du globe le plus beau musée d'architecture et de sculpture que les arts aient jamais produit.

Au Capitole l'antiquité a complètement disparu. Dans le Forum, au contraire, les souvenirs de l'histoire reçoivent quelques secours des nobles débris monumentaux échappés à tant de ravages. Ces ruines vénérables changent quelquefois de dénomination; mais enfin elles subsistent, et l'érudition finira par assigner à chacune son nom véritable.

Quel manifique chaos que cet assemblage sublime de ruines antiques, et de monumens modernes! à côté de l'église où le prêtre enseigne l'évangile, s'élevait jadis la redoutable tribune aux harangues. Elle était assez près de la prison d'Ancus Marcius, pour que les complices de Catilina pussent y entendre la voix puissante de l'orateur qui demandait leur tête.

Le Forum Romanum, maintenant le Campo Vaccino, s'étendait de l'arc de Sévère à celui de Titus. Ici tout est confus ; la place même est un vrai désordre, une véritable ruine ; une allée d'arbres lui donne l'air encore plus désert. Il est inconcevable qu'on n'ait pas encore adopté un plan pour déblayer ce vaste cimetière monumental, lui donner une forme, et déterrer les chefs-d'œuvre qui y sont ensevelis.

M. Demidoff offrait, en 1825, d'enlever les terres qui couvrent le Forum ; on voulait bien lui permettre d'employer cinq cents galériens, auxquels il donnerait cinq sous par jour ; la chose était arrêtée, lorsque le cardinal-vicaire, M. Della Genga, fit tout manquer, par une susceptibilité peu digne d'un homme d'esprit comme Léon XII.

M. Demidoff avait une troupe de comédiens qui jouaient, au palais Ruspoli, les vaudevilles du Gymnase ; dans l'une de ces petites pièces il y avait un rôle de Saint-Ange, un autre portait le nom de Saint-Léon. Enfin, pour comble de malheur, un jeudi le spectacle se prolongea jusqu'à minuit et demi, c'est-à-dire jusqu'au vendredi. M. Della Genga interdit, dès ce moment, à M. Demidoff, la faculté de faire jouer la comédie chez lui. Le grand seigneur, piqué, quitta Rome et se retira à Florence, où il vient de mourir.

Je vois les ruines des temples de Jupiter tonnant,

de la Fortune, de Jupiter Stator, ou Græcostasis, de la Concorde; les trois voûtes colossales du temple de la Paix, que beaucoup de personnes s'obstinent à considérer comme des restes de la basilique de Constantin.

Vespasien éleva le temple de la Paix après son triomphe sur les Juifs et y déposa la plus grande partie des tableaux, statues et autres ouvrages de l'art qui avaient échappé aux troubles civils. C'était là que se rassemblaient chaque jour les artistes et les savans. On a déterré sur l'emplacement de ce temple un grand nombre d'antiques.

Cette colonne, dont l'inscription a été découverte seulement au mois de mars 1813, porte le nom de *Phocas*; de ce centurion, que l'armée romaine révoltée éleva à l'empire en 602.

Je passe sous l'arc de Titus, le plus ancien de Rome et celui dont le style est le plus beau.

Il est une bien triste vérité pour ceux qui s'occupent de l'étude de l'antiquité, c'est que chaque jour amène de nouvelles découvertes qui viennent renverser les opinions attribuant tel lieu, tel nom, à tel ou tel monument. Par exemple, jusqu'à ce jour c'était un fait à l'abri de toute contradiction, que la voie sacrée passait sous l'arc de Titus. Eh bien! des fouilles récentes démontrent que cette conjecture était fausse. Voilà les interprétations des vers de Martial, d'Ovide, d'Horace, qui semblaient si claires et si décisives, reconnues complètement erronées. On pense généralement que le monument élevé à Titus se trouvait sur la voie triomphale, entre la voie sacrée et le Colysée.

J'arrive à l'arc de Constantin, le mieux conservé des trois que je viens de voir. Après la victoire remportée le 28 octobre 312, par Constantin sur Maxence, il fallut élever un monument au nouvel empereur ; mais comme les arts étaient en décadence, et qu'on désespérait de trouver un artiste digne de l'objet proposé, il sembla tout naturel de dépouiller l'arc de Trajan pour orner celui de Constantin. Ainsi des Parthes captifs paraissent prosternés aux pieds d'un monarque qui n'a jamais porté ses armes au-delà de l'Euphrate, et on peut encore apercevoir la tête de Trajan sur les trophées de Constantin.

A côté est le Colysée, commencé par Vespasien et fini sous Titus, son fils ; les jeux pour sa dédicace durèrent cent jours ; cinq mille bêtes féroces et plusieurs milliers de gladiateurs y trouvèrent la mort. Une croix en bois s'élève au milieu de l'arène ; tout autour sont quatorze oratoires érigés par Benoît XIV, aux chrétiens qui ont reçu la couronne du martyre dans cet amphithéâtre. Une chapelle est à côté de l'escalier pour monter aux étages supérieurs. Des ouvriers travaillent à des fouilles ; d'autres à étayer les parties de l'édifice, que le temps et une puissante végétation attaquent et minent sourdement.

Que dire du Colysée ! l'esprit en est confondu. Rien ne peut donner une plus grande idée de la puissance romaine, que ces ruines majestueuses. On y donna un combat de taureaux le 3 septembre 1332.

Je vais à la basilique de Saint-Jean-de-Latran par la rue S. Giovanni.

Lorsque Constantin eut embrassé le christianisme (306), on se mit aussitôt à bâtir des églises. Il y avait à Rome et dans toutes les villes de l'empire une espèce de monument fort commun, parce qu'il était très-utile ; c'étaient les *basiliques*, lieux où l'on se rendait pour parler de ses affaires, pour acheter une foule d'objets qui s'y vendaient et où, enfin, il y avait un tribunal du haut duquel on rendait la justice. La forme de ces vastes édifices était un carré long, dans l'intérieur duquel régnaient plusieurs rangées de colonnes qui formaient des nefs distinctes, occupées selon le sexe et le rang des individus. Ordinairement les colonnes de la nef du milieu étaient surmontées d'autres colonnes d'un ordre plus léger, et ces dernières formaient un premier étage de tribunes fréquentées par les gens d'affaires et les avocats. Ce carré long se terminait par une niche demi-circulaire où siégeaient les juges du tribunal.

Cette disposition architectonique parut très-propre à s'adapter aux besoins du culte chrétien. De l'Abside, où était le tribunal, on fit la place où devait s'asseoir le clergé présidé par l'évêque. L'autel occupa le centre du demi-cercle. A droite était la place de l'empereur, des sénateurs et des magistrats; à gauche, celle de toutes les dames de la famille impériale ; de l'un et de l'autre côté de la basilique sainte se rangeaient, mais séparément, à droite du clergé les hommes, à gauche les femmes.

La nef du milieu était occupée par deux *Ambons*, ou petites chaires, d'où on lisait alternativement l'évangile et l'épitre; puis enfin, on voyait le chœur enfermé par une balustrade où se tenaient les chantres et les musiciens.

On conçoit facilement comment le mot *basilique*, de simple désignation qu'il était d'abord, est devenu un titre auquel se sont attachées certaines prérogatives. L'on déclara *basiliques* toutes les églises fondées et bâties par Constantin. En effet, ce sont celles-là seulement, abstraction faite de leur forme matérielle, souvent changée depuis le quatrième siècle, qui sont réputées basiliques. Sainte-Sophie, de Constantinople, dont le plan et l'élévation n'ont aucun rapport avec ceux de Sainte-Agnès ou de Sainte-Marie-Majeure, par exemple, n'en porte pas moins le titre de *basilique*, par cela seul que Constantin l'a fondée; on voit donc que ce mot a deux sens distincts. Dans la langue architectonique, il désigne seulement une église dont le plan et la décoration sont imités de ceux des basiliques païennes; tandis que, dans l'acception ecclésiastique, il veut dire, avant tout, une église dont la fondation date du règne de Constantin.

Paris va avoir six basiliques : Saint-Philippe-du-Roule, et les cinq églises en construction, la Madeleine, Saint-Vincent-de-Paule, Notre-Dame-de-Lorette, Saint-Louis au Marais et Bonne-Nouvelle.

Saint-Jean-de-Latran, cathédrale du souverain pontife, a cinq nefs, décorées de trois cent trente-cinq colonnes. — Figures des douze apôtres, estimées. — Sculptures dorées du plafond. — Peut-être un peu de bizarrerie dans la forme du maître-autel, mais riche, curieux. — Tribune couverte de mosaïques à fond d'or. — A l'orgue, deux colonnes de jaune antique. — Devant l'autel du Saint-Sacrement, quatre colonnes de bronze doré, provenant du temple de Jupiter Capitolin et envoyées de Jérusalem par Titus. — Des confessionnaux pour toutes les langues. — Chapelle Corsini et tombeau de Clément XII, orné de l'urne de porphyre renfermant jadis les cendres d'Agrippa et enlevée au Panthéon.

On montrait autrefois, dans le cloître de Saint-Jean-de-Latran, un siège en porphyre, ou rouge antique, au sujet duquel maints voyageurs se sont fort égayés. Ce siège, que Pie VI rendit à l'antiquité profane, en le plaçant au musée du Vatican, se voit maintenant au Louvre; il portait le nom de sella stercoraria, et le plus souvent, celui de *chaise percée*. Son histoire se lie avec celle de l'intronisation de la papesse Jeanne; intronisation qui, selon soixante-dix ou quatre-vingts auteurs, a passé pendant *cinq cents ans*, pour un fait prouvé; tandis que d'autres n'y voient qu'une fable. Les premiers soutiennent que Léon IV mourut en 853, et qu'il eut pour successeur une femme déguisée en homme et arrivée au cardinalat par son mérite; ils ajoutent qu'elle accoucha près du Colysée, au milieu d'une procession. Les contradicteurs prétendent que Léon IV ne mourut qu'en 855, et que Benoît III lui succéda immédiatement. Il y a, au reste, beaucoup de trouble dans cet endroit de l'histoire ; et Rome, avec raison, a essayé de lacérer une semblable page de ses annales.

En reconnaissance du don de l'abbaye de Clérac, qu'ils tenaient de la munificence d'Henri IV, les chanoines de Saint-Jean-de-Latran lui élevèrent la statue en bronze placée sous le portique de la façade latérale. Lors du couronnement de Rienzi au palais de Latran (1347), un ruisseau de vin coulait des narines du cheval portant la figure de Constantin, que l'on voit sous le portique de la façade principale.

On a donné le nom de Scala Santa à un sanctuaire où Sixte-Quint fit placer vingt-huit degrés de marbre, tirés du palais de Pilate à Jérusalem, et que Jésus-Christ monta plusieurs fois pendant la passion : aujourd'hui l'escalier est recouvert de planches, et nul ne peut le monter qu'à genoux ; mais de chaque côté il y en a d'autres par lesquels on arrive devant la grille de la chapelle établie au-dessus. Là, parmi d'autres reliques, se trouve un portrait du Sauveur commencé par saint Luc et terminé par des anges. Quatre fidèles, le chapelet en main, se traînent pieusement à genoux sur l'escalier du milieu.

La statue de Marc-Aurèle, sur la place du Capitole, fut trouvée près de la Scala Santa, d'où on a conjecturé que son palais était dans les environs.

Le plus grand obélisque égyptien que l'on connaisse (cent quarante pieds du pavé au sommet de la croix), se voit sur la place de Saint-Jean-de-Latran, la plus vaste de Rome; il y fut apporté sur une galère à trois cents rames.

S. Giovanni in fonte, ou le Baptistère de Constantin, touche à la basilique. Cette église, fort ancienne, a huit colonnes de porphyre de la plus grande beauté; une urne de basalte noir sert de fonts baptismaux. —Tableaux d'André Sacchi, se rapportant à l'histoire de la Vierge. — Statue du Donatello, et peintures de Tempesta et du chevalier d'Arpin, dans les chapelles.

Beaucoup de bonnes gens vous affirment à Rome que l'empereur Constantin fut baptisé dans cette église; il y a erreur ou mensonge. Constantin reçut le baptême dans son palais de Nicomédie et seulement pendant la maladie dont il mourut.

C'est ici que, d'après un ancien usage, on donne, le samedi saint, le baptême à quelques mécréans, soi-disant convertis au catholicisme. Par ruse ou par force, il n'est pas difficile de s'emparer de deux ou trois juifs ou mahométans, que l'on force d'abjurer leur croyance pour embrasser celle de Rome. Chaque catéchumène, habillé de damas blanc, en manteau et une croix pendue au cou, est accompagné de son parrain et de sa marraine qui lui choisissent un patron dans la légende; un cardinal lui verse de l'eau bénite sur la tête avec une grande cuillère d'argent; on le confirme immédiatement après et il va entendre une messe à Saint-Jean-de-Latran. Tout cela compose une cérémonie que la *Quotidienne* qualifie de *fort édifiante* (Voir son numéro du 11 mai 1832).

La Via Merulana, d'un mille de long, fourmille

de lézards verds ; ils partent à chaque pas que l'on fait. C'est un préjugé de l'enfance de les croire dangereux; ils ne le sont nullement. Cette rue me conduit à travers des vignes infectées de la fièvre, pendant la mauvaise saison, de la place de Saint-Jean-de-Latran à celle de Sainte-Marie-Majeure. Je m'assieds sur les marches d'un escalier, afin de voir plus à mon aise cette magnifique colonne cannelée tirée du temple de la Paix; Charles Maderne lui a donné pour couronnement une statue en bronze de la Vierge. La colonne a cinquante pieds de haut et dix-neuf de circonférence.

Eglise de S. Maria-Maggiore, la plus belle et la plus considérable des vingt-six églises de Rome consacrées à la mère du Sauveur; la statue de Philippe IV se voit sous le vestibule.

Rien de ravissant comme l'aspect intérieur de Sainte-Marie-Majeure! rien de noble et de gracieux comme ces colonnes ioniques de marbre blanc qui partagent l'église en trois nefs! — Plafond à caissons dorés. — Urne de porphyre au maître-autel. — Quatre anges de bronze doré, placés sur autant de colonnes en porphyre, soutiennent une couronne sur l'autel pontifical. — Tous les genres de magnificence réunis dans la chapelle de Sixte-Quint et dans celle de la famille Borghèse. — En sortant de Sainte-Marie-Majeure par la porte à côté de la Tribune, on voit la seconde façade et l'obélisque, sans hiéroglyphes, élevé sur la place.

Dans la belle saison, les gens à équipages, les cavaliers et les piétons vont, le soir, à la Villa Borghese ; sortant par la porte du Peuple, on monte à droite.

C'est un immense jardin anglais renfermant tout ce qui peut orner et embellir un parc ; des monumens égyptiens, grecs, romains, à profusion ; des pavillons et fabriques de toute espèce ; des eaux jaillissantes sous toutes les formes ; des bois, des pelouses, des bosquets, de grandes allées. Sauf la fièvre, que l'on est exposé à y prendre, cette promenade me paraît réunir tous les genres d'agrémens et de beautés. En l'état, la Villa Borghese couvre une étendue de six cents arpens et à une lieue de circuit ; mais on y ajoute des terrains considérables.

Les appartemens du palais sont transformés en un riche musée de tableaux, de statues, de bustes, de bas-reliefs, de vases, de coupes, de sarcophages.

La Villa Borghese appartenait à la famille Cenci, lors de l'épouvantable malheur dont elle fut frappée. Clément VIII (Aldobrandini) confisqua leurs biens et en fit cadeau à ses parens ; telle est l'origine de cette propriété pour le prince qui la possède.

Près de la Villa Borghese est la Villa Bevilacqua (appartenant aujourd'hui à M. Nelli), dont Raphaël fut propriétaire ; elle a encore trois fresques et quelques portraits attribués à ce grand peintre.

Accueil simple et aimable de M. Schnetz ; il a, dans son atelier, de nouveaux tableaux, très-dignes de son talent.

La Strada del Corso, l'ancienne voie Flaminienne, est grande, belle, très-vivante ; c'est là qu'ont lieu les courses de chevaux, l'un des principaux amusemens du peuple; il courent de la porte del Popolo au palais Saint-Marc. Dans les derniers jours du carnaval, le Corso est plein de masques. Ce soir, à sept heures, deux longues files de voitures, l'une montant, l'autre descendant, occupent toute la rue; les pauvres piétons sont dans un grand embarras.

Il n'est bruit que du suicide du jeune Saint-P....; ce soir, à la table d'hôte de Franz, cet événement fait le sujet de la conversation; on s'excite à la haine contre le banquier T.....; il a refusé quelques milliers de francs à cet étourdi, qui, redoutant le déshonneur, s'est fait sauter la cervelle un de ces jours passés. Il laisse quelques dettes et des remords à T....., auquel, assure-t-on, il est arrivé des fonds pour M. de Saint-P....., le lendemain même du jour où il s'est tué.

M. T....., duc de B....., parvenu de la pauvreté à une immense fortune, est en possession, à peu près exclusive, de fournir aux étrangers riches qui visitent Rome l'argent dont ils ont besoin; Dieu sait ce que cette espèce de monopole lui rapporte; mais ses palais, ses *ville*, ses tableaux, ses statues ne le cèdent à nul autre. M. le duc de B..... se fait honneur de ses nombreux millions; il donne des fêtes magnifiques; mais en sa qualité de *riche*, chacun le jalouse, depuis les *facchini* jusqu'aux princes, qui se disputent cependant la main de ses filles et briguent l'amitié de ses fils (1).

(1) M. T..... est mort à Rome le 27 février 1829.

17 *avril*. — Je sors de l'hôtel à six heures du matin. La rue de' Condotti et celle du Corso, sont encombrées de galériens, vêtus d'une étoffe de laine rayée brun foncé et blanc ; ces malheureux, les fers aux jambes, balaient le pavé.

Ce système pénal des travaux forcés en public, que l'Italie, le Piémont, la Suisse, ont adopté, me semble réunir tous les inconvéniens possibles, sans aucun avantage ; l'exposition habituelle dans une situation dégradante, détruit à la fin toute honte dans le criminel, toute crainte dans le spectateur ; c'est une peine qui ne corrige ni n'intimide personne. Le travail sans flétrissure habituelle, la solitude, le silence, avec un espoir de grace attaché au repentir, offrent, ce me semble, le seul genre de peine que la morale politique ne réprouve pas.

Je retourne au Colysée.

On comprend, par ce qui en reste, que l'édifice était entouré à l'extérieur, de trois rangs de portiques, élevés les uns sur les autres ; dans chaque rang, il y avait quatre-vingts arcades et autant de colonnes. La forme extérieure et intérieure du Colysée est ovale. Quatre-vingt-sept mille spectateurs trouvaient place sur les gradins, et vingt mille autres dans les portiques au-dessus.

Pendant *dix siècles*, le Colysée a été comme une vaste carrière, livrée aux grands de Rome, qui y puisaient des matériaux pour élever leurs habitations monumentales. Les palais Barberini, de la Chancellerie, de Venise, Farnèse, de la Farnesine, rue des Baullari, et l'église de Saint-Augustin, ont été construits avec des pierres enlevées au Colysée. Paul II, Paul III, et le cardinal Raphaël Riario, sont les barbares qui ont autorisé les dévastations du Colysée ou en ont profité; Benoît XIV y mit fin en érigeant les oratoires bâtis autour de l'arène. L'enceinte septentrionale ayant échappé comme par miracle au vandalisme cupide des grands seigneurs, Pie VII construisit un éperon qui lui assure une longue existence.

Pour bien comprendre l'immensité de ce monument et en apprécier les détails, je monte aux étages supérieurs; il faut y marcher avec précaution et éviter de mettre le pied sur des voûtes trop amincies par le temps. Ces ruines, au milieu desquelles croissent des ronces, des lierres, des mousses, qui supportent même de petits jardins, produisent les plus beaux effets pittoresques; la position est unique, pour les artistes et pour ceux qui comprennent les choses vraiment grandes et belles.

J'entre dans l'église de S. Gregorio Magno, sur le Celio.—Colonnes de granit; superbes fresques du Guide et du Dominiquin; tableau d'Annibal Carrache.

Du haut de l'escalier, devant le portail de Saint-Grégoire, je vois les grandes ruines qui couvrent le mont **Palatin**, où Tibère, Caligula, Auguste, Néron, avaient des palais.

Quelle singulière destinée que celle du Palatin! à la place de ces jardins, de ces ruines, apparaissant au milieu du feuillage de quelques arbrisseaux, de touffes de plantes parasites, de ronces, de cyprès, étaient jadis de modestes cabanes et plus tard des palais, dont rien n'égala l'étonnante magnificence. Evandre et ses compagnons, Romulus et les bergers guerriers qui fondèrent une si grande puissance, couvrirent le Palatin de huttes formées de roseaux et de troncs de chênes. Lorsque le luxe, les arts et la conquête eurent enrichi Rome de tout ce que le monde possédait de plus précieux, les empereurs fixèrent leur résidence sur le Palatin ; tous les trésors, dont disposait le pouvoir le plus puissant de la terre, furent accumulés dans ces palais; les plus grands artistes concoururent à leur embellissement, et il est probable qu'aucun coin de la terre n'a jamais réuni un ensemble de monumens tels que ceux que l'on voyait du Colysée au Capitole, du Palatin au champ de Mars (1).

J'arrive à S. Stefano Rotondo.

Cette église, que des savans croient être un ancien temple à Bacchus ou à Faune, et que d'autres considèrent comme un bâtiment ayant servi à des thermes, a conservé quelque chose de majestueux. Le nom de Saint-Etienne-le-Rond lui vient de sa forme sphérique. Ses colonnes étant de grandeur inégale, et ayant des ornemens différens, on pense qu'elles ont été enlevées à divers édifices.

Je descends aux Terme Antoniane, ou thermes de Caracalla, au pied de l'Aventin. C'était un des plus beaux et des plus grands monumens de l'antiquité. Trois milles personnes pouvaient s'y baigner en

(1) Le seul temple de Delphes fournit cinq cents statues de bronze à la *maison dorée* de Néron.

même temps; il y avait seize cents sièges de marbre; celui dit la *chaise percée*, en a été tiré. Ces ruines immenses ne sont plus que des carcasses de briques; elles occupent un carré à peu près de l'étendue du jardin des Tuileries, et sont affermées à des jardiniers.

J'arrive à la porte S. Paolo à travers des vignes; quoique dans l'intérieur de Rome, on se croirait au milieu de la campagne. Les deux tiers de l'espace renfermé par les murs de la ville, ne sont occupés que par des jardins et des maisons de plaisance.

A côté de la porte Saint-Paul, est le tombeau de Cestio, pyramide de forme égyptienne, en marbre blanc. Ce Cestio vivait du temps d'Auguste, et était un des sept officiers chargés de présider aux banquets des dieux.

Le célèbre groupe de Niobé fut retrouvé près d'ici.

Chapelle du Salvatore, bâtie à quelques pas de la porte Saint-Paul, sur la place même où cet apôtre rencontra Plautille, dame romaine; il allait au supplice, et lui demanda un mouchoir pour se mettre sur les yeux.

Un troupeau de bœufs aux longues cornes vient à ma rencontre; trois hommes à cheval, armés de longs bâtons ferrés, les précèdent; deux autres suivent le convoi; l'un des premiers vient se placer devant moi pendant le passage des bœufs, pour me garantir de tout accident.

Un sacristain, *custode*, m'introduit dans la basilique de S. Paolo fuori delle mura, détruite par un incendie, dans la nuit du 15 juillet 1823. Cette perte pour les arts est une des plus grandes qu'ils pussent faire.

Entre autres choses fort précieuses, Saint Paul hors des murs, contenait cent quarante colonnes antiques, dont trente de porphyre. Disposées sur quatre lignes, ces colonnes divisaient l'église en cinq nefs. Les deux lignes du milieu, formées des plus belles, dont vingt-quatre d'une seule pièce de marbre violet, tirées du mausolée d'Adrien, ont été entièrement renversées et calcinées; les deux autres lignes sont debout et ont peu souffert. Quelques ouvriers s'occupent à réparer, ou plutôt à réédifier ce monument.

Remonté la rive gauche du Tibre jusqu'au Ponte Rotto, le premier pont de pierre fait à Rome. Commencé par le censeur Fulvius, il fut achevé par Scipion l'Africain; il n'en subsiste plus que la moitié.

Près du pont est la Madonna del Sole, petite église que l'on croit avoir été un temple à Vesta; rien de plus joli que cette rotonde entourée de vingt colonnes de marbre grec.

S. Maria Egiziaca occupe l'emplacement du temple de la Fortune virile, dont il reste encore quatre colonnes entablées.

Vis-à-vis de cette église on voit une vieille maison, ornée de dépouilles d'anciens édifices; c'est celle de Rienzi, tribun en 1347; elle porte le nom de *Palais de Pilate*.

Eglise de S. Eligio de' Fabri, revêtue en marbre; quelques bons tableaux.

J'arrive au Campidoglio, par la rue d'Ara-Cœli. Deux sphinx égyptiens, de la grande manière, au bas de l'escalier; en haut, statues colossales de Castor et Pollux, menant en main leurs chevaux; elles appartenaient au théâtre de Pompée.

Statue équestre en bronze, de Marc-Aurèle, sur la place du Capitole, un des plus beaux morceaux et la statue la plus parfaite qui existe.

Il est consolant pour l'humanité que les trois meilleurs princes qui ont honoré l'empire aient conservé un monument à Rome : Marc-Aurèle, sa statue équestre; Titus, son arc-de-triomphe, et Trajan, sa colonne. On doit à Marc-Aurèle l'usage d'inscrire sur des registres publics le nom des enfans au moment de leur naissance.

Dans la cour du palais de' Conservatori, l'attention se porte principalement sur : une main et les deux pieds de l'Apollon colossal, en marbre, que Lucullus avait fait venir de Pont; un lion attaquant un cheval; la tête et une main d'une statue colossale en bronze, qu'on a mal à propos désignée comme étant celle de Commode; un buste de Domitien, également colossal. — Statue de Rome triomphante, placée sous le portique, entre deux rois prisonniers; belle expression de ces trois têtes. — Colonne trouvée dans le Forum, et érigée à Duilius pour une victoire navale gagnée sur les Carthaginois.

Passé au Musée des antiquités, collection célèbre de statues et de bas-reliefs.

Une statue colossale, représentant l'Océan, orne la fontaine au fond de la cour; c'est le Marforio, autrefois dans le Forum et à qui on attribuait des satires et des discours ingénieux.

L'on trouve dans ce Musée :

Le Gladiateur mourant; le buste unique de M. Brutus; l'Amour et Psyché; Apollon tenant la lyre; la Vénus dite du Capitole; le Faune, en marbre rouge; Enfant jouant avec un cygne; des vases, des tombeaux, des bustes; un cadre en mosaïque représentant un masque de satyre et un de femme; une autre mosaïque antique, la plus belle qu'on connaisse : quatre colombes sont perchées sur le bord d'un vase, au fond duquel l'une d'elles plonge le bec.

Une galerie est réservée aux tableaux; entre autres productions célèbres, elle possède la sainte Pétronille du Guerchin, dont la copie occupe le premier rang parmi les grandes compositions en mosaïque de Saint-Pierre.

La colonne Antonine; est ainsi appelée parce que les antiquaires ont cru pendant long-temps que Marc-Aurèle l'avait dédiée à Antonin-le-Pieux, son beau-père; et on le voit ainsi dans l'inscription gravée sur le piédestal sous le pontificat de Sixte-Quint. Cette erreur subsista jusqu'à l'époque où la véritable colonne d'Antonin-le-Pieux fut découverte dans le jardin des prêtres de la Mission.

Ce magnifique monument fut élevé par le sénat en l'honneur de Marc-Aurèle, dont il devrait porter le nom. La colonne, toute de marbre, est d'ordre dorique. Sixte-Quint la fit restaurer par Fontana, en 1589, et la consacra à saint Paul, dont la statue en bronze doré termine la colonne. Elle est ornée de bas-reliefs montant en spirale autour du fût et représentant les victoires de Marc-Aurèle sur les Marcomans; on arrive au sommet par un escalier pratiqué dans l'intérieur.

M. S..... me présente à M. Guérin, directeur de l'école française des beaux-arts à Rome : j'en suis parfaitement accueilli.

M. Guérin habite la villa (1) Médicis, sur le monte Pincio, situation délicieuse, mais qui n'est pas tout-à-fait à l'abri de la fièvre. Cette villa a près de deux milles de circuit et domine presque tout l'horizon de Rome. On y transféra l'Académie des beaux-arts, fondée par Louis XIV en 1666. Cette académie est composée d'un directeur et de vingt-quatre pensionnaires, choisis parmi les élèves qui ont remporté le prix à Paris, dans la peinture, la sculpture et l'architecture.

18 *avril.*—Principales vicissitudes de Rome.

L'une des premières choses que l'on doit se proposer en visitant Rome, c'est de bien reconnaître la position des sept fameuses collines, de recomposer fictivement cette ville telle qu'elle était à

(1) A Rome on appelle *villa* une maison de campagne quand elle est considérable; et *vigna*, quand elle est petite.

l'époque de sa plus haute splendeur; de se la représenter ornée de tous les temples élevés par le paganisme, de ses quarante-trois obélisques, de ses statues, de ses colonnes; en un mot, des monumens de tout genre des artistes de l'époque, ou de ceux rapportés de l'Egypte, de la Grèce, de toutes les parties de l'Orient. Des savans ont fait à grand'peine des livres volumineux et des estampes, pour faciliter cette recomposition. Mais une telle abondance de richesses, réunies sur un seul point, paraît être le rêve d'une imagination fantastique; en comparant l'état actuel de Rome avec celui dans lequel on nous la représente lorsqu'elle était la maîtresse du monde, nous refusons de croire à une pareille magnificence, et nous demandons quelle est la force humaine qui aurait pu renverser et faire disparaître tant de chefs-d'œuvre des arts.

On sait bien que Rome a subi beaucoup d'invasions de barbares, mais comment croire que leurs dévastations aient pu avoir des résultats aussi désastreux? Cette triste et longue époque de ravages successifs a besoin d'être étudiée attentivement. Pour y voir un peu clair au milieu de ce dédale, je vais tâcher de me retracer ces irruptions de barbares, dans un ordre chronologique.

Le Latium, situé entre le Tibre, l'Anio et la mer, était un petit pays fertile et couvert de villes florissantes, dont Rome devint bientôt la métropole. Prise par les Gaulois, trois cent soixante-cinq ans après sa fondation, rien n'annonce que cette première invasion de la ville éternelle, fut accompagnée des fléaux qui suivaient assez ordinairement la conquête, vers ces temps reculés. C'est principalement, dans le cours du cinquième siècle de notre ère, que Rome éprouva des désastres de toute espèce, des pillages, des dévastations. Mais l'incendie de l'an 64 sous Néron, avait déjà enveloppé dans une destruction commune un grand nombre de monumens des arts, de trophées et de dépouilles des vaincus, de temples, de palais. Des quatorze quartiers que comprenait la ville, quatre seulement demeurèrent entiers, trois furent détruits de fond en comble, et les sept autres, après l'incendie, n'offraient que des ruines. Le Capitole fut brûlé durant la guerre civile entre Vitellius et Vespasien, le 19 décembre 69. — Il est aussi permis de penser que les monumens de Rome dûrent souffrir de ce tremblement de terre du 21 juillet 365 qui ébranla presque toute la surface de l'empire. Les mers furent soumises à son mouvement, et le déplacement des eaux produisit les phénomènes les plus extraordinaires.

Prise par Alaric en 410, onze cent soixante-trois ans après sa fondation, une partie des habitations voisines de la porte Salara, et notamment la maison de Salluste, devinrent la proie des flammes; beaucoup de statues de métal précieux furent fondues. Le pillage, l'incendie, le meurtre, le viol, etc., durèrent six jours.

Attila arriva en 452.

Genséric, qui en 455, devint maître de Rome,

pendant quatorze jours, ne s'y occupa guère que d'enlever les monumens d'or et d'argent, et entre autres les principaux ornemens du palais impérial, sur le Palatin. Le temps, sans doute, ne lui permit pas d'achever sa spoliation ; le vaisseau chargé des trésors qu'il avait arrachés à divers édifices, notamment au Capitole, périt dans la traversée d'Ostie à Carthage. Tout le plat pays entre Rome, Naples et la mer, fut mis à feu et à sang.

Les monumens de Rome éprouvèrent de grands dommages dans la guerre entre Anthémius et Ricimer roi des Goths (en 472). Rome alors, prise d'assaut le 11 juillet, fut *presque entièrement détruite* par l'acharnement des deux partis, surtout dans les régions de la ville voisines du fleuve et du Champ-de-Mars. Ricimer était arrivé par Città-Castellana et Sutri.

Odoacre, en 476, acheva la ruine de l'empire.

Le zèle religieux des nouveaux chrétiens s'exerçait avec ardeur à la destruction des statues, considérées par eux comme des idoles, et cette destruction était bien autrement active et opiniâtre que la rapacité ou la haine passagère d'un conquérant. Dans l'intervalle si court, de l'an 383 à l'an 405, conséquemment *avant qu'aucun barbare* eût mis le pied dans Rome, cette ville avait déjà perdu, par d'autres mains que celles des Goths et des Vandales, la plupart de ses richesses. De tous les monumens antiques dont Rome était ornée, soit dans ses murs, soit à ses portes, les tombeaux furent ceux dont la destruction, indifférente aux barbares, dut être surtout opérée par les chrétiens. L'énorme quantité de fragmens d'épitaphes païennes, grecques ou latines, que l'on trouve mêlés aux pavés des anciennes églises, ne peut laisser aucun doute à cet égard.

Les désastres de la guerre des Goths, une peste, deux famines, surtout celle qui affligea la ville durant le premier siège de Totila, diminuèrent considérablement sa population.

Au surplus les rois goths en Italie (de 493 à 553), si injustement accusés d'avoir hâté la ruine des ouvrages de l'antiquité, mirent au contraire tous leurs soins à les conserver. Théodoric créa un officier chargé spécialement de leur garde et de leur entretien.

Assiégée par Vitigès en 537, et défendue pendant un an par Bélisaire, le barbare ne put soumettre Rome; mais il s'en vengea en faisant détruire par ses troupes les monumens et les aquéducs qui se trouvaient sur la voie Appienne, de Rome à Terracine.

Emportée d'assaut par Totila, en 546, Rome perdit alors un tiers de ses murailles et presque tout le quartier du Trastevere, qui fut livré aux flammes. Les feux et les machines étaient déjà préparés pour anéantir et raser la ville, lorsqu'une lettre de Bélisaire à Totila arrêta ce zèle de destruction. Le vainqueur consentit à sortir de Rome; mais il n'y demeura personne après lui. Durant *quarante jours, la ville fut entièrement abandonnée.*

Reprise par Totila, en 549, Rome dut encore à cette époque éprouver de nouveaux malheurs; ce fut alors que les statues de dieux et de héros, dont le mausolée d'Adrien était décoré à l'extérieur, devinrent un moyen de défense pour les assiégés, commandés par Bélisaire.

Narsès cependant rentra dans Rome en 552; c'était la cinquième fois depuis l'avènement de Justinien, que cette ville changeait de maîtres.

La peste, dont les ravages se renouvelaient après des intervalles de quelques années, moissonnait d'une telle manière un peuple d'ailleurs si malheureux, que l'on s'attendait sérieusement alors à l'extinction de la race humaine.

A chaque instant de nouveaux ennemis apparaissaient sur cette scène désolée. Les Lombards, plus redoutables que tous les autres, pillaient, arrachaient, brûlaient tout, jusqu'aux portes de la ville; et il est avéré que les faubourgs de Rome disparurent entièrement dans la dévastation d'Astolphe, en 755. La première apparition des Lombards datait de 593. Des inondations effroyables ajoutaient encore aux malheurs publics.

On aurait peine à croire, et pourtant il est aisé d'imaginer quelle immense destruction il dut se faire de monumens, quand, de toutes parts, les colonnes, les statues, les bas-reliefs, arrachés des temples païens, s'employaient comme simples matériaux dans la construction des églises et des maisons religieuses; ces marbres penthéliques et de

Paros étaient convertis en pierres à chaux, dans les fours élevés en grand nombre pour cet objet.

Du milieu du huitième siècle à la première apparition des Arabes, il s'écoula presqu'une centaine d'années, formant comme une trève aux calamités de Rome. Mais en 846, des navires sarrasins jetèrent l'ancre dans le port d'Ostie, remontèrent le Tibre et débarquèrent les Musulmans à Rome. Ils pillèrent l'église de Saint-Paul et enlevèrent un autel d'argent à celle de Saint-Pierre.

La querelle de Grégoire VII avec l'empereur Henri IV attira sur Rome de grands malheurs. Dans une première attaque, en 1076, l'ennemi du pape brûla une partie de la cité Léonine (1) et détruisit de fond en comble les deux superbes portiques qui s'étendaient du mausolée d'Adrien à Saint-Pierre, et de la porte d'Ostie à Saint-Paul hors des murs.

Revenu à la charge deux années après et cette fois introduit dans Rome par la trahison ou par la lâcheté, Henri mit le feu aux édifices du Capitole, alors presque entier. Ce fut donc sous les coups de ce barbare que le Capitole, ce brillant sanctuaire de la grandeur romaine, acheva de disparaître.

Henri se disposait à attaquer de même les autres monumens où s'étaient réfugiés quelques défen-

(1) La partie de la ville qui portait autrefois ce nom est habitée aujourd'hui par les Trasteverini (les Transtévérins), et fut bâtie par Léon III vers 848. Elle était entourée d'une enceinte de murs et de tours, afin de défendre le tombeau de Saint-Pierre contre les incursions des Sarrasins.

seurs, lorsque l'approche d'un puissant adversaire l'obligea à la retraite.

Ce nouvel ennemi, cet autre barbare, était Robert Guiscard, duc de Calabre et de Sicile, qui, accouru en 1084 au secours du pape et introduit dans Rome par la porte Flaminienne, commença par livrer aux flammes tout le quartier bâti, à partir de cette porte même, sur le Champ-de-Mars, jusqu'à l'église de Saint-Augustin. Il détruisit tout ce qui restait encore de bâtimens, privés ou publics, sacrés ou profanes, entre le Latran et le Colysée; des auteurs contemporains étendent même ses dévastations jusqu'au mausolée d'Adrien.

Dans la seconde moitié du treizième siècle, la population de Rome se trouvait réduite à trente-cinq mille ames; plus tard, et par suite de la translation du Saint-Siège à Avignon (1), elle était tombée à dix-sept mille ames.

De 1252 à 1258, cette ville subit une nouvelle dévastation. Afin de réduire à l'obéissance une noblesse factieuse, le sénateur Brancaleone fit raser dans Rome et dans la campagne d'alentour, cent cinquante tours ou édifices, la plupart antiques, qui servaient de repaires aux brigands-gentils-hommes.

Lors de son retour d'Avignon à Rome (1377), Grégoire XI trouva la plupart des églises *sans toits, sans portes, les murs et le pavé couverts d'herbes*

(1) Le séjour des papes en France se prolongea de 1305 à 1377. Le trône pontifical y avait été transféré par Clément V.

parasites, que les troupeaux venaient brouter jusqu'aux pieds des autels.

En somme, il paraît que la destruction s'est exercée, aux treizième et quatorzième siècles, avec un redoublement d'énergie.

Quatre causes principales, dont l'action s'est prolongée durant plus de dix siècles, ont concouru à la destruction des ouvrages des Romains.

1° Le dégât opéré par le temps et la nature.

2° Les dévastations des barbares et des chrétiens.

3° L'usage et l'abus qu'on a fait des matériaux qu'offraient les monumens de l'antiquité.

4° Les querelles intestines des habitans de Rome.

C'est du pontificat de Sixte IV, ou de l'an 1480, que date la renaissance de Rome. Cependant, sous le règne de Clément VII, elle eut encore à subir le désastre de 1527. Le connétable de Bourbon, à la tête de quarante mille Espagnols ou Allemands, mit le siège devant la ville ; il périt en montant à l'assaut ; mais son armée pénétra dans Rome, et s'y livra, pendant neuf mois, aux plus affreux désordres. Les soldats, surtout les Espagnols, commirent toutes sortes de crimes. Rien n'indique toutefois que leur brutalité s'étendit aux monumens comme elle s'était exercée sur les personnes. On sait seulement que beaucoup de tableaux d'église furent mis en pièces et brûlés, ainsi que quantité de reliques.

Une partie considérable du Forum de Nerva fut abattue par Paul V, et il en employa les matériaux à élever sur le Janicule la fontaine Pauline.

L'enceinte et la face actuelles de Rome se trouvèrent à peu près achevées vers le milieu du dix-septième siècle. C'est à cette époque que s'est arrêté le mouvement de la nouvelle Rome, et qu'a cessé la démolition de l'ancienne.

Sous Clément XIV, Pie VI et Pie VII, les monumens païens devinrent l'objet du même soin et presque du même culte que ceux élevés par le catholicisme. Le Colysée, le Forum de Trajan, les arcs de Titus, de Septime-Sévère, de Constantin; les thermes de Titus, ou plutôt de Trajan, le temple de Vesta, la basilique d'Antonin, furent étayés, réparés, entretenus aux frais du trésor apostolique; le temple de la Concorde et le Clivus Capitolinus furent découverts sur le penchant du Capitole.

Rome antique était fixée presque tout entière sur les sept collines; Rome moderne est descendue presque tout entière dans le Champ-de-Mars; elles semblent offrir deux cités distinctes; comme si deux religions, deux sociétés différentes n'avaient pu subsister ensemble sur le même terrain, ni s'unir en se succédant.

Traversé la place de Monte-Citorio, où le peuple romain venait déposer son vote par centurie.—Obélisque chargé d'hiéroglyphes, dédié au Soleil par Auguste, qui l'avait érigé dans le Champ-de-Mars.

Un obélisque égyptien décore la fontaine de la petite place della Rotonda, devant le Panthéon. Le marché aux poissons et aux herbages, qui se tient dans ce lieu, y entretient beaucoup de malpropreté.

Le terrain s'étant exhaussé, le Panthéon paraît comme enterré.

Ce temple antique, portant aujourd'hui le nom de Santa Maria ad martyres, le seul à Rome entièrement conservé, avait été dédié par Agrippa à tous les dieux de l'Olympe ; sa statue, ainsi que celle d'Auguste, se voyaient dans un char au faîte de l'édifice. Le mausolée d'Agrippa, aujourd'hui à Saint-Jean-de-Latran, était sous cet admirable portique, décoré de seize énormes colonnes en granit de seize pieds de circonférence.

L'intérieur du Panthéon forme un hémisphère dont le grand diamètre a cent trente-sept pieds. Il n'y a point de fenêtres ; la lumière descend par une ouverture de vingt-sept pieds et demi, placée au haut de la voûte. — Huit autels, ornés de colonnes de porphyre, de jaune antique, de granit. — Bustes et tombeaux d'artistes célèbres : Annibal Carrache, Taddeo Zuccheri, Pierino del Vaga. — Monument renfermant le cœur du cardinal Consalvi, mort en 1824.

Enfin le tombeau de Raphaël, élevé aux dépens de Charles Maratte. Le buste du peintre d'Urbin, placé dans une niche, est de Nardini. On lit au-dessous ce distique de Bembo, l'ami de Raphaël, distique tour-à-tour qualifié d'excellent, de beau, et de sublime marivaudage :

« Ille hic est Raphaël, timuit quo sospite vinci,
Rerum magna parens, et moriente mori. »

En voici la traduction italienne :

« Questo è quel Raphaël, cui vivo vinta esser temeo natura, e morto
« estinta. »

Ce qui en français signifie à peu près :

« C'est ce Raphaël qui, pendant sa vie, fut le rival de la nature, et qui
« lui fit craindre d'être oubliée après sa mort. »

La Piazza Navona, autrefois le cirque d'Alexandre-Sévère, dont elle a en quelque sorte conservé la forme, est la plus grande de Rome; elle a trois fontaines. Le Bernin a représenté dans celle du milieu les quatre grands fleuves des quatre parties du monde : le Gange, le Danube, le Nil et la Plata. — Un volume d'eau considérable jaillit des diverses parties de la fontaine. Le percé du rocher offre la vue d'une caverne, d'où sortent un lion et un cheval qui viennent s'abreuver. Un obélisque de granit rouge s'élève du milieu de ces rochers.

Le Bernin étant en disgrace lorsque Innocent X (Pamfili) mit au concours l'érection de cette fontaine, ce grand artiste ne put présenter lui-même son plan au pape; mais un cardinal de ses amis le mit sous les yeux de Sa Sainteté; il plut, le Bernin rentra en faveur, et fut chargé du monument. On ne lui épargna pas les tracasseries, mais son génie sut les surmonter. Le difficile était de faire arriver l'eau; ses amis même doutaient qu'il en pût venir à bout.

L'ouvrage étant achevé, le pape voulut le visiter; on avait couvert le monument, pour que le saint-père fut le premier qui le vît : après l'avoir examiné, il en témoigna toute sa satisfaction; mais il ne put s'empêcher en partant d'exprimer au Bernin sa crainte que l'eau ne pût arriver. Déjà le pape était remonté en voiture, lorsqu'à un signal donné la couverture tomba; toutes les embouchures s'ouvrirent avec un fracas épouvantable, et l'eau s'échappa de tous les côtés, au grand étonnement des spectateurs. Innocent X descendit de voiture, remercia le Bernin de la surprise qu'il lui avait ménagée, et l'embrassa publiquement. Quel moment pour l'artiste!

Grande et belle église de S. Agnese, un des principaux ornemens de la place Navone. — Joli portail. — Marbres précieux. — Tombeau d'Innocent X.

On montre dans une chapelle souterraine un bas-relief représentant sainte Agnès, toute nue et couverte en partie de ses cheveux, qui se multiplient miraculeusement. Le *custode* vous explique que ce souterrain était le *fornix*, où sainte Agnès fut exposée à la brutalité des libertins; mais son bon ange la sauva de cet affreux péril. Le fils de Sempronius, préfet de Rome, qui voulut profiter du malheur d'Agnès, tomba mort, et ne recouvra la vie que par les prières de la sainte dont il implora le secours.

L'Algarde a rendu avec un extrême bonheur les traits charmans de cette jeune fille de quatorze à quinze ans; jamais situation ne fut plus délicate! Il y a dans cette composition un air de décence, de modestie et de sainteté, qui convient parfaitement. Ce mouvement de pudeur qui porte Agnès à croiser les bras pour cacher sa gorge est ravissant.

Malgré toutes les sages précautions de l'artiste, son œuvre n'a pas toujours inspiré des pensées pieuses et telles que la vue d'un miracle doit en faire naître. Voyez les expressions si mondaines, si grivoises de M. de Brosses! La gravité du premier président du parlement de Dijon, ne put tenir devant l'image de sainte Agnès; mais ses gravelures sont si jolies, si spirituelles, qu'il faudrait être bien sévère pour ne pas les lui pardonner.

Borromini, l'architecte de l'église Sainte-Agnès, était brouillé avec le Bernin et le décriait le plus qu'il pouvait; il critiquait beaucoup la belle fontaine de la place Navone. De son côté le Bernin ne ménageait pas le dôme de Sainte-Agnès, et pour se moquer du peu de solidité qu'il lui supposait, l'une des quatre statues figurant les fleuves a les mains étendues en avant, comme pour se préserver de la chute du bâtiment.

Copie en marbre blanc de la Pietà, de Michel-Ange, à S. Maria dell' Anima;— quelques bons tableaux.

Le portique demi-circulaire de S. Maria della Pace, a un air antique. — Une nef et un dôme octogone. — Au maître-autel quatre colonnes de verd antique; marbres précieux, statues, image de la Vierge attribuée à saint Luc. — Sibylles de Raphaël. — Arabesques. — Peintures de Carle Maratte et de l'Albane.

Le pont Saint-Ange est presque en face du château de ce nom. Pendant le jubilé de 1450 ses parapets furent un jour renversés par la foule qui revenait de Saint-Pierre ; cent soixante-douze personnes se noyèrent. Le Bernin restaura ce pont et l'orna d'une balustrade avec dix statues ; ce sont des anges portant les instrumens de la Passion. Ils produisent un effet *un peu plus agréable* que ces *fiers-à-bras colossaux* dont on vient de *décorer* le pont de la Chambre des députés, à Paris.

Seconde visite à Saint-Pierre.

Ce chef-d'œuvre n'étonne pas d'abord par sa grandeur ; tout y est si bien coordonné que rien ne paraît avec distinction à l'égard du reste. L'église ne semble ni extrêmement haute, ni extrêmement large. Enfin, rien ne surprend davantage que de n'avoir aucune surprise à la vue de la plus belle chose qu'il y ait dans l'univers ; cette erreur des sens est le miracle de Saint-Pierre.

L'effet des bénitiers est étonnant ; des enfans de nature de cinq à six ans, exécutés en marbre blanc, tiennent une coquille de jaune antique ; ces enfans, même d'assez près, paraissent d'une grandeur en rapport avec l'âge qu'ils annoncent. Eh bien ! ils ont six pieds !

Tombeau de Paul III (Farnèse), au fond de la tribune. Deux statues de marbre sont placées de chaque côté de la figure en bronze du pape. Jacques de Laporte avait représenté la Justice sous les traits d'une femme nue ; je ne sais ce qu'on raconte d'un Espagnol qui s'enflamma d'une vive passion pour la statue ; tant il y a qu'on s'est vu obligé de jeter sur la belle femme une draperie que les artistes ont la prérogative de faire lever. Au reste le même malheur est arrivé à la Vérité, du tombeau d'Alexandre VII par le Bernin.

Le mausolée d'Urbain VIII, à la gauche de la chaire de Saint-Pierre, est également du Bernin; la figure du pape passe pour la plus belle qu'il y ait dans l'église.

Le grand bassin de porphyre, servant de fonts baptismaux, a appartenu au tombeau de l'empereur Othon II, mort à Rome en 984.

Je prends vis-à-vis du mausolée des Stuarts un escalier en limaçon qui aboutit à la plate-forme de Saint-Pierre, couverte en terrasse; cela est grand comme une place. J'ai lu sur les murs de l'escalier les noms de Paul Petrowitz et de Maria Federowna son épouse, qui ont fait le 27 février 1782 ce que je fais aujourd'hui. Tristes réflexions sur la catastrophe qui a terminé les jours de cet autocrate.

Poursuivant la route, je m'introduis au moyen d'une échelle dans la boule en bronze, surmontée d'une croix de treize pieds. La chaleur au milieu de ce globe de huit pieds de diamètre, est celle d'un four assez bien chauffé. Du pavé de l'église au sommet de la croix, il y a quatre cent huit pieds. — De la lanterne, vue de panorama.

Michel-Ange dit, en voyant la coupole du Panthéon : « Je la placerai dans les airs. »

Il a tenu parole; Saint-Pierre est un temple posé sur une église. Quel malheur que Napoléon n'ait pas eu le temps de faire disparaître le pâté de maisons qui sépare les rues Borgo-Nuovo et Borgo-Vecchio! La vue de Saint-Pierre, du pont Saint-Ange, serait le plus beau coup d'œil de monumens modernes. La corporation de San-Pietrini est la réunion d'une cinquantaine d'ouvriers de différens états. Sa mission est de faire tous les travaux de construction, d'entretien et de décoration de Saint-Pierre; on ne pouvait rien imaginer de mieux pour remplir un objet qui embrasse de si nombreux détails.

Sortant de Rome par la porte S. Spirito, je monte à S. Onofrio, sur le Janicule; c'est là que le Tasse vint mourir, le 25 avril 1595, à l'âge de cinquante-un ans; il est enterré dans l'église, à gauche en entrant. Point de monument; une seule inscription sur le pavé.

« *Torquati Tassi ossa hic jacent; hoc ne nescius*
« *esses hospes, fratres hujus ecclesiæ*, P. P. 1601.
« *Obiit. A.* 1595. »

En voici la traduction :

« Les restes de Torquato Tasso reposent ici. Afin
« que tu pusses le savoir, ô étranger ! les frères de
« cette église ont écrit ces mots. 1601. »

Rien de plus touchant. — Le portrait accroché à la muraille n'est pas celui du Tasse. — Impossible, depuis quelque temps, de voir le masque en cire, moulé sur son visage; il est à la bibliothèque du couvent.

Madone d'Annibal Carrache. — Autre de Léonard de Vinci, dont la couleur est très-altérée. — Fresques du Dominiquin, sous le portique, au dehors du monastère. — Vue superbe de la terrasse.

NOTICE SUR LE JUBILÉ.

Dernièrement il m'est tombé dans les mains un petit écrit fort bien fait, sur l'institution du jubilé ; en voici la substance :

L'*année sainte*, appelée jubilé, est le retour périodique d'une solennité religieuse qui commence la veille de Noël et dure une année entière. Pendant ce temps, les fidèles pénitens, de tous les pays de la terre, en s'acquittant de certains devoirs, peuvent gagner à Rome l'indulgence plénière, c'est-à-dire la rémission de tous leurs péchés.

Ce fut Boniface VIII qui, en 1300, institua l'année sainte et en fixa la célébration à chaque siècle. Il imposa aux pélerins l'obligation de visiter les deux églises de Saint-Pierre et de Saint-Paul. Ce pape, ambitieux et avare, se trouva assez instruit pour connaître et rappeler les jeux séculaires, que les anciens Romains célébraient à la fin de chaque siècle.

Clément VI réduisit le terme fixé au retour de l'année sainte à cinquante ans, et voulut qu'on joignît la visite de Saint-Jean-de-Latran à celles de Saint-Pierre et de Saint-Paul. Durant le jubilé de Clément VI, en 1350, plus de deux millions de pélerins se rendirent à Rome, et y apportèrent des présens d'une valeur considérable. La peste, qui pour lors régnait dans cette ville, moissonna les neuf dixièmes des pélerins.

Urbain VI fixa le retour du jubilé à trente-trois ans,

temps qu'a duré la vie de Jésus-Christ. Ce pape ajouta à la visite des églises déjà déterminées celle de Sainte-Marie-Majeure.

L'espèce de schisme occasioné par l'anti-pape Clément VII, la mort prématurée de Boniface IX et de Martin V, firent qu'il y eut trois années saintes dans l'espace de trente-trois ans (de 1390 à 1423).

Pour gagner six ans, Nicolas V ne voulut reconnaître que la bulle de Clément VI ; il ouvrit l'année sainte en 1450.

Par une bulle de 1470, Paul II fixa l'ouverture de l'année sainte à vingt-cinq ans. Sixte IV confirma, le 9 août 1471, la bulle de son prédécesseur, et donna à l'année sainte le nom de jubilé.

Alexandre VI, par ses bulles des 12 avril et 20 novembre 1499, accorda aux chrétiens qui ne pouvaient pas faire le voyage de Rome, et moyennant de l'argent, toutes les indulgences attachées au jubilé. Ce pape est l'inventeur de l'*ouverture* et de la *clôture* de la porte sainte. A cet effet, il fit percer une nouvelle porte dans chacune des églises que les pélerins étaient tenus de visiter.

Clément VII ouvrit le jubilé de 1525, au milieu de la peste qui désolait Rome.

En 1550, Jules III ouvre avec pompe la porte de Saint-Pierre ; il fait faire la même cérémonie dans les trois autres basiliques par trois légats *à latere*.

Grégoire XIII ouvre la porte sainte la veille de Noël 1575.

Le jubilé de 1600 eut lieu sous Clément VIII ;

jamais il n'y eut à Rome une si grande affluence de pélerins; on en compta jusqu'à trois millions. Le pape leur donna un effroyable spectacle ; ce fut le supplice de Giordano Bruno, qui, de dominicain, s'était fait protestant et avait écrit contre la cour pontificale. Saisi par l'inquisition de Venise et transporté à Rome, ce malheureux y fut brûlé vif, au milieu des pompes jubilaires, et alors que les mots *indulgence* et *pardon* étaient dans toutes les bouches.

Urbain VIII ouvrit le jubilé en 1625; il y vint peu de monde ; la peste, qui régnait à Palerme, effraya les dévots.

Innocent X célébra le jubilé en 1650; il autorisa cette solennité dans tout le monde catholique, pendant l'année qui suivit immédiatement l'année sainte.

Clément X ouvrit la porte sainte la veille de Noël 1674, en présence de Christine de Suède.

Les infirmités d'Innocent XII ne lui permettant pas d'ouvrir en personne la porte sainte en 1699, le cardinal de Bouillon le remplaça. Le nombre des pélerins fut considérable. Les corsaires de Tripoli en enlevèrent quelques-uns, et la discorde éclata parmi les diverses confréries ; au milieu d'une procession, elles en vinrent aux mains : il y eut, de part et d'autre, quantité de blessés et de morts.

Benoît XIII ouvrit le jubilé de 1724; Benoît XIV celui de 1749; Pie VI celui de 1775 ; Pie VII celui de 1800 ; et Léon XII celui de 1825.

Indépendamment des jubilés ordinaires, dont le retour est fixé à vingt-cinq ans, il y a eu des papes qui en ont célébré un, lors de leur exaltation, afin d'implorer la bénédiction céleste sur leur pontificat; Sixte V ordonna, en 1585, le premier jubilé de cette espèce.

D'autres jubilés extraordinaires ont été publiés dans les pressans besoins de l'Église.

Le jubilé, qui tant de fois réunit à Rome un si grand concours de pélerins, n'a rassemblé que quatre cents mendians en 1825.

19 *avril.*—La fontaine de' Termini (ou de Moïse), sur le mont Viminal, a une belle statue du législateur des Hébreux.—Bas-reliefs.—Lions en basalte.—Volume d'eau très—considérable.

J'entre à la Madonna della Vittoria, tout à côté, église très-riche en marbres, dorures, albâtres de Sicile. Le fameux hermaphrodite Borghèse, actuellement au Louvre, fut trouvé lors des fouilles pour les fondations de la Vittoria.—Tableaux du Dominiquin, du Guerchin, du Guide.—Statues.

La sainte Thérèse du Bernin, dans la croisée, à gauche, est délicieuse; par malheur elle inspire tout autre chose que de la piété; l'expression du visage est passionnée jusqu'à l'égarement. Thérèse est à demi couchée sur un rocher et inondée de lumière; un ange, qui ressemble trop à Cupidon, tient d'une main une flèche, de l'autre semble lui découvrir le sein, et la regarde en souriant. La sainte est vraiment adorable (*érotique*). Quel pied!

quelle main ! quelle tête ! Je sors brusquement, car les pensées profanes abondent.

Joli portail de S. Susanna.—Dans l'intérieur de l'église, beaucoup de fresques.

L'église de S. Bernardo, vis-à-vis, était un *focolare* (foyer, cheminée) des bains de Dioclétien. —Voûte antique bien conservée.—Quelques ruines dans le jardin.

Michel-Ange a construit l'église de S. Maria degli Angioli, l'une des plus majestueuses que l'on puisse voir, sur l'emplacement des thermes de Dioclétien ; elle n'a pas de portail, mais son architecture est sublime.

Les tombeaux de Carle Maratte, et de Salvator Rosa, décorent la rotonde, par laquelle on pénètre dans l'intérieur du temple ; il a la forme de la croix grecque.—

—Huit colonnes antiques de granit rouge, d'un seul bloc, de quarante-trois pieds de hauteur, sur seize de circonférence.—Fresque du martyre de saint Sébastien, par le Dominiquin.—Pavé en marbres de diverses couleurs, sur lequel est tracée la *méridienne* de Bianchini, une des plus grandes qui aient été faites.—A côté de l'église, dans le cloître et le jardin des Chartreux, masures ayant appartenu aux thermes de Dioclétien.

Arrivé à la place de Monte Cavallo, sur le Quirinal. Là sont deux groupes, tirés des thermes de Constantin, qui les avait fait venir d'Alexandrie d'Egypte. Winckelman pense que ces deux jeunes hommes sont Castor et Pollux, tenant en main leurs chevaux ; l'un des groupes est attribué à Phidias, et l'autre à Praxitèle. Un jet d'eau sort d'une immense coupe, d'un seul morceau de granit oriental, de soixante-seize pieds de circonférence ; il forme une magnifique fontaine, au pied des statues, entre lesquelles s'élève un obélisque égyptien.

Cour du palais de Monte-Cavallo entourée de portiques.—Buste de la Madone, en mosaïque, placé sous l'horloge.—Les jardins de ce palais jouissent d'une certaine célébrité, surtout parmi les *ciceroni*.

Il y a cinq minutes de Monte-Cavallo à la fontaine de Trevi ; la masse générale de cet édifice et l'abondance des eaux, lui donnent un grand air ; mais le terrain sur lequel il repose est malheureusement trop bas et la place trop petite. Une grande figure de Neptune occupe l'arcade du milieu ; aux deux niches latérales, sont les statues de la Salubrité, et de la Fécondité. Agrippa, gendre d'Auguste, fit construire l'aquéduc de quatorze milles, qui amène l'eau à la fontaine, depuis dix-huit cent quarante-sept ans. Ce même Agrippa, lorsqu'il était édile, éleva, dans le cours d'une seule année, cent cinq fontaines jaillissantes, sept cents réservoirs, cent trente châteaux-d'eau et trois cents statues de marbre ou de bronze. Ses soins et son zèle lui valurent le titre de : « *Curator perpetuus aquarum*. »

Madame de Staël s'est permis une bien plate exagération au sujet de la fontaine de Trevi ; elle a écrit ceci :

« Lorsque l'eau cesse de couler, par l'effet de
« quelque réparation, on dirait que Rome est frappée
« de stupeur ! »

Visité les églises de S. Marcello, de S. Maria in Via Lata, de S. Maria sopra Minerva.

La Minerve occupe l'emplacement d'un ancien temple élevé par Pompée.—Christ en marbre blanc, par Michel-Ange; on a mis une draperie de bronze doré à cette figure célèbre, et un brodequin de même métal au pied que les baisers des fidèles avaient *usé*.
—Tombeaux de Léon X, de Clément VII, de Benoît XIII.

DOTS AUX JEUNES FILLES. — MARIAGES.

Tout en prenant quelques instans de repos dans l'église de la Minerve, un ami me donne des détails intéressans sur les distributions de dots à de jeunes filles et sur certains mariages; voici son récit :

« Dans une ville dépourvue d'industrie et où il existe d'ailleurs un aussi grand éloignement pour le travail, on a cherché dans tous les temps à venir au secours des indigens. Parmi les différens moyens employés pour atteindre ce but, il en est un dont on ne s'avise guère ailleurs ; c'est de distribuer des dots aux filles de parens pauvres. Ces dots sont depuis 25 jusqu'à 100 écus romains (540 francs); on ne délivre l'argent aux filles que lorsqu'elles se marient ou qu'elles font *profession*.

« Plusieurs confréries, entr'autres celles des Saints

Apôtres, de Saint-Louis des Français et de la Minerve, ont imaginé cette œuvre philanthropique pour prévenir les désordres de mœurs, qui, malgré cela, ne sont que trop multipliés.

« Le 8 septembre de chaque année, les dominicains de la Minerve remettent les dots aux jeunes filles. Après avoir entendu la messe et communié, elles reçoivent des cédules ou actions du montant de la dot. Le nombre des dotées s'élève quelquefois jusqu'à deux cents; elles ont généralement de quatorze à dix-sept ans.

« La cérémonie se termine par une longue procession; les jeunes filles y sont uniformément vêtues de serge blanche, voilées, portant leur cédule à la ceinture, marchant deux à deux, ayant un cierge à la main. Deux ecclésiastiques marchent en tête de chaque fondation.

« Les jeunes filles qui préfèrent le couvent à un mari reçoivent une dot plus forte, portent à la procession une couronne sur la tête, un rosaire et un grand crucifix au côté, et marchent les dernières. Quelquefois, il y a des filles dotées qui ne veulent pas être connues, et qui en font aller d'autres à leur place, en les payant pour figurer à la procession.

« La distribution des dots n'étant soumise à aucune règle certaine et ne dépendant que du caprice de ceux qui les distribuent, on conçoit aisément la large part que l'intrigue doit obtenir. Une fille qui s'en passerait facilement en accumule souvent plusieurs, dans différentes églises, par le moyen de ses protecteurs, et se forme un établissement avantageux au préjudice de dix autres. Dès qu'elle s'est acquise la protection des gens d'un cardinal, la jeune fille ne veut plus rien faire, et passe son temps à la fenêtre à regarder les passans.

« Ainsi, à Rome, un jolie fille de la classe du peuple commence, dès l'âge de neuf ou dix ans, à chercher des dots. Sa mère a soin de la conduire à l'église où entend la messe le cardinal ou autre personnage qui dispose des dots. Au sortir de cette messe, la jeune fille va à celle de quelque *fratone*, moine en crédit auprès de l'homme puissant; la mère ne manque pas de se lier avec ses domestiques. Pour peu qu'elle ait d'aisance, elle les invite à dîner les jours de grande fête. Si elle est épicière, au bout d'un an ou deux, elle prend la liberté d'envoyer un cadeau de chocolat au secrétaire de celui dont dépend l'obtention de la dot, etc., etc. Le fait est que, dès le premier mois que cette espèce de cour se déclare, elle est connue du haut personnage qui en est l'objet. Quand enfin, arrivée à seize ou dix-sept ans, la jeune fille se marie, elle apporte à son heureux époux deux ou trois dots, quelquefois même davantage, et de plus beaucoup de connaissance du monde.

« Il faut aussi vous dire quelque chose des *mariages obligatoires* et de ceux *volontaires;* c'est un des plus crians abus.

Un jeune amoureux reçoit un rendez-vous; les parens de la belle, assistés d'un prêtre et d'un notaire, surprennent les amans ensemble; le jeune homme doit opter entre la prison et le mariage; son choix est bientôt fait, et on le force ainsi à *épouser*. Ses parens ne sont point appelés à la cérémonie; ils ignorent absolument ce qui se passe; mais lorsque tout est terminé, le tribunal du vicaire leur en donne avis; il les oblige à faire une pension alimentaire à leur fils ainsi marié, fût-il même mineur. Voilà le *mariage obligatoire*. — Beaucoup de mariages sont faits par ce tribunal, qui est la terreur des étrangers surtout. Les gens du peuple, ayant une fille belle, parviennent ainsi à s'assurer des ressources pour leur vieillesse; car un gendre riche ne veut pas voir son beau-père mendier.

« Deux jeunes amans se présentent à un curé et lui demandent de les unir : il le fait; c'est le *mariage volontaire*. M. V....., en rentrant chez lui, trouva sa fille ainsi mariée à un maçon qu'il faisait travailler; ce malheureux père en mourut de chagrin. On pourrait citer cent autres exemples. Les chefs de famille réclament depuis long-temps; mais les papes croiraient charger leur conscience en interdisant ces mariages qui effacent le péché. »

Un mot sur le célibat des prêtres et sur leur intervention dans le mariage.

« Le pape Sirice (qui occupa le trône de 385 à 398) paraît être le premier pontife romain qui ait défendu aux évêques, aux prêtres et aux diacres le mariage légitime; mais Grégoire VII (qui régna de 1073 à 1086) les força définitivement au célibat. Il fut d'abord recommandé comme une vertu, ensuite comme un devoir, et enfin imposé comme une obligation absolue.

« L'intervention des prêtres dans l'acte du mariage, date du milieu du sixième siècle ; Justinien ordonna qu'ils y parussent, mais comme simples témoins, sans prescrire aucunement la bénédiction nuptiale. L'empereur Léon semble être le premier qui ait mis la cérémonie religieuse au rang des conditions nécessaires pour valider le contrat. Avant Justinien, et au commencement de son règne, le consentement des parties, en présence de témoins, sans aucune cérémonie de l'église, légitimait encore le mariage parmi les chrétiens. »

Le petit obélisque égyptien de la Minerve fut posé par le Bernin, sur le dos de cet éléphant, en marbre blanc.

On ne peut faire vingt pas sans rencontrer une fontaine.

Il est aisé de concevoir que Rome ancienne ait prodigué ses trésors pour se donner l'abondance d'eaux qu'exigeaient ses huit cents maisons de bains et son immense population. Les nombreux esclaves dont elle disposait lui fournissaient d'ailleurs les bras nécessaires pour la construction et l'entretien des aqueducs. Mais que Rome moderne se soit permis ce luxe, elle dont l'agriculture, l'industrie et le commerce sont si pauvres, il faut s'en étonner. Ces fontaines se trouvent au sommet des collines comme au fond des vallées, dans les carrefours comme sur les plus belles places. Il n'y a pas de palais, pas de monastère, pas d'habitation bourgeoise de quelque valeur, qui n'ait plusieurs filets d'eau pour son usage particulier. Leurs jardins les comptent par douzaines; et quel charme ces eaux ne répandent-elles pas dans des bosquets plantés de grenadiers, de jasmins, de myrtes et d'orangers! Ces fontaines sont alimentées par trois aquéducs, les seuls qui restent de ceux des anciens Romains.

20 *avril*.—Visite à Saint-Pierre. — J'entends des voix claires dans la magnifique chapelle du *Chœur*.

A S. Maria della Traspontina, colonnes auxquelles Saint-Pierre et Saint-Paul furent attachés et battus de verges.

Un instinct d'intérêt ou d'amour-propre porte chaque peuple à adopter le costume le plus en honneur chez lui, ou celui qui offre le plus de chances à son ambition. Sous un monarque guerrier, l'habit militaire est en grande faveur. A Rome, le souverain étant prêtre, on rencontre partout le costume ecclésiastique; des personnes qui ne sont point dans les ordres et des bambins, le portent habituellement. Au premier abord l'étranger ne sait qu'en penser; mais un moment de réflexion lui donne bientôt le mot de l'énigme.

Les ecclésiastiques se montrent partout; aux promenades, dans les cafés, au spectacle. Ils ont généralement abandonné la soutane, comme n'étant plus l'habit de tout le monde et prêtant au ridicule. Ils portent ordinairement l'habit à la française, à un seul rang de boutons, la culotte courte, des bas de soie, des souliers à boucles d'argent; et le chapeau rond. Ce costume est entièrement noir, sauf la cravate qui est bleue; point de rabat ni de petit collet.

Les plus jolis tombeaux de Rome, sont à S. Maria del Popolo; ils ont été faits de 1480 à 1527. — Entre autres reliques, on conserve précieusement dans cette église le nombril de Jésus-Christ.

Je monte de la place d'Espagne à la Trinità de' Monti, par un escalier de cent trente-deux marches.

L'aspect, d'ailleurs si beau, de ce magnifique escalier, est singulièrement gâté par la présence continuelle de vagabonds vous harcelant pour vous arracher une aumône. La mendicité, cette condition si dégradante, se montre à Rome sous l'aspect le plus hideux; il semble que chacun veuille participer à la fainéantise heureuse, qui prospère à l'ombre de l'autel et du cloître.

Comment en serait-il autrement? dans l'opinion des dévots, mendier est de l'humilité chrétienne; voilà donc d'un mot la gueuserie absolute. D'ailleurs, ce ne peut être un vice méprisable partout où il y a des ordres honorés, qui sont mendians par institution. D'autre part, il est tout naturel que celui qui n'a pu ou n'a voulu prendre dans ces ordres un brevet de mendiant, qui impose quelquefois des devoirs gênans, ait cru pouvoir en exercer l'emploi comme volontaire dans cette armée. L'ignorance et la paresse ont à tel point naturalisé la misère dans la métropole des Etats de l'Eglise, qu'elle peut être considérée comme le quartier-général de la mendicité.

Les mendians à Rome forment une tribu qui a ses lois et ses règles. Elle est en possession, de temps immémorial, des parvis et des péristyles d'églises, du Panthéon, des carrefours et de tous les points où la curiosité des étrangers peut être attirée; en sorte que les pauvres de l'heureuse corporation, héritent de ces stations lucratives, lorsque la mort ou toute autre cause les enlève au titulaire. Il faut voir avec quel soin ces misérables se tiennent au courant du moindre rassemblement de gens riches; il ne se donne pas une fête, un concert, où leur troupe ne soit représentée par un détachement.

Les gens vivant de la charité publique à Rome se composent :

1° Des indigens issus de parens mendians et élevés dans leur profession;

2° De ceux réduits à cette extrémité par des malheurs de fortune ou la perte de la santé;

3° De voleurs amnistiés, ou ayant renoncé par goût à un état qui n'est pas sans quelque danger.

Ces bandes de fainéans assiégent les maisons et es temples; insolens et effrontés, ils demandent l'aumône comme quelqu'un pourrait répéter un bien dont on l'aurait dépouillé. Les plus intrépides vauriens étalent sur les places des bras, des jambes couverts de plaies hideuses, qu'ils entretiennent avec soin.

Un gueux un peu alerte peut trouver dans sa journée trois ou quatre soupes à la porte des couvens et participer à autant et plus de distributions de petits pains (*pagnote*); de sorte que plusieurs revendent le surplus de ce qui leur est nécessaire, et parviennent, à la longue, à se faire un pécule qui leur assure une honnête aisance pour leurs vieux jours.

Dans l'intérêt de la sûreté publique, plus encore que dans celui de l'humanité, il y a à Rome des hospices où les vagabonds de toute espèce trouvent chaque soir un asile pour passer la nuit.

L'un des grands triomphes de la mendicité, fut la béatification de Benoît-Joseph Labre, le gueux le plus repoussant que le pavé de Rome ait jamais porté. Son cynisme excitait un tel dégoût et blessait tellement la vue, qu'il faut s'interdire tout détail à cet égard. C'est probablement par mortification et par humilité chrétienne, que Pie VI, après la mort de Labre, fit porter au Vatican le grabat infecté de vermine, sur lequel il avait expiré, et en fit sa couche. Certes, l'acte était méritoire, pour un pape si recherché dans tout ce qui tenait à la propreté de sa personne!!! La relation de toutes les jongleries qui eurent lieu après la mort de ce fainéant rongé de poux et d'ulcères, est un des épisodes curieux du long règne de Pie VI.

Outre les mendians de profession, la moitié des habitans de Rome ne se fait aucune peine de gueuser, et un étranger ne saurait regarder quelqu'un dans la rue, sans lui faire lever tout aussitôt le chapeau ou la main pour demander la *carità*.

Comment parler de morale à un peuple arrivé à un tel degré d'abjection et de misère? L'homme qui manque de pain, le père qui voit mourir de faim ses enfans, sa femme, sa mère, ne saurait comprendre la valeur des mots *probité, honneur*! Il en est de même de celui de *vertu*, pour la jeune fille qui voit expirer sa mère d'inanition. De tant de malheurs nés de la pauvreté, jaillit pour l'avenir une source inépuisable de vices et de misère; de proche en proche l'avilissement gagnera toutes les classes de la société, et toute vertu s'éteindra complètement.

De la terrasse de la Trinità de' Monti, vue admirable de dômes, de clochers, de coupoles, de palais, de jardins. — La partie habitée de Rome est comprise entre le Tibre, le Pincio, monte Cavallo et le Capitole.

Les équipages pourront bientôt arriver de la place du Peuple sur la belle promenade du Pincio, ornée, depuis peu, d'un obélisque tiré du cirque d'Héliogabale.

Rome, au temps de sa haute splendeur, comptait quarante-six obélisques debout; tous furent successivement renversés dans les invasions de barbares que la métropole du monde eut à subir; quelques papes ont mis leur gloire à relever un petit nombre de ces pyramides élancées, et aujourd'hui on en voit *onze* s'élever majestueusement sur les places publiques.

Tous ces obélisques sont égyptiens, de granit rouge, quadrangulaires, et finissent en pointe aiguë. Dans leur patrie, les quatre angles regardaient toujours les points cardinaux, et étaient aussi un emblème des quatre élémens.

Ces colonnes, à pans coupés en forme d'aiguille, unissent la beauté de la matière à la perfection du travail, la grandeur et l'élégance; tout se trouve réuni dans ces monumens dont l'origine et l'usage remontent à quinze cents ans avant Jésus-Christ. Ils sont un brillant témoignage de la gloire et du génie de Sésostris, auquel on en attribue l'invention.

Selon une opinion fort accréditée, les obélisques furent placés, en Égypte, devant les temples de la divinité, et généralement consacrés au soleil; des inscriptions hiéroglyphiques, gravées sur ces monolithes, faisaient connaître la destination de l'édifice, le nom du souverain qui l'avait élevé et le dieu auquel il était consacré. Les obélisques sont donc des monumens essentiellement historiques et sacrés; de là, sans doute, le vif intérêt qu'ils nous inspirent. Leur forme étant à peu près celle d'un rayon solaire, on leur a donné un nom qui, en langue grecque, signifie *broche, rayon*.

La rage aveugle de Cambyse, après avoir renversé tant de monumens, sembla s'apaiser devant les obélisques; et l'incendie de Thèbes cessa, dit-on, sur son ordre, avant que la flamme pût les atteindre. Mais le roi de Perse exigea des prêtres qu'ils lui expliquassent les mystères de la religion égyptienne, représentés par les caractères hiéroglyphiques; ils s'y refusèrent, et Cambyse les fit mettre à mort.

Rome, qu'Auguste avait trouvée bâtie en brique et qu'il laissa en marbre, s'enrichit sous son règne de deux obélisques, les premiers apportés sur les bords du Tibre. Celui qu'il fit placer dans le Champ de Mars, servait à marquer les heures sur un immense cadran solaire, dont chaque chiffre était une plaque de bronze, longue de quarante-quatre pouces, et incrustée dans du marbre blanc.

Les Romains, en élevant ces élégantes pyramides à force d'argent et de travaux, recherchèrent avec soin les moyens à l'aide desquels les Égyptiens avaient pu tirer des carrières, transporter et élever si aisément des blocs d'une telle dimension; mais ce fut en vain; le secret et la tradition en étaient perdus depuis long-temps. Non-seulement les Egyptiens soulevèrent avec facilité de semblables monumens, dont le plus grand ne pesait guère que soixante-dix mille livres; mais ils transportèrent des temples entiers d'une seule pièce, tels que ceux de Saïs et de Bustos, du poids énorme de six à huit millions de livres.

Les obélisques, ornés d'hiéroglyphes, appartiennent évidemment aux temps antiques de l'Egypte, et ont été taillés et sculptés sous la direction des prêtres d'Osiris; mais quelques auteurs pensent que ceux dont les surfaces unies n'offrent aucune trace de ces caractères symboliques, sont l'ouvrage des Romains, qui les ont extraits également des carrières de Thèbes. Ceci est une hypothèse d'autant plus admissible, que l'on trouve bien rarement de monument égyptien sans hiéroglyphes; de petits objets, et même de certains ustensiles, en sont souvent surchargés. Chaque obélisque, selon Pline, était l'ouvrage de vingt mille hommes pendant vingt ans.

Les deux obélisques, que l'on voit encore à Luxor, sont d'un travail admirable et très-bien conservés. Le plus grand a soixante-quinze pieds de hauteur, l'autre soixante-douze. Leurs cartouches portent le nom de Sésostris, et contiennent ses louanges ainsi que la mention de ses travaux.

Dirigé ma promenade vers la porte Pinciana, aujourd'hui murée. — Bélisaire a habité dans ses environs.

L'église des capucins de la place Barberini possède le superbe saint Michel, du Guide, pour lequel les jeunes filles, surtout, ont une haute dévotion. — Plusieurs bons tableaux du Dominiquin, d'André Sacchi, de Lanfranc, de Pierre de Cortonne; mais placés dans des chapelles obscures, ces tableaux se voient mal. — Sur la porte de l'église est le carton de Giotto, d'après lequel on a exécuté, en mosaïque, la nacelle du portique de Saint-Pierre.

Je m'arrête quelques instans au milieu de la place Barberin, devant la jolie fontaine du Bernin. Quatre dauphins soutiennent une coquille, sur laquelle un triton debout souffle dans une conque et jette l'eau à une grande hauteur.

21 *avril*. — Me voici en diligence sur la route

de Naples; j'occupe le cabriolet, la bonne place pour bien voir le pays.

Nous traversions le charmant bois de la Riccia, lorsqu'au point du jour la flèche de la voiture casse; on charge les effets, ainsi qu'un gros monsignore, sur une petite charrette; les autres voyageurs se rendent à pied à Genzano. Là, on prend une autre voiture. Genzano est fort près du joli lac de Nemi, sur les bords duquel Diane avait un temple. Des poètes dirent que la déesse se mirait dans les eaux du lac; de là, il prit le nom de *Specchio di Diana*, qui lui est resté. Tibère avait fait construire au milieu de ce lac une maison de plaisance, dont la base reposait sur une barque; vers le commencement du seizième siècle, l'ingénieur Marchi put encore apercevoir au fond du lac les restes de cet immense bateau.

Dîné à Velletri. — Beaucoup d'équipages à l'auberge. — On me montra le cardinal de Gregorio (1), grand, sec et vieux. Notre monsignore se tient à l'écart, au lieu d'aller présenter ses hommages au prince de l'église.

Un monsignore, à Rome, jouit d'une grande considération; il fait partie d'un ordre extra-canonical; comme les abbés d'autrefois en France, il porte un vêtement de couleur violette, qui le distingue des laïques.

Entre Velletri et Cisterna, nous rencontrons des *contadini* (paysans), couverts de peaux de mouton,

---

(1) Grand-pénitencier en 1832.

avec des trous pour les bras et la tête; dans les chaleurs, ils tournent la laine en dehors, et quand il fait froid, en dedans. Au lieu de bas, ils s'enveloppent les jambes de guenilles en toile, attachées avec des cordes; un morceau de peau en forme de chausson remplace les souliers; la tête entière paraît ensevelie sous un feutre brun de forme conique.

Les femmes portent des corps de baleine très-raides, de dimensions exorbitantes et formant à la partie inférieure une pointe très-saillante; leur jupon, le plus souvent déchiré, laisse voir des jambes nues, couleur de brique, et des pieds chaussés à peu près comme ceux des hommes; une grande broche d'argent retient les tresses de la chevelure, et la tête est couverte d'un morceau de toile plié en carré; tout cela est fort pauvre, mais pittoresque.

Marais Pontins. — Je m'attendais à voir un pays affreux; c'est l'idée que l'on s'en fait d'après les lectures et les conversations; rien de plus beau, au moins dans cette saison. Une route magnifique, avec quatre rangs d'arbres, traverse pendant vingt-quatre milles (près de neuf lieues de France), d'immenses pâturages, où paissent de nombreux troupeaux de bœufs, de chevaux, de buffles, de porcs : des bergers à cheval, armés d'un long bâton ferré, surveillent les animaux. Ce pays, que j'appellerai superbe, et qui a de deux à quatre lieues de large, est entre les Abruzzes et la mer. Vers le milieu du sixième siècle, un canal de dix-neuf milles de longueur avait converti les Marais Pontins en excellens pâturages.

Nous sommes sur la voie appienne; son ancien pavé est à trois pieds au-dessous du niveau actuel; immédiatement après, on en reconnaît un second élevé d'un pied au-dessus de l'antique; c'est un pavé remis à neuf par Trajan. Celui-ci supporte deux pieds de cailloutage, sur lequel Pie VI a établi la nouvelle route. — Nos chevaux sont toujours au galop. — — De mille en mille, on a placé un corps-de-garde, avec une guérite vis-à-vis; les soldats s'amusent à pêcher des grenouilles; autour des corps-de-gardes, on en voit de longues brochettes. — Chant monotone des pâtres et des postillons. — Je n'aperçois pas un oiseau aquatique. — La totalité de la surface marécageuse et déserte des Marais Pontins, est évaluée à quarante-huit mille arpens de Paris (de neuf cents toises carrées).

Arrivés à Terracina, monsignore déclare au conducteur de la diligence, qu'il veut y passer la nuit; celui-ci obéit, bien qu'il nous eût prévenus que nous irions coucher à Mola di Gaeta.

Heureuse situation de Terracina, sur un rocher, au bord de la mer. — Vilaines maisons. — Peuple d'une malpropreté repoussante; mais des palmiers, des orangers, en pleine terre. — Jolie vue, du haut d'un bois d'oliviers. — Vase antique sous le vestibule de la cathédrale. — Ruines d'un palais de Théodoric, sur le rocher. — La plus grande misère; on est cerné à chaque pas par des bandes de mendians, presque nus.

Monsignore a fixé l'heure du souper. C'est une chose vraiment curieuse que de le voir s'arroger tant de petites prérogatives.

22 *avril.* — A Portello, on entre dans le royaume de Naples. — Les postillons nous qualifient d'*eccellenza*, ou de *porco*, selon que nous donnons, ou refusons la *buona mano*. — De Terracina à Fondi, l'on suit d'abord le rivage de la mer, puis un chemin creux, entre des rochers; c'était le quartier-général des brigands.

A Fondi, on s'aperçoit tout de suite de l'insalubrité de l'air; tous les visages sont d'un pâle tirant sur le verd. — En témoignage du respect qu'on porte à monsignore, les douaniers s'abstiennent de visiter nos effets; sur l'avis du conducteur, je reconnais ce petit service par une aumône d'un franc, aux employés. Je ne sais pourquoi tous les États de l'Europe souffrent que, sous prétexte de veiller à la contrebande, des gens armés à la frontière lèvent un droit volontaire sur les passans, trop heureux de se racheter, par une pièce de monnaie, du tourment de voir visiter leurs malles. Les indigens qui paieraient mal, ou qu'on gagne plus à prendre en fraude, sont fouillés avec rigueur; mais tout ce qui voyage en carrosse ne rapporte rien aux souverains et beaucoup aux commis. Partout règne le même abus, qui ne peut être un secret; comment est-il maintenant?

De Fondi à Mola di Gaeta, montagnes escarpées, précipices. — Entre Itri et Mola, on voit une tour en ruine, appelée mal à propos la Tomba di Cicerone. Ce n'est point le tombeau du grand orateur de Rome : mais c'est près de ce monument que les émissaires d'Antoine l'assassinèrent quarante-quatre ans avant Jésus-Christ ; il était âgé de soixante-quatre ans.

Longue rue de Mola ; de la salle où je déjeune, belle vue sur la mer. A droite, Gaëte, et la tour d'Orlando, que l'on croit être le tombeau de Munatius Plancus, fondateur de Lyon. — Monsignore, ayant des visites à faire, nous nous arrêtons deux heures à Mola.

Passé le Garigliano, l'ancien Liris, près du hameau sur l'emplacement de Minturnes. Quelques restes d'un aquéduc, d'un théâtre, etc., sont les ruines de Minturnes, dont les marais cachèrent Marius.

Traversé le Volturno, en entrant à Capoue.

Entre Terracine et Capoue, on passe de temps en temps sur la voie appienne, la plus belle, la plus large, la plus solide de toutes ; elle allait de Rome à Brindes, et était conséquemment la grande route de Grèce et de tout l'Orient. Pour construire cette voie, on avait creusé un fossé de la largeur du chemin, puis rempli ce fossé d'un massif de pierrailles et de chaux vive, qui formait l'assiette, recouverte de pierres de taille, si dures, que dans beaucoup d'endroits elles sont encore très-bien jointes. De chaque côté du chemin régnait une banquette de pierres de taille, formant deux parapets pour l'usage des gens à pied. De cent pas en cent pas, on trouvait alternativement un banc pour s'asseoir, ou une borne pour aider à monter à cheval. Enfin, la voie appienne était bordée, de distance en distance, de mausolées, ou d'autres monumens. Dans les endroits où les banquettes subsistent encore, deux de nos grosses voitures ne passeraient pas commodément; d'où on peut conclure, que les essieux chez les Romains étaient plus courts que les nôtres. Il y a seize ou dix-sept siècles que non-seulement on n'entretient pas la voie appienne, mais qu'au contraire on la détruit tant que l'on peut. Il n'y a que peu ou point d'ornières, mais de temps en temps d'assez mauvais trous, qui excitent des plaintes amères de la part des voyageurs, contre la dureté de cette pauvre Via Appia, pour laquelle ils sont vraiment bien injustes.

En sortant de Sant' Agata, le postillon me montre, sur la gauche, des coteaux où, d'après la tradition populaire, se récoltait le vin de Falerne.

A Capua, les canons sont braqués sur la principale place, afin sans doute d'ajouter un peu à l'importance morale de sa petite garnison.

A partir de Capoue, la route est superbe; elle traverse les fertiles campagnes de la terre de Labour et de la Campanie. Nous arrivons à neuf heures du soir à Naples.

En relisant quelques parties de ce journal, je m'aperçois que les épithètes *joli*, *beau*, *superbe*, *admirable*, reviennent à chaque instant. Mais en m'examinant sévèrement, je ne trouve pas avoir abusé des termes laudatifs; c'était le seul moyen de rendre mon opinion. Comme j'ai encore beaucoup de belles choses à voir, il n'est pas inutile de placer ici cette réflexion, pour me rappeler au moins qu'elle ne m'a pas échappé. D'autre part, elle me tiendra en garde contre l'exagération; trop souvent messieurs les voyageurs tiennent à amour-propre de n'avoir vu que du *beau*.

23 *avril*. — Naples passe pour avoir trois cent cinquante-huit mille habitans, y compris quarante mille lazzaroni; on y compte environ trois cents églises, dont quarante-huit paroissiales. L'aspect de cette grande ville est très-animé, principalement dans la rue de Tolède, la plus longue de l'Europe; les équipages, les chevaux, les ânes, les nombreux piétons se heurtent sans cesse et entretiennent un nuage de poussière. La rue de Tolède est une promenade de cinq cent quarante toises de longueur en droite ligne. Des familles entières y font publiquement la chasse à la vermine, et la poursuivent sans aucune vergogne dans tous les recoins du corps humain. — Grand tapage; cris de toute espèce des cochers et des marchands ambulans.

Naples est pavée de larges dalles en lave du Vésuve; ce pavé, commode pour les gens à pied, est fort glissant pour les chevaux; aussi voit-on souvent des mules ou des chevaux de carrosse qui ne sont pas ferrés des pieds de derrière, et des roues de voitures sans bandes de fer. La police s'occupe peu du nettoiement des rues, aussi elles sont fort malpropres.

A chaque pas on rencontre de petits limonadiers ambulans; l'établissement repose sur quatre roues; il est décoré de fleurs, de nœuds de rubans, de drapeaux; on le voit toujours chargé de pyramides d'oranges, de limons, de *sorbetti* (glaces); le baril d'*acquajolo*, ou limonade à la glace, est suspendu sur son axe, de manière à verser la liqueur plus commodément.

On s'aperçoit tout de suite que l'huile n'est pas chère à Naples. Le soir, la plupart des boutiques, surtout celles des marchands de comestibles, sont comme illuminées, et tous les vingt pas il y a sur le mur une image de madone, avec deux ou trois lampes allumées.

Je n'ai point trouvé au Vésuve cet imposant dont je m'étais fait l'idée; une épaisse fumée, qui réfléchit les rayons du soleil, se montre de loin comme un nuage brillant, arrêté au-dessus de la montagne. Une petite éruption ayant eu lieu les 21, 22, 23, 24 et 25 mars dernier, les étrangers sont accourus à Naples de tous les points de l'Italie; mais depuis lors le Vésuve a été fort calme.

De mon balcon j'ai la vue du Castello Nuovo, grande forteresse sur le bord de la mer, vis-à-vis du Molo, auquel il sert de défense.

Le roi ayant réduit de moitié la subvention qu'il accordait au théâtre S. Carlo, l'impresario Barbaja avait fermé la salle pour tout l'été; je le savais et j'étais résigné à ce contretemps, lorsque ce matin je vois une affiche annonçant, pour ce soir même, la *Semiramide*, de Rossini, et la *Flûte Enchantée*, ballet de Taglioni. — Je me procure un billet pour la première fille de Platea. — Six rangs de loges ornées au-devant d'arabesques d'or, sur un fond blanc, forment la disposition intérieure de Saint-Charles; ces loges sont tendues en bleu de ciel. Le lustre donne peu de lumière; en sorte que la grande richesse de cette salle ne ressort qu'imparfaitement; mais la scène y gagne. — J'ai à côté de moi un prêtre, des femmes et des officiers qui entretiennent une conversation fort gaie. — La salle est pleine. — Le roi et sa famille occupent deux loges; leur mise est très-simple; ils sont sans cour, sans gardes. — Belles décorations. — Les danses ressemblent beaucoup à celles de notre Opéra; seulement les jupes des danseuses sont moins longues.

24 *avril*. — Je vais à la grotte de Posilippo, chemin de cinq cents toises, creusé à travers la montagne et qui conduit de Naples à Pozzuoli. Au milieu de la grotte l'air manque, et la respiration est gênée; à une certaine distance des deux ouvertures qui servent d'entrée et de sortie, on voit à peine à se conduire, malgré les réverbères qu'on y tient constamment allumés. Il faut dix minutes pour traverser la grotte. J'y rencontre beaucoup d'ânes et de mulets qui, en se croisant, se lancent des ruades. Au fait, c'est chose désagréable et même dangereuse que de traverser à pied la grotte de Pausilippe.

On va voir le tombeau de Virgile, dans un jardin sur le Pausilippe. Ce n'est plus qu'une masure de forme ronde, couverte de broussailles. Vis-à-vis l'entrée du monument on lit ce mauvais distique latin :

« Quæ cineris tumulo hæc vestigia conditur olim,
« Ille hoc qui cecinit pascua, rura, duces. (Anno 1504.)

Un laurier s'est incliné du rocher à côté pour ombrager le mausolée ; si c'est l'effet du hasard, ce hasard est curieux. Quant à cet autre laurier qui croissait sur le tombeau et dont tant de voyageurs ont parlé, il n'existait déjà plus en 1776. Beaucoup d'antiquaires pensent que le prétendu tombeau de Virgile est un petit *columbarium* : on appelle de ce nom une chambre sépulcrale garnie, comme les colombiers, de petites niches où étaient placées les cendres des morts dans des vases de terre. Le *columbarium* contenait ainsi, dans un petit espace, les restes d'un grand nombre de corps appartenant à la même famille.

Monté au Castello S. Ermo, citadelle très-forte, bâtie principalement pour tenir la ville en respect.

Au-dessous est l'église de S. Martino, dans une admirable position. — Beaux marbres. — Pierres précieuses. — Stucs dorés. — Peintures de Massimo, de l'Espagnolet, de Lanfranc, du chevalier d'Arpin, du Guide, de Maratte, de Vaccari, du Caravage, de Giordano.

A six heures du soir je me mêle à la foule qui se dirige vers Chiaja ; les gens à équipages suivent le quai ; ceux à pied entrent à la Villa Reale. Le jardin qui porte ce nom est admirablement situé ; il occupe un espace de mille toises de longueur, sur le bord de la mer.—Diverses statues.—Groupe de l'enlèvement d'Europe, par Angelo Viva.—Buste du Tasse, sous un petit temple à colonne. Virgile recevra incessamment le même hommage.

Tous les officiers portent des épaulettes à grosses torsades d'or ; au premier moment, je ne pouvais m'expliquer comment il se faisait qu'il y eût autant de commandans et de colonels.

25 *avril.* — Eglise du Gesù Nuovo, une des plus belles de Naples. — Tableaux du Giordano, du Guerchin, de l'Espagnolet. — Au-devant, sur la place, aiguille de la Concezione, toute revêtue de marbres taillés en saints, en anges, etc.

A l'église de S. Domenico Maggiore, tableaux du Titien, du Caravage, de Giordano. — Sur la place, autre aiguille en marbre très-surchargée d'ornemens.

La cathédrale de S. Gennaro fut bâtie sur les ruines d'un temple d'Apollon, d'après les dessins de Nicolas Pisano ; elle est d'architecture gothique. — Beaucoup de tombeaux. — Au maître-autel, Assomption du Pérugin. — Les bas-reliefs du vase de basalte, servant de fonts baptismaux, indiquent qu'il fut dédié à Bacchus.

Au moyen d'une ouverture pratiquée dans la nef à gauche, on passe dans l'église de S. Restituta, contiguë à celle de Saint-Janvier.—Le *custode* prétend que cette vieille madone en mosaïque, accrochée au mur, est la première image miraculeuse de la Vierge qui ait été l'objet d'un culte en Italie.

Vis-à-vis Sainte-Restitute, est le trésor, ou chapelle de Saint-Janvier ; c'est la plus belle partie de la cathédrale, par la richesse des ornemens qui y sont accumulés, de manière à ne laisser à l'œil aucun repos. La coupole, peinte par Lanfranc, rappelle douloureusement sa haine implacable pour le Dominiquin, dont les chagrins, et peut-être même le poison, hâtèrent la mort et l'enlevèrent aux arts, en 1641. Les tableaux des autels sont du Dominiquin, de l'Espagnolet et de Stanzioni. Le Guide et le chevalier d'Arpin devaient aussi travailler à l'embellissement de la chapelle du Trésor ; mais la jalousie de l'Espagnolet, accompagnée de menaces atroces, leur firent peur, et ils partirent précipitamment de Naples.

A côté de l'autel, est un petit tabernacle, où l'on conserve le crâne et deux *ampolle* (fioles de verre), contenant du sang de saint Janvier. Trois fois par an, en mai, septembre et décembre, le sang, qui est dur et coagulé, devient fluide ; le miracle a lieu très-régulièrement ; il est un sujet de grande dévotion, et si, par un hasard qui ne se présentera probablement pas de sitôt, la liquéfaction ne s'opérait point, il en résulterait des troubles sérieux à Naples.

Sous quelque point de vue qu'on envisage le miracle de la liquéfaction, il restera prouvé que le bienheureux saint Janvier est le plus docile, le plus complaisant de tous les saints. Dans les différentes circonstances où le miracle s'est fait attendre, on a généralement remarqué que cette espèce de malveillance du saint avait pour objet de favoriser quelque passion politique, tout-à-fait étrangère à la religion.

Par exemple, lors de la guerre dite de la Succession, M. d'Avarey commandait à Naples, à l'une des époques de l'année où le miracle se renouvelle; Napolitains et Français, tous coururent à la cathédrale, les uns par dévotion, les autres par curiosité. L'archevêque, tout dévoué à l'Autriche, tenait depuis un quart d'heure entre ses mains la fiole contenant le sang de saint Janvier, sans que la liquéfaction s'opérât. Déjà une rumeur sourde dans le peuple présageait quelque grand désordre dont les Français auraient été les premières victimes. M. d'Avarey vit l'orage se former et n'hésita pas, pour le conjurer, de prendre une mesure fort énergique. Un de ses gens fut dire tout bas à l'archevêque que, si le miracle ne s'opérait pas tout de suite, le commandant français le ferait faire par un autre, et que lui, archevêque, serait pendu au même moment. L'ordre produisit son effet, et le miracle eut lieu immédiatement.

De nos jours, le 6 mai 1799 (1), le général Championnet usa de semblable moyen envers l'archevêque Zurlo, et obtint le même succès. A son

(1) A cette époque de l'année, le miracle a lieu le premier samedi du mois de mai. Le général Championnet était entré à Naples le 24 janvier 1799.

retour, Ferdinand III, peu satisfait de la condescendance de saint Janvier, qui, en effet, s'était humilié devant les baïonnettes républicaines des généraux Championnet, Dubesme et Macdonald, le destitua de son titre de patron de la ville de Naples, ordonna la confiscation de ses biens, et le remplaça par saint Antoine; le canon hérétique des Anglais célébra la promotion du nouveau patron. Depuis lors, saint Janvier est rentré en graces. Hier, quelqu'un m'assurait avec gravité que la liquéfaction du sang de saint Janvier avait eut lieu pour la première fois dans l'église de S. Gennarello, près le Pausilippe.

Au surplus, ce miracle n'est pas le seul de son espèce; il se reproduit pour saint Jean-Baptiste, saint Étienne, saint Pantaléon, saint Vit, sainte Patrizia; et le lait de la Vierge se liquéfie de même chez les minimes, toutes les fêtes de Notre-Dame.

Saint Janvier fut canonisé par Sixte-Quint.

Arrivé à la place del Mercato par des rues encombrées de peuple; ce sont celles habitées par les plus nécessiteux de Naples; il faut un certain courage pour supporter la vue de cette foule de misérables, moitié nus et couverts de poux; mais ce n'est que dans de semblables lieux qu'on peut prendre une idée juste de l'état de la basse classe.

La place est la plus grande de Naples; il y a marché aujourd'hui; le lundi et le vendredi, on y vend toute espèce de comestibles et de vieilles nippes. Conradin, petit-fils de Frédéric Barberousse, eut la tête tranchée sur la place du Mercato, par ordre de Charles d'Anjou, frère de saint Louis; Mazaniello y trouva un trône de dix jours (du 7 au 16 juillet 1647).

Les loteries doivent rapporter beaucoup d'argent aux gouvernemens italiens; depuis Turin jusqu'ici, je n'ai pas passé devant un bureau de loterie sans voir quelques pauvres diables, et souvent un grand nombre, qui venaient jouer à ce jeu de dupes. Du reste, ainsi que cela se pratique à Paris, on ne néglige rien pour exciter la cupidité des joueurs. L'on rencontre partout un petit livre qui enseigne à connaître les *bons numéros*, au moyen de songes et de visions. Ce livre, imprimé *avec permission* à Venise, circule librement ici sous les yeux d'un gouvernement qui prohibe tout ouvrage sur l'histoire ou l'économie politique; mais la loterie est une branche de revenu. Le désavantage pour les joueurs y est à peu près de un à trois; car, on ne donne pour le premier extrait que soixante fois la mise. La frénésie est poussée si loin parmi le peuple, qu'on a remarqué que, la veille des tirages, les boulangers vendent beaucoup moins de pain qu'à l'ordinaire.

Le gouvernement français sent bien toute l'infamie qu'il y a pour lui de conserver la loterie dont le produit net est si faible (dix à douze millions); mais, en supprimant cet impôt odieux et immoral, on se priverait de ces emplois qu'il est si agréable pour un grand seigneur de faire donner à la maîtresse dont il ne se soucie plus.

26 *avril*. — Passé la journée sur la côte orientale du golfe de Naples ; visité Pompeï et Ercolano. — A Portici, la route traverse la cour du palais du roi.

La destruction de Pompeï a été l'œuvre de deux catastrophes distinctes ; l'une, en l'an 63, par un tremblement de terre ; l'autre, seize ans plus tard, par l'éruption de 79. Cette ville, engloutie sous la cendre du Vésuve, fut découverte seulement en 1750 par quelques paysans qui travaillaient dans une vigne. — Pompeï avait plus d'une lieue de tour ; les fouilles faites jusqu'à ce moment en ont découvert un cinquième tout au plus ; mais il y a lieu de croire qu'on a rencontré le quartier où étaient les principaux édifices ; car, outre un assez grand nombre de temples, de palais, de tombeaux, nous avons vu un théâtre pour la tragédie, un pour la comédie et un amphithéâtre destiné aux courses de chevaux. — La Via Appia traversait la ville. Déjà on employait la lave dans les constructions ; plusieurs murs en contiennent des fragmens.

A la manière dont les monumens funéraires sont disposés, il est aisé de reconnaître que l'usage de brûler les morts était général ; une urne placée dans une niche intérieure contenait les cendres.

Maisons et palais entièrement revêtus de marbre. — Pavés en mosaïque, composée de petits morceaux carrés de marbre blanc et noir.

Les maisons étaient fort petites, et se ressemblent presque toutes ; la distribution en est simple et uniforme ; les chambres, dont la dimension excède rarement douze pieds en carré, et qui souvent ont moins d'étendue, donnent sur la cour; elles sont isolées et ne communiquent point entre elles. Cette cour est ordinairement environnée d'un portique décoré de colonnes, sous lequel on passait pour aller d'un appartement à l'autre : dans la plupart des cours, il y a une citerne. Ces maisons n'étaient point numérotées ; on écrivait le nom du maître, ainsi que sa qualité, sur la porte d'entrée. A la disposition des lieux, on peut reconnaître la destination qu'avait chaque construction : bains d'eau chaude, bains de vapeurs, cuisines, salles à manger, caves, cafés, marchands d'huile, marchands de vin, four public, fontaines, lavoir pour les blanchisseuses. Les voyageurs croient reconnaître à certain signe un lieu de prostitution ; il se pourrait que cette maison ou ce temple eût été consacré au dieu des jardins.

J'ai passé dans cinq ou six rues; elles n'ont que quinze pieds de large, y compris les trottoirs, et sont pavées de lave du Vésuve, sur laquelle le sillon des roues est visiblement marqué en plusieurs endroits. — Une maison découverte en présence du brave Championnet a conservé son nom. Je suis resté quelques instans auprès des ouvriers employés aux fouilles. De toutes les choses de la vie, je n'en connais guère dont l'intérêt soit aussi vif que celui d'une fouille dans une terre célèbre.

Pour aller du Foro Nundinario à l'Anfiteatro, nous traversons pendant un mille des prairies artificielles plantées de vignes; on marche ainsi sur les toits de toutes les maisons encore sous la cendre. Au résumé, Pompeï est le plus curieux des musées.

Ercolano existait sous l'emplacement où sont actuellement Portici et Resina; la ville fut découverte en 1689; mais ce n'est réellement que vers l'année 1738 que des travaux de recherches furent commencés. Les fouilles faites à quatre-vingt-dix pieds de profondeur ont présenté de grandes difficultés et occasioné de fortes dépenses. Je ne comprends pas même très-bien comment on s'y est pris, pour découvrir, au milieu d'un rocher de lave, des statues et des monumens; car la lave a comblé Herculanum comme le plomb fondu remplit les cavités d'un moule.

Ceux qui n'ont pas vu les travaux et les lieux désireraient qu'on découvrît, ou du moins qu'on débarrassât la ville entière; mais pour démolir cette croûte énorme qui couvre la ville souterraine, il eût fallu détruire, avec le village de Portici, un assez grand nombre de palais et maisons de campagne, et enlever, sur un espace de plusieurs milles, jusqu'à cent pieds de terre ou de lave. Or, la chose n'était guère praticable.

Il parait, au surplus, que dans l'éruption du Vésuve qui combla la ville d'Herculanum, les habitans purent échapper au danger et sauver la plupart de leurs effets; car on n'y a point trouvé de bijoux en or, et à peine une douzaine de squelettes.

A peu de distance de l'entrée des souterrains d'Ercolano, on a entrepris des fouilles à ciel ouvert ; elles ont déjà amené la découverte de colonnes en stuc, appartenant au portique d'un temple; ici, l'enfouissement a eu lieu entièrement par la cendre ; il pouvait en être tombé, sur ce point, soixante à quatre-vingts pieds ; elle est grise et très-fine. On voit des pièces de bois réduites en charbon, aussi noir, aussi pur de tout alliage, que s'il était d'hier.

Outre Pompeï, Ercolano, et Stabia, quelques savans pensent qu'une quatrième ville a été ensevelie par les éruptions du Vésuve ; ils en indiquent la situation, entre Pompeï et le volcan, et lui donnent le nom de Toro.

27 avril. — Promenade sur mer, par le paquebot à vapeur. Nous allons à Ischia, en doublant l'île de Nisida (qui servit de retraite à Brutus, après le meurtre de César), l'île de Procida et le cap Misène. Nous sommes cent trente passagers des deux sexes et de toutes les nations de l'Europe ; cependant les Anglais dominent par le nombre. On trouve au restaurant du bateau tout ce que l'on peut désirer. Le vent étant contraire, le paquebot met trois heures à la traversée de Naples à Ischia (quatorze milles).

Nous montons tout de suite à la pauvre petite ville de Casamiccia, dont une partie a été renversée par le tremblement de terre du 2 février dernier ; c'était le côté adossé à la montagne, le plus joli, le plus important ; trente personnes ont péri dans ce désastre ; beaucoup ont été blessées ; deux cents maisons ont été détruites, et les habitans sont réduits à une affreuse misère.

Au retour, nous avons vu l'île de Procida, de l'autre côté, ce qui, pour un moment, a changé les points de vue, tous magnifiques. — Le fameux Giovanni, promoteur de l'insurrection dite *les Vêpres Siciliennes*, était né à Procida.

Il s'établit entre quelques passagers une conversation fort intéressante sur les arts; j'en recueille les idées suivantes :

« La beauté antique est l'expression des vertus qui étaient *utiles* aux hommes du temps de Thésée. La beauté chez Canova est l'expression des qualités qui nous sont agréables en 1828. Michel-Ange a dignement représenté les ministres d'un Dieu tout-puissant et terrible. Il ne peut être question de bonheur terrestre et passager, en présence de tels êtres; la seule pensée qui occupe, c'est d'éviter l'enfer. — Les Athéniens disaient à Thésée : *Défendez-nous et soyez justes*, et il leur rapportait la tête du Minotaure.

» La force individuelle, qui était tout dans l'antiquité, n'est presque plus rien au milieu de notre civilisation moderne. Le moine qui inventa la poudre à canon, modifia la sculpture ; la force n'est plus nécessaire qu'aux subalternes. Personne ne s'avise de demander si Napoléon ou Frédéric II surent bien appliquer un coup de sabre. La *force* que nous admirons, c'est celle de Napoléon visitant l'hôpital de Jaffa, ou s'avançant avec simplicité vers le premier bataillon des troupes royales, sur les bords du lac de Laffrey (mars 1815); c'est la *force de l'ame.* Les qualités morales qu'il s'agit de rendre sensibles, ne sont donc plus les mêmes; c'est ce que beaucoup d'artistes ne voient pas, mais c'est ce qu'ont vu Michel-Ange et Canova.

» Les qualités, les vertus, sont les *habitudes* de l'ame; or, tout ce qui est habitude disparaît dans les momens de passion; la sculpture ne peut pas s'en occuper : voyez le ridicule des statues du pont Louis XVI ! La peinture peut suivre beaucoup plus loin l'expression des passions ; ensuite, elle les livre à l'acteur tragique.

» La sculpture ne saurait rendre des mouvemens violens provenant des passions. Elle n'a pas l'expression des yeux; elle n'a que la force des muscles, pour rendre sensibles les habitudes de l'ame.

» Le mérite de la sculpture consistant principalement dans la beauté des formes, il n'est pas étonnant que les sens influent beaucoup sur le jugement que l'on porte sur telle ou telle statue. C'est ainsi, qu'involontairement on s'oublie, on reste des heures entières devant la Vénus Callipyge ou devant la Vénus de Médicis. »

C'est un beau spectacle que cette baie de Naples, couverte de maisons, de palais ! Au coucher du soleil, les montagnes prennent une teinte bleue.

Grand désordre à l'arrivée du paquebot dans le port ; les bateliers s'arrachent les passagers pour les jeter dans leur barque et les mettre à terre; il y a danger réel et aucune police pour contenir cette canaille. Je serais tombé dans la mer, si je n'eusse pas eu le poignet assez fort pour me soutenir à un cable, pendant quelques instans.

28 *avril*. — Passé la journée sur la côte occidentale de la baie de Naples.

Pris à Pozzuoli une barque et quatre rameurs, pour visiter les mille curiosités du golfe. — Que de bouleversemens ces lieux ont éprouvés!

Les regards se portent d'abord sur le Monte-Nuovo, colline sortie, le 29 septembre 1538, du milieu du lac Lucrino. Le village de Tripergole, situé entre la mer et le lac, fut abîmé dans cette catastrophe; une partie du lac, célèbre par la pêche qu'on y faisait alors, fut desséchée et absorbée par la nouvelle montagne. Au sommet du Monte-Nuovo, il y a un enfoncement qui ressemble au cratère d'un volcan. Les matières dont cette montagne de deux à trois cents pieds de hauteur est composée, ne sont que des laves, des pierres brûlées et spongieuses, et des scories qui paraissent être sorties d'un fourneau.

Entré dans la Grotte de la Sybille, après avoir cotoyé quelques instans les lacs Lucrino et Averno: on sait tout ce que les anciens ont débité de fabuleusement merveilleux, sur cette grotte et sur ces lacs.

Vu les bains de Néron; dont les eaux sulfureuses et très-chaudes attirent, dans la belle saison, un assez grand nombre de malades. Le *custode*, presque nu, va porter des œufs au fond d'une galerie et les dépose dans l'eau; cinq minutes après, il en revient tout couvert de sueur, avec les œufs suffisamment cuits.

Baja, ce lieu de délices, où les grands de Rome avaient bâti de si riches palais, n'est plus habitable maintenant; les exhalaisons des lacs et des eaux stagnantes y ont rendu l'air pestilentiel. La côte de Baja et tous les environs du golfe de Pozzuoli sont remplis de fontaines minérales ou thermales. Ces eaux en avaient fait un rendez-vous de voluptés et de débauches; ce qui fit dire à Martial, que : « Une « femme qui y allait Pénélope en revenait Hélène. »

Chacun voulut bâtir à Baïes, et l'emplacement manquant, l'art y suppléa par des substructions, des terrasses, des jetées sur la mer.

On ne voit plus aujourd'hui que quelques cabanes et beaucoup de ruines, parmi lesquelles mes bateliers m'indiquent celles de la maison de Pison, où se prépara la conjuration contre Néron; celles des temples de Vénus, de Mercure et de Diane.

A un mille de Baja est la grotte appelée le Tombeau d'Agrippine, poignardée par Anicetus, sur l'ordre de Néron. Des érudits pensent que c'est un reste de théâtre.

Je prends quelques instans de repos au cap Misène, en vidant un flacon de Falerne. — Belle vue. J'aperçois Sorrento. La plaine de Sorrento s'étend jusqu'à Salerne; c'est sur cette terre favorisée du ciel que l'on cultive le coton avec succès. Pline l'Ancien commandait la flotte romaine stationnée à Misène, lorsqu'en 79 il s'éloigna pour observer de plus près la mémorable éruption du Vésuve, et payer de sa vie, près de Stabia, sa fatale curiosité.

La Piscina Mirabile, grande conserve d'eau, dont on attribue la construction à Lucullus ou à Agrippa, était destinée à former un réservoir d'eau douce pour la flotte.

Parcouru les souterrains des Cento Camerelle, espèce de labyrinthe creusé dans le rocher; il passe pour avoir servi de cachots à Néron. Des auteurs pensent, au contraire, que les Cento Camerelle étaient tout simplement de vastes caves.

Le lac Fusaro, l'ancien Achéron, appartient au roi de Naples qui y a fait bâtir un joli *casin* au milieu.

En revenant à Pozzuoli, je passe devant ces quatorze arches à fleur d'eau, ruine d'un grand môle qu'avait fait construire Antonin-le-Pieux; les gens du pays veulent absolument qu'elles soient des restes du pont de bateau, de trois milles de long, fait par Caligula.

A peine débarqués à Pozzuoli, nous sommes comme cernés par une troupe de ces épouvantables gueux, qu'on ne rencontre qu'en Italie; ils nous poursuivent au milieu des rues et jusque dans les maisons, pour nous extorquer quelques *grani*; rien de plus dégradé que cette population de mendians.

Pozzuoli avait un temple dédié à Jupiter Serapis; il en reste de belles ruines. L'eau de la mer couvre le pavé de marbre du temple, et de petits poissons y vivent paisiblement.

L'amphithéâtre ou le Colosseo, imitation de celui de Rome, contenait quarante-cinq mille spectateurs. — Sous les ruines d'une arcade, chapelle élevée en mémoire d'un miracle de saint Janvier. — Des vignes, des figuiers croissent au milieu de l'arène et sur toutes les parties du monument.

On donne le nom de *Solfatara* à une petite plaine ovale, des ouvertures de laquelle sortent d'assez fortes quantités de soufre, d'alun et de sel ammoniac. Un érudit napolitain s'est efforcé de démontrer que la Solfatara est une bouche de l'enfer; ce qui paraît plus probable, c'est qu'elle est le fond d'un ancien volcan, dont les éruptions multipliées ont ruiné, dissipé, ou renversé les parois. En ce moment la Solfatara ressemble à une jatte dont le fond est large et les bords élevés; quand on frappe du pied sur l'arène, on entend un bruit sourd, propre à faire conjecturer qu'elle n'est qu'une voûte ou faux fond.

De l'église des Capucins, belle vue.

A deux milles plus loin est le charmant lac d'Agnano, couvert d'oiseaux aquatiques.

Personne ne dirait mot de la petite grotte du Chien, sur les bords du lac, sans les exhalaisons et les vapeurs qui s'en échappent. J'y suis entré, mais en me refusant le triste plaisir de voir les angoisses du malheureux chien destiné aux expériences.

Près de la grotte, sont les Stuffe di S. Germano,

espèces d'étuves, d'où s'échappent des vapeurs qui élèvent la chaleur jusqu'à 39 et 40 degrés de Réaumur; les malades affectés de douleurs rhumatismales s'étendent, enveloppés de couvertures de laine, sur des bancs taillés dans le rocher.

Au surplus, tout ici rappelle ce bon mot de La Condamine à Benoît XIV; il disait au spirituel et bon Lambertini que : « L'Italie était un chapelet de volcans dont il ne restait que les *pater*. »

Rentré à Naples par la grotte de Pausilippe, après avoir distribué une pluie de petite monnaie à trente *ciceroni*, *condottieri*, *custodi* et mendians de toutes les espèces.

29 *avril*. — On a donné le nom d'*Accademia reale degli Studj* à un grand nombre de salles, où sont exposées les collections de sculptures, de peintures, et d'objets étrusques. Au sortir de chaque salle, le gardien vous tend la main, chose ignoble dans un établissement royal.

Parmi les statues de ce musée, le Toro Farnese, groupe d'un seul bloc de marbre blanc, occupe un des premiers rangs.

Dircé, seconde femme de Lycus, roi de Thèbes, voyant Antiope enceinte, quoique répudiée par son époux, crut que cette femme vivait toujours avec lui; emportée par une haine jalouse, elle la fit jeter en prison, d'où Jupiter l'ayant tirée, elle alla se cacher sur le mont Cythéron, et y accoucha d'Amphion et Zéthus; dans la suite, ces deux jumeaux firent mourir Lycus, et, pour venger leur mère, attachèrent Dircé aux cornes d'un taureau; mais au moment où l'animal furieux s'élance pour prendre la course, Antiope s'attendrit et ordonne de l'arrêter; ses deux fils font tous leurs efforts pour retenir le taureau. L'action, les expressions, les attitudes, sont d'un grand style. Cette masse est bien conservée, malgré tous ses voyages. Apollonius et Tauriscus, sculpteurs grecs, firent cet ouvrage à Rhodes. Pollion le fit venir à Rome; Caracalla en décora ses bains; Paul III le plaça dans son palais; vers la fin du dix-septième siècle il fut apporté à Naples et placé au milieu de la Villa-Reale; on s'est bientôt aperçu que les vapeurs de la mer rongeaient le marbre, et le taureau Farnese a été transporté aux Studj.

Les deux artistes ont tiré d'un même bloc six figures plus grandes que nature et plusieurs autres de moindre dimension; le rocher sur lequel elles sont groupées, un petit Bacchus, un chien avec un panier et la flûte à plusieurs tuyaux, une biche qui boit, un cerf qui ronge un arbre, un lion qui dévore un cheval, une tortue et un serpent sous un arbre, un second lion qui dévore un taureau, un chien qui se sauve, un aigle la patte sur une couleuvre, deux sangliers couchés, dont à la vérité on ne voit que la hure; le taureau soutenu par un arbre, un grand serpent sortant de l'écorce de cet arbre, un thyrse avec des pommes de pin.

On considère l'Hercule Farnese comme un des miracles du ciseau grec; sérénité sur le front, majesté dans les traits; impossible de mieux personnifier la force, en lui conservant quelque grace. Rome perdit cette statue en 1787, époque à laquelle le roi de Naples la fit transporter dans sa capitale. — Le corps de Farnese, depuis la tête jusqu'aux genoux, a été, ainsi que les pieds et le piédestal, trouvé lors des fouilles pour la construction du palais Farnese; mais les jambes manquaient, et Guillaume della Porta en fit de nouvelles. Plus tard, on retrouva les véritables dans les fondemens du palais Borghese, et le prince de ce nom en fit hommage au roi de Naples, qui s'empressa de les restituer à l'Hercule. Ainsi, nous voyons aujourd'hui cette admirable statue telle qu'elle sortit des mains de l'artiste.

La Flore Farnese, par la perfection de ses draperies, l'emporte peut-être sur toutes les statues antiques; d'une main elle tient une couronne de fleurs, de l'autre elle relève sa robe avec le bout des doigts. — Vénus Callipyge. — Aristide. — Les deux statues équestres de Nonius Balbus, tirées d'Ercolano. — Un Méléagre, en rouge antique. — La Diane d'Éphèse. — Sept à huit Vénus dans la même salle. — Bassin en porphyre de dix à douze pieds de diamètre.

Les tableaux occupent deux galeries, l'une pour l'école napolitaine, et l'autre pour les peintres étrangers. — Cartons de Raphaël et de Michel-Ange.

Une salle est remplie d'antiquités égyptiennes.

Au surplus, sous le doux climat de Naples, le génie a peu de vigueur; il se repose. L'imagination ne retrouve quelque activité qu'autant qu'il s'agit de plaisir. Les monumens des arts que l'on y admire, appartiennent généralement à l'antiquité ; ils ont vu le jour en Grèce, ou sont sortis des fouilles d'Ercolano, de Pompeï, de Pesto; car les sculpteurs de Naples n'ont rien produit de réellement beau. Sauf les ouvrages du Calabrese, de l'Espagnolet, du chevalier d'Arpin, de Luc Giordano, ses tableaux n'occupent qu'une place très-secondaire parmi les brillantes créations des écoles italiennes, au nombre desquelles Naples n'a jamais pu voir figurer son nom. Ces écoles sont : celle de Florence, de Rome, de Lombardie, de Venise, de Bologne.

Je parcours les vastes et beaux appartemens du Palazzo Reale, dont la galerie a quelques bons tableaux ; j'entre dans la chapelle du roi, où le public est admis sans la formalité des billets. — Grand escalier, remarquable.—Terrasse donnant sur la mer, couverte de citronniers.

30 *avril*. Promenade au Vésuve avec trois amis.

Nous partons de Naples le 29, à onze heures du soir; la lune, dans son plein, éclaire un ciel de la plus grande pureté. — Arrivés à Resina, nous enfourchons des ânes jusqu'à S.-Salvadore, au pied du Vésuve. L'ermite se lève de fort bonne grace, et nous sert un petit déjeuner de fromage et de saucisson, avec du lacrima-christi; le blanc a un goût aromatique assez désagréable; le rouge ne me plaît guère plus; au total, ce vin si renommé est bien au-dessous de sa réputation.

Après ce léger repas, nous reprenons les ânes pendant une demi-heure; ils nous portent sur des rochers d'anciennes laves, au pied d'un pain de sucre, tout uni, qu'il s'agit de gravir! Ce mont escarpé est formé de scories, de déjections du volcan et d'un petit sable lourd et rougeâtre, qui n'est autre chose que de la mine de fer pulvérisée, dans laquelle on enfonce jusqu'aux genoux; quand on croit avancer d'un pas, on en descend quelquefois deux. Nous montons ainsi pendant trois quarts d'heure au milieu d'exhalaisons sulfureuses qui s'échappent, soit du cratère, soit des crevasses de la montagne; je n'ai jamais rien fait d'aussi fatigant; le vent, la fumée et la raideur du talus, coupent la respiration d'une manière fort incommode. Mon guide m'assure, cependant, que des femmes montent au Vésuve, sans autre secours que celui de leurs propres forces.

J'arrive à quatre heures trois quarts, à la clarté douteuse de la lune et du point du jour, au sommet du cône; je suis couvert de sueur, et le vent est extrêmement froid. On aperçoit la bouche du volcan, de l'autre côté du cratère, dont la forme est à peu près celle d'un entonnoir; à travers une épaisse fumée, je vois une lueur, comme serait celle produite par un bec au gaz, mais une fois seulement et pendant deux secondes.

Je prête l'oreille attentivement, et n'entends aucun de ces frémissemens, de ces détonnations par lesquels les éruptions s'annoncent quelques jours d'avance. Chose étrange! elles portent la dévastation, la mort, dans les lieux environnans, et cependant chacun désire, chacun appelle de ses vœux une éruption ! les voyageurs, pour jouir d'un spectacle dont les horreurs sont admirables; les habitans des lieux menacés, pour le profit qu'ils retirent de la visite des étrangers. Les ravages que causent les éruptions ne sont pas les seuls inconvéniens attachés au voisinage du volcan; quand il est calme au dehors, il est agité intérieurement; et c'est alors que son existence, son état de vie, se manifestent par ces secousses qui jettent l'épouvante dans tout le pays d'alentour. On a fait une remarque curieuse ; c'est que les solstices agitent les laves des volcans, comme les équinoxes bouleversent les eaux de la mer.

Depuis la fameuse éruption de 79, qui engloutit Ercolano, Pompeï et Stabia, jusqu'à ce moment, et y compris celle du mois de mars dernier, les éruptions du Vésuve sont au nombre de trente-neuf ; voici les principaux événemens dont les plus mémorables ont été accompagnées :

Selon Carlo Sigonio, l'éruption de 472 couvrit l'Europe de cendres; la terreur fut si grande à Constantinople, que l'empereur Léon abandonna sa capitale. — Celle de 1631 fut très-remarquable; des torrens d'eau bouillante sortirent de la bouche du Vésuve; ils inondèrent les campagnes, détruisirent tout ce qu'ils rencontrèrent, firent périr plus de quinze cents personnes près de Torre del Greco, et arrivèrent jusqu'à Naples, dont trois mille habitans furent victimes de cet affreux désastre. L'éruption de 1794 couvrit les maisons et la campagne de Torre del Greco. Celle de 1822 présenta de singulières particularités. Plusieurs villages furent sérieusement menacés et quelques-uns éprouvèrent de graves dommages. Quant à la dernière, celle qui a eu lieu il y a cinq semaines, elle n'a été qu'un joli spectacle sans danger.

Les parois intérieures du cratère sont de rocher vif, scabreux, brûlé, jaune-citron, couleur de chaux, recouvert en mille endroits de soufre et de salpêtre. Vers le milieu du dix-huitième siècle, on voyait dans le cratère des arbres et de la verdure; aujourd'hui, il s'en échappe de la fumée par un assez grand nombre de petites crevasses.

Au lever du soleil, l'astre est voilé par la colonne de fumée qui sort violemment du volcan; une gaze blanche et légère semble jetée sur les lieux et les objets qu'il éclaire déjà. Coup-d'œil admirable au travers de cette teinte vaporeuse! Peu à peu le soleil s'élève; il domine bientôt tous les obstacles; le spectacle change alors et me paraît encore plus beau que le précédent; la baie de Naples, la ville, la campagne, la mer, les îles; c'est une vraie féerie!

Je me promène pendant deux heures sur le sentier étroit qui tourne autour du cratère. Là, naissent les grandes pensées, quand on songe où l'on est, ce qui y a été et ce qui pourra y être un jour. Combien il en coûte de détacher d'un pareil tableau le regard qui sera le dernier! Mais je ne puis me séparer de mes compagnons, dont l'enthousiasme n'est pas au niveau du mien. Je remplis mes poches d'échantillons de laves, et nous redescendons en peu d'instans la montagne de cendres. — Second déjeuner chez l'ermite.

Ce matin, à notre arrivée à S. Salvadore, deux soldats se sont levés à l'instant et nous ont accompagnés jusqu'au pied du maudit pain de sucre, d'où ils nous ont ramenés à l'ermitage; des voyageurs ayant été attaqués par les brigands, dans ce trajet, on donne maintenant une escorte, qui reçoit la *buona mano*.

De retour à Resina, vers les dix heures du matin, nous désirons voir la Favorita, villa du prince Léopold, frère du roi; mais sans billet d'entrée, la chose est impossible. Nous avons une permission pour voir le château royal de Portici, le Saint-Cloud du monarque napolitain; on nous répond que le roi y étant, nous ne pouvons entrer.

J'ai fait mon ascension au Vésuve avec un Danois, un Génois et un Hambourgeois; nous sommes les meilleurs amis du monde, et c'est à peine si nous savons nos noms. Rien de plus facile en Italie, que de trouver des compagnons pour voir ensemble les curiosités; ces associations se forment naturellement dans les voitures publiques et aux tables d'hôte; chaque étranger se proposant à peu près le même but, il y a agrément et économie pour tous de se réunir. Généralement, les Anglais vivent seuls ou entre eux; on ne les recherche pas; une certaine bizarrerie de caractère, fait que les relations avec eux sont difficiles ou de courte durée. Ce peut être une chose agréable à deux ou trois voyageurs de se joindre ensemble; quelquefois on en est plus gai; on remarque mieux les objets, et on se fait un plus grand plaisir de les voir; mais il faut bien se connaître avant de s'engager en société pour un long voyage. Dans cette espèce de mariage, quand les humeurs ne s'accordent pas, c'est un enfer.

Bien qu'ils l'enrichissent, l'Italie déteste les Anglais. La hauteur, le dédain affecté de beaucoup d'entre eux, leur arrogance à la fois répulsive et vulgaire, leur ont fait en Europe de nombreux ennemis. C'est avec peine qu'ils se mêlent aux gens comme il faut; c'est avec une insultante froideur qu'ils traitent les personnes d'un rang secondaire; ils dépensent beaucoup, mais sans noblesse. Les précautions continuelles qu'ils croient devoir prendre pour les plus petites choses, font peine et pitié : ils trouvent le moyen d'être prodigues et de paraître avares; enfin on s'exerce à les tromper à qui mieux mieux.

Ce langage n'est point d'un ennemi systématique; c'est celui que me tenait dernièrement un Anglais même, homme dégagé de tous ces sots préjugés qui, sous le beau nom de patriotisme, tendent à séparer les nations.

Ce soir, me promenant sur la jetée conduisant au phare, je remarque un groupe de peuple écoutant attentivement un homme qui, placé au milieu et debout, lit, déclame, gesticule avec une grande vivacité; étonné de voir un auditoire presque nu, aussi empressé d'un plaisir tout littéraire, je prends des renseignemens, et ma surprise redouble. Ces lazzaroni de tout âge, de tout sexe, se pressent autour du lettore di Rinaldo; cet Homère de la canaille redit les chants du Tasse; on recueille ses paroles dans le plus grand silence; on suit jusqu'à ses moindres gestes, et quelques *grani* donnés par des mendians, forment la rétribution du lecteur que, sans le livre qu'il tient à la main, on pourrait prendre pour un improvisateur.

Ces lazzaroni ne composent point une classe à part; il y en a dans tous les états; ce sont tout simplement des fainéans qui mesurent leur travail sur leurs besoins; dès que ceux de la journée sont assurés, ils se couchent sur le pavé, dorment, ou se mettent à la recherche de la vermine.

1*er mai.* — L'image de la Madone est placée au fond du café où je déjeune; une lampe brûle à côté; il en est de même dans tous les cafés, magasins de comestibles et boucheries.

Dans mes petits voyages à pied en Italie, je n'ai jamais fait lever ni lièvre ni perdrix, et je n'en ai guère vu aux tables d'auberge; mais il n'en est pas de même des cailles; à l'approche du printemps, elles viennent d'Afrique par volées, et couvrent le pays de Naples ainsi que les îles aux environs; ces pauvres petits animaux sont si fatigués de leur grand voyage, qu'on les prend presque comme on veut;

il y en a, chaque jour, une immense quantité dans la rue de Tolède et sur les places : elles sont en vie et renfermées dans des paniers couverts d'un filet. C'est toujours une question de savoir si ces cailles traversent la mer tout d'un trait d'aile, ou si elles nagent de temps en temps pour reprendre haleine.

Je retourne aux Studj, où j'ai encore trois salles à voir : ce sont celles contenant les bronzes, les vases étrusques, les objets en verre et autres, trouvés à Ercolano, Pompeï, Pesto, et dans diverses parties du royaume. Ces collections fournissent de nombreuses et nouvelles preuves de l'état de perfection où les arts industriels étaient parvenus chez les anciens. Pour tout ce qui peut être utile ou agréable, nous n'avons fait que copier, et souvent très-mal. Entre autres choses fort curieuses, on voit :

Un forceps en bronze, à peu de chose près de la même forme que celui dont nos accoucheurs font usage. — Un pain, portant une inscription, d'après laquelle il paraîtrait que la police ordonnait de marquer sur chaque pain la qualité de la farine dont il était composé. — Des noix, des olives, des lentilles, des marrons conservant leur forme, quoique réduits en charbon. — Divers ustensiles de cuisine très-ingénieusement composés.

J'arrive au Campo di Marzo, en passant devant le palais royal de Capo di Monte.

Le Champ-de-Mars fut fait sur le plan de celui de Paris pendant l'occupation de Naples par les Français. Lors de sa rentrée dans ses États, en 1815, le roi Ferdinand n'en conserva qu'un quart, et rendit le surplus à l'agriculture.

Grand concours de peuple et d'équipages; le roi va passer une revue; les régimens arrivent successivement; ils ont une belle tenue et marchent fort bien; le roi et sa famille arrivent dans trois calèches découvertes; le prince héréditaire est à cheval et fait les honneurs de la revue à un jeune prince danois, neveu du roi régnant. Des manœuvres et des exercices à feu se prolongent jusqu'à la nuit. Au retour, troupes, curieux, équipages, cavaliers et piétons, se pressent dans la rue de Tolède, au milieu d'un épais nuage de poussière; j'arrive, non sans peine, à la trattoria della Corona di Ferro.

2 *mai*. — Monté à l'ermitage des Camaldoli, qui, selon l'usage de ces religieux, est bâti sur une haute montagne. Les camaldules vivent éloignés de la dissipation et du commerce des villes; ils se font remarquer par un esprit de recueillement et de retraite.

Le chemin, fort pittoresque, est le fond d'un torrent dans une montagne de cendres; on distingue parfaitement des couches de cendre pure et très-fine; d'autres, de cendres qui semblent avoir été mouillées et forment des espèces de galets. Toutes les hauteurs aux environs de Naples paraissent être de la même matière.

La vigne est soutenue par des peupliers, des ormeaux, et le pampre passe élégamment d'un arbre à l'autre.

De la terrasse du couvent des Camaldoli, on jouit d'une vue admirable; c'est un panorama qui s'étend, d'un côté, jusqu'à Terracina (quatre-vingt-trois milles), et embrasse la mer, les îles, le lac Agnano, la côte de Pozzuoli, Naples, Portici, Sorrento. — Dans l'église, peintures du Calabrese, du Baroche, de Massimo.

Un café, à Naples, ressemble beaucoup à une mauvaise pharmacie de France; l'entrée sur la rue occupe toute la façade; au fond de la boutique est une sorte de comptoir formant barrière; au-delà sont des garçons couverts de casquettes et fort mal vêtus, qui manipulent devant vous les objets de consommation demandés. L'intérieur du café est plein de moines, d'abbés, de militaires, etc.; ces désœuvrés lisent en bâillant la gazette, regardent passer le monde et font très-peu de dépense. Au reste, les décrotteurs viennent cirer les bottes dans le café; les marchands de toute espèce, y compris ceux de volailles, vous y importunent; les mendians les plus dégoûtans vous tirent le pan de l'habit, ou vous poussent le coude. Ces inconvéniens choquent et contrarient; mais, ce qui les compense un peu, c'est la bonté et le prix modéré de ce que l'on consomme dans ces cafés.

Visite au Campo Santo Vecchio.

Ce cimetière, entouré de murs et de forme carrée, est près de la superbe route que Murat avait faite pour aller au Champ-de-Mars. Il est pavé de larges dalles; trois cent soixante-cinq trous correspondant à pareil nombre de fosses, sont percés au milieu de ces dalles; chaque jour de l'année, une même fosse reçoit les corps des habitans des quartiers auxquels le cimetière est affecté. Ils y sont jetés pêle-mêle; les hommes et les enfans absolument nus, les femmes enveloppées d'un drap. Lorsque les parens du mort font la dépense d'une bière, on la précipite également dans le trou.

Le Campo Santo ne reçoit que les corps des individus décédés, soit aux hospices, soit dans la misère; les riches sont inhumés dans les églises ou dans les cloîtres des couvens. Ce Campo Santo existe depuis soixante-dix ans; d'après l'ordre suivi, la fosse ouverte chaque jour est celle qui a reçu les morts de pareil jour, de toutes les années précédentes.

Dix corps ont été jetés dans la fosse du 1ᵉʳ mai, et pareil nombre dans celle d'aujourd'hui; en supposant que le Campo Santo Nuovo, le second cimetière public, en reçoive autant et que les gens aisés soient aussi nombreux que les pauvres diables, il s'ensuivrait que le taux moyen des décès serait pour chaque jour, à Naples, de quarante à quarante-deux. Ce calcul se rapproche d'autant plus de la vérité, qu'on sait, d'après les tables de la mortalité, qu'il meurt chaque année quinze à seize mille personnes à Naples.

3 mai. — Jour de l'invention de la sainte Croix.

Belle église de S. Filippo Neri; façade de marbre. — Trois nefs séparées par des colonnes de granit. — Plafond en stuc doré. — Tableaux du Guide, de Pierre de Cortone, de l'Espagnolet, du Dominiquin, de Raphaël. — Statues par le père du Bernin

Grande solennité religieuse; c'est l'une des trois époques de l'année où le sang de saint Janvier se liquéfie. Je pénètre avec difficulté dans la chapelle du trésor à la cathédrale; l'autel est couvert de vases de fleurs, de candélabres de dix à douze pieds de haut, de trente-six bustes et de toute espèce d'ornemens en argent; le devant d'autel en bas-relief, est du même métal.

Il y a peu de monde dans l'église; le bas peuple seul a l'air de s'intéresser au miracle, pour l'accomplissement duquel il prie avec ferveur.

A midi, une longue procession s'organise pour porter à S. Chiara les reliques de saint Janvier; elle est composée de prêtres, de moines de tous ordres, d'habits brodés couverts de crachats, d'une escorte militaire avec musique en tête, et d'une foule de misérables n'ayant pour tout vêtement que de méchans haillons. A la vue du buste de saint Janvier, porté sous un dais, les yeux de quelques mendiantes s'animent, il s'en échappe même des larmes; elles invoquent le saint à grands cris en se frappant la poitrine, pour obtenir la prompte réalisation du miracle. Quand il se fait un peu trop attendre, on est porté à imputer le retard à la présence de quelque hérétique.

Des polissons, moitié nus, se pressent autour des grands seigneurs et des prêtres pour recueillir, dans un cornet de papier, les gouttes de cire tombant des cierges qu'ils ont à la main; quelques-uns s'y opposent ; mais les polissons insistent ; rien de bouffon comme ce débat entre les deux extrêmes de la société. Du reste, aucune police. — A la clé d'or attachée au bas de la taille de l'habit, on reconnaît les chambellans.

La procession arrive dans S. Chiara, où je l'ai précédée. Cette église, richement décorée, exigerait peu de changemens pour en faire une magnifique salle de bal. — Beaucoup d'ornemens en argent au maître-autel. Vierge tenant entre ses bras l'enfant Jésus, figure en argent massif de six pieds de hauteur. — L'église de Sainte-Claire sert aujourd'hui de sépulture à la famille régnante. — Une musique vocale et instrumentale interrompt, de temps en temps, les chants si aigres de la canaille groupée autour des reliques ; c'est une troupe de vieilles femmes appelées *parentes de saint Janvier*.

J'ai remarqué aujourd'hui un usage assez curieux ; sur les places, dans des carrefours, un moine, tenant un grand crucifix de bois, prêchait en plein air ; de la main droite il se frappait la poitrine avec violence ; le peuple, prosterné autour de lui, poussait de profonds gémissemens. Rien de plus ridicule que cette parade ; on ne sait comment concilier ce zèle pour les pratiques religieuses avec des mœurs si corrompues.

Le miracle, après s'être un peu fait attendre, a eu lieu ce soir ; il était temps ; car l'impatience du peuple commençait à se manifester par des reproches énergiques, adressés en termes fort durs au bienheureux saint Janvier.

4 mai. — Dimanche.

Je prends un cabriolet pour faire une tournée d'églises. Le cheval, avec son petit plumet sur l'oreille, l'équipage et le cocher, sont infiniment au-dessus des fiacres et des cabriolets de Paris; bien que mes conditions soient à l'heure, le cheval est toujours au grand trot.

Des femmes de diverses conditions se promènent en costume de religieuse; c'est, à ce qu'il paraît, une œuvre très-méritoire.

La Nunziata, grande et belle église, a trois nefs séparées par des colonnes de marbre. — Pietà, tableau de l'Espagnolet. — Dans la première chapelle, à droite, Madonna delle Grazie, attribuée à Raphaël. — Sacristie et chapelle, à côté, fort remarquables. — Eglise du Salvatore. — Stucs, dorures, peintures. — Des milliers d'*ex-voto*, à la chapelle de saint Louis de Gonzague. Des personnes qui se trouvaient dans un grand embarras, les ont adressés à la sainte Vierge ou à quelque saint particulier, et elles ont été délivrées. On consacre la mémoire du fait dans un tableau, ordinairement détestable, appliqué contre la muraille, et qui représente le malheur arrivé. La Vierge ou le saint invoqué est peint dans un coin du tableau, porté sur des nuages et exauçant la prière.

Chacun s'adresse au saint ou à la madone en qui

il a le plus de confiance : car tel a une profonde vénération pour Notre-Dame d'un certain lieu, qui ne ferait pas la dépense d'une bougie pour toutes les autres. Quand on se blesse dangereusement ou quand on est tué, il n'y a rien ni pour saint, ni pour sainte; ce n'est que quand on échappe à un danger qu'on fait l'offrande. Il y a des églises auxquelles on a donné de cette manière plus d'une charretée de têtes, de bras, d'autres membres, et jusqu'à des petits enfans, en argent ou en cire; on en apporte tous les jours de nouveaux; les uns font place aux autres; et on peut croire qu'il n'y a rien de perdu. Les dernières offrandes sont attachées en bas; quand la surface du mur n'en peut plus contenir, on fond au profit de l'église les *ex-voto* en cire les plus élevés.

Il est reconnu maintenant que le catholicisme a emprunté au paganisme l'usage des *ex-voto*. Vers le commencement du dix-huitième siècle, on découvrit, près de Palestrina (l'ancienne Préneste), un magasin rempli d'objets précieux, qui avaient été déposés dans le temple de la Fortune prénestine, alors fort célèbre. Parmi ces objets, on trouva un certain nombre de petits bras et de petites jambes d'argile, semblables à ceux en cire que l'on offre actuellement aux saints ou à la Madone. Les anciens suspendaient à leur cou, ou attachaient à leurs habits de petites images de la déesse de la Fortune, comme les catholiques portent des madones et des crucifix.

Des fouilles commencées en 1760, près de Plaisance, ont amené la découverte de semblables *ex-voto*, dans les ruines de la ville antique de Velleiatium, que les Italiens nomment Velleia. Ces *ex-voto* sont en bronze ou en terre cuite. On remarque parmi eux une statue d'Hercule, en bronze, avec l'inscription désignant une confrérie (*sodalitium*) dévouée à Dieu.

Église de S. Paolo, sur l'emplacement d'un temple élevé à Castor et à Pollux. — Belles chapelles.

Église des Saints-Apôtres, très-ancienne. — Tableaux de Lanfranc, de Solimène, de Giordano. — Mosaïques sur des dessins du Guide. — Tombeau de Marini, poète napolitain mort en 1625, âgé de vingt-neuf ans.

S. Giacomo degli Spagnuoli, bâtie en 1540, par le vice-roi don Pierre de Tolède. — Mausolée de ce prince.

Je me présente au palais du marquis Berio, pour voir sa galerie ; on me répond qu'il est mort, que ses héritiers ont vendu tableaux et statues, et qu'un Anglais a payé douze mille ducats le groupe de Vénus et Adonis, de Canova.

Église de S. Maria della Pietà de' Sangri, toute revêtue de marbre. — Beaucoup de statues ; celle de la Pudeur, couverte d'un voile transparent, sous lequel les formes se dessinent parfaitement, est admirable, mais bien voluptueuse pour une église. — Le Vice détrompé est représenté sous la forme d'un homme engagé dans un grand filet, dont il s'efforce de sortir ; le filet, travaillé dans la même pièce de marbre, touche à peine à la statue ; c'est un tour de force sans exemple. — Un Christ au tombeau, couvert d'un voile à travers lequel on aperçoit toutes les parties du corps. — Comme ces statues sont de l'école du Bernin, je montre un certain courage en faisant leur éloge ; car il est de mode aujourd'hui, parmi les écrivains, de dénigrer le Bernin. Ils évitent, autant que possible, de lui attribuer le péristyle de Saint-Pierre, et ne parlent guère de Sainte-Thérèse ; quant à la fontaine de la place Navone, ils la trouvent détestable. Enfin, pour être lu dans un certain monde, il faut, de toute nécessité, affecter un profond mépris pour ce grand artiste. — Tombeaux de la famille Sangro, qui a fait bâtir l'église.

5 mai. — Départ de Naples à trois heures du matin, par un beau clair de lune. J'occupe une des deux places du cabriolet de la diligence, ayant à mes côtés M. P.... Quatre autres voyageurs occupent l'intérieur de la voiture ; quatre chevaux, dont les deux de devant sont attelés à une grande distance de ceux du timon (comme c'est l'usage à Naples), nous enlèvent au galop ; la voiture traverse rapidement Aversa, fondée par Robert Guiscard dans le onzième siècle, la moderne Capoue, à deux milles des ruines de l'ancienne, et Sparanisi, qui porte également le nom de Torre Fioralisi ; le pays est superbe ; la végétation forte ; enfin, toutes les apparences de la plus grande fertilité.

Parcourant une route que je connaissais déjà, ma curiosité était moins excitée ; tout indiquait une certaine monotonie dans le voyage et l'absence de tout sujet intéressant pour le journal. Je sommeillais dans une parfaite quiétude, lorsqu'à dix heures et demie du matin, par un beau soleil, au milieu d'un chemin large et découvert, je me réveille aux cris aigus des postillons, du conducteur, des voyageurs, et aussi à la détonnation de deux coups de fusil tirés en l'air. Je vois alors qu'il s'agit d'une attaque dans toutes les règles ; trois brigands nous tiennent en joue, tandis que leurs camarades recueillent nos offrandes obligées. Comme ils sont fort près, je puis remarquer que les canons de leurs fusils sont rouillés à l'extérieur et même intérieurement ; avec les bouts desdits canons ils nous frappent de temps en temps sur les mains et sur les genoux pour nous indiquer, le plus énergiquement possible, qu'il faut à l'instant leur donner tout ce que nous possédons ; chacun met un juste empressement à satisfaire à une demande aussi légitime ; mais cependant cette obéissance est plus ou moins aveugle ; quelques-uns de nous la poussent jusqu'aux dernières limites.

Je ne sais comment cela se fait, mais en face de ce péril je n'éprouve aucune crainte ; il me semble voir une scène de *la Caverne*, du *Vieillard des Vosges*, de *la Diligence attaquée* de Franconi, etc. etc. Les cris bizarres qui m'ont réveillé, la peur du conducteur, des postillons, de mes compagnons d'infortune, me portaient plutôt au rire, pendant cette triste expédition.

Je donne noblement, de ma place, une pièce de 40 francs à l'effigie du grand homme au premier *birbante* qui s'adresse à moi; chaque voyageur vide ses poches; d'autres *birbanti* se succèdent, et à voix entre-coupée m'adressent la même demande que le premier; je réponds en italien que j'ai donné 40 fr., tout ce que j'avais, et qu'ils peuvent chercher mieux s'ils le veulent. L'ordre de descendre nous est donné; nous voilà tous au milieu de la route, derrière la voiture, tournant le dos à ces honnêtes gens, et nous attendant à être *sévèrement* fouillés; le sacrifice de ma montre était fait. Tandis que les trois brigands continuaient à nous tenir en joue, les autres vidaient la voiture avec une étonnante célérité. Les *birbanti* demandent les clefs de nos malles; mais heureusement cette injonction n'a pas de suite; voyant approcher des charrettes accompagnées de leurs conducteurs, ils prennent peur à leur tour, et décampent; ils s'enfuient à travers de beaux blés de quatre à cinq pieds de hauteur, au milieu desquels nous les perdons bientôt de vue.

Résumé de l'affaire.

Les brigands étaient au nombre de huit; tous jeunes hommes de dix-huit à vingt-cinq ans, et de petite taille; vêtus en paysans, leur costume n'avait rien de remarquable; un mouchoir tombant depuis les yeux jusqu'à la hauteur de la poitrine, cachait la plus grande partie de leur visage; ils n'articulaient aucune parole ; ils étaient armés de couteaux, de poignards, de haches ; cinq d'entre eux seulement avaient des fusils ; tant aux voyageurs qu'au conducteur, leur butin, soit en montres, soit en espèces, a pu s'élever à 1,000 ou 1,200 fr. Le conducteur de la diligence, outre son argent, a perdu ses boucles d'oreilles, et a reçu un coup de bâton sur la nuque; personne autre n'a été frappé ni blessé ; les chevaux avaient d'abord été dételés; les deux postillons et le conducteur sont restés étendus la face contre terre pendant les sept à huit minutes qu'a duré l'expédition.

Première déclaration de notre mésaventure aux carabiniers de Cascana, un peu avant Sainte-Agathe.

Seconde déclaration au commissaire de police de Mola di Gaeta, qui dresse procès-verbal.

Troisième déclaration et nouveaux procès-verbaux de l'intendant et d'autres fonctionnaires de Mola; nous y séjournons trois heures et nous signons beaucoup d'écritures. Les autorités nous offrent des secours pécuniaires dans les termes les plus obligeans; mais chacun a à peu près ce qui lui est nécessaire pour achever le voyage.

Le prince de Cariati, intendant à Mola, a le ton, les manières de l'homme le mieux élevé ; il y joint une affabilité et une délicatesse parfaite ; nous causons long-temps ensemble; il me serre affectueusement la main au départ.

Nous traversons, par une nuit obscure, Itri et Fondi, villes situées sur la voie Appienne.—Partout la crainte des voleurs et les douces émanations de la fleur d'orange. Les *luccioli* (insectes lumineux) volent sur la route, se posent sur les buissons, et tracent des milliers de sillons de lumière ; la mer se brise contre les bords rocailleux du chemin ; les chevaux sont toujours au galop.

Nous entrons enfin à Terracina, à onze heures, au lever de la lune. Les douaniers plombent nos malles, moyennant cinq *bajochi* par voyageur ; cette formalité nous permettra d'aller jusqu'à Rome sans être fouillés. — Dans cette maudite journée il y a eu six exhibitions de passeport.

6 *mai.* — M. P....., auquel je lis ma relation de la scène d'hier, la trouve exacte.

Départ de Terracina à six heures du matin. — Nouveau plaisir à la vue des marais Pontins.

A l'approche de la voiture, les buffles soulèvent la tête d'un air mécontent ; ils s'éloignent en nous regardant de travers. Ceux que j'aperçois près de ces cabanes de bergers, de forme circulaire et à toit de roseaux, se dirigent au milieu de hautes herbes vers des étangs fangeux. C'est dans ces eaux que, pendant l'été, ils se plaisent à passer les heures chaudes du jour. Le poids de leur corps les fait peu à peu enfoncer dans la vase, de telle sorte qu'on n'aperçoit plus que leurs têtes farouches.

Les buffles étaient inconnus aux Romains ; la race en est venue d'Afrique au septième siècle. Ces animaux, d'un naturel féroce, vivent entre eux et ne s'accouplent jamais avec la vache commune. Le buffle est de la grosseur d'un bœuf ordinaire, plus bas sur jambes, mais d'une force double ; il a le crin d'un noir sale ; ses pesantes cornes, tournées en arrière, lui servent pour se gratter le dos ; habituellement, son regard ne fait que raser la terre. Chaque buffle a un nom auquel il répond quand on l'appelle. — Il faut traire ces animaux dès le point du jour ; car si l'on diffère de tirer leur lait, la fureur s'empare d'eux et peut les rendre redoutables. Leur laitage est agréable et léger ; on en fait de petits fromages qui se vendent très-bien à Rome.

En entrant à Albano, on voit à droite un mausolée en ruine de forme carrée, que les itinéraires désignent sous le nom de *tombeau des Horaces et des Curiaces*, mais que l'on croit être celui du grand Pompée. A la sortie d'Albano, également à droite, est un autre monument funéraire appelé *sepolcro di Ascanio*.

Nous sommes sur la plate-forme d'un observatoire d'où la vue a un vaste horizon ; elle plane sur cette partie du Latium que les voyageurs parcourent rarement, et qui cependant offre un si vif intérêt.

S'il faut en croire de graves historiens, les premiers habitans du Latium furent les aborigènes, venus du Péloponèse. Les Pélages, sortis de Thessalie, vinrent après. La troisième émigration se composait d'Arcadiens qui, sous la conduite d'Evandre, bâtirent leurs huttes sur le mont Palatin.

Les quatrièmes colons étaient les Phénéates et les Épéens, sortis du Péloponèse avec Hercule. Enfin Énée arriva accompagné de ses Troyens, après la seconde prise de Troie.

Lorsque Romulus vint plus tard jeter les fondemens de sa ville sur le Palatin, il trouva le Latium couvert de villes, de petites républiques, et occupé par cinquante-trois peuplades. Maintenant, quelques-unes de ces nations sont représentées par une seule maison délabrée.

Celui qui peut disposer de cinq à six jours, doit visiter les rivages et les marais d'Ostie. Au milieu de ce pays désolé, il retrouvera ces champs virgiliens à peu près dans le même état que du temps d'Énée, de Scipion, de Pline. Virgile ne lui apparaîtra plus seulement comme un brillant poète, mais encore comme le plus véridique des historiens. D'immenses ruines se présenteront à lui sous la forme de collines, de coteaux tapissés de mousses, d'herbes fines, de plantes rares, d'arbrisseaux, et même de grands arbres. Son imagination, si elle est un peu vive, lui retracera bientôt les mémorables scènes dont cette contrée fut le théâtre; événemens immenses, qui ont fait l'Europe ce qu'elle est de nos jours.

Dans ces lieux ravagés par le mauvais air, et pour ainsi dire sans habitans, rien de ce qui appartient à la nature n'a changé de forme; la plaine, les collines, la mer, sont restées ce qu'elles étaient. Le terrain a partout un mouvement ondulatoire; on arrive sur le dos d'une longue colline pour en apercevoir une autre du côté opposé. Là chaque vallon a son ruisseau qui va se décharger dans le Tibre.

Au milieu de ce désert sans oasis, la fièvre et la famine dévorent à l'envi le petit nombre d'êtres vivans que le sort y a jetés ; les oiseaux ont disparu avec les végétaux ; l'homme et les animaux ont bientôt épuisé leurs forces physiques, et avec elles toute puissance morale.

Des volcans dont l'action a cessé long-temps avant les temps historiques de l'Italie, conquirent sur la mer le sol de ce territoire empesté. Lorsque ces grands bouleversemens eurent lieu, cette région était un golfe de la Méditerranée.

Le mont Albano, le point dominant dans le Latium moderne, paraît avoir surgi du fond des eaux. A l'exception du Monte-Mario, la plupart des autres points élevés de l'Agro Romano sont de même nature et de créations postérieures. Les sept collines de Rome ne sont autre chose que des ondulations de cette mer volcanique sur laquelle repose à peu près toute la campagne qui l'entoure. Depuis Ardée jusqu'à Véies, il est facile de reconnaître un nombre infini de volcans éteints ; des lacs paisibles ou des marais se sont formés dans les vides de leurs cratères.

C'est au milieu de ce pays maudit des cieux que l'on peut apprécier justement l'absurde barbarie d'un gouvernement qui, par ses principes anti-sociaux, est parvenu à rendre inhabitable l'un des plus beaux lieux de la terre.

Avant de commencer le petit voyage d'Ostie, de Laurente, de Lavinie, de Torre-Paterno, d'Antium, de Nettuno, de Porto, etc., etc., il faut se pourvoir de provisions de bouche; car, dans toute cette promenade, c'est à peine si vous trouvez de loin en loin quelque masure pour passer la nuit sur un grabat. Les affreux réduits, portant le nom d'*osterie* (hôtelleries), sont absolument dépourvus de tout ce qui constitue les établissemens auxquels on est convenu de donner ce nom; le pain même qu'on y mange est apporté de Rome.

A quelque distance d'Albano, sur la gauche et tout à côté de la route, est une petite *solfatara* d'où s'échappent des vapeurs sulfureuses.

Rentré à Rome.

7 *mai*. — La villa Panfili Doria, ou Belrespiro, sur la voie Aurelia, a deux lieues de tour; ses jardins dessinés par Lenôtre, sont magnifiques, ses arbres superbes; il y a des pins de cent pieds de hauteur. Statues antiques et modernes; bustes, sarcophages, vases; des eaux élevées en jets et en cascades. Le palais est revêtu extérieurement de bas-reliefs antiques. Le prince Doria y étant, il ne m'a pas été possible de voir l'intérieur de ce palais, qui contient de fort belles choses, mais qui malheureusement est exposé au *malaria*.

La fontaine Paolina, une des trois plus grandes de Rome, fut construite en 1615 sur le mont Janicule, avec des matériaux tirés du Forum de Nerva; elle se compose de trois grandes arcades, et de deux petites ; des trois grandes sortent de véritables rivières, mettant en mouvement des moulins et une papeterie établis au-dessous. Après avoir abreuvé une partie de Rome, elles vont former les deux fontaines du parvis de Saint-Pierre. Les eaux de la fontaine de Paul V sont amenées de près de Bracciano par un aquéduc de trente-cinq milles de longueur. Tournant la tête du côté de la ville, au moment où le soleil n'en éclaire plus que les sommités, je jouis d'un coup-d'œil ravissant.

A la chute du jour, les étrangers se donnent rendez-vous au café Ruspoli, strada del Corso. Un limonadier, après le départ de M. Demidoff, a loué pour 3000 francs par an tout le rez-de-chaussée du palais ; ce local se compose de huit grandes salles couvertes de fresques et d'un jardin garni d'orangers où des jets d'eau entretiennent la fraîcheur.

L'escalier du palais Ruspoli est le plus beau de Rome ; tous les degrés sont d'un seul morceau de marbre de neuf pieds de long ; il y a quatre rampes de trente marches chacune.

A côté de ce palais on trouve l'église de S. Lorenzo in Lucina ; là reposent les dépouilles de Nicolas Poussin, mort en 1665. M. de Châteaubriand se propose, pendant son ambassade à Rome, de lui faire élever un tombeau (1).

A Rome, la journée commence après le soleil

---

(1) Il a été placé dans l'église, en mars 1832.

couché et les horloges frappent toujours vingt-quatre heures d'un soleil couchant à l'autre; ainsi l'heure de midi varie constamment. Lorsque le soleil se couche à quatre heures, selon notre calcul, ils comptent la première heure, quand nous en comptons cinq.

8 mai. — Entré dans les petites églises de Saint-Jérôme et de Saint-Roch, en allant au mausolée d'Auguste, via de' Pontefici; ce monument si somptueux, élevé dans le Champ-de-Mars, par Octavien Auguste, et destiné à sa sépulture ainsi qu'à celle de sa famille, est aujourd'hui transformé en théâtre pour des combats de taureaux et autres spectacles. Le dimanche le peuple y court et les étrangers y vont voir le peuple. Marcellus, neveu d'Auguste, y fut inhumé.

L'atelier de Canova, vicolo delle Colonette, contient la plupart des modèles des principaux ouvrages de ce sculpteur et quelques morceaux de sa main. Depuis la mort de Canova, M. Barucci, son élève, est propriétaire de l'atelier.

Voici le modèle de la statue représentant la princesse Borghese. Personne, maintenant, ne peut voir celle en marbre, que le prince tient sous clef. Cette figure, légèrement drapée, n'a rien d'indécent comme on le dit partout; Pauline est demi-couchée sur un divan, le bras droit appuyé sur un coussin. — « Est-il « vrai, disait une dame à la belle princesse, est-il « bien vrai que vous avez posé comme cela? — Oh! « répondit-elle, c'était en été ; et le climat, vous le

« savez, est si doux ! » — Modèle des trois Graces. Ce morceau admirable est placé au premier rang des compositions les plus spirituelles de la sculpture ; les Anglais ont acheté 100,000 francs le groupe en marbre.

Canova fut chargé en 1815 de présider au Louvre à l'enlèvement des chefs-d'œuvre cédés à la France par le traité de Tolentino ; son titre d'ambassadeur fut parodié alors par celui d'*emballeur*. Cet homme de génie ne voyait dans son concours à ce *vol*, que la mission de préserver de toute atteinte les objets dont on dépouillait violemment nos musées.

Eglise de S. Carlo, au Corso, fort belle. — Grand tableau en mosaïque, représentant la Conception. — Tableau de Charles Maratte. — Stucs dorés de Pierre de Cortone.

Eglise de Saint-Ignace. — Huit colonnes torses, plaquées de verd antique aux chapelles de la croisée. — Statues ; bas-reliefs. — Urne plaquée en lapis lazuli, contenant le corps de saint Louis de Gonzague. — Tombeau de Grégoire XV, par Legros. — La façade, ornée de deux ordres de colonnes, est de travertin, pierre provenant de la montagne de Tivoli, qui fournit de temps immémorial aux constructions de Rome. On l'appelle *travertin* par corruption de *tyburtin* ; elle est d'un bon usage, mais jaunâtre et poreuse. La façade de Saint-Pierre et le Colysée sont en travertin.

Le palais du Vatican touche à l'église de Saint-Pierre ; c'est un bâtiment irrégulier composé de beaux morceux mal attachés ensemble; il contient dix mille chambres, salles ou cabinets; on y compte vingt-deux cours et plus de cent escaliers, grands ou petits; différens papes ont ajouté des constructions à d'autres constructions.

Parcouru les immenses galeries renfermant toutes les richesses réunies au Vatican.

La bibliothèque occupe une longue suite de salles dont les voûtes et plusieurs murs sont peints à fresque; les livres sont renfermés dans de grandes armoires couvertes d'arabesques. — Dans quelques salles on a représenté les différentes circonstances de la captivité de Pie VI. Chose incroyable! ces peintures sont au-dessous des enseignes de cabaret d'un village de France! La bibliothèque du Vatican passe pour avoir quarante mille volumes de manuscrits, uniques pour le choix et la rareté.

LES ARAZZI.

En sortant de la galerie des cartes géographiques, peintes à fresque, par Danti, on arive aux salles où sont exposés les arazzi, tapisseries faites d'après les cartons de Raphaël. En voici une description, par l'un des plus sincères admirateurs du peintre d'Urbin. Je la place d'autant plus volontiers ici que personne ne dit jamais un mot sur ce sujet.

« La plus belle chose, sans doute, que l'Angleterre possède en fait d'art, ce sont les marbres d'Elgin. Il faut placer immédiatement après les cartons que l'on conserve au palais de Hampton-Court. Raphaël fit ces cartons d'après les ordres de Léon X, et ils furent copiés en tapisserie à Arras; de là, le nom italien *arazzi*, que l'on donne aux vingt-deux morceaux de tapisserie exposés au Vatican. Ces copies sont exécutées en laine, soie et or. Les arazzi coûtèrent soixante-dix mille écus d'or. Depuis le retour du pape en 1814, on les a placés dans l'appartement de saint Pie V.

Les tapisseries dites de la *scuola nuova*, sont plus grandes que les autres; les sujets ont été pris dans la vie du Christ; on les exposait les jours de fête, dans la partie de la vieille basilique de Saint-Pierre démolie sous Paul V. A la fin du dernier siècle, le morceau représentant la descente de Jésus-Christ aux limbes pour en tirer les ames des patriarches, des prophètes et de tous ceux morts en état de grace avant la venue de Notre-Seigneur, fut volé et ensuite brûlé; il en resta onze.

La seconde série, appelée de la *scuola vecchia*, comprend également onze morceaux; la dimension des figures est plus petite; les sujets sont pris dans les Actes des apôtres. Il paraît que ces tapisseries ornèrent l'appartement occupé par Léon X. Elles sont beaucoup plus usées que les autres, mais exécutées avec un peu plus de délicatesse. Des bas-reliefs en grisailles, peints sur la partie inférieure du mur où sont étalés les onze morceaux de la Scuola vecchia, représentent des traits de la vie de Léon X.

Toutes ces tapisseries furent volées à l'époque où

l'armée du connétable de Bourbon mit Rome à feu et à sang (1527). Le fameux Anne de Montmorency les fit restituer à Clément VII. Je regrette qu'il ne les ait pas fait transporter à Ecouen, où elles auraient pu former le goût de nos aïeux : Rome possède assez de chefs-d'œuvre de Raphaël.

Il ne faut jamais oublier, en regardant ces tapisseries, qu'entre Raphaël et nous, il y a un ouvrier.

On dit que, vers la fin du dix-huitième siècle, les arazzi ont été volés une seconde fois et rachetés plus tard. Certainement ces tapisseries conservent le souvenir des plus belles compositions de Raphaël. La Transfiguration, qui passe pour le dernier terme de l'art, ne vient à mes yeux qu'après les *stanze* et après les tapisseries. Mais avant de les visiter, il faut attendre que l'œil se soit habitué progressivement aux grands effets de la peinture. En arrivant à Rome, ces tapisseries pourraient sembler laides à beaucoup de personnes.

On passe d'abord dans le grand salon à droite, un peu moins obscur que les autres. La voûte fut, dit-on, peinte par le Guide, du temps de Paul V. La Transfiguration, l'Ascension et la Descente du Saint-Esprit sous la forme de langues de feu, furent représentées par ce grand peintre, qui sans doute travailla vite; mais il y a là une grace inimitable, bien que différente de celle du Corrège et de Parmigianino.

1. Le premier morceau de tapisserie, à droite en

entrant, représente la Lapidation de saint Étienne; il est à genoux, en habit de diacre, les yeux tournés vers le ciel. La fureur des Hébreux qui le lapident fait un beau contraste avec la résignation du martyr.

2. Saint Pierre guérit l'estropié de naissance qui lui demande l'aumône devant la porte du temple, dite la *belle porte.* Il y a infiniment de majesté dans la figure de l'apôtre. Le pauvre est estropié de manière à ne pas produire le dégoût. Le portique du temple a de la richesse; Raphaël a eu soin d'y placer ces colonnes torses de marbre (*vitineæ*), que l'on voyait de son temps, autour de la Confession, dans l'église de Saint-Pierre, et que l'on croyait provenir du temple de Jérusalem.

3. Ce morceau est bien curieux pour l'histoire du génie de Raphaël. Comment un peintre doit-il s'y prendre pour représenter un tremblement de terre? Raphaël a osé placer dans un antre souterrain une demi-figure gigantesque qui, de ses mains puissantes, secoue les fondemens de la prison dans laquelle saint Paul est renfermé. Ce tremblement de terre eut lieu à Philippes, en Macédoine.

4. La Conversion de Saul (saint Paul) qui, épouvanté par la voix du Sauveur, tombe de cheval et reste ébloui de la lumière céleste. L'attitude du saint est belle. On comprend que les autres personnages entendent la voix divine, mais n'aperçoivent pas la lumière qui a frappé saint Paul. Le seul Raphaël pouvait rendre une semblable situation;

comme il n'exagère jamais, chez lui la moindre nuance produit son effet.

5. Ce morceau présente une allusion aux armes de Léon X. Dans le haut, trois figures : la Charité, la Justice et la Religion. Les peintres devraient s'emparer des attitudes de ces figures si peu connues, et qui leur feraient tant d'honneur.

6. On trouverait de nos jours qu'il y a un peu de froideur dans ce Massacre des innocens. Parmi les poses si variées d'un aussi grand tableau, on voit que Raphaël, comme les sculpteurs anciens, craignait d'imiter ce qu'il y a d'extrême dans les passions.

7. La dernière tapisserie de cette salle ne donne que la moitié du sujet; l'autre morceau, volé en 1527, n'a pas été retrouvé. — Saul (saint Paul) frappe de cécité son rival en prédication, le magicien Elymas. Le proconsul Sergius Paulus, à la vue de ce miracle, fait ce que beaucoup d'autres eussent fait à sa place, il se convertit au christianisme. Rien n'égale la majesté de l'apôtre et la terreur du pauvre magicien, qui vient de perdre la vue.

8. En entrant dans le second salon obscur et fort long, on trouve à droite le charmant tableau représentant Jésus-Christ, qui apparaît à Madelaine sous les formes d'un jeune jardinier; elle se précipite à ses genoux pour lui baiser les pieds, comme à l'ordinaire; mais par un sentiment que l'on ne peut expliquer, Jésus lui dit : *Noli me tangere* (ne m'approchez pas); c'est par ces mots latins que l'on désigne ce sujet; Madelaine a l'air fort étonné.

Il y a une grace parfaite dans le lever du soleil et le joli bosquet qui occupent le fond du tableau.

9. Ce morceau représente l'action du Sauveur des hommes, sur laquelle est basée toute l'autorité du pape. Saint Pierre est à genoux devant Jésus, qui le déclare son vicaire et lui remet les clefs, symbole du pouvoir suprême. Jésus lui indique quelques brebis, image du troupeau des fidèles. Le groupe des apôtres rappelle celui de la Transfiguration. Un homme tel que Raphaël, loin de craindre de se copier, ne peut jamais rendre par un seul ouvrage tout ce qu'il voit dans un sujet. Ces apôtres ont, à peu de choses près, la même expression que ceux de la Transfiguration, et cependant ce sont des figures différentes.

10. Le morceau suivant, l'un des trois relatifs au massacre des innocens, représente le désespoir et la colère des mères malheureuses contre les soldats d'Hérode. L'une d'elles presse contre son sein les restes inanimés de son fils, et ne songe qu'à le pleurer; ce groupe est charmant.

11. Le prince des apôtres fulmine la sentence de mort contre Ananias, qui a refusé de lui apporter son argent. Ce sujet si ridicule est, ce me semble, le triomphe du talent de l'artiste. Tandis qu'Ananias, frappé du châtiment céleste, tombe à terre, une subite terreur s'empare de tous les assistans. L'apôtre et sa suite conservent un air de dignité si nécessaire ici. La cour spirituelle et maligne de Léon X pouvait se permettre quelques plaisanteries sur cette façon d'assurer la rentrée d'un emprunt forcé.

Raphaël a placé dans la partie gauche du tableau des diacres qui distribuent de l'argent aux fidèles. Parmi tant de figures, il n'en est pas une qui n'exprime une nuance de passion; celles qui doivent montrer de la piété n'ont point l'air bête que les peintres modernes évitent rarement dans les sujets analogues.

12. La Pêche miraculeuse sur le lac de Genesareth. — Nous sommes sur les bords d'un lac tranquille; de grands oiseaux, qui sont sur le rivage, ne s'effraient point en voyant approcher la barque des apôtres. A la vue du filet rempli de poissons, saint Pierre se retourne avec l'expression la plus vive vers celui qui doit être son maître. Le calme de cette scène est rendu avec un admirable bonheur.

13. Des écrivains ont prétendu que la prédication de saint Paul dans l'aréopage d'Athènes était le meilleur morceau de cette collection. On objecte toutefois que la figure de l'apôtre a été prise par Raphaël dans les fresques de Masaccio. Raphaël devait-il être infidèle à la nature et ne pas donner à saint Paul l'attitude exprimant la nuance de passion qu'il voulait rendre, uniquement parce qu'avant lui un autre homme de génie avait passé par là?

14. Ce tableau est l'histoire du désappointement que les apôtres saint Paul et saint Barnabé éprouvèrent à Lystre. Ils prêchaient un Dieu unique, divisé cependant en trois personnes. Les habitans de Lystre les prennent eux-mêmes pour des dieux et veulent leur faire un sacrifice; on amène un taureau

pour l'immoler ; l'autel est préparé ; les apôtres déchirent leurs vêtemens : c'était parmi les Juifs la plus grande marque de douleur. Les figures de ce tableau me semblent trop entassées, trop serrées les unes contre les autres. Ce fut souvent le défaut des grands peintres de l'Italie inférieure. En donnant trop de champ à leurs tableaux, ils eussent craint la froideur ; le Titien sut éviter cet écueil.

On passe dans un cabinet rond, qui, du temps de saint Pie V, était une chapelle ornée de peintures par Frédéric Zuccheri et Vasari l'historien. Au moyen d'un escalier dérobé, les papes peuvent descendre de ce cabinet, à la chapelle Sixtine et à celle du Saint-Sacrement dans Saint-Pierre. — On arrive à la troisième salle des tapisseries.

15. Le sujet du premier morceau est la Présentation de l'enfant Jésus au grand-prêtre par ses parens. Raphaël nous donne ici la vue du célèbre temple de Jérusalem. Tout est riche et majestueux ; ceci est une cérémonie. La seule figure qui exprime de la passion est celle de l'enfant Jésus ; il a peur du grand-prêtre, et se retourne vers sa mère par un mouvement vif.

16. La tapisserie suivante représente un des derniers traits de la vie de Jésus, la Cène d'Emaüs. Il y a des défauts de perspective appartenant peut-être aux ouvriers d'Arras.

17. Voici, selon moi, le plus beau morceau. Jésus sort triomphant de son tombeau ; les gardes

qui veillent autour sont effrayés; l'un fuit, l'autre reste immobile de terreur, le troisième tombe. Cela est parfait; la figure de Jésus a une expression admirable; le Sauveur tient un grand drapeau; si ce ne fut pas là une exigence de Léon X, le peintre me semblerait à blâmer.

18. L'Ascension du Sauveur des hommes est le dernier morceau de cette salle; sujet vaste et bien rendu.

19. Le premier morceau, à droite, en entrant dans la quatrième salle, est le troisième Massacre des innocens. Ici, c'est la cruauté des soldats d'Hérode qui est la partie saillante.

20. La tapisserie suivante contient un nombre immense de figures. Trois rois de l'Orient, environnés de toute la pompe qui, depuis un temps immémorial, caractérise l'Asie, adorent le Dieu qui vient de naître. Les peintres de toutes les écoles ont choisi ce sujet quand on leur a demandé un tableau intelligible pour toutes les classes : le peuple paraît aimer à voir des rois. Ceux-ci expriment un sentiment vif. Plusieurs personnages de leur suite ne songent nullement à adorer le nouveau Dieu; leurs yeux pétillent de la plus vive curiosité. Ici, les personnages ne sont point trop pressés.

21. Raphaël, dans son carton, avait voulu rendre un effet singulier, qui a produit le plus beau tableau du Corrège (la Nuit, actuellement au musée de Dresde). Raphaël, ayant à représenter le Sauveur des hommes au moment de sa naissance, suppose un miracle; toute la scène est éclairée par la lu-

mière qui rayonne du corps de l'enfant Jésus. On sent que les ouvriers d'Arras n'ont pu rendre cet effet; c'était leur trop demander. La dévotion des bergers, unie à une grande simplicité, est rendue admirablement. Il y a là quelques paysans d'un âge mûr, qui sont le triomphe de Raphaël. Personne n'a jamais rendu ces sortes de têtes comme lui.

22. Dans le dernier morceau, Raphaël a eu le tort involontaire de demander aux ouvriers d'Arras une chose trop difficile pour eux. Les apôtres, les disciples et les trois Maries, qui avaient tant aimé Jésus, prient en commun. Un rayon de la lumière du ciel tombe au milieu de l'assemblée et traverse la clarté ordinaire du jour, pour ainsi dire, sans s'y mêler.

Le musée Pie-Clémentin, au premier étage, renferme des milliers de statues, bustes, bas-reliefs.

On arrive au fameux Cortile del Belvedere par un corridor de neuf cents pieds, tapissé d'inscriptions grecques et latines et de fragmens de tombeaux. Tout autour du Cortile on a pratiqué une galerie en portiques, où se voient les plus belles statues qui soient à Rome : l'Antinoüs, le Laocoon, le Torse, l'Apollon.

Parcouru la salle des animaux; collection unique, très-curieuse et très-variée d'animaux de toutes sortes de marbres. — Au bout de cette salle est la belle figure grecque de Méléagre.

La coupe de porphyre de la salle ronde a quarante-un pieds de circonférence.

Les Loges de Raphaël sont au second étage des portiques, dont les trois ailes forment la cour Saint-Damaze. Dans la première aile, garnie de vitres par le roi Murat, se trouvent les peintures de Raphaël ayant donné le nom à ces loges. Ce sont cinquante-deux sujets tirés de l'ancien et du nouveau Testament, peints par ce maître et par ses élèves, dans chaque division de la voûte de cette grande galerie. Le premier et le plus beau de ces tableaux, entièrement de Raphaël, représente la création du monde; la figure du père Éternel débrouillant le chaos est sublime. Les arabesques sont légères, charmantes. Jean d'Udine en fit sous la surveillance de Raphaël. Au bout de cette galerie, est une porte en bois sculpté, donnant entrée dans les chambres de Raphaël.

Elles sont au nombre de quatre, dont les peintures occupent le premier rang parmi les productions de ce maître des maîtres. Malheureusement, ces chambres sont très-obscures; la fumée des feux allumés sur le plancher par les soldats allemands du connétable de Bourbon, en 1527, altéra beaucoup ces fresques.

La Salle de l'école d'Athènes, un des plus sublimes ouvrages de Raphaël, est celle qui a le plus souffert. Ces murs, couverts de peintures du haut en bas, produisent quelque monotonie et de la fatigue; l'œil n'a aucun repos; le coloris est, du reste, à peu près perdu, et avec lui l'effet de perspective.

Après l'École d'Athènes, les tableaux les plus remarquables des *stanze* sont :

La Défaite de Maxence par Constantin, sur le Ponte Molle ;

L'Incendie del Borgo S. Spirito ;

Le Sacrifice de la messe ;

La Dispute du Saint-Sacrement ;

Saint Pierre délivré de prison par un ange ;

Héliodore frappé de verges et chassé du temple de Jérusalem, dont il enlevait les trésors.

La salle de l'appartement Borgia a quelques fresques sous verre, dont une porte le nom de Noces Aldobrandini ; la figure de l'épouse passe pour une des plus belles qui existent. Ce morceau antique a été trouvé dans les Thermes de Titus, ou, selon quelques auteurs, au milieu des jardins de Mécènes.

La galerie de tableaux, au troisième étage, n'en contient qu'un petit nombre ; mais quels tableaux! La Madone de Foligno ou au donataire, la Transfiguration et le couronnement de la Vierge, par Raphaël ; la Communion de saint Jérôme, du Dominiquin ; la Madelaine, du Guerchin ; le crucifiement de saint Pierre par les pieds, du Guide ; Jésus-Christ porté au tombeau, du Caravage ; le saint Sébastien, du Titien ; le martyre de saint Érasme, du Poussin.

9 *mai*. En creusant une cave dans la vigna Sassi, près la porte Saint-Sébastien, on découvrit le tombeau des Scipion. L'édifice avait deux étages, dont il ne reste que le premier, souterrain carré, qui

n'a rien de bien curieux. Le monument fut découvert en 1780, et Pie VI fit déposer au Vatican les divers objets qu'il renfermait.

L'église de S. Sebastiano, sur la voie Appia, est célèbre dans l'histoire ecclésiastique. La statue de saint Sébastien, couché sur son tombeau et percé de flèches, est de Giorgetti, un des meilleurs élèves du Bernin. Un moine me fait remarquer dans la première chapelle, à droite, la pierre où Notre Seigneur laissa l'empreinte de ses pieds, quand il apparut à saint Pierre fuyant les persécutions de Néron.

Les catacombes de Saint-Sébastien, les plus vastes de Rome, sont creusées dans la pouzzolane, pierre rougeâtre, évidemment un produit volcanique. Les galeries ont généralement trois à quatre pieds de large et six à sept de haut. A droite et à gauche, il y a des niches qui étaient fermées avec des briques minces, ou avec des plaques de marbre; l'on y mettait, c'est le moine qui parle, les corps des martyrs avec les instrumens de leur supplice, et souvent une fiole de leur sang; treize papes et soixante-quatorze mille martyrs reposent dans ces catacombes. Elles sont considérées comme un vaste reliquaire; s'il est permis à tout le monde d'y descendre, il est défendu d'en rien enlever sous peine d'excommunication. Le sacristain du pape a seul le droit d'y faire sa provision de reliques, et il les baptise comme il lui plaît.

D'après l'opinion générale, les premiers chrétiens

habitaient les souterrains de Saint-Sébastien, afin de se soustraire aux persécutions dont ils étaient l'objet. Sans vouloir ébranler la croyance à cet égard, je ne saurais la partager. Comment admettre, en effet, que l'issue qui conduisait à des lieux pouvant servir d'asile à un aussi grand nombre d'individus fût ignorée de la police des empereurs? Cette porte une fois connue, rien de si facile que de pénétrer dans les souterrains pour y rechercher les fidèles, ou, ce qui était encore bien plus simple, d'en murer l'issue. Barbarie pour barbarie, ce dernier moyen était à la fois le plus sûr et le plus prompt de se débarrasser des chrétiens, et il faut croire qu'on ne l'eût pas négligé. Cette opinion vulgaire sur les catacombes de Saint-Sébastien me paraît devoir être rangée parmi les absurdités qui se propagent si aisément dans les temps d'ignorance.

Ce qui semble probable, c'est que ces souterrains, d'où l'on tirait du sable, devenaient ensuite des cimetières publics affectés à tous les morts sans distinction de croyance. Ainsi les catacombes servaient de sépulture aux martyrs du christianisme comme aux sectateurs du paganisme.

Les grandes ruines du Cirque de Caracalla se trouvent entre la voie Appienne et le chemin d'Albano; c'est encore le plus entier de tous les cirques et le seul qui puisse donner une juste idée de ces sortes de monumens destinés aux courses de chars. L'obélisque de la place Navonne était au milieu de la Spina, massif de maçonnerie qui partageait le cirque dans sa longueur. Des fouilles faites tout récemment par M. Torlonia ont procuré la découverte d'une inscription, de laquelle il résulte que ce cirque fut dédié à Romule par son père Maxence, probablement lors des jeux funèbres qu'il fit célébrer à la mort de son fils; le cirque devrait donc porter le nom de Romule.

TOMBEAU DE CECILIA METELLA.

Voici le plus beau tombeau antique échappé à la destruction. Bien qu'il ait considérablement souffert, on peut apprécier sa magnificence par ce qui en reste. Cette tour ronde bien conservée, cette corniche ornée de guirlandes de cyprès et de têtes de bœufs, ces murs de trente pieds d'épaisseur, sont d'un très-bel effet. Outre qu'il plaît, ce tombeau intéresse; il est un monument de tendresse, d'amour conjugal.

Le triumvir Crassus (Marcus Licinius) l'éleva à Cecilia Metella, sa femme, sur la hauteur de la voie Appienne, dont les bords étaient ornés de nombreux monumens funéraires. Ce romain consulaire, orateur distingué, devenu fameux par sa cupidité et ses immenses richesses, fit partie de ce triumvirat que les noms de César et de Pompée ont immortalisé.

En 697 de Rome, et âgé de plus de soixante ans, Crassus partit pour la fatale expédition contre les Parthes. Après avoir perdu son fils qui, blessé, se fit achever avec sa propre épée, ce malheureux père périt à son tour ; mais il vendit cher sa vie. Tombé entre les mains des Parthes, ils lui coupèrent la tête et la main droite, et les portèrent à leur roi Orode ; ce barbare fit couler de l'or fondu dans la bouche de Crassus, en lui adressant ces paroles :

« Rassasie-toi donc enfin de ce métal dont tu as
« été si affamé. »

Telle fut la fin déplorable de Crassus, l'an 699 de la fondation de Rome. A son départ pour l'Orient, il possédait une fortune de plus de 33,000,000 de livres tournois, qu'il grossit encore avec les dépouilles des temples d'Hiéropolis et de Jérusalem.

Les ornemens sculptés sur la corniche du tombeau de Cecilia Metella lui ont fait donner le surnom de Capo di Bove. On raconte qu'il y avait dans les souterrains un écho qui répétait quatre fois un vers entier de Virgile ; il avait été pratiqué afin que les sanglots et les cris des pleureuses, qu'on louait pour les obsèques, se multipliassent et fissent plus d'effet.

La façade de l'église de S. Urbano, ayant appartenu à un temple de Bacchus, se compose de quatre belles colonnes corinthiennes cannelées.

Au-dessous de la colline de Saint-Urbain, étaient le bois, la grotte et la fontaine d'Egérie et des Muses, d'où Numa feignait de rapporter ses oracles, pour mieux conduire un peuple inquiet et superstitieux. Voilà ce que disent les itinéraires et les ciceroni ; mais des érudits pensent que cette ruine n'est autre chose qu'un reste de Nymphée, et qu'il faut chercher la véritable grotte d'Égérie près du lac de Nemi. Dans un joli vallon couvert de gazon et planté d'arbres, on voit encore couler de l'eau sous une voûte; il est aisé de s'apercevoir qu'elle fut ornée; il ne reste aujourd'hui qu'une figure mutilée dans la niche du milieu. Plusieurs siècles après Numa, les vestales venaient se baigner dans les eaux de cette fontaine, ombragée fort pittoresquement par des guirlandes de lierre.

J'entre avec deux amis dans les thermes de Titus, bâtis sur l'emplacement de la maison et des jardins que Néron avait sur l'Esquilin. Ces thermes s'étendaient depuis le Colysée jusqu'à l'église Saint-Martin. —Les souterrains où on nous fait voir ces arabesques si jolies ne sont praticables que depuis 1812; les travaux furent faits sous l'administration française.

Les maisons d'Horace, de Virgile, de Properce, ainsi que les jardins de Mécènes, étaient sur l'Esquilin, la plus haute et la plus étendue des sept collines.

L'incendie de Rome éclata le 19 juillet de l'an 64 de notre ère; il dura six ou neuf jours, et avait commencé sous les portiques du grand cirque. On accusa Néron d'avoir mis le feu à sa capitale, et de s'être rassasié de l'horrible spectale qu'offrait cet incendie, en chantant sur sa lyre celui de Troie, du haut d'une tour des jardins de Mécènes.

Sans être parfaitement d'accord sur la véritable position du Vicus Sceleratus, où Tullia passa en char sur le corps de Servius Tullius, son père, les antiquaires le placent généralement près d'ici, aux environs de la nouvelle Suburra, qui n'est point celle de l'antiquité.

S. Pietro in Vincoli est une église bâtie sur le sommet de l'Esquilin; vingt-deux colonnes cannelées, dont vingt de marbre de Paros, la divisent en trois nefs; on conserve, sous le grand autel, les chaînes dont saint Pierre fut chargé, soit à Jérusalem, soit dans la prison Mamertine. — Mosaïque du septième siècle, représentant un saint. — Saint Augustin, tableau du Guerchin.

Le mausolée de Jules II, par Michel-Ange, doit être considéré comme l'un des monumens les plus célèbres des temps modernes; la figure de Moïse en est le chef-d'œuvre; elle a un caractère de tête d'une grande fierté; mais cette longue barbe, tombant jusqu'au-dessous du nombril, conviendrait mieux à une statue de fleuve qu'à celle du législateur des Hébreux. Les quatre autres figures du tombeau sont de Raphaël di Montelupo, élève de Buonarotti. Ces deux esclaves de la galerie d'Angoulême, au Louvre, de la main de Michel-Ange, étaient également destinés au tombeau de Jules II. Un Strozzi en fit cadeau au connétable de Montmorenci; son fils ayant eu la tête tranchée, le cardinal de Richelieu s'empara des statues et elles devinrent plus tard la propriété du maréchal de ce nom.

Ateliers de M. Thorwaldsen, sur la place Barberini.
Statue d'Eugène Beauharnais, destinée à Munich;

le prince est représenté à l'antique, presque nu, le glaive au côté, une couronne de chêne à la main droite.

Tombeau de Pie VII. — Il se compose de trois figures; celle du pontife, donnant sa bénédiction, est presque achevée; à droite, la Sagesse divine; à gauche, la Force céleste; les deux dernières statues ne sont encore qu'ébauchées.

Ce monument offre un double intérêt; il excite vivement la sensibilité. Le pontife dont il est destiné à conserver la mémoire régna au milieu des grands événemens qui font du commencement de ce siècle une des périodes les plus étonnantes de l'histoire contemporaine, et mourut pauvre; sa vie fut une suite de commotions heureuses et malheureuses, de persécutions, de triomphes (1). Ensuite, ce monument élevé par un sujet à son souverain est un hommage de sa reconnaissance, de sa tendre amitié. La chose mérite attention; elle n'est pas commune.

Possédant toute la confiance de Pie VII, le cardinal Consalvi gouverna l'État ecclésiastique pendant tout le temps que ce pontife occupa le trône; mais, après la mort de Pie VII, Léon XII, son successeur, prit pour secrétaire d'État M. Bernetti.

---

(1) C'est à Venise, dans le couvent de Saint-Georges, sur les Lagunes, que se réunit le conclave qui élut pape le cardinal Chiaramonti, le 14 mars 1800. Dans la soirée, l'île de Saint-Georges fut illuminée, et on alluma des feux de joie; les fêtes durèrent plusieurs jours; Venise était alors au pouvoir des Autrichiens.

La douleur qu'il éprouva de sa disgrace conduisit bientôt au tombeau le cardinal Consalvi. Mais avant de rendre le dernier soupir, il voulut laisser un souvenir durable de ses sentimens pour l'ami qui l'avait précédé dans la tombe; il assigna par son testament une somme destinée à élever dans Saint-Pierre un mausolée à son bienfaiteur. Il y a quelque chose de si touchant dans le sentiment qui a donné naissance à ce monument, qu'on ne peut guère porter un jugement impartial sur le talent de l'artiste. L'émotion que j'éprouve à la vue de ce marbre, est telle, qu'il me semble que le tombeau de Pie VII est le meilleur ouvrage de M. Thorwaldsen! Cependant, je n'ignore pas qu'il a déjà été l'objet de critiques amères.

Je poursuis la visite de l'atelier du sculpteur danois :

Bas-reliefs représentant l'entrée d'Alexandre à Babylone, destinés pour la Casa Sommariva sur le lac de Como.

Modèles de ses principales productions : bas-relief des trois Graces. — Statue équestre du prince Poniatowski, destinée à Varsovie; elle sera coulée en bronze. — Le Christ et les douze apôtres, statues colossales, pour Copenhague. — Vénus, tenant dans sa main la pomme que Pâris vient de lui donner. — Le joli groupe des trois Graces. — Beaucoup de bustes.

Le palais Barberin, un des plus beaux, des plus réguliers et des plus vastes, passe pour avoir quatre mille chambres. On sait qu'il est bâti avec des matériaux arrachés au Colysée; à propos de ce vandalisme, des plaisans écrivirent sur la muraille : « *Quod non fecerunt barbari, fecerunt Barberini.* »

On trouve dans ce palais quantité de peintures de toute espèce. — La Madelaine et la jeune Esclave du Titien. — Belle copie de la Fornarina de Raphaël, par Jules Romain. — La sainte Cécile, de Lanfranc. — Adam et Eve, du Dominiquin. — La dispute des docteurs, par Albert Durer. — Joseph et la femme de Putiphar, par Belliverti. — Copie de la bataille de Constantin, de Raphaël, par Jules Romain. — Mais tout l'intérêt qui s'attache à ces tableaux s'efface bien vite devant la profonde émotion que fait naître le portrait de Béatrix Cenci !

Les Cenci, au commencement du dix-septième siècle, étaient fort riches. Cenci, chef de la famille, avait un caractère violent; il détestait ses fils, mais il aima trop sa fille ! Celle-ci, ne pouvant plus résister autrement à ses infâmes poursuites, fit tuer son père par des assassins à gages. Paul V livra Béatrix aux tribunaux ; et comme c'était une fort riche héritière, elle fut envoyée à l'échafaud.

Cette malheureuse fille avait seize ans, sa belle tête allait tomber sous la hache du bourreau; le Guide put pénétrer dans le château Saint-Ange, où elle était renfermée, et il fit son portrait ! Sans doute l'approche du moment suprême pour la jeune Cenci excita puissamment le talent de ce grand peintre ;

aussi ce portrait est l'un des chefs-d'œuvre les plus touchans de la peinture italienne. Quelle vigueur de coloris il a répandue sur ce visage si pâle et si beau !

Les pièces originales et fort curieuses du procès de Béatrix Cenci furent découvertes, il y a quelques années, par un Anglais qui se trouvait à Rome ; il les fit imprimer à un très-petit nombre d'exemplaires.

10 *mai*. — **Promenade à Tivoli.**

Tivoli est à six lieues de Rome ; on y arrive par la voie Tiburtine.

Rien de bien curieux jusqu'au pont de la Solfatara, sous lequel passe un grand ruisseau, dont l'eau blanchâtre a l'odeur et un peu la couleur du soufre. Sa source, qui est à deux milles, à gauche du chemin, forme un petit lac de 30 à 40 toises de diamètre, et que l'on dit avoir une grande profondeur (70 à 75 toises) ; l'eau, quoique froide, paraît toujours en ébullition ; une pierre jetée dans le lac, produit un bouillonnement qui se prolonge quelquefois pendant deux minutes; il en sort continuellement des écumes bitumineuses et des vapeurs sulfureuses qui, s'unissant avec de la terre et des ronces, forment à la surface de l'eau des corps légers auxquels on donne le nom d'îles flottantes. Au bord de ce lac est une méchante maison construite sur des ruines, passant pour avoir appartenu aux thermes d'Agrippa.

Le Ponte Lucano, deux milles plus loin, est

sur l'Anio, aujourd'hui le Teverone; il a trois arches.

Le tombeau de la famille Plautia, grosse tour antique de la même forme que celle de Cecilia Metella, s'élève au bout du pont; il y a dans la galerie Doria un beau paysage du Poussin, donnant la vue de ce tombeau et du Ponte Lucano.

A trois quarts de lieue de là, sont les immenses ruines de la villa d'Adriano; elles attestent l'étonnante magnificence que cet empereur y avait déployée. Depuis l'hippodrome jusqu'au prytanée, sa villa occupait les sites connus à présent sous le nom de Rocca Bruna, Palazza, Aqua Ferra, et les Colle di Santo-Stefano.

Après avoir parcouru tout l'empire romain, le voluptueux ami d'Antinoüs, Adrien, voulut rassembler en un même lieu l'imitation de tout ce qu'il avait remarqué de plus beau et de plus curieux dans l'Asie, l'Egypte et la Grèce; aussi sa villa renfermait-elle une infinité d'édifices : c'étaient le Pœcile, l'Académie, la vallée de Tempé, le Tartare, les Champs-Elysées; des palais, des théâtres, des naumachies, enfin tout ce qui peut contribuer aux jouissances de la vie; quelques-unes de ces ruines, au milieu desquelles sont des champs, des vergers, des jardins, produisent de très-pittoresques effets. L'air, sans doute autrefois très-pur, de la villa Adriana est maintenant pestilentiel.

Fontenelle a traduit ainsi les vers faits par l'empereur Adrien peu avant sa mort :

« Ma petite ame, ma mignone,
« Tu t'en vas donc, ma fille, et Dieu sache où tu vas ;
« Tu pars seulette, nue et tremblotante, hélas!
« Que deviendra ton humeur folichonne ?
« Que deviendront tant de jolis ébats ?

Tivoli, fondé 462 ans avant Rome, n'a aujourd'hui que l'aspect d'un mauvais village ; maisons mal bâties, rues étroites et irrégulières ; mais dans les environs beaucoup de choses dignes d'attention.

Le temple de la Sibylle, que l'on croit avoir été dédié à Vesta, produit un effet charmant ; il appartient à un aubergiste, chez lequel il convient de descendre afin de voir plus à son aise le temple et la grande cascade du Teverone, qui se précipite de cinquante pieds de hauteur.

On descend à la grotte de Neptune, par un petit chemin que le général Miollis a fait faire pendant qu'il commandait à Rome. — Avant le désastre occasioné par l'Anio en 1826, la cascade de la grotte de Neptune était la plus considérable ; aujourd'hui il n'y arrive qu'un peu d'eau bourbeuse.

Du Ponte Lupo, nouvelle vue de la grande cascade. Là, le cicerone m'apprend que, le 16 novembre 1826, l'Anio, enflé des pluies de l'Abruzze où il prend sa source, renversa et engloutit vingt-quatre maisons, ainsi que l'église de Sainte-Lucie. — Grands travaux entrepris pour réparer les ravages de la rivière et se mettre à l'abri de semblable danger pour l'avenir.

Quelques pans de murs au milieu d'oliviers passent pour avoir appartenu à la maison d'Horace. — Grotte des Syrènes, au milieu de rochers bizarrement sillonnés par les eaux.

J'arrive aux grandes cascatelles, par un petit sentier étroit, glissant et où je risque vingt fois de me rompre le cou ; il y a un autre chemin qui ne présente aucun danger. Six petites cascades tombent successivement dans trois bassins, placés au-dessous les uns des autres ; elles sont jolies, délicieuses, belles, admirables ! C'est ici que Properce, Horace, Catulle, venaient sans doute chercher des inspirations.

Les huit *piccole cascatelle* sont privées d'eau depuis le moment où l'on a commencé les travaux de terrassement sur les bords de l'Anio, à Tivoli. Ces petites cascades descendent de la maison de Mécènes, dont M. Lucien Bonaparte a fait une usine à fers.

La villa d'Este, aujourd'hui si délabrée, passait pour une des plus somptueuses et des plus agréables du monde. L'Arioste y composa son *Roland*.

Le joli monument de forme circulaire et couvert de ronces, que l'on appelle le *Temple de la Toux*, est le tombeau de la famille Tosse.

11 *mai*. — Aujourd'hui dimanche, je me suis acheminé de bonne heure vers la chapelle Sixtine, dans l'intention d'assister à la messe papale, et de voir Sa Sainteté entourée des cardinaux. Ce spectacle, qui se renouvelle tous les dimanches, attire les étrangers à la Sixtine, comme ils courent au château des Tuileries à pareil jour pour voir Charles X et sa famille.

Mais les suisses du Vatican me préviennent qu'il n'y a pas chapelle aujourd'hui ; c'est la seconde fois que je suis trompé dans mon attente. Privé des cérémonies de la Sixtine, j'en examinerai les peintures.

Montant le magnifique escalier qui commence sous le portique de Saint-Pierre, près de la statue de Constantin, j'arrive dans l'antichambre immense, servant de vestibule aux chapelles Sixtine et Pauline, et qui porte le nom de *sala Reggia* (salle Royale). On y voit trois grands tableaux représentant l'histoire du masacre de l'amiral Coligny. Grégoire XIII commanda ces tableaux à Vasari pour consacrer le souvenir du carnage catholique de la Saint-Barthélemi. Catherine de Médicis, ayant fait couper et embaumer la tête de Coligny, l'envoya à Grégoire. A la réception de cet exécrable présent, le Saint-Père ordonna une procession solennelle en action de grace de l'*heureuse* journée de la Saint-Barthélemy, fit tirer le canon et allumer des feux de joie ; il expédia à Charles IX des lettres de félicitation sur cette boucherie ; il fit chanter des milliers de messes, et chargea ses prédicateurs et ses écrivains de l'éloge de cet attentat!!

Le premier tableau représente Coligny, qui, blessé d'un coup d'arquebuse par l'assassin Maurevel, est porté chez lui ; on lit : « *Gaspar Colignius amirallius accepto vulnere domum refertur.* » Greg. XIII. Pont. max. 1572.

Dans le second tableau, l'amiral est massacré dans son hôtel, avec Teligny, son gendre, et quelques autres ; puis ces mots : « *Cædes Colignii et sociorum ejus.* »

Au troisième, Charles IX apprend le meurtre de l'amiral et en témoigne sa satisfaction : « *Rex Colignii necem probat.* »

Un groupe d'assassins porte en triomphe le corps de la victime ; d'autres sicaires, la croix et le poignard en main, se précipitent sur des femmes et des enfans éplorés ; plus loin, dans l'enfoncement, on distingue une foule de meurtriers, montant sur des amas de cadavres, afin d'escalader les maisons des malheureux qu'ils vont égorger.

Grégoire XIII, pour mieux consacrer encore le souvenir de la Saint-Barthélemy, fit frapper une médaille : sur l'un des côtés est son effigie ; sur le revers un ange exterminateur, tenant dans ses mains une croix et une épée, dont il frappe à bras raccourci les victimes étendues autour de lui ; cette médaille porte le millésime de 1572 et ces mots : « *Ugonotorum strages.* »

La vieille femme remplissant les fonctions de concierge m'ouvre la porte de communication de la salle Royale à la chapelle Sixtine ; j'entre, et je me trouve au milieu d'une grande pièce, ayant la forme d'un carré long et entièrement couverte de peintures ; celles du plafond sont de Michel-Ange. Pour bien les voir, il faut s'étendre à la renverse sur le plancher. J'en demande pardon à ce grand maître, mais la composition du tableau où il a représenté Eve au moment de sa naissance, me semble bien malheureuse! La mère du genre humain, dont la vue ne devrait rappeler que beauté et innocence, a une pose telle qu'on est ramené forcément au souvenir de ces tristes conditions de l'humanité, dont nous éloignons si soigneusement jusqu'à la pensée.

Assis sur un banc de bois, en face du Jugement dernier, j'examine, j'étudie pendant une heure et plus la fresque si célèbre de Michel-Ange. Quel immense travail! *trois cents* figures divisées en *onze* groupes, occupent, au fond de la chapelle, une superficie de cinquante pieds de long sur quarante pieds de haut; les figures se détachent sur un bleu de ciel fort vif. Huit années ont été consacrées à cet ouvrage, et on n'est surpris que d'une chose, c'est qu'il n'en ait pas exigé davantage.

Je m'attendais, il faut l'avouer, à voir tout autre chose que ce que j'ai devant les yeux; je comptais sur un sentiment de terreur; mais l'aspect du jugement dernier ne m'a point ému; je suis resté froid devant les joies des élus, comme devant les douleurs des réprouvés.

L'ordonnance de ce tableau a quelque chose de fantasque et de bizarre; on y voit des anges sans ailes; le batelier Caron qui passe des ames dans sa barque; des ressuscités des deux sexes et de tout âge, tous musclés comme des Hercules; des raccourcis souvent grotesques; de la confusion.

Au surplus, l'œuvre de Michel-Ange n'est pas restée intacte; plusieurs des nudités choquèrent certains esprits timides; on crut reconnaitre de l'indécence dans telle pose, dans telle situation. Par exemple, saint Bazile et sainte Catherine, placés à droite dans le groupe des bienheureux, ne parurent pas pouvoir conserver le costume *si naturel* et la posture qu'ils avaient; Daniel de Volterre reçut l'ordre de leur donner quelques vêtemens et de retourner la tête de saint Bazile du côté de Jésus-Christ. Ce peintre fit également subir des changemens à la figure la plus à droite, faisant partie du groupe où sont représentés les péchés capitaux; on se crut obligé de voiler et d'affaiblir l'énergie toute naïve avec laquelle Buonarotti punissait un vice alors trop commun.

Au résumé, le Jugement dernier est mal éclairé; il a beaucoup souffert de l'humidité et produira toujours peu d'effet sur le plus grand nombre des spectateurs; il n'y aura que quelques esprits privilégiés qui pourront le louer sans restriction.

Je me fais ouvrir la Farnesina, appartenant aujourd'hui au roi de Naples. Là sont peut-être les plus belles fresques de Raphaël, et celles qui plaisent le plus généralement. Ce peintre divin a représenté, dans une suite de tableaux, l'histoire de l'Amour et Psyché, telle que nous la tenons du bon Lafontaine.

Dans une galerie contiguë est la célèbre Galatée, entièrement de la main de Raphaël. Plusieurs de ces peintures sont endommagées; quelques-unes ont même été retouchées; d'autres enfin offrent peut-être prise à la critique; mais quand il s'agit d'un tel génie, comment oser se la permettre? L'histoire de Psyché et la Transfiguration, qu'il peignait en même temps, furent ses derniers ouvrages.

Parmi les nombreuses fresques qui couvrent les murs de la Farnesina, il y en a de Jean d'Udine, de Daniel de Volterre et d'autres artistes célèbres.

Ce palais, où la gloire de Raphaël brille d'un si vif éclat, rappelle de bien tristes souvenirs. L'Amour, que ce grand homme avait si souvent reproduit sous tant de formes séduisantes, lui porta ici le coup dont il mourut.

La Farnesina appartenait à Agostino Chigi, lorsque Raphaël l'ornait de ses chefs-d'œuvre; il voulut absolument avoir près de lui la Fornarina; Chigi résista tant qu'il put; mais cédant enfin aux obsessions de Raphaël, il accorda à cette femme un logement dans son palais.

Un voisinage si dangereux pour l'ame ardente de ce grand homme porta bientôt ses fruits; les sources de la vie se tarirent, et les beaux-arts virent s'éteindre leur plus brillante étoile! Transporté dans sa maison, place Saint-Jacques, maintenant un hospice, Raphaël y rendit le dernier soupir, le vendredi saint de l'année 1520, à l'âge de trente-sept ans.

Le palais Corsini, vis-à-vis de la Farnesina, dans la rue Longara, a des jardins qui s'étendent jusqu'au sommet du Janicule; il occupe l'emplacement de l'ancienne maison Riario, où Christine de Suède mourut en 1689; elle s'était retirée à Rome dans l'année 1658 à l'âge de trente-deux ans.

Très-riche collection de tableaux ; un portrait de Jules II, par Raphaël. — Deux *Ecce homo*, du Guide et du Guerchin. — Le Christ vendu à Pilate, de Vandick. — La Lucrèce, du Guerchin. — Une Sainte-Famille, de Fra Bartolomeo. — Hérodiade portant la tête de saint Jean, et un saint Jean-Baptiste, du Guide. — Saint Jérôme, du Titien. — La Samaritaine, du Guerchin. — Un *Ecce homo*, de Carlo Dolci. — Prométhée déchiré par le vautour, de Salvator Rosa. — Très-jolie sainte Famille, du Poussin.

L'église de S. Pietro in Montorio possédait jadis la Transfiguration; on va y voir aujourd'hui : La flagellation de Sébastien del Piombo, fresque faite sur un dessin de Michel-Ange ; — la conversion de saint Paul, par Vasari ; — une balustrade en jaune antique, tirée des jardins de Salluste. Au moment de monter sur l'échafaud, Béatrix Cenci demanda à être enterrée dans cette église, et les restes de cette malheureuse jeune fille furent déposés auprès du maître-autel.

S. Maria in Trastevere paraît construite en partie avec des fragmens antiques. Vingt-deux colonnes divisent l'église en trois nefs. L'Assomption pleine de graces, dans un ovale de stuc, à la voûte de la nef du milieu, est du Dominiquin, dont le mortel ennemi, Lanfranc, est enterré ici.

En passant sur le port de Ripa Grande, j'écoute

pendant quelques instans les chants monotones, ou plutôt les psalmodies des matelots d'une tartane, assis sur le pont et abrités du soleil par une tente ; l'un d'eux accompagne ses camarades en jouant de la guitare.

Le Tibre, dont les eaux jaunes coulent maintenant si paisiblement, a souvent jeté l'épouvante dans Rome ; ses débordemens y ont produit à diverses époques de grandes calamités. Peu après le triomphe qui suivit la première guerre punique et sous le règne d'Auguste, des inondations occasionèrent de grandes calamités. Les débordemens de 1530 et de 1557 ont une fâcheuse célébrité ; mais celui de 1598 les surpassa de beaucoup. Il eut lieu au moment où Clément VIII revenait de la conquête de Ferrare. Les pluies, qui duraient presque sans interruption depuis le commencement de juin, n'ayant cessé d'augmenter, le fleuve commença à se répandre, le 23 décembre, dans les rues de Rome. Le 24 au soir, la crue était si terrible, que beaucoup de maisons furent renversées, des moulins brisés, les parapets du pont Saint-Ange emportés; le pont Sainte-Marie (Ponte Rotto), à moitié ruiné ; ce fut seulement le 27 décembre que les eaux rentrèrent dans leur lit. Le fleuve a trois cents pieds de large.

Tout près, au milieu du Tibre, on voit à fleur d'eau les restes du pont Sublicio, celui sur lequel Horatius Coclès arrêta l'armée de Porsenna ; maintenant les pêcheurs y attachent leurs filets.

S'il faut en croire la version populaire, l'île de

S. Bartolomeo fut formée singulièrement : au moment de l'expulsion des Tarquins, le peuple jeta dans le fleuve les gerbes de blé provenant des récoltes de ses oppresseurs; elles s'arrêtèrent sur un bas-fond, en cet endroit; le nombre en était si grand, qu'on put fonder dessus les maisons dont l'île se compose.

Trois choses principales dénotaient la puissance romaine : les aquéducs, les grands chemins, les cloaques.

La Cloaca Massima était un des deux grands canaux qui entraînaient dans le Tibre les immondices de la ville. Ce qui en reste fait encore l'admiration des architectes. La voûte, formée par trois assises de gros blocs de pierres jointes à cru, sans chaux ni ciment, a douze pieds de vide, soit en largeur, soit en hauteur; sa longueur est de trois cents pas; ses deux embouchures dans le fleuve sont voisines de la Madona del Sole.

Fort près de la Cloaca est l'Arco di Giano, grand portique à quatre faces, destiné à offrir un abri contre la pluie et le soleil.

Tout à côté, l'Arco di Settimio Severo, élevé par des banquiers et des marchands de bœufs. — Bas-reliefs très-endommagés.

Le théâtre de Marcellus, aujourd'hui le palais Orsini, fût bâti par Auguste, sur les ruines du temple de Janus; il pouvait contenir trente mille spectateurs. Son architecture était chose si parfaite, que les artistes modernes ont pris ce théâtre pour modèle des ordres dorique et ionique. Du côté de la place Montanara, on voit encore de beaux restes des deux ordres inférieurs, qui formaient la partie demi-circulaire de la façade; les deux ordres supérieurs sont entièrement ruinés.

La dédicace du théâtre fut fêtée par une de ces épouvantables tueries d'animaux féroces dont le goût s'est maintenu à Rome pendant plus de six siècles. Il y périt deux cent soixante-huit lions et trois cent dix panthères. Ces cris de douleur, ces rugissemens, ces ruisseaux de sang, devaient former un spectacle horrible, et l'on ne peut comprendre comment un peuple civilisé trouvait du plaisir à de pareilles représentations.

Ce fut à la dédicace du théâtre de Marcellus que parut le premier tigre royal qui ait été amené à Rome; on le montra enfermé dans une cage.

L'an 55 avant Jésus-Christ, Pompée, à l'occasion de l'inauguration de son théâtre, montra entre autres animaux un rhinocéros unicorne, six cents lions, dont trois cent quinze à crinière, et quatre cent dix panthères. Certainement, tous les rois de l'Europe, malgré leurs efforts rassemblés, ne parviendraient pas aujourd'hui à former une semblable réunion.

Le premier rhinocéros biscorne parut dans l'un des spectacles données par Domitien.

Ce goût pour ces affreux massacres vint au peuple en voyant tuer dans le cirque les premiers éléphans pris sur les ennemis.

Un grand nombre d'hommes étaient occupés à

capturer les animaux destinés aux plaisirs des Romains. On avait imaginé plusieurs espèces de chasses très-curieuses pour parvenir à les prendre vivans; l'art de les apprivoiser fut porté très-loin. Galba fit danser sur la corde un éléphant portant un chevalier.

En tenant les éléphans dans une température chaude, et en leur donnant une nourriture succulente, on parvint à en propager l'espèce. Ce fait incontestable était ignoré de Buffon lui-même, qui pensait, avec d'autres naturalistes, que ces animaux ne pouvaient se reproduire en captivité.

Probus fut de tous les empereurs romains celui qui réunit le plus grand nombre d'animaux; il fit planter une forêt dans le cirque, seulement pour la fête qu'il voulait y donner; le jour venu, on y vit courir jusqu'à mille autruches, et une quantité innombrable d'autres animaux, daims, cerfs, sangliers, etc.

Trajan, après sa victoire sur les Parthes, donna des jeux dans lesquels on tua onze cents animaux. Adrien en fit périr mille.

Lorsque César reçut d'un Ptolémée la sanglante offrande de la tête de Pompée, il était loin de prévoir que lui-même un jour, frappé du poignard de Brutus, irait rendre le dernier soupir aux pieds de la statue de son illustre rival. L'histoire n'accuse pas César du lâche assassinat qui trancha les jours de Pompée, mais elle ne peut dissimuler que leur malheureuse querelle n'en fût le motif.

La statue de Pompée, que je viens de voir dans le palais Spada, passe pour être celle aux pieds de laquelle César tomba mort, le 15 mars de l'an 45 avant Jésus-Christ. Cependant des antiquaires pensent que c'est une statue d'Auguste, à cause du globe placé dans la main gauche, qui indiquait la souveraineté. — Le palais Spada a des tableaux, des fresques et des statues estimées; entre autres, celle d'Aristide; le philosophe grec a la tête appuyée sur une main.

12 *mai.* — A cinq heures du matin je prends, avec quatre amis, la route de Frascati, l'ancienne Tusculum; c'est la patrie de Métastase et de Caton le Censeur, bisaieul de Caton d'Utique.

Promenade de deux ou trois heures dans le parc de la Rufinella. Cette villa, qui a appartenu à M. Lucien Bonaparte, est maintenant la propriété du roi de Sardaigne; elle renferme les ruines de Tusculum. Les fouilles se continuent, mais lentement. Le *cicerone* nous montre les débris de la maison de Cicéron; sur sa parole, je prends quelques petits morceaux de marbre carrés, de la mosaïque du pavé. — On a découvert un petit nombre de maisons, les restes d'un théâtre et plusieurs parties de la via Tusculana.

La villa Aldobrandini, la plus remarquable des maisons de plaisance de Frascati, appartient au prince Borghese; sa situation lui a fait donner le nom de Belvedere. — Cascades, fontaines, jets d'eau de surprise. — Le casino est de Jacques de

Laporte.—Fresques du Dominiquin et du chevalier d'Arpin. — Ce Faune, ce Centaure et ces figures en terre cuite qui jouent de divers instrumens, par le moyen de l'eau, peuvent être une chose curieuse; mais leur musique est détestable.

Grotta-Ferrata, à une lieue de Frascati, occupe, selon quelques érudits, l'emplacement de la villa où Cicéron a écrit ses *Tusculanes*. — Le Dominiquin a peint les six tableaux à fresque qui ornent la chapelle contiguë à l'église de Grotta-Ferrata.

De Marino à Castel-Gandolfo, la maison de campagne du pape, le chemin traverse un joli bois.

Le lac d'Albano (ou de Castel-Gandolfo), jadis le cratère d'un volcan, a six ou sept milles de circuit; les coteaux boisés dont il est entouré forment un amphithéâtre. En descendant au bord du lac, on trouve deux grottes, désignées sous le nom de Nymphées; c'étaient des salles ornées de statues de nymphes et où on allait prendre le frais.

L'Emissario, au niveau du lac, est un canal de deux milles de longueur, taillé dans le roc pendant le siège de Véies (trois cent quatre-vingt-dix-huit ans avant Jésus-Christ); il a trois pieds et demi de large sur six de hauteur; sa destination est de conduire dans la plaine le trop plein du lac.

Nous arrivons à Albano par la Galerie, belle avenue de chênes-verts, d'une grosseur prodigieuse.

Il y a une course de chevaux, spectacle dont les Italiens raffolent. — Ces chevaux, ornés de plumes et de rubans, courent en liberté. Aussitôt que le palefrenier les lâche, ils détalent au galop entre deux haies de peuple les excitant par ses cris. Le prix du vainqueur est une pièce d'étoffe dont on le couvre, et avec laquelle nous le voyons passer superbement du balcon de l'auberge. — Charmant costume des femmes; elles ont des espèces de voiles en gaze retroussés, fichus, tabliers de la même délicatesse, habits justes à la taille, et beaucoup de parure.

LES BRIGANDS EN ITALIE.

Notre promenade nous ayant conduits au milieu de ce joli bois qui commence près du tombeau des Horaces, la conversation a roulé sur les voleurs. Souvent ils ont choisi pour asile ces bosquets de chênes-verts entremêlés de noisetiers. L'un de mes nouveaux amis, qui paraît fort instruit de tout ce qui se rapporte au brigandage en Italie, nous a lu une notice qu'il a faite sur ce sujet intéressant; il m'a permis d'en prendre copie, et la voici :

« En France et dans la plupart des Etats de l'Europe, on s'entend facilement sur la qualification à donner aux hommes dont la profession est de rançonner les voyageurs sur les grands chemins ; ce sont des brigands. En Italie, on les appelle bien *assassini*, *ladroni*, *banditi*, *fuorusciti;* mais ce serait une grande erreur de croire que ce genre d'industrie y soit frappé d'une réprobation aussi vive, aussi universelle qu'elle l'est partout ailleurs.

Tout le monde redoute les brigands; mais, chose étrange! chacun en particulier les plaint lorsqu'ils reçoivent le châtiment de leurs crimes. Enfin, on leur porte une sorte de respect jusque dans l'exercice du droit terrible qu'ils se sont arrogé.

Le peuple italien fait sa lecture habituelle de petits poëmes où sont rappelées les circonstances remarquables de la vie des bandits les plus renommés; ce qu'il y a d'héroïque lui en plaît, et il finit par avoir pour eux une admiration qui tient beaucoup du sentiment que, dans l'antiquité, les Grecs avaient pour certains de leurs demi-dieux.

En 1580, il s'était formé au milieu de la Lombardie un corps d'assassins très-redouté; c'était celui des *Bravi*. Beaucoup de grands seigneurs en avaient à gages et en disposaient souverainement pour satisfaire à tous leurs caprices, soit de haine, soit de vengeance, soit même d'amour. Les bravi exécutaient avec une audace et une habileté sans exemple les missions les plus difficiles; ils faisaient trembler jusqu'aux autorités. Dès 1583, le gouverneur espagnol de Milan fit de vains efforts pour détruire cette corporation dangereuse; il publia édits sur édits, ce qui n'empêcha pas les bravi de se recruter. En 1628, ce corps était très-florissant et avait la plus effrayante réputation pour ses assassinats et ses rapts.

Les bravi servaient de seconds dans les duels que

les seigneurs auxquels ils appartenaient, pouvaient avoir entre eux. Une obéissance aveugle, la discrétion et la prudence, étaient les premières qualités de la profession de bravo.

Le brigandage existe en Italie de temps immémorial; mais c'est vers le milieu du seizième siècle qu'il prit une grande extension.

Cette profession fut d'abord exercée par des hommes qui trouvaient plus honorable de conserver ainsi leur indépendance que de fléchir le genou devant l'autorité pontificale. Le souvenir des républiques du moyen-âge agissait encore puissamment sur les esprits, il troublait toutes les têtes; en un mot, le but semblait légitimer les moyens. C'était plutôt un esprit d'opposition au gouvernement, qu'une intention préméditée d'attenter à la fortune et à la vie de simples particuliers, qui animait ces hommes doués d'une si sauvage énergie. Alphonse Piccolomini, duc de Montemariano, et Marco Sciarra, dirigèrent avec succès des bandes contre les armées du pape.

Piccolomini passa en France, dans l'année 1582, y trouva du service militaire et y séjourna huit ans. Le 16 mars 1591, Ferdinand, grand-duc de Toscane, le fit pendre, malgré les réclamations de Philippe II et de Grégoire XIV, dans les états duquel il avait répandu la désolation. La petite armée de Piccolomini se composait de tous les malfaiteurs de la Toscane, de la Romagne, de la Marche et du Patrimoine de saint Pierre.

Sciarra fut le chef d'une bande nombreuse et redoutable qui, sous Grégoire XIII et vers la fin du seizième siècle, ravagea les États romains et les frontières de Toscane et de Naples. Cette troupe s'éleva quelquefois à plusieurs milliers de soldats. Sixte-Quint parvint à l'éloigner de Rome, mais non à la dompter. — Clément VIII attaqua Sciarra avec tant de vigueur, en 1592, que cet illustre brigand se vit obligé de renoncer à son dangereux métier, et passa au service de la république de Venise avec cinq cents de ses plus braves compagnons. On l'envoya en Dalmatie, faire la guerre aux Uscoques; mais Clément se plaignit vivement de ce que des bandits qu'il poursuivait s'étaient ainsi soustraits à sa justice; il demanda qu'ils lui fussent livrés; le sénat de Venise prit peur, fit assassiner Sciarra, et envoya ses compagnons mourir de la peste dans l'île de Candie.

Obligés de guerroyer sans cesse avec les troupes pontificales, les brigands se réfugièrent dans les bois; dénués de toute ressource, ils volèrent et assassinèrent, pour vivre. Leur ligne d'opérations embrassait les montagnes qui s'étendent d'Ancône à Terracine, de Ravenne à Naples. Mais lorsque l'impunité, par manque de moyens de répression, ou par défaut de bonne volonté des gouvernemens, fut devenue une espèce de sanction tacite, alors le brigandage couvrit toute l'Italie. Cette vie indépendante et aventureuse séduisit des esprits qui, bien dirigés, auraient été capables de grandes choses.

Prendre la forêt était souvent, pour un opprimé, le seul moyen de se venger de la tyrannie d'un grand seigneur ou d'un abbé en crédit.

Les Colonna et les Orsini possédaient presqu'en totalité les terres aux environs de Rome. Ces deux familles puissantes étaient ennemies l'une de l'autre, depuis près de deux siècles. En se faisant une guerre acharnée, en cherchant réciproquement à se détruire, elles achevaient la dévastation de la campagne de Rome, si bien commencée par les barbares, et la réduisaient à l'état de dépopulation et d'insalubrité où nous la voyons maintenant. Toute la noblesse, sous les ordres des redoutables condottieri suivait le parti des Colonna ou celui des Orsini. Sixte-Quint parvint à les réconcilier, en se les attachant; c'était assurer de plus en plus son autorité. Ce pape, homme d'esprit et de tête, avait deux petites nièces; il maria l'une à l'aîné de la maison Colonna, et l'autre à l'aîné de la maison Orsini. La rivalité des Orsini et des Colonna datait du pontificat de Boniface VIII (1294), auquel les Orsini avaient procuré la tiare.

Toute l'Italie a été simultanément ou tour à tour infestée de brigands; mais c'est principalement dans les États du Pape et dans le royaume de Naples, qu'ils ont régné le plus long-temps et qu'ils ont instrumenté d'une manière à la fois plus constante et plus méthodique. Là, ils ont une organisation, des privilèges et l'assurance de l'impunité, s'ils parviennent à être assez forts pour intimider les gouvernemens; alors leur fortune est faite. C'est donc à ce but qu'ils tendent constamment, pendant tout le temps qu'ils exercent leur infame métier. On se croirait encore à ces temps de barbarie où, en l'absence de tout droit, la force était le seul arbitre, le seul pouvoir reconnu. Quel gouvernement que celui qui en est réduit à trembler devant une poignée de malfaiteurs! Vingt ou trente hommes suffisent pour répandre l'épouvante dans tout un pays et pour mettre en campagne tous les carabiniers du pape!

La ville et le territoire de Brescia étaient renommés autrefois pour le grand nombre d'assassinats qui s'y commettaient; il y en avait communément deux cents par année. De nos jours, la police militaire française, puis les baïonnettes autrichiennes, ont fait cesser cet état de choses.

On se souviendra long-temps en Calabre de la lutte que les Français y soutinrent pendant une dizaine d'années (1797 à 1808). Les brigands, encouragés par les Anglais, furent d'abord le noyau de l'insurrection royaliste. Plus tard, des mécontens poussés par le fanatisme religieux, ou par celui qui prend sa source dans l'amour de la patrie, se réunirent à eux. Jamais peut-être résistance au joug étranger, ne fut accompagnée d'une frénésie aussi sanguinaire. De part et d'autre on se combattait à outrance; toutes les horreurs, toutes les cruautés d'une guerre civile ensanglantèrent ce malheureux pays. La troupe d'assassins que commandait Francatripa était alimentée par les bandits de la Sicile, que les Anglais débarquaient fréquemment sur les côtes (1807).

En Calabre, il est assez d'usage que la famille de celui qui a commis un meurtre offre de traiter avec celle de la victime. Si le prix demandé est trop élevé, qu'on ne puisse ou qu'on ne veuille pas l'accorder et que la plainte soit portée, une haine irréconciliable s'établit entre les deux familles, et il faut s'attendre à une longue suite de vengeances. Les paysans calabrois parlent encore avec orgueil de leurs ancêtres et de Scander-Beg, qui en 1443 déploya l'étendard de l'indépendance contre l'usurpateur de son patrimoine et le meurtrier de sa famille, le sultan Amurath.

Dépouillés de tous leurs droits civils et politiques, livrés à la merci d'un arbitraire prétendu divin, les sujets du Saint-Père doivent encore être rançonnés, égorgés par les brigands dont sont infestés les domaines de l'Eglise.

Il faut l'avouer, le gouvernement par sa conduite pusillanime et sa lâche condescendance envers les assassins, par les absolutions, les récompenses, les pensions, les emplois même dont il les gratifie, se rend leur complice. Que ferait-il de plus s'il voulait les encourager? Un pape poussa l'oubli de toutes les convenances jusqu'à faire chevalier Ghino di Tacco, voleur célèbre, uniquement par admiration pour son courage.

Ces brigands, au surplus, ne ressemblent point

au vulgaire des voleurs. Ainsi que je l'ai déjà dit, ce n'est pas toujours le besoin qui les jette dans la carrière du crime; c'est le hasard, l'oisiveté, et le plus souvent une vocation déterminée; mais combien d'entre eux ne demandaient qu'un champ à cultiver pour ne pas se faire brigands!

Ils soumettent à un noviciat, à des épreuves sévères ceux qui aspirent à être agrégés à leur compagnie. Beaucoup possèdent une maison, du bétail, et sont mariés. Ils obéissent à un chef dont le pouvoir est absolu. Mais librement élu, ce chef peut être déposé et même mis à mort, s'il trahit ses compagnons ou s'il viole ses sermens.

Les bandits sont vêtus d'une manière à peu près uniforme; leur costume pittoresque a quelque chose de militaire : culotte courte en drap bleu, avec de larges boucles d'argent sur des jarretières rouges; gilet de même étoffe orné de deux rangs de boutons d'argent; veste ronde, également en drap bleu, garnie de poches de chaque côté; manteau de drap brun jeté sur l'épaule; chemise ouverte, à col rabattu; une cravate, dont les deux bouts sont réunis par les anneaux et bagues volés; chapeau de feutre roux, pointu et de forme élevée, avec des cordons ou rubans de diverses couleurs; bas attachés à la jambe par de petites bandes de cuir, qui tiennent à une sandale ou des brodequins serrés; large ceinture de cuir avec des fentes pour recevoir des cartouches, et fixée par des agrafes d'argent; une giberne; un baudrier auquel pendent un sabre, une fourchette, une cuillère, un poignard; à leur cou est un ruban rouge soutenant et laissant descendre sur la poitrine un cœur d'argent; il renferme des reliques et offre à l'extérieur l'image en relief de la Vierge et de l'Enfant Jésus. Tel est le costume guerrier et religieux de ces hommes qui, asservis à une discipline sévère, ne marchent que par bandes plus ou moins nombreuses. Payant largement leurs espions et leurs pourvoyeurs, ils sont rarement trahis.

Leur vie un peu nomade se partage entre les soins à donner aux troupeaux de chèvres, dont ils tirent en partie leur subsistance, et la surveillance des grandes routes ou des chemins détournés, sur lesquels ils attendent les voyageurs. Souvent aussi ces hordes de bandits ne sont autre chose que des villageois de la Sabine et des Abruzzes; ils s'occupent de travaux champêtres une partie de l'année, mais comme leur travail dans ces rochers ne suffit pas aux besoins de la famille, ils se livrent à leur penchant naturel pour le meurtre et le pillage. Cette habitude de brigandage n'est d'ailleurs pour eux qu'une manière de vivre à laquelle ils savent fort bien qu'est attaché le danger de l'échafaud. La majorité de la population étant enrôlée sous la bannière de quelques chefs, ceux-ci ont toujours à leurs ordres une petite armée aussi promptement réunie qu'elle est dispersée après l'action.

Dans leurs expéditions les bandits sont ordinairement aidés par les bergers. Les hommes adonnés à la *pastorizia* mènent une existence à demi sauvage, qui les laisse en communication avec les villes, d'où ils peuvent tirer des provisions, et les détache cependant assez de tous les liens sociaux, pour les rendre indifférens aux crimes des autres.

Affronter tous les périls, supporter toutes les privations, endurer toutes les fatigues ; voilà l'existence habituelle des brigands. Ils dorment le plus souvent au fond d'un ravin, enveloppés dans leur manteau, n'ayant d'autre abri que la voûte du ciel. De là ces forbans de terre courent sur leurs victimes, les emportent dans leurs repaires, et les massacrent si elles ne peuvent payer la rançon fixée. Voilà le traitement réservé aux gens du pays. Quant aux étrangers, ils ne sont ordinairement que dépouillés, mais quelquefois de manière à rester nus sur la place. Le premier ordre que donnent les bandits aux voyageurs qu'ils attaquent, c'est de mettre le visage contre terre : *faccia in terra.*

Souvent une bande arrive à l'improviste au milieu d'un troupeau de moutons. Alors, si la faim est aiguisée, les voleurs ordonnent aux bergers d'en égorger un ou plusieurs. Immédiatement après les moutons sont dépouillés, coupés en morceaux, que l'on fait griller au bout d'une baguette de fusil, et dévorés. Le pain et le vin arrivent par des moyens analogues. Durant le repas, les brigands ont généralement pour habitude d'occuper les bergers dont ils déciment le troupeau, à couper du bois, à puiser de l'eau, etc., etc.

Lorsqu'une bande stationne quelque part, elle prend toutes les précautions de prudence dont use un corps armé en pays ennemi. Des sentinelles relevées à de courts intervalles, sont placées sur les divers points par lesquels on pourrait être surpris. Ce préalable rempli, les bandits se divisent en groupes ; les uns jouent aux cartes, d'autres à la *morra* (1); ceux-ci dansent, ceux-là écoutent une histoire ou une chanson avec une insouciance et une sécurité complètes.

Dans le cours de sa vie aventureuse, deux choses dont il ne se sépare jamais rassurent le brigand italien : son fusil, pour défendre sa vie ; l'image de la Vierge pour sauver son ame. Rien de plus effrayant que ce mélange de férocité et de superstition ! Cet homme finit par se persuader que la mort sur l'échafaud, précédée de l'absolution donnée par un prêtre, lui assure une place dans le ciel. Souvent une semblable idée pousse un malheureux à commettre quelque crime entraînant la peine capitale, afin de mieux s'assurer un bonheur que le sacrifice de sa vie rend certain ! Enfin, ces gens-là vous assassinent très-bien, le rosaire et le chapelet à la main, en accompagnant le coup de stylet d'un *per amor di Dio*.

Un bandit, accusé de quantité d'assassinats, comparaissait devant ses juges ; loin de nier les crimes qu'on lui imputait, il en avoua d'autres jusque-là ignorés de la justice ; mais lorsqu'on en vint à lui

(1) Jeu dans lequel les deux joueurs lèvent à la fois un certain nombre de doigts, et celui qui devine juste gagne la partie.

demander s'il avait observé exactement les jours de jeûne, le coquin dévot se fâcha. Ce doute était l'offense la plus grave. « Me soupçonnez-vous donc de n'être point chrétien ? » dit-il amèrement au magistrat qui l'interrogeait.

L'histoire de ces hommes extraordinaires, depuis qu'ils ont acquis de la célébrité, serait longue et curieuse ; mais outre qu'il y aurait de la difficulté à en réunir les élémens, je n'ai eu ni le temps ni la volonté d'en faire la recherche. Pour ne parler que de ceux sur lesquels on a des renseignemens exacts, puisqu'ils sont nos comtemporains, mon récit ne manquera pas d'un certain intérêt.

Un homme digne de foi, M. Tambroni, affirme qu'il y a eu dans l'État papal dix-huit mille assassinats pendant le règne de Pie VI (de 1775 à 1800). Il y en avait eu dix mille, dont quatre mille à Rome même, sous Clément XIII. On sait que sous le pontificat de Pie VII, un grand nombre de bandits se sont rendus célèbres.

Maïno d'Alexandrie a été l'un des hommes les plus remarquables de ce siècle ; il se faisait appeler l'Empereur des Alpes, et signait de ce titre les proclamations qu'il faisait afficher sur la route. Dans ses jours de représentation ou de grande revue de sa bande, il paraissait avec les uniformes et les décorations qu'il avait enlevés à des généraux et à de grands fonctionnaires français (1). Maïno lutta pendant

---

(1) Le général Milhaud et le commissaire extraordinaire Salicetti.

plusieurs années contre la gendarmerie. Enfin, trahi par une femme, la maison dans laquelle il se trouvait au village de la Spinetta, lieu de sa naissance, fut cernée inopinément par des agens de police et deux brigades de gendarmerie; un combat des plus acharnés s'engagea entre un homme et une troupe de gens armés jusqu'aux dents. Le héros de grands chemins se défendit comme un lion, tua plusieurs de ses adversaires, et n'abandonna son gîte qu'après qu'on y eut mis le feu. Il se sauve alors, escalade un mur, reçoit un coup de fusil qui lui casse la cuisse, et finit par être tué sur le lieu même en se débattant avec les gendarmes. Maïno n'avait que vingt-cinq ans.

Un tel homme succombera sous les efforts opiniâtres d'une police militaire fortement organisée; il recevra sur l'échafaud le prix de ses crimes et de son audacieux courage; mais l'opinion lui accordera plus de génie et de sang-froid qu'à bien des généraux qui ont laissé une réputation.

Parella, dont les déplorables excès ont répandu l'effroi pendant si long-temps dans le royaume de Naples, était pourchassé par les soldats français depuis trois ans. Ne pouvant le saisir, le ministre Salicetti mit sa tête à prix. Un paysan, barbier, domestique et l'homme de confiance de Parella depuis douze ans, eut un jour à se plaindre de lui; il cède à l'appât du gain et au désir de se venger; il coupe le cou à son maître un matin en le rasant, apporte sa tête et touche quatre cents ducats pour prix de cette action.

Le chef appelé Diecinove, parce qu'il lui manquait un orteil, était encore plus altéré de sang que d'or; il torturait ses victimes avec un barbare plaisir, long-temps avant de les achever. Diecinove, dont la cruauté était plutôt fatiguée qu'assouvie, proposa un armistice au gouvernement pontifical, qui l'accepta.

Une fois graciés comme bandits et absous comme chrétiens, Diecinove et ses compagnons purent se présenter impunément chez les parens de ceux qu'ils avaient égorgés. Après s'être assis à leur table et avoir pris part au repas de famille, ces scélérats, avant de s'éloigner, demandaient encore de l'argent, en retour des égards dont ils prétendaient avoir usé lorsqu'ils exerçaient leur profession de voleurs : personne n'osait refuser. De cette manière, ils conservaient les bénéfices de leur ancien métier, sans courir le moindre danger.

La troupe de Corampono, après avoir rivalisé de cruautés avec celle de Diecinove, obtint les mêmes immunités.

De Terracina à Fondi, de Fondi à Itri, on est sur la terre classique du brigandage; terre qui a vu naître le célèbre Giuseppe Mastrilli. L'amour en fit un assassin ; il fut banni des Etats de Rome et de Naples, y reparut plusieurs fois, échappa toujours à la justice, et mourut tranquillement en annonçant le repentir de ses crimes. Avant d'être chef de bande, cet homme de génie avait appartenu à celle du vieux Barba-Girolamo.

Mastrilli joua un rôle important dans la plus singulière parade contre-révolutionnaire dont l'Europe nous ait donné le spectacle depuis 1789. Ce brigand allait être pendu, pour ses crimes, à Montalbano, petite ville vers l'extrémité de la botte italienne, lorsque le cardinal Ruffo (1), général des chouans de la Calabre, le seul homme de tête du parti royal, jugea utile à la cause de Ferdinand III de présenter Mastrilli à ses soldats et à la populace comme étant le duc de Calabre, avec lequel il avait effectivement quelque ressemblance. Le bandit parut à un balcon, chamarré des ordres de Saint-Ferdinand et de la Toison d'or; la multitude, trompée par les apparences, fit retentir l'air de ses *vivat*, et l'accueillit avec le plus grand enthousiasme. Ce prince d'un moment présenta sa main au cardinal Ruffo, et l'Éminence la baisa dans l'attitude la plus respectueuse.

Avant de se mettre à la tête de la petite troupe qui obéissait à Ruffo, Mastrilli prit ses précautions

---

(1) Le cardinal Ruffo n'a rien de commun avec Fabrizio Ruffo, devenu prince de Castelcicala, qui présida la junte royaliste à Naples de 1795 à 1798, et qui est mort à Paris le 16 avril 1832. — Ce cardinal Ruffo, sous le titre de vicaire et de lieutenant-général du royaume des Deux-Siciles, commandait une petite armée composée de bandits et de lazzaroni, auxquels s'étaient joints quelques émigrés français. Le vieux roi de Naples, démoralisant son peuple au profit de la royauté, avait organisé le brigandage en Calabre contre les Français, maîtres alors de sa capitale et de toutes ses provinces du continent.

pour s'assurer de sa grace et d'une récompense pécuniaire de la part du roi légitime; soutenu par le peuple qu'on venait d'abuser avec tant d'impudence, notre héros put prendre un ton d'autorité et dicter ses conditions au cardinal.

Vers le milieu du siècle dernier, un brigand avait déjà rendu célèbre le nom de Mastrilli. Les crimes qu'il commit et l'adresse avec laquelle il savait se soustraire à la justice, en firent un homme si dangereux, qu'on ne put s'en défaire qu'en mettant sa tête à prix; il fut trahi, et tué étant à la chasse. En 1766, on voyait sa tête exposée sur la porte de Terracine, du côté de Naples.

Toute l'Italie tremblait, en 1806, au seul nom de Fra-Diavolo. Ce brigand, né à Itri, jeta l'épouvante principalement parmi les populations des bords de la Méditerranée, faisant partie des États Romains et de ceux de Naples. Cet ex-moine et ex-galérien, tout noirci du soleil, tuait ses semblables par goût et par besoin, les sauvant quelquefois par caprice ou les secourant par bonté. Avec cela, il était dévot, tout à la Vierge et aux saints. De brigand il se fit contre-révolutionnaire, devint officier supérieur dans l'armée du cardinal Ruffo, et égorgea à Naples par dévouement pour l'autel et le trône. Toujours il était couvert d'amulettes et armé de poignards. Après beaucoup d'actions d'une hardiesse et d'un courage étonnans, Fra-Diavolo tomba au milieu d'un détachement français; il fut pris, jugé et pendu.

La bande dont le quartier-général se tenait dans

les environs de Sonnino répandait la terreur, de Fondi à Rome ; ses chefs, Mazochi et Garbarone, étaient doués d'un infernal génie. La ruse qu'ils employèrent pour transporter dans leurs montagnes tous les élèves du séminaire de Terracina est vraiment incroyable.

Le digne ecclésiastique qui dirigeait cet établissement méditait depuis long-temps sur les moyens de mettre un terme aux crimes affreux que commettaient ces brigands. Un jour, emporté par son zèle, il met sa croix sur son épaule, gravit la montagne servant de repaire aux bandits, pénètre jusqu'au milieu de la troupe, et y plante le signe de la rédemption. Ce vertueux missionnaire leur rappelle vivement tous les maux qu'ils répandent sur la contrée ; il les conjure d'abandonner une profession si funeste ; il s'engage à leur faire accorder sans résistance ce qu'ils n'obtiennent que par le pillage et l'assassinat ; il dit enfin tout ce que sa philanthropie apostolique lui inspire de plus persuasif. — Peu à peu les brigands paraissent touchés ; ils acceptent les propositions de l'ecclésiastique ; ils font plus, ils annoncent un repentir sincère et le désir de rentrer dans le sein de la religion, en confessant leurs crimes. Le prêtre vénérable répand des larmes de joie, et propose aux voleurs de réaliser de si bonnes intentions en l'accompagnant à son séminaire. Ils l'y suivent, écoutent ses instructions, assistent à toutes les prières, remplissent, en un mot, tous les devoirs d'un bon chrétien.

Chaque jour le brave directeur remerciait Dieu de l'heureuse conversion qui rendait la paix à la contrée. La sincérité de ses néophytes était à l'abri de tout soupçon. Obligé de s'absenter pendant deux jours, il part pour Velletri, après leur avoir fait amicalement ses adieux; chacun d'eux baisa sa main, et ce digne homme traversa les marais Pontins, agréablement préoccupé des douces pensées qui accompagnent une bonne action.

Le prêtre avait à peine quitté les nouveaux convertis, qu'ils se préparèrent à l'exécution du hardi projet qu'ils avaient si habilement conduit. Dans la nuit même qui suivit, mes coquins transportèrent au sein de leurs montagnes tous les séminaristes. Là, des lettres écrites par eux, le poignard sur le cœur, invitaient leurs parens à envoyer sans aucun délai la somme fixée pour leur rançon.

Le terme fatal assigné pour la remise de ces tributs partiels étant expiré, trois de ces malheureux jeunes gens n'étaient pas rachetés; deux furent égorgés; le troisième allait subir le même sort; il se jette aux genoux des assassins, en invoquant saint Antoine! Cette prière le sauva, et ils le renvoyèrent à ses parens après lui avoir donné un sauf-conduit.

En 1813, la police française, après cinq ans de poursuites, parvint à s'emparer d'un chef redoutable, le Calabrese. Cet homme, pour ennoblir son existence, se donnait un caractère politique et voulait se faire considérer comme le chef de la Vendée romaine ; il se décorait des titres les plus pompeux.

Les soldats du Calabrese, désolés de son arrestation et voulant à tout prix prévenir son supplice, envoyèrent un parlementaire à l'officier de gendarmerie : ils proposèrent de se charger, moyennant trente sous par jour, de maintenir la sûreté de la route des marais Pontins, contre toutes les autres bandes. En revanche l'autorité s'engagerait à ne pas mettre en jugement le Calabrese et à le déporter en Corse pour toute peine. Ce traité singulier fut conclu, et chacune des parties en observa religieusement les conditions.

La bande de l'Indépendance, commandée, je crois, par de Cesaris, exerçait, en 1817, un pouvoir absolu et terrible en Calabre; elle se composait de trente hommes et quatre femmes. Les propriétaires et les fermiers étaient ses principaux tributaires ; ils n'avaient garde de manquer à l'ordre qui leur était adressé de déposer tel jour, à telle heure, au pied d'un arbre ou d'un fût de colonne, la chose demandée. Un fermier cependant voulut se soustraire à ce dur vasselage. Au lieu donc de porter son tribut, il avertit l'autorité ; et des troupes à pied et à cheval cernèrent les indépendans. Voyant qu'ils étaient trahis, les brigands firent une trouée, en couvrant le terrain des cadavres de leurs ennemis. — Trois jours après, ils tirèrent une vengeance des plus terribles de ce malheureux fermier. Après avoir été mis à la torture et condamné à mort, il fut lancé dans une immense chaudière où l'on faisait bouillir du lait pour les fromages, et les bandits obligèrent chacun de ses domestiques à manger un morceau du corps de leur maître.

Pendant la disette de 1817, le chef des Indépendans distribuait aux pauvres des bons sur les riches; la ration était d'une livre et demie de pain pour un homme, d'une livre pour une femme, et du double lorsqu'elle était enceinte.

Une bande très-entreprenante s'était cantonnée, en 1819, aux environs de Tivoli; un jour elle enleva l'archiprêtre de Vicovaro après avoir tué son neveu, qui faisait mine de vouloir se défendre. La rançon demandée pour ce prêtre et un de ses compagnons d'infortune étant si élevée qu'on ne put la fournir, les brigands envoyèrent les oreilles des malheureux captifs, et plus tard quelques-uns de leurs doigts, à leurs familles. Enfin, lassés d'attendre, ou peut-être irrités des plaintes de ces infortunés, ils les massacrèrent.

Au mois de janvier 1825, M. Hunt, jeune Anglais, marié depuis peu à une très-jolie femme, arriva à Naples. Il fut visiter les antiquités de Pestum, accompagné de ses nombreux domestiques; on servit son dîner dans le temple de Neptune. Malheureusement les domestiques avaient apporté de la vaisselle plate, ainsi qu'un nécessaire contenant des pièces d'argenterie; madame avait des bagues. L'Anglais repartit quelques heures après avec sa suite, et à deux cents pas de Pestum il fut arrêté par des paysans lui demandant tout ce qui était dans sa voiture, mais avec une certaine urbanité rassurante. M. Hunt prit la chose gaiement, et leur jeta en riant les fruits de la desserte du dîner. Comme il se baissait pour en ramasser qui étaient tombés au fond de la caisse, les paysans crurent qu'il cherchait des armes; ils firent feu à bout portant; une balle, après avoir traversé le corps du mari, atteignit sa femme; on les transporta à quelques milles du lieu de cette triste scène, où ils expirèrent, le mari deux heures après et la femme le lendemain.

Cette affaire n'aurait pas eu de suites, si les morts eussent été d'une classe ordinaire; mais comme leur famille était en crédit, l'ambassadeur d'Angleterre déclara qu'il exigeait qu'on arrêtât les assassins; il tint bon, et ces paysans furent jugés et exécutés.

Le chef Mezza-Pinta, tombé entre les mains des carabiniers, fut déposé le 1ᵉʳ novembre 1825, avec vingt-sept hommes de sa bande, au château Saint-Ange; c'est un honnête petit prêtre qui les fit prendre. Ces brigands étaient cernés par les troupes pontificales dans l'une des montagnes les plus sauvages de l'Abruzze, sur les confins des États de l'Église; il leur restait encore cependant quelque moyen de s'échapper, soit à force ouverte, soit par quelque secret passage. — Avec beaucoup de temps et de patience, le saint homme se fit leur ami, et sous la promesse de grace entière du Saint-Père il les amena tout doucement, l'un après l'autre, à un colonel de gendarmerie, embusqué avec son régiment à quelques milles de là. Un parti admira fort la conduite du prêtre, et pensa qu'il devait en être récompensé par un évêché ; j'ignore si on le lui a donné.

Gasparoni, actuellement dans les prisons de Rome, a commandé une bande qui a compté jusqu'à deux cents hommes ; il est poursuivi comme auteur de cent quarante-trois assassinats. Son premier crime fut commis à l'âge de seize ans, sur le curé de sa paroisse qui, chose étrange, lui avait refusé l'absolution d'un vol. — A dix-huit ans Gasparoni se distingua dans un combat contre la force armée ; il y tua ou blessa vingt personnes, et cette action d'éclat lui valut le commandement de la bande dans laquelle il servait.

Parmi les faits mémorables de cette troupe on cite l'enlèvement d'un couvent de nonnes du Monte Commodo : trente-quatre jeunes filles, qui se trouvaient dans ce couvent, furent emmenées de vive force et en plein jour. Les brigands avaient choisi celles dont les parens pouvaient payer la plus forte rançon ; ils les tinrent cachées dans la montagne pendant dix jours ; mais, par une heureuse exception aux usages des bandits, ces jeunes filles furent traitées avec tous les égards que comportait leur triste situation. La rançon demandée pour chacune variait de 200 à 1,000 écus romains (5,400 francs.)

Gasparoni, au surplus, observait strictement toutes les formes extérieures de la religion ; jamais lui et sa troupe n'auraient commis un vol ou un meurtre le vendredi ; ce jour, et à toutes les autres époques fixées par l'Eglise, ils gardaient fidèlement le jeûne ; tous les mois ils appelaient pour les confesser un prêtre qui, par terreur ou par tout autre motif, n'hésitait jamais à les absoudre.

Une femme avec laquelle Gasparoni entretenait des liaisons devint l'instrument dont l'autorité se servit pour détruire sa bande et s'emparer de sa personne ainsi que de quelques-uns des siens. La police romaine séduisit cette femme ; elle ne put résister à l'appât d'une récompense de six mille écus romains (32,400 fr.); le brigand se laissa prendre au piège qu'elle lui tendit ; il vint avec confiance dans un bois désigné pour le rendez-vous ; mais devinant bientôt qu'il était trahi par sa maîtresse, Gasparoni put encore l'étrangler avant que de tomber dans les mains des sbirres. Ainsi cette malheureuse ne put jouir du fruit de sa perfidie.

Le Piémontais Rondino, désigné par le sort pour la milice, avait obtenu le grade de sergent, comme récompense de sa bravoure et de son intelligence. Le temps de son service étant fait, il revint au lieu de sa naissance, et débuta dans la carrière du crime par tuer d'un coup de stylet un oncle qui s'était emparé sans aucun titre de sa petite fortune, et qui pour toute satisfaction l'injuria et le frappa.

Ce premier pas une fois fait, Rondino se retira au milieu des montagnes et fit la petite guerre avec les gendarmes, qui venaient de temps en temps l'y chercher. Ses exploits contre eux le firent considérer comme un héros parmi les paysans du voisinage, animés d'ailleurs d'une haine très-vive pour les persécuteurs des carbonari; dans l'espace de deux ou trois ans Rondino tua ou blessa une quinzaine de gendarmes.

Cet homme, qu'un si malheureux hasard avait rendu criminel, changeait souvent de retraite, mais ne s'éloignait jamais de plus de sept à huit lieues du village aux environs de Turin, où il était né. Il ne volait point; seulement, quand ses munitions et ses vivres étaient épuisés, il demandait au premier passant un quart d'écu pour se procurer de la poudre, du plomb et du pain ; si on voulait lui donner davantage il refusait le surplus.

Ce brigand honnête homme avait un profond mépris pour les assassins et pour les voleurs; sa qualité de proscrit pouvait seule excuser à ses propres yeux le singulier métier qu'il exerçait. Une fois, on le vit déjouer noblement une bande qui lui avait communiqué ses intentions de dévaliser un conseiller de Turin, dont la voiture renfermait 40,000 fr. Rondino le défendit tout seul contre cette bande, et refusa toute récompense.

Il y a près de six mois que le pauvre Rondino tomba entre les mains de la justice; voici comment : il vint coucher une nuit dans un presbytère ; selon son habitude, il demanda toutes les clés; mais le curé en garda une au moyen de laquelle il put faire sortir quelqu'un et envoyer chercher les *carabinieri*.

Eveillé par les cris de son chien, doué d'un instinct inouï, Rondino put encore monter dans le clocher et s'y barricader. Le jour arrivé, il s'établit une fusillade entre lui et les carabiniers ; aucun coup ne l'atteignit, tandis que plusieurs de ses adversaires furent mis hors de combat. Mais manquant de munitions et de vivres, force fut bien de se rendre ; seulement Rondino ne voulut se livrer qu'à des soldats de la ligne, dont un détachement entrait en ce moment dans le village. Après avoir brisé la crosse de son fusil et donné son chien à l'officier commandant, Rondino se laissa emmener sans résistance, attendit assez long-temps son arrêt, l'écouta avec sang-froid, et subit son supplice sans faiblesse ni fanfaronnade.

Qui pourrait refuser de la pitié, de l'intérêt même, à un tel homme ? Jeté dans la carrière du crime par une circonstance où il lui semblait n'avoir usé que d'un droit légitime, ce malheureux y conserva toujours des principes et une certaine loyauté dont beaucoup de gens réputés honnêtes manquent souvent.

Pour achever cette esquisse des mœurs de ces hommes extraordinaires, qui cueillent des lauriers sur les grands chemins, voici quelques traits de la vie du fameux Barbone qui, selon les uns, est aujourd'hui *pensionnaire externe*, et, selon d'autres, concierge du château Saint-Ange, où il a été enfermé assez long-temps.

Né à Velletri, Barbone fit, dès l'âge le plus tendre, l'apprentissage de son affreux métier ; sa mère, appelée Rinalda, fut elle-même son institutrice. Il était le fruit d'une liaison de cette femme avec un certain Peronti, qui était passé de l'*autel à la forêt*. Dès que ce prêtre renégat eut obtenu par quelque coup d'éclat une récompense lucrative du gouvernement, accompagnée de sa grace, il quitta l'état de brigand et revint prêcher la parole de Dieu dans sa paroisse.

La mère de Barbone, furieuse de se voir trahie par un homme qu'elle avait aimé passionnément, ne respira plus que vengeance; elle mettait tous ses soins à faire partager à son fils la haine atroce qu'elle nourrissait, et n'attendait que le moment où il serait en âge de l'aider à la satisfaire; Rinalda voulait immoler le traître au pied de l'autel. Mais Peronti mourut de mort naturelle, et le désespoir qu'éprouva Rinalda de n'avoir pu se venger, la précipita peu après au tombeau.

Barbone ne démentit pas son origine; avec une troupe aguerrie, il se rendit l'effroi des voyageurs, notamment dans les environs de Tivoli, Palestrina et Poli.

Ce brigand ayant parcouru le cercle de tous les crimes possibles, éprouva le besoin du repos; et à l'exemple de Sylla, voulut descendre du faîte du pouvoir. Il offrit au pape de déposer sa dictature, à la condition qu'on lui donnerait en dédommagement une indemnité et force absolutions; le Saint-Père accepta ce traité; Barbone lui envoya comme gage de sa foi les insignes de son autorité.

Lorsque ce célèbre bandit fit son entrée dans la capitale du monde chrétien, en 1818, la foule se pressait sur ses pas; on trouvait un certain charme à pouvoir considérer sans danger celui qui avait été la terreur du pays. D'ailleurs, il y a toujours à Rome de l'indulgence, de l'intérêt même pour les assassins; on reporte d'ordinaire sur le meurtrier la pitié qu'on devrait à sa victime; explique qui pourra cet étrange sentiment! c'est un des traits caractéristiques de ce peuple; placez-le entre l'assassin et l'assassiné, il ne s'attendrit que sur les dangers que peut courir le premier. Vous l'entendrez dire, en voyant traîner en prison un homme qui a commis les crimes les plus atroces : « *Poverino! ha ammazzato un uomo!* »

« Pauvre petit! il a tué un homme! » ou bien : « il « a eu un malheur. »

Le peuple s'est familiarisé avec l'aspect de Barbone; on le voit maintenant sans étonnement, mais toujours avec admiration, se promener dans les rues de Rome; il les parcourt avec la sécurité d'un homme de bien et tout le calme d'une bonne conscience.

Aux noms des brigands qui se sont acquis une triste célébrité il faut ajouter encore ceux de Stefano Spadolini; Pietro Mancino; Gobertinco qui, à ce qu'on assure, tua *neuf cent soixante et dix* personnes et mourut avec le regret de n'avoir pas assez vécu pour accomplir le vœu qu'il avait fait d'en tuer mille; Angelo del Duca; Oronzo Albegna, qui tua son père, sa mère, deux frères et une sœur encore au berceau; Veneranda Porta et Stefano Fantini de Venise.

L'existence des bandits en Italie n'est point au surplus, comme on pourrait le croire, un mal irrémédiable, un inconvénient absolument inhérent aux localités. Les hommes à caractère qui, à diverses époques, ont tenu les rênes de l'Etat, surent bien les réprimer.

Nicolas Rienzi qui, en 1347, se rendit maître de Rome et fut revêtu du titre de tribun, purgea le pays des brigands dont il était déjà infesté. Fait sénateur de Rome en 1354, cet homme extraordinaire fit exécuter le chevalier de Montréal qui, après avoir exercé publiquement la profession de voleur, mourut en héros. A la tête d'une compagnie libre, la première qui eût désolé l'Italie, Montréal s'enrichit et devint formidable; il avait de l'argent dans toutes les banques; à Padoue seulement, il avait 60,000 ducats.

Sixte-Quint déploya une grande énergie envers les bandits, et ne souffrit pas que d'autres que lui disposassent de la vie et de la fortune de ses sujets. Les brigands qui échappèrent au supplice par la fuite, les vagabonds et gens sans aveu, refluèrent chez les princes voisins. Ceux-ci s'en étant plaints, Sixte, pour toute réponse, leur fit dire qu'ils n'avaient qu'à l'imiter ou à lui céder leurs Etats. Les bandits, ainsi traqués, se dégoûtèrent de leur métier et disparurent.

Sixte-Quint voulut un jour voir de près les voleurs; s'étant déguisé en paysan, il s'achemina avec un âne chargé de vin, vers des bois où on en avait vu. Les bandits le saisirent bientôt, lui, l'âne et le vin; ils occupèrent Sixte à tourner la broche, tandis qu'ils buvaient, mangeaient et se moquaient de lui. Mais le rusé pape avait mis de l'opium dans le vin; le narcotique agit insensiblement; Sixte attendit le moment favorable, donna un coup de sifflet, et ses soldats, embusqués à une petite distance, s'emparèrent sans difficulté de toute la bande plongée dans un profond sommeil.

Cent ans après la mort de Sixte-Quint, vers la fin du dix-septième siècle, le marquis del Carpio, dernier vice-roi de Naples, donna également la chasse, avec succès, aux voleurs. Ils étaient en si grand nombre que, pour voyager en sûreté dans ce beau pays, il fallait se réunir en caravanes. Quelques bandits traitèrent avec le vice-roi, à la condition de la vie sauve; il en fit périr un grand nombre par l'épée ou par la main du bourreau, et utilisa les autres à des travaux publics.

Les trois papes qui succédèrent à Sixte-Quint ne partagèrent probablement point ses idées à l'égard des brigands, ou leur règne trop court ne leur permit peut-être pas de s'occuper de la police des grands chemins; tant il y a qu'ils reparurent dans les domaines de l'Église, et que jusqu'à Pie VII, qui s'aperçut un peu tard de sa fausse politique à leur égard, et Léon XII qui est parvenu à les expulser presque entièrement des pays sous sa domination, aucun pape ne les réprima.

Sous Napoléon, les Français, par des mesures sages et vigoureuses, continrent ces bandes d'assassins, et pendant le peu de temps que dura leur administration, ils firent jouir les Romains et les autres peuples de l'Italie, d'une sécurité inconnue depuis plusieurs siècles.

En 1814, lorsque Pie VII fut réintégré dans ses droits, il préluda à l'exercice de son autorité en accordant à diverses bandes de voleurs un pardon absolu; la compagnie de Rocagorga fut du nombre. Cette indulgence ne fit qu'accroître l'audace des brigands; il fallut recourir cinq ans plus tard à l'emploi de mesures terribles. Le cardinal Consalvi, à l'exemple de ce qui s'était fait en 1557, sous Paul IV, pour la ville de Montefortino, ordonna la destruction de Sonnino (1), devenu le point de ralliement et le refuge d'un grand nombre d'assassins. Rien de plus sévère que cet édit de Consalvi (du 18 juillet 1819); il portait la peine de mort contre *tous* ceux qui donneraient des alimens, de l'argent, ou simplement un asile aux brigands; il n'y avait personne d'excepté, pas même les parens au premier degré.

Le droit d'asile, si souvent aboli, rétabli ou modifié, a été l'un des plus grands encouragemens donnés au brigandage. L'homme qui avait commis

---

(1) Ville de quatre à cinq mille habitans.

un meurtre, ou détroussé des voyageurs sur les grands chemins, se retirait dans le palais d'un cardinal, sous le portique d'une église, dans l'enceinte du quartier d'un ambassadeur, dans un couvent. Là, il vivait en toute sécurité, narguant les agens de la force publique et rançonnant les passans, lorsque l'occasion s'en présentait. Des bandes de misérables des deux sexes se réunissaient ainsi, vivant dans une espèce de communauté crapuleuse, se livrant à la plus révoltante débauche et tenant école de gueuserie. C'étaient des assassins, des fratricides, des empoisonneurs, des incendiaires, des déserteurs, des voleurs, des moines chassés de leur couvent, etc., etc., qui se trouvaient pêle-mêle dans le même asile; ils en sortaient furtivement, commettaient de nouveaux vols ou assassinats; puis, au moment où on les poursuivait, ils rentraient dans le séjour qui assurait leur impunité.

Outre les asiles, beaucoup de palais de prélats, de princes, de seigneurs, jouissaient à Rome de prérogatives, qui ne permettaient pas aux sbires d'y entrer sans la permission des propriétaires; en définitive, il y avait un tiers ou moitié de la ville où les bandits trouvaient un refuge facile et à l'abri de toute crainte. Dès-lors, on peut juger de la difficulté qu'il y avait pour la police, de saisir des malfaiteurs lorsque, par hasard, s'écartant de ses habitudes de protection à leur égard, elle prenait une bonne résolution de les poursuivre.

Chez les anciens Romains, les criminels jouissaient déjà du droit d'asile dans les temples du paganisme, et dès l'année 355 de notre ère le même privilège était assuré aux églises chrétiennes.

Un des principaux asiles à Rome fut le grand escalier de la Trinità de' Monti. Les amis et les parens des honnêtes gens qui en faisaient leur demeure, y portaient pendant le jour les vivres dont ils pouvaient avoir besoin ; la nuit, les coquins se cachaient dans leurs repaires ; au bout de quelques jours l'affaire s'oubliait, et ils reprenaient leurs anciennes habitudes.

Aujourd'hui les bandes de voleurs sont à peu près détruites ou dispersées ; elles ont mis bas leur uniforme. Quelques attaques hardies (1) ont encore lieu de loin en loin sur les grandes routes ; mais somme toute, il faut reconnaître que, sous le rapport des voleurs assassins, on voyage maintenant en Italie presque avec autant de sécurité qu'en France. »

En sortant d'Albano, nous apercevons dans la campagne de longues files d'aquéducs qui apportaient à Rome les eaux de plusieurs lieues. Ces aquéducs ne sont pas tirés en lignes droites, mais font de temps en temps quelques coudes : on pensait que les eaux, se travaillant ainsi par différens chocs, en étaient plus saines. Lorsque Théodoric visita Rome en 500, il y avait quatorze aquéducs en activité.

15 *mai*.— L'obélisque de la Trinità de' Monti, qui a quarante-quatre pieds et demi de hauteur, sans le

---

(1) Celle de l'auteur de ce journal, par exemple, le 5 mai 1828, p. 180.

piédestal, était anciennement dans le cirque des jardins de Salluste.

Charles VII, roi de France, fonda en 1494 l'église de la Trinité du Mont, dans une situation magnifique. — Peintures de Daniel de Volterre; son célèbre tableau de la descente de croix.—Fresques de Jules Romain.

Ateliers pour la composition des tableaux en mosaïque, au Vatican.

Une erreur commune, c'est de croire que ces mosaïques sont faites avec des pierres de diverses couleurs; voici ce que j'ai vu et ce qui vient de m'être dit dans l'atelier même. Il existe quelques anciennes mosaïques ou tableaux de petites pierres de rapport et de couleur naturelle; mais ces ouvrages ne pouvaient pas être aussi parfaits que ceux actuels, attendu le défaut de nuances immédiates. Pour perfectionner cet art, on a imaginé de substituer à la pierre, le verre coloré.

Des Grecs couvrirent de semblables peintures l'église de Saint-Marc à Venise, mais ces ouvrages eurent peu de succès, soit par leur mauvais goût, soit par leur prix élevé. On abandonna pendant long-temps la mosaïque; le besoin de sauver des chefs-d'œuvre, d'une destruction totale, y fit revenir.

Procédés.—On fait fondre des tables plates de verre de toutes couleurs et de toutes nuances (1), que l'on coupe en chevilles carrées, larges d'environ quatre

---

(1) On en compte jusqu'à dix-sept mille.

lignes de chaque face et longues de deux pouces.

Une table épaisse de pierre, de bois ou de cuivre, d'un ou de plusieurs morceaux, est couverte de mastic, sur lequel l'artiste dessine le trait du tableau qu'il doit reproduire. Cela fait, ayant le modèle devant lui et ses chevilles de verre rangées par nuances, comme dans des carrés d'imprimerie, il copie la peinture en fichant les chevilles dans le mastic. Ces tableaux étant finis, on les polit comme une glace, ce qui, quelquefois, les rend trop brillans. Pour éviter cet inconvénient, quand ce sont de grandes pièces, faites pour être vues de loin, on ne les polit pas; d'où l'on peut conclure que cette belle méthode de peinture, n'est praticable que dans le très-grand. Un des principaux avantages des mosaïques, est la beauté du coloris, que l'air et le temps ne sauraient altérer.

Promenade sur l'Aventin.

L'église des chevaliers de Malte occupe l'emplacement du temple élevé à la bonne déesse Fauna.— Rémus avait fixé son séjour sur l'Aventin; l'air, aujourd'hui, n'y est pas si bon que la vue en est belle.

Je vois le Monte Testaccio, uniquement formé de débris de vases, d'urnes, de cruches en terre cuite. Il y a sous cette montagne un grand nombre de caves. Les jeudis et dimanches du mois d'octobre, le peuple va faire des parties de plaisir aux guinguettes du Testaccio; pendant tout le reste de l'année elles sont fermées.

On trouve, à quelque distance de Tarente, un

rivage également composé de morceaux de vases de terre. La côte qui s'éboule en découvre des lits immenses. Les anciens ne connaissaient point nos tonneaux, les cruches en tenaient lieu. Dans les villes comme Rome et Tarente, il s'en faisait chaque jour un dégât prodigieux.

L'église de S. Sabina se compose d'une nef et de deux bas-côtés, divisés par vingt-quatre colonnes cannelées, de marbre de Paros; elles ont encore les bases antiques.

S. Maria in Cosmedin (la Bocca della Verità), fut bâtie sur les débris du temple de la Pudicité, en face de celui de Vesta. Il y a sous le portique un grand masque en marbre blanc, que l'on nomme *Bouche de la Vérité*; le peuple pense qu'autrefois on y faisait mettre la main à ceux qui prêtaient serment, et que la bouche de ce masque retenait la main du parjure.

Malgré tout l'éloignement des hérétiques du cabinet de Saint-James pour les catholiques romains, les ministres du Saint-Père parviennent quelquefois à s'entendre avec ceux de la Grande-Bretagne; les uns pour obtenir la protection anglaise, les autres pour assurer à leur pays certains avantages matériels. M. Canning mit dans le temps sous les yeux du parlement, une convention par laquelle Léon XII s'engageait envers l'Angleterre à ne point supprimer le carême et les jours d'abstinence, mesure qui eût ruiné le commerce de morue et de poisson, si lucratif pour l'Angleterre.

Voilà ce qu'un Anglais tolérant, et en position d'être bien informé, me disait ce matin, comme étant de notoriété publique à Londres. Le fait me paraît étrange.

Ceci me rappelle une assez bonne plaisanterie de Clément XIV. Comme il voulait mettre quelques droits d'entrée sur les marchandises qui seraient importées dans ses Etats, on lui représenta qu'il indisposerait les Anglais et les Hollandais. « Bon ! bon ! « répondit-il en souriant, ils n'oseraient ; car s'ils se « fâchent, je supprimerai le carême. » Or ces deux nations faisaient presque seules en Europe le commerce de poisson sec et salé.

14 *mai*. — Il Gesu, est une des belles églises de Rome ; que de richesses entassées à la chapelle Saint-Ignace ! Le patron des jésuites repose sous l'hôtel, dans un tombeau de bronze doré, orné de bas-reliefs et de pierres précieuses. Le globe que tient le Père Eternel, est le plus beau morceau de lapis-lazuli que l'on connaisse.

Je vais à l'église de S. Giuseppe de' Falegnani, bâtie au pied du Capitole, sur les dessins de Jacques de Laporte. — Quelques tableaux. — Nativité de Charles Maratte.

Au-dessous se trouve l'église souterraine de S. Pietro in Carcere ; elle occupe une partie de l'emplacement de l'ancienne prison Mamertine, où saint Pierre et saint Paul, ces deux héros du christianisme, furent renfermés vers l'an 66 de notre ère, sous le règne de Néron. Il y a une fontaine que saint Pierre fit jaillir pour baptiser les saints Processus et Martinianus, gardiens de la prison, qui souffrirent également le martyre.

Cette redoutable prison, faite par Ancus Marcius, quatrième roi des Romains, était destinée aux grands criminels; on y arrivait du côté du Forum par l'escalier des Gémissemens. Elle se divisait en supérieure et en inférieure; on jetait dans la seconde les plus coupables. Cet affreux cachot, creusé dans le rocher, recevait le jour par une ouverture de deux pieds de diamètre, percée au milieu du pavé de la prison supérieure, qui elle-même est très-au-dessous du sol; c'est aussi par cette ouverture que les criminels étaient descendus, au moyen d'une corde, du cachot supérieur à celui du fond.

De l'escalier des Gémissemens on jetait dans le Forum les cadavres des suppliciés, pour les y laisser exposés à la vue du peuple. Des rois vaincus furent enfermés dans la prison Mamertine : Syphax, roi de Numidie; Persée, roi de Macédoine. Après le triomphe de Marius, Jugurtha y mourut de faim. — Lentulus, Céthégus et d'autres complices de Catilina y furent étranglés sur l'ordre de Cicéron.

Eglise de Sainte-Martine et Saint-Luc, à côté de l'arc de Septime-Sévère. — Tableau de Raphaël, au maître-autel. — Charmante statue de sainte Martine, faite par Nicolas-Menghino; sa pose voluptueuse rappelle un peu la sainte Thérèse du Bernin.

S. Carlo a' Catinari. — Au maître-autel, procession de saint Charles Borromée, pendant la peste de Milan, de Pierre de Cortone. — Demi-figure de saint Charles, fresque du Guide. — Aux pendentifs, la Prudence, la Force, la Justice, la Tempérance, du Dominiquin. — Fameux tableau de la mort de sainte Anne, par André Sacchi.

Belle façade de S. Andrea della Valle. — Peintures de la coupole, par Lanfranc. —Les quatre Evangélistes des pendentifs, par le Dominiquin; (jolis enfans s'embrassant aux pieds de saint Jean).

A l'église de S. Pantaleone, maître-autel décoré de colonnes, avec chapiteau corinthien, de bronze doré.

S. Antonino de' Portoghesi, charmante petite église, entièrement revêtue des plus beaux marbres.

Il y a aujourd'hui chapelle à la Sixtine; j'y entre vers cinq heures. A mon grand étonnement, la chapelle n'est guère plus ornée qu'elle l'était le jour où j'ai été voir ses peintures; cette extrême simplicité contraste singulièrement avec la grande richesse des églises de Rome. Je remarque qu'on a cloué un morceau de tapisserie sur le Jugement dernier de Michel-Ange. Il y a en tout dix-huit cierges allumés; un fauteuil, ou trône à dossier fort élevé, et en étoffe de soie blanche brochée d'or, est placé sous un baldaquin en velours cramoisi, avec galons et franges d'or; c'est le siège destiné au Saint-Père; je me place presque vis-à-vis, au-dessous de la tribune des musiciens. Ces voix *claires*, si estimées en Italie, ne me plaisent pas du tout. Les papes, au reste, ne sont pas coupables d'avoir inventé la castration ; elle remonte à Sémiramis, 1900 ans avant la naissance de Jésus-Christ. L'usage des eunuques a été connu en Egypte et en Asie dans l'antiquité la plus reculée. On en parle dans la loi de Moïse, Deutéronome, XXIV, 1.

Les cardinaux, évêques et prêtres arrivent successivement et se placent sur leur banc, le long du mur, à gauche ; les cardinaux-diacres, toujours en petit nombre dans le sacré collège, occupent la droite, vis-à-vis du pape.

Chaque cardinal entre dans la Sixtine suivi de son *caudatario*, fait détrousser et dérouler sa longue robe de moire rouge, s'agenouille pour une courte prière, salue les autres cardinaux, et s'assied. Je compte douze cardinaux tout en rouge; deux qui portent la robe blanche de Camaldoli (Zurla et Capellari (1)); un quinzième, qu'à sa longue barbe et à sa robe brune je reconnais pour être le cardinal Micara, général des capucins; cet ami intime de Léon XII passe pour avoir beaucoup d'esprit et de caractère; il a à peine cinquante-deux ans. Le seul cardinal Fesch porte le petit collet français.

Le pape arrive à six heures un quart, de ses appartemens, par le fond de la chapelle; il donne sa bénédiction et va s'asseoir. Le Saint-Père a la mitre en tête ; sa chape est de la même étoffe que celle du fauteuil, en soie blanche brochée d'or; les car-

(1) Élu pape le 2 février 1831; régnant sous le nom de Grégoire XVI.

dinaux vont l'un après l'autre baiser la main droite du pontife, qu'il tient sous sa chape. Sa Sainteté est fort pâle et paraît souffrante. Après trois quarts d'heure de chants et d'oraisons, le pape donne de nouveau sa bénédiction et se retire.

Venant à Paris en 1810, je voyageai de Dijon à Montbard avec le secrétaire du cardinal Gabrielli, alors en exil dans cette petite ville. Le jeune prêtre italien s'aperçut bientôt que, pour lui, je n'étais pas un ennemi. Il est bien rare, en effet, que je n'éprouve pas de la sympathie pour les opprimés, quelle que soit d'ailleurs la cause de leur infortune. Arrivés à Montbard, le secrétaire me présenta au cardinal Gabrielli ; je le trouvai dans une chambre de l'auberge tenue par l'ancien cuisinier de Buffon. Ce prince de l'Église était âgé de plus de soixante ans, mis fort simplement, mais avec propreté. Soit que sa figure me revînt, soit que sa position m'intéressât, tant il y a, que j'éprouvai un vif sentiment d'intérêt pour ce vieillard ; je le lui exprimai en termes persuasifs, à ce qu'il paraît ; car Son Éminence me fit un excellent accueil et m'embrassa amicalement lorsque nous nous séparâmes. Sans m'expliquer nullement les motifs qui pouvaient faire une loi à l'empereur d'user de semblables rigueurs envers des prêtres malheureux, je le blâmais au fond de mon cœur, d'en agir de la sorte.

Dix-huit années après mon entrevue avec le cardinal Gabrielli, son souvenir s'est présenté à moi, en voyant entrer ses collègues dans la Sixtine ; j'ai pris des renseignemens auprès de l'ecclésiastique assis à côté de moi ; et il m'a appris, à mon grand regret, que le cardinal Gabrielli, de l'ordre des prêtres et de la création de Pie VII, était mort en 1822, âgé de soixante-quatorze ans.

Les personnes assistant à la cérémonie étaient en petit nombre ; ce peu d'empressement à voir le pape me surprend ; il n'y avait pas plus de quarante à cinquante *prelati*, *monsignori*, *abbati*.

Je me promène dans l'église de Saint-Pierre jusqu'à huit heures ; à la chute du jour, elle paraît encore plus grande. Cette magnifique église ne convient nullement au catholicisme ; jamais un édifice où il y a de l'architecture grecque, c'est-à-dire de la gaieté, ne sera en harmonie avec la religion où « il « y a beaucoup d'appelés et peu d'élus. » L'architecture grecque est pleine de magnificence et de sérénité, elle repousse l'idée de l'enfer, la peur, les épouvantemens de la mort, auxquels l'architecture gothique prête de si puissans secours. Le catholicisme est trop souvent une menace ; la religion grecque était presque toujours une fête.

15 *mai.* — Jour de l'Ascension.

La petite église de S. Carlo aux quatre fontaines, bâtie par le Borromini, occupe juste l'espace d'un des piliers de la coupole de Saint-Pierre. — Tableaux du maître-autel et de l'Annonciation par Mignard.

Je passe en revue, pendant une heure, toutes les beautés de Sainte-Marie-Majeure ; elle s'écoule bien vite. — Revu le tombeau de Sixte-Quint dans la chapelle élevée par Fontana. — Statue de Montalte; on étudie le caractère de cet homme extraordinaire dans les traits de sa physionomie. Sévère et implacable jusqu'à la cruauté, on ne put jamais cependant reprocher à Sixte-Quint de s'être abandonné au sentiment de vengeance personnelle. Il y avait quelque chose de réfléchi, de régulier, de raisonnable même, dans son penchant à remplir les prisons, à peupler les galères, à multiplier les gibets, à verser le sang de ses sujets. Au reste, jamais l'astuce et la dissimulation n'ont été poussées aussi loin que par lui, depuis le moment où il fut créé cardinal jusqu'à celui de son élévation au pontificat. Tous ses soins étaient de se vieillir, afin de faire croire à sa fin prochaine. Sixte-Quint, selon des auteurs, périt assassiné par un émissaire de Philippe II d'Espagne. On publia un matin qu'on l'avait trouvé étouffé dans son lit.

La Trinità, via de' Condotti, jolie église ovale, ornée de dorures.

Le pape étant légèrement indisposé, il n'ira point aujourd'hui à Saint-Jean-de-Latran comme c'est l'usage; Sa Sainteté donnera la bénédiction à Saint-Pierre.

Je circule autour des groupes de paysans rassemblés devant l'obélisque et les admirables fontaines de cette magnifique place Saint-Pierre.

Beaucoup d'équipages de prêtres et de fonctionnaires. — Au moment où les voitures des cardinaux passent devant les postes militaires, la garde sort et présente les armes. Chaque cardinal a deux voitures avec trois ou quatre laquais en grande livrée derrière chacune ; l'Eminence est dans la première voiture ; les prêtres de sa suite occupent la seconde.

Grand tumulte dans Saint-Pierre ; hommes et femmes, jeunes et vieux se pressent, se heurtent pour baiser le pied du Jupiter en bronze sur les épaules duquel on a enté une tête de saint Pierre. — Des personnes de tout sexe et de tout âge, agenouillées devant des confessionnaux remplis de moines, reçoivent au bout d'une longue gaule l'absolution des péchés véniels que les *frati* secouent sur leur tête.

J'entre dans la chapelle du Saint-Sacrement pour voir le tombeau de Sixte IV ; il est en bronze, orné de bas-reliefs, placé sur le pavé, à peu près comme celui du cardinal de Richelieu à l'église de la Sorbonne à Paris et près de l'autel de Saint-Maurice. Ce monument, autour duquel on voit presque toujours quelques paysans en prières, est l'ouvrage d'Antoine Pollajolo et a un caractère particulier. Jules II, n'étant encore que le cardinal della Rovere, le fit élever à son oncle. On dit même que ce pape illustre est enterré dans le même caveau à côté de Sixte IV. — Les papes, après leur mort, sont exposés dans cette chapelle.

Malgré la solennité du jour, le peuple de la campagne, celui qui domine par le nombre, est couvert de haillons d'une malpropreté repoussante.

A midi et demi, le pape arrive à la Loggia, ou

balcon au-dessus de la principale entrée de Saint-Pierre. Sa Sainteté est portée sur un superbe fauteuil, à côté duquel se voient les deux grands éventails, ou émouchoirs de plumes de paon. Cette espèce de trône s'appelle *sedia gestatoria*, et les officiers qui le soutiennent *seggettarj*. Le costume du pontife est le même que celui qu'il avait hier; toutes les cloches sont en branle; les troupes rangées en bataille sur la place Saint-Pierre mettent le genou en terre; les tambours battent aux champs; la musique se fait entendre; le pape bénit par trois fois la ville et l'univers (*urbi et orbi*), puis il rentre au Vatican.

Que de gens, nantis de grosses charges et de forts traitemens, cette pauvre nation est obligée d'entretenir! aussi, malgré cet excellent gouvernement, le peuple est réduit à voler pour élever ses moyens d'existence au niveau des besoins qu'on lui crée.

INSALUBRITÉ DE LA CAMPAGNE DE ROME.

Ce soir, dans une réunion d'hommes instruits, on s'est beaucoup entretenu de l'insalubrité de la campagne de Rome et d'une partie de la ville. On a recherché la cause de ces fièvres tierces, putrides, ardentes, que les étés y produisent chaque année. Cette question, comme toutes celles qui offrent quelque chose de complexe, a fait naître une grande controverse. Chacun a exposé des faits et les a expliqués au moyen de ses conjectures; car il n'y a encore rien de positif et de prouvé relativement aux causes des effets si constans et si terribles du mauvais air. Sa malignité s'affaiblit au fur et à mesure qu'on s'élève au-dessus de la plaine. D'après cette règle générale, qui n'est pas sans exceptions, on passe successivement par les zones de l'*aria pessima*, de l'*aria cattiva*, de l'*aria sospetta*, de l'*aria sufficiente*, de l'*aria buona*, et on arrive enfin à l'*aria ottima*. Tivoli, par exemple, jouit pleinement de ce dernier.

Voici, en rapporteur fidèle, ce que la majorité a pensé être probable sur l'objet mis en délibération :

Les étés, quoique ordinairement chauds, sont souvent coupés par des pluies, de la grêle, des vents du nord. Le thermomètre de Réaumur se maintient pendant la saison, entre 22 et 26 degrés; rarement il s'élève jusqu'à 30. En hiver, le froid va quelquefois jusqu'à 2 et 3 degrés au-dessous de la congélation. Au reste, c'est moins la grande chaleur qui incommode à Rome que sa longue durée. Il y a presque toujours, sur le midi, un vent rafraîchissant (*venticello*). Tous les soirs, la campagne se couvre d'un brouillard épais et glacé qui ne s'élève qu'à quelques pieds du sol; on le regarde comme l'une des causes de la fièvre.

Avant la fondation de Rome, époque à laquelle le Latium était couvert de villes, on n'aperçoit dans l'histoire aucune trace de mortalité causée par le mauvais air. Cet heureux état de choses se maintint pendant les cinq premiers siècles de Rome. Ce ne fut que postérieurement et lorsque les malheurs de la guerre civile et de la guerre étrangère eurent affligé les maîtres du monde qu'apparut le *mal' aria*.

Tout indique, au surplus, que jadis la température du Latium était moins chaude que de nos jours. En hiver, la neige blanchissait souvent le Soracte et le Tibre gelait quelquefois. On en conclut que les exhalaisons terrestres devaient être moins fortes et moins pernicieuses. Quelques écrivains pensent aussi que les anciens étaient doués d'une constitution plus robuste que la nôtre. D'ailleurs, les vêtemens de laine, dont ils faisaient un usage habituel, les garantissaient de l'influence du mauvais air en maintenant constamment le corps en état de transpiration.

La température s'étant échauffée, on a substitué peu à peu des vêtemens de toile à ceux de laine, et les fièvres se sont multipliées. Depuis le moment où l'on a recommencé à porter de la laine, les fièvres ont diminué. La peau de mouton dont les bergers s'entourent le corps n'a peut-être pas d'autre objet pour eux que de les protéger contre le *mal' aria*.

A l'époque où le luxe et l'opulence couvrirent les environs de Rome de palais, de jardins, **de maisons** de plaisance, les effets du mauvais air s'affaiblirent sensiblement. Mais lorsque dans leurs guerres acharnées les Colonna et les Orsini eurent achevé de détruire ce qui avait échappé aux barbares, dans cette malheureuse campagne de Rome, sa population disparut, les brigands y régnèrent en maîtres (1550 à 1800), et des terres naturellement fertiles restèrent incultes (1). Or, rien de plus contraire à la salubrité de l'air, que l'absence de toute culture dans un pays où la nature est pleine de force. L'influence atmosphérique redevint pernicieuse, et des maladies opiniâtres, mortelles même, atteignirent le petit nombre de malheureux qui avaient survécu au désastre général. Lorsqu'il était ombragé, le Latium était sain; découvert aujourd'hui, il est insalubre.

A Rome, l'intempérie commence vers le 15 juillet; elle est dans son plus haut paroxisme vers la fin d'août, et finit lorsque les premières pluies d'octobre, entraînant et condensant les vapeurs, ont nettoyé l'atmosphère. Le mois de novembre est ordinairement celui pendant lequel il tombe la plus grande quantité de pluie.

Cette intempérie semble au surplus être le résultat de la réunion des causes suivantes :

1° La chaleur et l'humidité réunies, considérées généralement comme les conditions nécessaires pour engendrer la fièvre. Toutefois, son principe ne se dégage qu'à une certaine température, qui demande encore l'action directe des rayons du soleil

(1) Sur cent cinquante mille hectares de terres arables, trente-six mille, à peine, dans les années les plus favorables, reçoivent des semences, quoiqu'il soit reconnu que soixante mille hectares pussent être chaque année cultivés en blé ou autres grains.

sur le sol et un certain degré d'humidité dans ce sol. Le principe de la fièvre s'élève dans l'air plus ou moins haut, selon qu'il est plus actif ou plus abondant; rarement il dépasse cinq cents pieds, et souvent il n'arrive pas au-dessus de cent. On ne fait aucun doute que des lieux couverts d'arbres et de maisons qui ne sont point sujets à la fièvre, le deviendraient tout aussitôt si ce même sol se trouvait exposé immédiatement à l'action du soleil. Peut-être aussi la corruption de l'air provient-elle de la constitution chimique du sol lui-même.

2° Les exhalaisons des marais Pontins qui, ne rencontrant pour tout obstacle que quelques bois taillés à claires-voies, peuvent arriver jusqu'à Rome. Avant Sixte-Quint, des forêts touffues arrêtaient ces miasmes, mais il fut obligé de les faire abattre pour en déloger les brigands.

3° Dans les mois de juillet, août et septembre, la terre ne reçoit d'eau qu'à la faveur d'abondantes rosées et d'orages assez rares. Pendant ce temps de sécheresse, sous un ciel très-serein, l'air est chargé d'exhalaisons enflammées, roussâtres et fétides, en proportion du degré de chaleur; elles s'épaississent et montent avec le soleil; leur odeur est celle d'un alcali volatil de la plus subtile qualité.

4° L'habitude dans laquelle sont les cultivateurs des plaines de mettre le feu au chaume des blés, aussitôt après la récolte; leurs cendres, délayées par la pluie, renvoient des vapeurs délétères. L'usage de brûler les chaumes, a pour but de détruire les insectes et les reptiles qui y sont établis, et en outre d'engraisser les terres avec la cendre; elle est d'autant plus abondante que ces chaumes sont très-épais, très-forts, très-hauts; car pour ménager leur peine, les moissonneurs ne coupent l'épi qu'à hauteur de ceinture.

5° Les eaux qui autrefois venaient vivifier et embellir les habitations si multipliées dans la campagne de Rome, suivent encore quelques parties des pentes ménagées pour les amener des montagnes; mais la rupture ou l'abandon de plusieurs aquéducs font que ces eaux se répandent sur les terres, et n'y trouvant plus ni canaux, ni écoulement certain; elles s'arrêtent dans les inégalités du terrain, s'y corrompent, et ajoutent leurs miasmes pestilentiels aux chaleurs de la canicule.

6° La mer amoncelle des sables tout le long de la côte: ces sables arrêtent le cours des eaux et reculent la limite des marais Pontins, qui, au lieu du petit espace qu'ils occupaient jadis près du promontoire de Monte-Circello, s'étendent maintenant, sous différens noms, tout le long de la côte.

7° Deux grandes causes de la mortalité croissante à Rome, sont: l'incurie de sa police et la pauvreté des habitans; leur affreuse misère entraîne la malpropreté, le manque de bonne nourriture et l'absence de précautions pour se garantir des influences atmosphériques.

8° Enfin, ce beau pays est malsain parce qu'il est dépeuplé, et il est dépeuplé parce qu'il est malsain.

Le remède à l'intempérie serait de rendre sa population à la campagne de Rome et d'y encourager l'agriculture. Alors on verrait bientôt, sans doute, s'évanouir le danger. Quelques bosquets s'élevant çà et là, au milieu de plaines brûlantes, tempéreraient la chaleur; la houe et la charrue purifieraient l'air en fécondant la terre. Mais que d'obstacles s'opposeront long-temps encore, toujours peut-être, à cette heureuse révolution!

De ces fertiles campagnes, il n'y a guère de cultivées que celles qui appartiennent à d'opulentes communautés ou à de riches seigneurs. Ainsi, l'agriculture ne s'y soutient que par les causes qui lui nuisent partout ailleurs.

Des paysans de la Sabine et de l'Abruzze viennent, par bandes de vingt à cent hommes, pour cultiver les champs, et il en est peu qui retournent chez eux sans la fièvre. Au surplus, ces terres n'exigent qu'une très-légère façon, et on ne les ensemence que tous les trois ou quatre ans; il y en a même beaucoup qui restent tout-à-fait en friche.

Un médecin a résumé ainsi les précautions à prendre pour se garantir de la fièvre :

Choisir une habitation soit à la ville, soit à la campagne, et n'en point changer; coucher toujours dans la même chambre et dans le même lit; éviter les fatigues du corps; écarter de l'esprit tous les sujets de tension et de chagrin; suivre un régime humectant; si l'on arrive à Rome dans la saison dangereuse, ne point dormir en route et ne s'exposer à l'air que par degrés ; en tout état, manger peu le soir ; faire en sorte de ne pas passer du mauvais air à l'air sain, car on a remarqué que cette transition donnait souvent la fièvre ; s'abstenir pendant la soirée de promenades dans la campagne et dans les parties peu habitées de la ville ; faire usage de vêtemens de laine.

L'intempérie règne toute l'année dans certains quartiers de Rome, tels que ceux de Saint-Pierre, de Saint-Sébastien et d'autres.

La partie de l'enceinte de la ville, autrefois couverte d'habitations, était saine ; aujourd'hui qu'elle est occupée par des jardins et des vignes, la fièvre l'a envahie. Le Champ-de-Mars jadis était malsain ; maintenant qu'il est couvert de maisons et le quartier le plus fréquenté, on n'y connaît pas les effets du *mal' aria*. Avant l'incendie arrivé sous Néron, la plupart des rues de Rome étaient extrêmement étroites, et les plus larges passaient déjà pour malsaines.

On est souvent incommodé à Rome, même en hiver, par un vent de sud-est nommé scirocco. Dans un instant il détraque les ressorts de l'homme le plus robuste ; il produit des tiraillemens dans les nerfs, une lassitude, un abattement universel, et une langueur qui ressemble à la fièvre. Enfin, tant qu'il règne, il faut se condamner à un repos pénible, souvent sans pouvoir fermer l'œil, quoique accablé de sommeil. Le scirocco ne dure guère plus de trois ou quatre jours de suite.

16 *mai*. — Nous devons à Jacques de Laporte S. Luigi de' Francesi, la plus belle église nationale qu'il y ait à Rome, où chaque pays a la sienne. — Façade de travertin décorée d'un ordre corinthien sur un ordre dorique. — Dans l'intérieur, pilastres revêtus de jaspe de Sicile. — Annonciation du Bassan au maître-autel. — Fresques du Dominiquin tirées de la vie de sainte Cécile. — Tableaux du Guide, du Caravage, du chevalier d'Arpin. — Fresques dans la première chapelle à droite. — Joli petit tombeau de mademoiselle Pauline de Montmorin, élevé par M. de Châteaubriand. — Mausolée du cardinal d'Ossat, ambassadeur d'Henri IV auprès de Clément VIII.

Revu Saint-Ignace et le Panthéon.

Je perds trois heures pour obtenir les visas dont mon passeport doit être revêtu avant de quitter Rome.

POLITIQUE DE LA COUR DE ROME. — MÉCANISME DU GOUVERNEMENT PONTIFICAL. — FUNZIONI OU GRANDES CÉRÉMONIES.

Après un petit séjour à Rome, et lorsqu'on a vu une certaine quantité de monumens et d'objets d'arts, un autre genre de curiosité vous saisit. On veut connaître l'esprit général et les principaux rouages d'un gouvernement chez lequel l'union de la puissance temporelle et spirituelle, fortifiée du dogme de l'infaillibilité, rend le pape le plus absolu de tous les souverains ; d'un gouvernement dont la durée est l'un des plus grands miracles du catholicisme.

Or, ce n'est pas chose facile que de satisfaire ce désir. Jamais les journaux de Rome ne disent mot sur de semblables sujets, et une peur qui n'est que trop justifiée par les châtimens et les supplices politiques, fait qu'on ne s'en occupe jamais dans les *conversazioni*. En tête-à-tête, il règne également une très-grande circonspection ; car l'oppression qui pèse sur l'Italie, a singulièrement développé cette méfiance naturelle au caractère italien.

Le sort m'a favorisé, et je tiens d'un *dottissimo* de précieux documens sur l'esprit et la marche du gouvernement papal sous Léon XII. Les choses, au reste, vont à peu près comme en 1585, époque à laquelle Sixte-Quint renversa toutes les barrières qui pouvaient contrarier le despotisme pur établi sous son règne.

Voici ces renseignemens tels que je les ai recueillis dans plusieurs entretiens ; c'est mon ami qui parle :

« Vous savez que la fatalité qui dirige tant d'affaires de ce monde, établit la puissance de la cour ecclésiastique romaine, en quelque sorte, par les mains des barbares qui détruisirent l'empire ; elle s'est fortifiée par la foi catholique, par l'aveuglement de l'espèce humaine, par l'assentiment des rois et des nations, et enfin par la sanction du temps. Cette suprématie spirituelle touchait à son apogée vers le milieu du douzième siècle ; alors une bulle passait pour une révélation du ciel. Cette étrange crédulité donna lieu à d'exécrables abus ; l'église de Rome défendit trop souvent par la violence l'empire qu'elle avait acquis par la fraude. Dans les Pays-Bas seuls, plus de cent mille des sujets de Charles-Quint furent livrés à la main du bourreau, uniquement pour dissidence religieuse.

« Rome conserva jusqu'à Constantin les prérogatives de la capitale de l'empire ; mais lorsque cet empereur l'abandonna pour aller fixer son séjour à Bysance (1), elle déclina insensiblement. L'éloignement de Constantin et celui de ses successeurs furent un coup mortel pour la grandeur de Rome ; ils favorisèrent déjà l'établissement de la puissance des papes, qui acquirent peu à peu, à l'ombre de la religion, l'autorité que les empereurs laissaient échapper. Sous le règne si court de Jovien, en 363, le christianisme obtint une victoire facile et décisive ; le paganisme, relevé et soutenu par Julien, tomba dans la poussière pour ne s'en relever jamais, et sa destruction totale eut lieu de 378 à 395. Toutefois, sous le règne d'Anthemius (467 à 472), les chrétiens célébraient encore tous les ans, dans le mois de février, la fête des lupercales, à laquelle ils attribuaient une influence secrète et mystique sur la fécondité du genre animal et végétal. Le pape

(1) Constantin jeta les fondemens de Constantinople en 314 et y transféra le siège de l'empire en 330.

Gélase I"' parvint, vers la fin du cinquième siècle, à extirper ce reste d'idolâtrie.

«Une première remarque à faire sur le gouvernement ecclésiastique, c'est qu'il enchaîne le peuple par une multitude d'exercices de religion, qui l'empêchent de trop réfléchir sur le mieux-être temporel, et aussi par une foule de confréries qui le livrent aux moines; or les moines, plus accrédités que les prêtres, sont à la discrétion du pape.

«L'administration pontificale est ce qu'il y a de plus difficile à comprendre; car jamais on ne vit une machine aussi absurdement organisée.

«Tout ce gouvernement théocratique, précieux reste du quinzième siècle, est d'autant plus curieux à observer, que d'ici à une douzaine d'années il sera probablement changé: non pas qu'il le veuille ou qu'il s'en doute, car chacun sent fort bien ici que toute réforme serait mortelle à l'unité de la foi et à la grande existence du pape; mais la main de fer d'une divinité terrible va moissonnant la génération qui, en France, se nourrissait d'idées gaies en 1780, qui voulut le bien sincèrement en 1789, et qui a sollicité le *poing coupé* en 1825. Il faut aussi reconnaître que si le crédit du souverain pontife s'en va déclinant chaque jour, c'est que l'opinion qui l'avait enfanté a totalement changé. Les nonces ont encore la préséance sur tous les ambassadeurs; mais cette vieille prérogative n'est plus qu'une simple politesse. Dans un siècle où tout est favorable à la diffusion des lumières, quelle considération voulez-vous que l'on ait pour un gouvernement dont le chef, toujours vieux, de courte existence, souvent incapable de rien faire par lui-même, est environné de parens ou d'autres ambitieux très-pressés de faire leur fortune ?

« Nous sommes bien loin des temps où, tout schismatique qu'il était, le czar de toutes les Russies, le terrible Ivan IV, envoyait, en 1580, un ambassadeur à Grégoire XIII, pour le supplier d'interposer sa médiation entre lui et le roi de Pologne. Malgré sa répugnance bien naturelle, ce représentant d'un souverain qui, lui-même, était chef spirituel dans ses vastes Etats, se soumit à baiser les pieds du pape, dont, au reste, il reçut un fort bon accueil, et dont l'intervention rétablit la paix entre la Russie et la Pologne.

« Le bon sens des Romains leur fit très-bien comprendre, en 1814, qu'ils étaient le prix du marché entre les rois et le pape, afin que le pontife aidât la sainte-alliance à exécuter le projet insensé de faire reculer à la fois les hommes et les événemens. Pie VII, en rétablissant les jésuites par la bulle du 7 août 1814, divulgua le secret.

« Les fins politiques de Rome prévoient un changement total vers 1850, quand l'Europe sera gouvernée par ceux qui avaient dix ans au moment où la Bavière, le Wurtemberg, les Pays-Bas, ont reçu une constitution. Car l'esprit du gouvernement des deux chambres, qu'il soit modéré par un roi, ou par un simple président, comme en Amérique, porte à l'examen ; or, il ne peut rien y avoir de plus mortel pour l'absolutisme papal.

« Rome n'existe qu'en faisant persuader à chaque fidèle, par ses agens (qui vivent au moyen de cette persuasion), qu'elle a tout pouvoir sur son bonheur éternel. Cependant la population des catholiques en France, en Belgique, dans l'Amérique méridionale, va diminuer sensiblement d'ici à vingt ans. Partout la loi de la nature s'accomplit ; les vieillards s'en vont, les jeunes gens arrivent ; et à aucune époque de l'histoire il n'y eut autant de différence entre les idées des vieillards et celles des jeunes gens.

« En 1828, le ministère français fait encore sa cour au pape ; il lui députe un magistrat (1) pour l'implorer de faire rentrer dans le devoir quelques évêques récalcitrans. Verra-t-on de telles missions dans vingt ans ? cela n'est guère probable. Rome alors rompra avec une foule d'absurdités ; et le gouvernement temporel des deux millions de sujets de l'Etat ecclésiastique en sera notablement modifié.

« Dès que le pouvoir civil se montrera moins sévère envers l'esprit d'examen, l'Eglise en souffrira. Les bonnes actions entreront pour une plus forte part dans l'art de faire son salut que le prêtre italien enseigne à ses compatriotes ; l'importance des rites diminuera d'autant ; le demi-protestantisme français apparaîtra. Nos gouvernans pensent que les Français, avec leurs idées libérales appliquées à

(1) M. L..... ayant exercé la profession d'avocat à Rome, pendant l'occupation française.

toutes les spéculations de l'esprit, sans se détacher positivement de la communion romaine, sont plus à redouter que des hérétiques déclarés. Pie VI disait en 1791 : « *Je le prévois, la France va m'échapper.* »

« A Rome, on a trop d'esprit pour nier ce qui est de la dernière évidence ; la génération croyante disparaît incessamment, et une foule de causes secondaires hâteront la grande réforme, que chacun entrevoit dans un avenir peu éloigné.

« La France a commencé sa révolution en 1789 ; quelques hommes s'y vendent bien au pouvoir quel qu'il soit, mais l'immense majorité est pour les idées nouvelles. Dès 1840, tout ce qui, en France, aura cinquante ans, sera hostile aux opinions qui font encore vivoter la Rome actuelle. Or, depuis Voltaire et Rousseau, la France est, aux yeux de Rome, plus de la moitié du monde civilisé. La bonne compagnie de toute l'Europe lit vos grands écrivains ; l'Etat ecclésiastique, lui-même, est inondé de la Logique de M. de Tracy (traduite et imprimée à Milan en 1818).

« L'Espagne et le Portugal, ces deux grandes espérances de la cour pontificale, ne lui envoient plus d'argent. Ces puissances écrivent beaucoup ; mais depuis l'invasion de Napoléon elles sont ruinées ; d'ailleurs, les peuples de la péninsule commencent à s'éclairer.

« Le cardinal Consalvi, qui a régné en quelque sorte pendant tout le pontificat de Pie VII, n'a appelé au cardinalat que des hommes sans capacité.

Rome aurait besoin, cependant, des plus grands talens pour l'œuvre si difficile de persuader au Mexicain comme au Normand qu'elle dispose de son bonheur. Où prendre ces talens, si ce n'est dans la jeunesse romaine? Mais depuis 1816 elle dévore tous les journaux ou écrits libéraux de France, pour lesquels on parvient à tromper la vigilance des douaniers.

« On sait que l'autorité spirituelle des papes repose uniquement sur la croyance que Jésus a dit à Pierre ces paroles : « Tu es Pierre, et sur cette pierre je « bâtirai mon assemblée, mon église. »

« Maintenant, quel est l'homme sensé, qu'il soit né sur les bords du Tibre, ou sur ceux de la Seine, qui puisse admettre l'authenticité d'un pareil jeu de mots, d'un si méchant calembourg, de la part du Sauveur des hommes?

« Et que devient l'exercice non interrompu de cette autorité si, comme l'affirment beaucoup d'écrivains, saint Pierre n'a jamais été évêque de Rome, n'y a même jamais mis les pieds, et si une femme a réellement occupé le siège du vicaire de Jésus-Christ?

« D'autres paroles de Jésus à saint Pierre, sont également le titre primordial de l'autorité temporelle du souverain pontife : « Je te donnerai les clefs du « royaume des cieux. »

« Quelques fanatiques soutinrent que, les cieux entourant la terre et Pierre ayant les clefs du *contenant*, il avait nécessairement la propriété du *contenu*.

« De là l'importance que l'on a mise, lors de la construction de la coupole de Saint-Pierre, à associer les paroles de Jésus au chef-d'œuvre de l'architecture moderne. Vous avez vu cette inscription en lettres de quatre pieds et demi et exécutée en mosaïque, sur la frise du pourtour de la coupole :
« *Tu es Petrus, et super hanc petram œdificabo eccle-*
« *siam meam, et tibi dabo claves regni cœlorum.* »

« Le pouvoir temporel des papes a donc aussi une origine divine ; mais l'époque à laquelle ils ont commencé à l'exercer, ne date guère que de 755, sous le pontificat d'Étienne III.

« Ce pouvoir reçut sa principale sanction des donations que Pepin-le-Bref et Charlemagne firent aux papes, de l'exarchat de Ravenne et d'autres petits pays ; car vers le milieu du quinzième siècle on reconnut la fausseté de la prétendue donation de Constantin. L'ancien patrimoine du vicaire de Jésus-Christ, consistant en maisons et métairies, fut transformé, par les libéralités des deux monarques français en une souveraineté temporelle sur des villes et des provinces. Ne voulant pas être en reste de générosité envers Charlemagne, un pape (Léon III) lui donna l'Empire, et détacha ainsi Rome et l'Italie de celui d'Orient.

« Le 8 février 590, Grégoire Ier (le Grand) monta sur le trône pontifical, par les suffrages unanimes du clergé, du sénat et du peuple ; cependant il n'exerça sa juridiction qu'en qualité d'évêque de Rome, de primat d'Italie et d'apôtre de l'Occident.

« Les persécutions de l'empereur Léon III (l'iconoclaste) contre les images et les moines, produisirent la révolte de l'Italie (728). Les services que le pape Grégoire III rendit à la cause commune accoutumèrent les Romains à le regarder comme le premier magistrat ou le prince de Rome, et le malheur des temps augmenta peu à peu cette disposition. Toutefois, jusqu'au couronnement de Charlemagne (800), l'administration de Rome et de l'Italie fut toujours au nom des successeurs de Constantin.

« Vers 930, Albéric, bâtard de la célèbre Marozzia, se fit prince de Rome et en nomma, pour ainsi dire, les papes. Après la mort de ce tyran, les Romains élevèrent sur le trône pontifical son fils Octavien, âgé de dix-huit ans. Il régna sous le nom de Jean XII. Cette élection concentra dans la même main le spirituel et le temporel. Un mari trompé, ayant surpris Jean XII avec sa femme, le tua dans les bras de l'infidèle.

« Lorsque Othon, roi de Germanie, rétablit et s'appropria l'empire d'Occident (962), deux maximes de jurisprudence publique furent admises :

« 1° Le prince élu dans une diète d'Allemagne, acquérait au même instant les royaumes subordonnés d'Italie et de Rome.

« 2° Il ne pouvait pas légalement se qualifier d'empereur et d'Auguste, avant d'avoir reçu la couronne des mains du pontife de Rome. De son côté, l'Empereur exerçait une influence réelle sur l'élection du pape, dont le sacre n'était légal qu'avec son approbation et son consentement.

« Cette puissance temporelle, si long-temps contestée, si souvent suspendue, s'établit et se développa insensiblement, on le voit, au milieu des guerres, des troubles, et d'une foule de circonstances qui toutes secondèrent cette persévérance obstinée dont le catholicisme a fourni tant de preuves.

« Grégoire VII affranchit définitivement l'élection du pape de l'influence des empereurs et du peuple romain. Sous Innocent III (1198 à 1216), les papes atteignirent au dernier degré de leur grandeur. Martin V reprit en 1417 le droit de fabriquer la monnaie, que le sénat avait exercé durant près de trois siècles; il y fit mettre son image et son nom, et c'est à lui que commence la suite des médailles des papes.

« Le premier couronnement de pape comme souverain temporel, s'est fait au milieu du onzième siècle. Toutefois, jusqu'à Innocent VIII (1484 à 1492), qui se rendit maître du château Saint-Ange, les papes ne jouirent point dans Rome d'une souveraineté véritable. L'infame Alexandre VI, son successeur, établit pleinement la suprématie du saint-siège sur toute l'Italie. Telle était alors la disposition des esprits, que le pontife, en affranchissant son pays de la tutelle de l'empereur d'Allemagne, fut considéré comme le libérateur de Rome.

« Ce qui distingue et caractérise la papauté, c'est

son indépendance de toutes les règles de la puissance terrestre; son gouvernement est une véritable aristocratie religieuse.

« Le territoire pontifical ne s'est guère augmenté depuis la donation de Charlemagne. Il consiste encore dans les trois légations de Bologne, Ferrare et Ravenne; dans le patrimoine de Saint-Pierre, l'Ombrie, Spolette, Pérouse, et quelques autres possessions peu importantes. Ce que les hommes éclairés de ces pays demandent avant tout, c'est que l'administration spirituelle de l'Eglise soit entièrement séparée de l'administration temporelle du domaine pontifical.

« Au surplus l'évêque de Rome, en exerçant le pouvoir absolu d'un monarque, a toujours affecté de conserver les formes d'une république. »

LE PAPE.

« Le nom de pape vient d'un mot grec qui signifie *père, ancien, prêtre*. Depuis le onzième siècle, il est exclusivement attribué au souverain pontife; Grégoire VII le décida dans un concile.

« Le jour de son couronnement, et celui de la cérémonie du *possesso*, le pape se montre au peuple, la tête couverte de la *tiare*. Elle a été ornée successivement de trois couronnes, pour indiquer la réunion des trois genres de puissance, impériale, pontificale, paternelle.

« Au surplus, cet absolutisme qui caractérise la

triple autorité du pontife, ne laisse pas que d'être tempéré par diverses causes inhérentes à l'époque tardive où les papes ceignent généralement la tiare. Leur âge avancé, le calme des passions, l'amour de la tranquillité, si naturel aux vieillards; la longue expérience qu'ils ont faite de l'égalité dans l'état de sujet, la honte de paraître injuste et dur sur un trône de sainteté, sont autant de contre-poids à l'esprit despotique auquel leur position est si favorable.

« La dignité du souverain pontife exige qu'il mange seul; elle lui interdit le jeu, la chasse, le spectacle, et toute société de femmes.

« Cette étiquette sévère imposée au pape en sa qualité de premier des évêques, cette obligation de restreindre à un très-petit cercle le nombre des personnes qu'il peut voir, rendent sa vie des plus tristes. Presque toujours seul, accablé d'affaires de toute espèce, s'il veut s'y livrer; surchargé de fonctions ecclésiastiques; environné de gens qui, pour la plupart, attendent et désirent sa mort; ses rares plaisirs se réduisent à quelques courses sous prétexte de stations et de dévotions, et à des audiences données à des étrangers. Privé de tous les plaisirs de la vie, il n'en sent que plus vivement les peines. Il n'ignore point d'ailleurs qu'un long pontificat devient pour les cardinaux et pour le peuple un grief contre le pape qui règne trop long-temps; les uns veulent jouir du pouvoir à leur tour; le peuple aime le changement et les fêtes qu'occasionent la mort et l'intronisation d'un pape. En un mot, rien n'égale la tristesse attachée à la papauté, et le nombre des pontifes qui y ont échappé est fort petit : ce respect que les catholiques témoignent au saint-père, perd bientôt de son charme par l'habitude d'en recevoir l'hommage.

« Outre bien des misères absolument inconnues aux autres hommes, les papes sont exposés à toutes ces catastrophes qui atteignent particulièrement les souverains. Vingt d'entre eux ont péri de mort violente, ou en prison. Étienne VI mourut par la main d'un bourreau (1).

« L'élection d'un pape est une affaire fort importante dans la chrétienté. La manière de donner ce chef à l'Eglise a éprouvé, comme toutes les choses de ce monde, de nombreuses modifications.

« Saint Pierre désigna *Linus*, ou saint Lin, pour son successeur ; Anaclet, Clément et Évariste en usèrent de même. Mais il paraît qu'après ces quatre pontifes, les chefs spirituels de Rome furent élus pendant quelque temps par l'assemblée des chrétiens, composée du peuple et du clergé.

« Lorsque le siège de l'empire fut transféré en Orient, l'élection du pape eut lieu en public, et se fit

---

(1) Papes empoisonnés : Victor III, Benoît XI, Paul II, Alexandre VI, Pie III, Léon X, Adrien VI, Marcel II, Innocent XIII, Clément XIII, Clément XIV.

Papes assassinés : Jean VIII, Jean X, Léon VI, Etienne VII, Jean XII, Luce II, Sixte-Quint.

Papes morts en prison : Léon V, Christophe, Jean XI.

par le peuple romain. Plus tard, un clergé qui se formait insensiblement s'empara de l'élection de l'évêque de Rome. Cette petite révolution paraît s'être opérée après la mort de Jean XVII, qui ne régna que cinq mois, en 1003. Mais le souverain dédaigna bientôt de tenir son autorité de simples prêtres; il voulut que les cardinaux seuls concourussent à sa nomination. Ce ne fut toutefois que sous le pontificat de Nicolas II, Hildebrand étant son premier ministre, que les cardinaux furent exclusivement investis du droit d'élection.

« Trois siècles après intervint la décision qui ordonne de choisir le pape parmi les cardinaux.

« L'avènement d'un pape au trône pontifical, exige trois conditions : l'élection, l'intronisation ou le couronnement, le *possesso*. Ces deux dernières sont le complément de la première, et une suite obligée du conclave.

« Rome n'a, à proprement parler, ni souverain pontife, ni roi, qu'après le couronnement de l'élu, et la prise de possession de la basilique de Saint-Jean-de-Latran. L'élection seule ne confère ni la plénitude de la puissance apostolique, ni la juridiction.

« Le couronnement solennel du pape a lieu ordinairement une huitaine de jours après l'élection; il se fait au balcon de la façade de Saint-Pierre (*la Loggia*), à la vue du peuple réuni sur la place.

« Pendant les treizième, quatorzième et quinzième siècles, surtout, le saint-siège a éprouvé des vacances quelquefois très-prolongées. Il y en eut une de vingt-un mois après la mort de Célestin IV, en 1243; une de deux ans, à la mort de Clément IV, en 1268; une de deux ans et trois mois, après Nicolas IV, en 1292; une de deux ans et quatre mois, à la mort de Clément V, en 1314; enfin, une de deux ans et cinq mois, après la déposition de Jean XXIII, en 1415.

« L'hommage que l'on rend au pape est de lui baiser les pieds; les rois, les princes, les princesses, les ambassadeurs, personne n'en est exempt.

« Ceux qui veulent être admis à l'audience de Sa Sainteté, sont présentés par le prélat-maître de la chambre. Ils doivent déposer les épées, cannes et chapeaux. De génuflexions en génuflexions, ils arrivent auprès du fauteuil du saint-père, baisent la croix d'or, brodée en relief sur la mule en satin rouge, du pied droit, restent seuls avec le pape, et se retirent lorsqu'un coup de sonnette donné par Sa Sainteté, les avertit que leur audience est terminée.

« Le pape ne gouverne par lui-même que les provinces voisines de Rome; celles de Bologne, Ferrare, Ravenne et Forli, appelées *Légations*, sont gouvernées par des cardinaux, espèces de vice-rois; et les autres, sous le titre de *Délégations*, sont placées sous l'autorité de prélats. Chaque province a, en outre, un général pour le commandement des troupes, et chaque ville un gouverneur, que le pape nomme, ainsi que les officiers des forteresses, châteaux et ports.

« Tout cardinal-légat est à la fois législateur, administrateur, juge et général en chef; il n'a plus d'ordre à recevoir de personne; sa règle, c'est sa volonté. Le cardinal-légat abolit ou suspend, selon son caprice, les lois et les réglemens; il crée des tribunaux d'exception, si la fantaisie lui en prend; il envoie un homme aux galères, sans être tenu d'en donner le motif.

« En 1789, le peuple jouissait, dans les Etats de l'Église, d'une certaine liberté. La plupart des villes avaient des statuts délibérés par leurs délégués, au temps des républiques du moyen âge. Plus tard, le pays fut pendant dix-huit ans en jouissance des libertés françaises; mais après le congrès de Vienne, Pie VII déchira toutes ces chartes; et depuis 1814 le pape nomme les conseillers municipaux. Si donc ces conseils représentent quelque chose, ils ne représentent que le pouvoir dont ils émanent.

« Le trône pontifical est entouré de plusieurs grandes charges, dont les attributions ont été réglées par une suite de hasards. Les titulaires sont tous des cardinaux ou des prélats; mais ces prélats ne sont pas tous prêtres. Figurez-vous une immense hiérarchie qui, du plus obscur sacristain, s'élève jusqu'au pape, et vous aurez une juste idée du gouvernement romain.

« Depuis Luther, et surtout depuis Voltaire, et les succès européens de la plaisanterie française, le pape, en sa qualité de chef de l'Église, voit son pouvoir en grand péril.

« La cour de Rome maintient tout ce qui est ancien ; elle espère ainsi concilier à ses prétentions le respect des peuples. Cette manière de voir a passé du gouvernement de l'Eglise à celui des Etats du pape. On voudrait bien ne rien changer aux attributions des grandes charges dont je vais vous parler ; mais l'opinion publique a fait un pas immense, même à Rome, depuis 1814, et chacun sent qu'il faudra modifier beaucoup de choses.

« Il n'y a pas de pièce d'antiquité plus curieuse à observer, que le gouvernement civil qui, à Rome, seconde le pape. C'est également Sa Sainteté qui, par l'assistance de ses nombreux agens, règle le moral de toute l'Italie. »

ESSAI D'UNE PAPAUTÉ FÉMININE.

« Une femme, Guillelmine, essaya dans le treizième siècle de fonder un apostolat, d'avoir des successeurs de son sexe comme Saint-Pierre, et de remplacer le pontificat romain par une papauté féminine. Enterrée comme une sainte en 1282, dans le cimetière de Chiaravalle, près de Milan, Guillelmine fut déterrée comme sorcière en 1300, et brûlée avec deux de ses sectaires vivans. L'une de ces malheureuses était l'abbesse Maifreda, religieuse de l'ordre des Umiliate, que Guillelmine avait laissée après elle comme son vicaire, avec les mêmes pouvoirs que le vicaire de Jésus-Christ. Cette triste folie compta donc deux martyres.

LES CARDINAUX.

« Les cardinaux sont les premiers personnages de la cour de Rome, les conseils ordinaires du pape, les dépositaires et les ministres de son autorité. Ne pouvant choisir le souverain pontife que dans leur corps, chaque cardinal nourrit en secret l'espérance de porter un jour la tiare.

« Les cardinaux partagent avec les curés le pouvoir exorbitant d'arrêter et de retenir en prison un individu, sans en rendre compte à personne. Ces princes de l'Eglise reçurent, en 1244, le chapeau rouge, qu'Innocent IV ajouta à leur costume.

« Le corps des cardinaux s'appelle *sacré collège*.

« Le nombre des cardinaux n'était pas d'abord déterminé, et il a beaucoup varié. En 1517, le sacré collège ne comptait que douze cardinaux; Léon X leur donna trente-un nouveaux collègues en un seule promotion. En 1586, Sixte-Quint fixa définitivement le nombre des cardinaux à soixante-dix, et établit que quatre d'entre eux seraient toujours pris parmi les moines. Six ont le titre de cardinaux-évêques; cinquante ont celui de cardinaux-prêtres, et quatorze celui de cardinaux-diacres.

« Les cardinaux qui ne sont pas dans les ordres, peuvent résigner leur dignité et même se marier, comme ont fait quelques-uns.

« Le pape accorde une petite pension au cardinal qu'il fait *de proprio motu*; la famille du nouvel élu en ajoute une seconde. Malgré tout, plusieurs de ces princes de l'Eglise ont bien de la peine à entretenir deux chevaux et trois domestiques; ainsi que vous avez pu vous en appercevoir hier, ils louent quelques laquais le jour de la fête de l'Ascension, afin de pouvoir se montrer sous la colonnade de Saint-Pierre avec deux voitures et un certain étalage. Quand les cardinaux sortent en cérémonie, ils sont en longue robe de moire rouge, et le carême en violet. Leur vêtement ordinaire est en abbé, avec des bas et la calotte rouges.

« Le cardinal Pandolfi, autrefois vice-légat dans les environs de Bologne, célèbre par sa piété et son manque absolu d'idées, avait été obligé, par pauvreté, de se mettre en pension chez des moines; ce qui n'a pas empêché que ses obsèques n'aient été fort belles. »

LE CONCLAVE.

« Le conclave est la réunion des cardinaux assemblés pour élire un pape. On les enferme dans des cellules préparées au Vatican ou à Monte-Cavallo. Grégoire X établit cet usage en 1274, pour prévenir l'inconvénient qui se présenta à Viterbe, en 1268, après la mort de Clément IV; les cardinaux y furent divisés en tant de factions, qu'ils se séparèrent sans avoir fait choix d'un pape.

« Alexandre III décida, en 1179, que le consentement des deux tiers des cardinaux présens au conclave, serait nécessaire et suffirait pour l'élection du pape.

« D'après la bulle de Grégoire X, l'élection devait se faire en trois jours, sinon les reclus étaient réduits, pour toute nourriture, à un seul mets; après cinq autres jours, on ne leur donnait plus que du pain et du vin. Un semblable régime ne pouvait avoir une longue durée.

« L'élection du souverain pontife peut avoir lieu de cinq manières :

« Le *scrutin* par bulletins fermés, est le premier mode essayé et celui qui, presque toujours, amène la conclusion.

« L'*adhésion* a lieu dans la séance de l'après-midi, lorsque le scrutin du matin n'a produit aucun résultat. Les électeurs *accèdent* alors à l'élection d'un membre porté à ce scrutin.

« Par le *compromis*, les cardinaux divisés délèguent à une commission choisie parmi eux le droit de nommer le pape au nom de tous.

« L'*inspiration*, sorte de spontanéité d'hommages, équivaut à un scrutin régulier. Dans ce mode, c'est au Saint-Esprit que semble appartenir plus particulièrement l'honneur de la nomination. Une fraction puissante du conclave se prosterne aux pieds d'un cardinal et le proclame à haute voix par une sorte d'acclamation; les dissidens n'osent pas se déclarer, et reconnaissent le favorisé des *zelanti*.

« Lorsqu'un concile réuni dépose un pontife, il *délègue* le droit d'élection à une commission de son choix. Ce dernier mode, usité très-rarement, a été pratiqué par les conciles de Bâle et de Constance.

« Dans le conclave, quatre puissances ont le droit de donner l'*exclusion* à un cardinal qui va être élu pape. Mais cette prérogative ne peut s'exercer qu'une seule fois pendant la durée de chaque conclave. Ces puissances sont : l'Autriche, la France, l'Espagne, le Portugal. Actuellement, il n'y a que les deux premières qui aient une véritable influence. Chacune des quatre puissances a auprès du saint-siège un cardinal-protecteur, comme agent pour les affaires ecclésiastiques et bénéficiales et en particulier pour celles qui ne se décident qu'en consistoire; sa fonction principale est de solliciter l'expédition des bulles et de proposer des sujets pour les abbayes et évêchés à la nomination du souverain qu'il représente.

« On désigne sous la dénomination de cardinaux des *couronnes*, ceux de ces princes de l'Eglise qui ont obtenu leur chapeau sur la demande des souverains des quatre puissances ayant le droit d'exclusion. Tout le sacré collège est divisé en *factions*, et autant il y a de cardinaux de pontificats différens, autant il y a de factions.

« Les cardinaux de chaque couronne forment également entre eux une faction. Les chefs de ces factions sont ceux qu'il plaît au souverain de nommer pour avoir son secret. Le cardinal chargé du secret de son gouvernement, intrigue dans le conclave en faveur de celui de ses collègues qu'il plairait à son maître de voir sur le trône pontifical, et prononce l'exclusion du candidat qui, par contre, pourrait lui déplaire. Les cardinaux appartenant à l'Etat ecclésiastique étant toujours en grande majorité, on ne nomme jamais un étranger. Depuis Adrien VI, élu en 1521, tous les papes sont nés en Italie. »

CHARGES PRINCIPALES.

« Tous les emplois de la magistrature, de la haute administration et de la diplomatie, sont réservés aux gens d'Eglise, dans les Etats pontificaux; c'est un *prelato* qui est ministre de la guerre. On ne laisse aux laïques que quelques fonctions obscures, dont le produit donne à peine de quoi vivre.

« La dignité la plus éminente de la cour de Rome, en apparence, est celle de *camerlingue*; il remplit l'office de ministre des finances; il est le chef de la chambre apostolique (*reverendissima camera*), tribunal administratif, civil et criminel, chargé de la direction suprême des branches principales du revenu public. Rien n'égale le désordre de cette partie de l'administration. En voici un petit exemple : le cardinal Albani, parent de M. de Metternich, cousin et conseiller du duc de Modène, jouit du privilège exclusif de fabriquer les épingles et de faire du papier pour le duché d'Urbin et la province de Pesaro; ce papier est détestable; chacun le reconnaît et s'en plaint, mais il est défendu d'en employer d'autre.

« Le *camerlingue* est le chef du gouvernement,

pendant l'espace de temps qui s'écoule entre la mort du pape et la réunion des cardinaux; il jouit conséquemment de grands pouvoirs, de hautes prérogatives ; il fait battre monnaie à ses armes et à son profit; et comme le bénéfice en est assez considérable, le président des monnaies (*della Zecca*), pour faire sa cour, ne manque pas de déployer une grande activité. Le *camerlingue* ôte l'anneau du pêcheur, du doigt du pape défunt. Le cardinal Galeffi est actuellement pourvu de cette charge, qui est à vie.

« Le *trésorier*, personnage fort important, est toujours un prêtre ; en cette qualité il ne doit aucun compte au pays, ni de l'argent qu'il reçoit, ni des finances qu'il administre. Le trésorier a une autorité à peu près absolue sur tout ce qui regarde les impôts et peut en abuser impunément. Comme toutes les autorités romaines, il unit aux attributions administratives les pouvoirs judiciaires au civil et au criminel. Trois substituts, entre lesquels tout l'Etat ecclésiastique est partagé, l'assistent. Le commissaire de la chambre apostolique est sous les ordres immédiats du trésorier, aujourd'hui M. Belisario Cristaldi.

« Le *Secrétaire d'État* est réellement le premier ministre. Placé à la tête de l'administration, il correspond avec les nonces apostoliques et les légats ; il rend compte au pape des affaires ecclésiastiques et politiques. Il est le représentant du souverain et son organe légal, tant auprès des cours étrangères qu'auprès de ses peuples. Enfin, le choix de ce fonctionnaire intéresse vivement les sujets du pape, ainsi que les chancelleries des Etats catholiques. Ordinairement le secrétaire d'État est un homme beaucoup moins aveuglé par les préjugés que ses autres collègues; tel a été le cardinal Consalvi. Le secrétaire d'État actuel, Mgr Bernetti, ne manque pas d'un certain talent; mais ce cardinal a beaucoup de dettes, et dans sa position éminente c'est un malheur.

« Le *dataire*, aujourd'hui M^e le cardinal Pacca, préside à la nomination aux bénéfices et à l'expédition des titres. Je vous prie de remarquer un singulier exemple de respect pour les vieux usages; lorsque cette charge était occupée par une personne qui n'avait pas la dignité de cardinal, et qui était supposée l'exercer à défaut d'un cardinal, on l'appela *pro-datario*. Le dataire avait autrefois la fonction d'apposer la date aux provisions des bénéfices.

« On compte en Italie deux cent quatre-vingts évêchés et un nombre infini de bénéfices. Le roi de Naples nommait à vingt-six évêchés de patronage royal; mais le concordat de Terracine, conclu en 1818 entre les cours des Deux-Siciles et de Rome, a rendu au pape la nomination de tous les hauts fonctionnaires ecclésiastiques. Depuis Joseph II (1782), l'empereur d'Autriche confère tous les bénéfices et toutes les charges ecclésiastiques; le grand-duc de Toscane présente quatre candidats. Avant la révolution commencée par les Français, tous les bénéfices étaient à la disposition du pape. De là, les richesses et le luxe étalé par les cardinaux et les prélats, qui avaient établi entre eux un mode pour la répartition de ces bénéfices.

« A propos de bénéfices, le pape Sixte IV en institua qui ne paraîtraient pas fort orthodoxes maintenant. Ce saint vieillard (c'est ainsi que Jacques de Volterre l'appelle) introduisit légalement les maisons publiques de débauche dans Rome; il érigea le libertinage en branche d'industrie, exigea un *jule* par semaine, de chaque prostituée; et cette taxe rapportait parfois au saint-siège plus de vingt mille ducats au bout de l'année. Sixte IV accordait aux prélats, comme un bénéfice ecclésiastique, la perception du droit sur un certain nombre de ces malheureuses filles. Afin que tous les genres d'obscénités reçussent une sanction légale, il autorisa la s......, pendant trois mois de l'année, à la demande de ses neveux. Ce vénérable pontife mourut d'épuisement et de débauche.

« J'ai vu donner la place de *pro-datario* au cardinal Severoli, qui, en 1823, allait être élu pape, lorsque l'Autriche lui donna l'exclusion. M⁸ʳ Severoli étant nonce à Vienne, lors du mariage de Napoléon avec Marie-Louise, déclara à l'empereur d'Autriche qu'il ne pouvait, en conscience, donner sa fille pour femme à un homme marié. Ce n'est point impunément que l'on se voit privé du bonheur de monter sur le trône le plus absolu de l'univers; le cardinal Severoli supporta son exclusion avec beaucoup de décence et de courage; mais peu après il mourut.

« Le chapitre des dispenses est dans les attributions du dataire. Vous ignorez peut-être, les rapports assez curieux qu'eut avec ce grand fonctionnaire l'auteur de *L'Esprit des lois*; je vais vous les faire connaître.

« Au moment de quitter Rome, Montesquieu alla prendre congé de Benoît XIV. Ce pontife, qui aimait sa personne et son esprit, lui dit : « Mon cher président, « avant de nous séparer, je veux que vous emportiez « quelque souvenir de mon amitié; je vous donne « la permission de faire gras, pour toute votre vie, « à vous et à toute votre famille. » Montesquieu remercie le pape et lui fait ses adieux. Un secrétaire le conduit à la daterie : là, on lui expédie les bulles de dispense, et on lui présente une note un peu élevée des droits à payer pour ce singulier privilège. Montesquieu, effrayé du montant, rend au secrétaire son brevet en l'accompagnant de ces paroles : « Je « remercie Sa Sainteté de sa bienveillance; mais le « pape est un si honnête homme! je m'en rapporte « à sa parole, et Dieu aussi. »

« Le *chancelier* porte le titre de *vice-cancelliere di santa chiesa*; c'était jadis le premier personnage de l'Etat. Chaque habitant des pays catholiques, croyant le pape tout puissant sur son salut, s'adressait au chancelier pour consulter Sa Sainteté sur les matières de discipline et de foi. Maintenant cette charge ne rapporte que peu de chose au titulaire, M⁰ʳ della Sommaglia.

« Le *cardinal vicaire* exerce les fonctions épiscopales dans Rome, fait les ordinations, donne les pouvoirs et examine les curés. Il est, en outre, un juge revêtu d'autorité temporelle et d'une juridiction, tant civile que criminelle, qui s'étend aux laïcs comme aux ecclésiastiques. Son tribunal est composé du vice-gérant, de lieutenans civils et criminels, et de beaucoup d'autres officiers. M⁰ʳ Zurla, actuellement pourvu de cette charge importante, prétend, dit-on, à la papauté; il était moine de l'ordre des camaldules, et a publié des ouvrages estimés, sur la géographie du moyen-âge.

« Le Vicaire connaît des contestations entre mari et femme, attribution qui lui assure de grands ménagemens de la part de la bonne compagnie. Il est chargé de vexer les juifs, sur lesquels on venge à Rome le jugement et la mort de Jésus-Christ. Lors de la rentrée de Pie VII dans ses États, le gouvernement fit rétablir les portes du *Ghetto* et renferma de nouveau ces pauvres diables dans leur sale quartier, près la place de la Juiverie. D'après un édit barbare de Pie VI, les Israélites ne pouvaient se montrer dans Rome que de jour, et, sous peine de mort, ils devaient rentrer le soir dans le *Ghetto*. Chaque année le nombre des juifs s'accroît; il s'élève aujourd'hui à trois mille cinq cents, et cependant on n'élargit pas leur prison, où ils sont entassés sans pitié par la haine religieuse. Tous les soirs, au coucher du soleil, on les y met sous clef; excepté, je crois, le jour du sabbat. Il est résulté de cette vexation, inventée par Paul IV et supprimée par Napoléon, que tous les juifs riches des États Romains sont allés s'établir à Livourne, sous la protection du gouvernement très-doux du grand-duc de Toscane. Je vous dirai, à ce propos, que l'Italie est amoureuse de votre charte; mais avec bien moins que cela on la rendrait heureuse; il suffirait de lui donner les codes français, ainsi qu'une administration toute composée de laïcs.

« Le Vicaire a pour lieutenant un prélat *vice-gerente*, ordinairement évêque *in partibus*; c'est le *vice-gerente* qui envoie des reliques à toute la catholicité.

« Le *Maître du sacré palais* a dans son département la censure des livres qui sortent des presses de l'Etat ecclésiastique; il remplit les fonctions de votre directeur de la librairie; cette place est toujours confiée à un dominicain. Le Maître du sacré palais a son tribunal, et condamne aux galères et à d'énormes amendes les marchands qui vendent des livres ou des estampes prohibés; il ordonne des visites domiciliaires, selon son bon plaisir.

« On choisit généralement parmi les prélats ou *monsignori*, l'Auditeur, le Secrétaire des brefs ou lettres pontificales, et le Secrétaire des mémoires.

« Les *monsignori* sont à peu près ce qu'étaient en France, sous l'empire, les auditeurs au conseil d'État. Il n'y a pas nécessité pour eux d'être engagés dans les ordres sacrés; il suffit qu'ils soient célibataires. Tout jeune homme bien né, justifiant de 1,500 écus romains de revenu (à peu près 8,000 f.), obtient, avec quelque recommandation, le titre de *monsignore*. Leur nombre est illimité, et monte assez ordinairement de 200 à 250. Le gouvernement ne s'engage à rien en accordant le brevet. Le pape régnant et le cardinal Consalvi ont été *monsignori*. Ces prélats portent habituellement des bas violets et ont, en général, une mise soignée. Quelques-uns mettent à leur chapeau un ruban vert ou violet, qui indique certaines fonctions; en ville, ils sont suivis, à un pas de distance, par un laquais en livrée.

« L'*Auditeur*, qu'on appelle *pro-auditore*, peut être regardé comme le chef de la justice. Il exerce une juridiction équivalente à celle du lord-chancelier d'Angleterre; il est le juge suprême dans les causes civiles, mais il n'est point obligé de suivre les règles ou de se renfermer dans les limitations imposées aux autres tribunaux. Souvent, quand un procès paraît terminé et que l'une des parties l'a gagné deux ou trois fois, l'*auditore santissimo* interrompt les causes, le cours de la justice, impose silence au bon droit, et change tout l'aspect de l'affaire. Il casse ou réforme les jugemens qui ont force de chose jugée. Son droit ne se prescrit jamais, et tout à coup un vieux jugement est annulé, un autre est rendu, sans nouvelle procédure, sans qu'il y ait de sentence motivée. Ceci sera hautement nié, mais faites-vous raconter par un avocat quelque procès célèbre jugé dans l'année. Il serait trop long d'indiquer, même sommairement, la jurisprudence de l'Auditeur; sa législation est un chaos inextricable, où les lois romaines sont modifiées par le droit-canon, par les décrets des conciles, par les bulles des papes, par les décisions de la rote et par les ordonnances des légats.

« Il est toujours facile de retarder de quinze ou vingt ans le dénouement d'un procès. Or, une famille puissante peut espérer d'avoir dans quinze ou vingt ans un de ses membres cardinal ou *monsignore* influent.

« La moitié des malheurs d'argent qui affligent les familles romaines, serait épargnée par la mise en vigueur des codes français. Il faut entendre, à ce sujet, les jeunes avocats romains. Ceux qui ont de l'esprit doivent le cacher soigneusement. On a vu ici, comme à Florence, des juges faire perdre toutes les causes à un avocat qui avait montré trop de talent. Bientôt les plaideurs s'aperçoivent du malheur de l'avocat; on ne lui apporte plus de causes; il est ruiné. La prudence m'interdit de nommer quelques avocats pris en guignon par les juges.

« L'Auditeur examine le mérite des ecclésiastiques proposés pour l'épiscopat. Le titulaire actuel est Mgr Francesco Isola.

« Le *Secrétaire des brefs*, maintenant Mgr Albani, est chargé des affaires qui n'exigent pas le sceau en plomb de la chancellerie et de la daterie, mais qui s'expédient pas des brefs; telles sont les dispenses d'âge, de temps, etc., etc. Il signe les brefs que le pape adresse à différentes personnes; il a sous ses ordres deux prélats, l'un chargé des lettres aux princes, et l'autre des lettres latines.

« A la tête des subsistances est placé le *Préfet de l'Annona*, chargé de l'approvisionnement de Rome. Ce fonctionnaire a le droit de faire cultiver pour le compte de la chambre apostolique les terrains en friche. L'établissement de l'Annona fait éprouver aux propriétaires les plus criantes vexations; il tue l'agriculture dans l'Etat ecclésiastique.

« Il y a des emplois *(cardinalizj)* que l'on ne quitte jamais sans devenir cardinal ; ce sont, entre autres, ceux de nonce à Vienne, à Paris, à Madrid, à Lisbonne; de Gouverneur de Rome, ayant la police (1); de Majordome (2), ou surintendant et grand-maître de la maison du pape; de Maître de la chambre (3); de Trésorier (4); de Secrétaire de la consulte; de Président du duché d'Urbin. Après ces grands fonctionnaires vient la foule, composée de tous les agens secondaires, pour les finances, la guerre, la police, etc., etc. »

(1) Capelletti.
(2) Marazzani Visconti.
(3) Benedetto Barberini.
(4) Belisario Cristaldi.

CONGRÉGATIONS.

« On compte à Rome un grand nombre de *congrégations*, entre lesquelles le gouvernement politique, civil et religieux, est réparti. Ces commissions, ou conseils, sont composés de cardinaux et de prélats. Le secrétaire, sur lequel roule principalement le travail, est toujours choisi et nommé par le pape. Une femme adroite et belle, telle que feu madame la princesse de Santa-Croce, a souvent une influence immense sur les décisions de ces congrégations ; et il est bien rare qu'un jeune *monsignore* qui jouit d'une semblable protection perde un procès, ou n'avance pas rapidement. Cette ancienne maîtresse du cardinal de Bernis avait à la fois pour amans, en 1790, le cardinal Busca, et Pierre-Paul de Médicis ; leur rivalité donna lieu à des scènes fort comiques.

« Sixte-Quint, dont on retrouve le nom à côté d'un grand nombre de choses utiles, établit en 1587 la congrégation de la *Consulte*. Elle exerce une autorité judiciaire et administrative sur tous les sujets du saint-siége, excepté sur ceux de la ville de Rome : ils restent sous la juridiction des gouvernemens locaux. La Consulte reçoit les plaintes des peuples contre les gouverneurs des villes ; on y examine les qualités et titres de ceux qui demandent à être admis à la noblesse ; on y dresse les réglemens nécessaires pour maintenir la tranquillité publique ; on y prononce en dernier ressort sur les procès criminels de toutes les provinces. Depuis la tentative d'assassinat faite l'année dernière sur le cardinal Rivarola, la Consulte n'a eu que trop d'occasions d'exercer ses terribles fonctions. En novembre 1827 et en mai dernier, on a pendu plusieurs *carbonari* à Ravenne. Le plan de M. de Metternich étant, depuis bien des années, d'effrayer tous les souverains de l'Italie, du *carbonarisme*, on sent quelle importance la Consulte a dû acquérir. Elle est présidée par le Secrétaire d'Etat en personne. De 1824 à 1827, ce fut monseigneur le cardinal della Sommaglia (1), âgé de quatre-vingts ans, et, dit-on, fort sourd. Ainsi que je vous l'ai déjà dit, Mgr Bernetti remplit aujourd'hui la charge de Secrétaire d'Etat. Il fut long-temps un des habitués les plus spirituels du salon de la princesse Doria, qui, à ce que l'on assure, est honorée de la haute bienveillance de Sa Sainteté Léon XII.

« Plusieurs cardinaux sont membres de la Consulte; il y a huit *monsignori*, *Ponenti* (rapporteurs): chacun est chargé de plusieurs provinces; l'un d'eux remplit les fonctions de Secrétaire, emploi qui mène à tout, parce que le Secrétaire voit souvent le pape pour lui rendre compte des délibérations. Cette commission s'assemble le mardi et le vendredi. Lorsque le siège est vacant, le secrétaire fait son rapport aux trois cardinaux *Capi d'ordine*, chargés du gou-

---

(1) Mort le 2 avril 1830, étant doyen du sacré collège, secrétaire de la congrégation du saint-office, préfet de la congrégation des rites et cérémonies.

vernement de l'Etat. Ces cardinaux sont pris dans les trois ordres de cardinaux, évêques, prêtres, diacres ; leurs pouvoirs ne durent qu'un jour ; après quoi ils cèdent la place à d'autres, et ainsi de suite, jusqu'après l'élection.

« La congrégation *del buon Governo* examine les projets de dessèchemens et d'améliorations de culture, ceux concernant les octrois de villes, et toutes les causes civiles ou criminelles qui y ont rapport hors de Rome ; elle prend connaissance des revenus, des dépenses, des dettes des communautés. Outre les cardinaux, cette congrégation compte douze prélats rapporteurs.

« La congrégation de l'*Inquisition* a douze cardinaux, indépendamment d'un cardinal-secrétaire. Un grand nombre de jurisconsultes et de théologiens sont attachés à l'inquisition, comme *consulteurs*. Le général des dominicains et le Maître du sacré palais sont consulteurs-nés. Malgré ce luxe de membres, l'inquisition romaine ne fait guère périr que deux ou trois pauvres diables par siècle. Il y a un avocat pour la défense des accusés ; mais les formes de la procédure devant ce tribunal sont terribles ; le plus profond secret est prescrit aux juges.

« L'inquisition connaît de tout ce qui intéresse la religion et la foi, hérésies, blasphèmes, mauvaises doctrines, mauvais livres, profanations, abus des sacremens, accusations de sortilèges. Il y a un livre curieux de Menchini, intitulé : *Sacro arsenale, ovvero pratica dell' ufficio della sacra inquisizione*, Rome, 1730.

Le *Manuale Consultorum*, de Bordoni, contient un curieux chapitre sur les tortures infligées aux accusés.

« Le saint-office a été d'une immense utilité à la religion romaine. Les meilleurs catholiques ne se trouvent-ils pas en Espagne et en Portugal? L'*Histoire de l'Inquisition*, par le chanoine Llorente, en fait foi.

« La théorie de la persécution religieuse fut établie par l'empereur Théodose Ier, vers 385, et l'office d'inquisiteur de la foi, si justement abhorré, date en réalité de son règne.

« En 1204, Innocent III donna naissance à l'inquisition, en envoyant des religieux en Espagne, pour punir les Albigeois, dont l'hérésie commençait à s'y répandre. En 1231, Grégoire IX profita de la ferveur qui animait les Dominicains, dont l'ordre venait de s'établir, pour les charger seuls des procès à intenter aux hérétiques. En 1485, Sixte IV établit une inquisition en Espagne; ce ne fut qu'en 1531 que le Portugal eut son inquisition, qui se distingua surtout à Goa; la relation de ce qu'elle y fit est curieuse. Enfin Paul III, Farnese, établit à Rome le principal siège de l'inquisition, et institua la congrégation dont je viens de vous parler; il lui donna le pouvoir de créer des inquisitions dans toute la chrétienté. Ce pape semblait rechercher tous les titres à la réprobation publique. Marié clandestinement, l'histoire l'accuse d'avoir été l'amant de sa propre fille, d'avoir vécu en concubinage avec sa sœur, qu'il livra à la luxure d'Alexandre VI pour en obtenir des honneurs, et enfin d'avoir empoisonné sa mère.

« La congrégation de l'inquisition s'assemble trois fois la semaine : le lundi, dans le palais du saint-office, près Saint-Pierre, où sont ses prisons; on prépare les affaires; le mercredi, les treize cardinaux se réunissent à la Minerve, pour entendre le rapport; enfin, le jeudi la congrégation s'assemble en présence du pape, et l'on décide du sort des accusés. L'intervention obligée du souverain pontife impose souvent une certaine modération à ce tribunal.

« Celui que les poursuites de l'inquisition effraie a le moyen de s'y soustraire, mais en ouvrant sa bourse; c'est de s'adresser à la *Pénitencerie*. On y connaît de tous les péchés, de tous les crimes possibles, de tous les cas réservés, et on les absout au moyen de sommes d'argent. Les pénitenciers obtiennent, sur une supplique, la permission d'absoudre, qu'on leur expédie par un bref où le nom du pécheur reste en blanc. Ce tribunal est présidé par le *Grand-Pénitencier*, charge que monseigneur le cardinal Castiglioni (1) occupe actuellement. Aux fêtes solennelles, le Grand-Pénitencier va dans une des basiliques de Rome, pour y entendre la confession des cas réservés.

« Les taxes de la pénitencerie furent établies vers 1330, par un pape français, Benoît XII. Pie II,

---

(1) Devenu pape en 1829, sous le nom de Pie VIII.

à la faveur de cette fiscalité catholique, retira des sommes immenses de la vente des indulgences et des dispenses ; leur scandaleux trafic excita les plus vives clameurs contre le saint-siège. Chaque péché avait son prix fixe, et pour 20,000 ducats on se procurait une indulgence plénière.

« Le tarif des taxes de la chancellerie apostolique, inventé en 1320 par Jean XXII, également votre compatriote, comprenait une nomenclature de trois cent quatre-vingt-cinq cas pardonnés pour de l'argent. Chose singulière, le prêtre qui enterrait un excommunié en terre sainte, ou qui célébrait l'office dans un lieu interdit, sans le savoir, payait autant qu'une sorcière ou une empoisonneuse, c'est-à-dire plus qu'un laïc qui avait tué son père, sa mère, sa femme, son enfant. Le dernier tarif en usage dans l'église romaine, et approuvé par elle, parut pour la première fois à Rome, en 1514; réimprimé diverses fois depuis, son titre est: *Taxæ cancellariæ apostolicæ et taxæ sacræ penitentiariæ*. Le tarif comprenait trente-sept articles, dont la plupart des titres offensaient tellement les mœurs, qu'il serait impossible de les reproduire. Les pères du concile de Trente mirent ce tarif à l'index. Clément XI sut tirer un grand profit des dispenses : il poussa l'avidité jusqu'à vendre à un Espagnol la permission d'épouser sa sœur.

« Il faut en convenir, jamais la crédulité humaine ne fut mise à une plus rude épreuve que par la création de semblables impôts !

« La congrégation *della Propaganda* reçoit les relations des missionnaires des diverses parties du monde. Elle recrute cet apostolat, et le fournit de livres imprimés dans toutes les langues, à sa propre imprimerie. Ces recrues, originaires du pays où sont les missions, viennent jeunes à Rome, y sont élevés aux frais du Saint-Père, et renvoyés ensuite façonnés au joug. La propagande de Londres, représentée par la Société biblique, ne laissera bientôt rien à faire à sa sœur de Rome. Celle-ci veut des chrétiens pour étendre les domaines de saint Pierre; les biblistes de Londres veulent des prosélytes pour en faire insensiblement des colons qui défrichent au profit du commerce anglais, et qui consomment les produits de ses fabriques. C'est Grégoire XV qui institua la propagande en 1622.

« La congrégation de l'Index (*dell' Indice*) jouit en France d'une certaine célébrité par son ridicule. L'*Index* est un catalogue de vingt à vingt-cinq mille ouvrages, dont la cour de Rome condamne l'esprit ou les maximes. La première édition, publiée en 1559, forme un volume in-octavo fort épais. Il y en a une nouvelle édition du dix-septième siècle; on n'y trouve plus l'article des livres condamnés uniquement parce qu'ils soutenaient le mouvement de la terre autour du soleil, ce qui était impie, à cause de ces paroles de Josué: *Sta sol* (soleil, arrête-toi); on a ainsi fait grace à Copernic, Boerhaave, Galilée.

« Croiriez-vous que le préfet de cette congrégation

accorde des permissions de trois ans pour lire les livres mis à l'index, et que la permission peut être renouvelée à son expiration? Rien de plus vrai cependant.

« Paul IV passe pour être l'inventeur de l'Index; mais ce fut saint Pie V, dont vous avez vu le tombeau à Sainte-Marie-Majeure, vis-à-vis celui de Sixte-Quint, qui établit la congrégation chargée de scruter les travaux de l'esprit ; le Maître du sacré palais en fait partie. L'Index, tombé en désuétude sous l'administration du cardinal Consalvi, est redevenu inquiétant pour les Romains, dès 1826. Sa rigueur s'exerce principalement sur les livres pouvant blesser l'autorité ecclésiastique ; si on ferme quelquefois les yeux, c'est plutôt sur les écrits licencieux, car il vaut mieux cent fois que l'esprit soit occupé de semblables sujets, que de matières de foi.

« Je craindrais de vous ennuyer, en vous parlant de toutes les congrégations; mais cependant je ne veux pas terminer leur chapitre sans vous dire quelque chose de celle des *Rites*, à cause du culte du Sacré-Cœur de Jésus, et de la canonisation des saints. A la congrégation des *Rites* appartiennent, en outre, l'inspection des cérémonies religieuses, l'approbation des rubriques, des bréviaires, des missels, et même des processions. Elle seule accorde aux paroisses, aux cités, aux provinces, les patrons qu'on lui demande.

« Le culte du Sacré-Cœur de Jésus est d'une immense importance, en France surtout. Beaucoup de personnes ici ont la simplicité de croire qu'il peut amener la conversion de ce royaume; car, ainsi que je vous l'ai dit, les gens éclairés de Rome vous regardent comme plus d'à-demi protestans. Le culte du Sacré-Cœur de Jésus tend à persuader à chaque fidèle qu'il doit laisser diriger l'affaire de son propre salut uniquement par le pape, et ne consulter en rien sa raison. Le savant abbé Grégoire a donné l'histoire de ce culte, envers lequel je le trouve bien sévère; car c'est la seule arme qui reste au pape contre ce damné de Voltaire, et contre cette maudite logique.

« On pense à Rome qu'il faut faire de temps en temps de nouveaux saints, parce que le crédit des anciens s'affaiblit, se perd même entièrement. Il me semble que depuis l'avènement de Léon XII on en en fait un ou deux par an.

« Lorsqu'il s'agit, dans la congrégation des rites, de traiter de la canonisation de quelque bienheureux, on tient des assemblées préparatoires; un avocat, nommé l'avocat du diable, plaide contre le saint, pour prouver qu'il n'y a rien d'extraordinaire dans tout ce qu'il a fait. Les chirurgiens et médecins-vérificateurs, examinent ce qu'il peut y avoir de naturel et de physique dans les faits que l'on produit comme miracles; des théologiens sont entendus. Si l'avocat perd sa cause, la congrégation se réunit sous la présidence du pape, qui ordonne la cérémonie de la béatification. Ce grand acte du catholicisme n'a lieu ordinairement que cinquante ans après le décès du bienheureux qui en est l'objet. Charles Borromée, par une honorable exception, fut canonisé trente ans seulement après sa mort. Il est probable qu'on ne connaissait pas encore alors ces paroles remarquables du vertueux prélat, adressées à un de ses amis : « Si tu veux te damner, fais-toi prêtre. »

«Toute canonisation donne lieu à des réjouissances publiques et à des cérémonies religieuses. Il n'en peut être autrement, car c'est une des plus grandes solennités de l'Eglise. Par sa vertu, par sa piété, quelquefois par son habileté, une simple créature est devenue un intermédiaire entre Dieu et la terre ! Si la famille du bienheureux est riche, s'il avait rang parmi les puissans de ce monde, sa canonisation est fort coûteuse. On a vu de semblables cérémonies occasioner jusqu'à 100,000 écus romains de dépense (535,000 fr.); ce sont de riches tentures, des menuiseries pour échafaudages, des orchestres, des luminaires, des illuminations, l'artillerie du château Saint-Ange.

«Quelquefois un individu, prévoyant qu'un jour il pourra être canonisé, laisse par testament la somme nécessaire pour subvenir aux frais de la cérémonie. — Si l'homme déclaré saint est mort sans fortune et que personne ne veuille faire la dépense qu'entraînerait sa béatification, on y pourvoit par des quêtes. Le peuple aime beaucoup ces sortes de fêtes; elles répandent de l'argent et produisent du mouvement dans Rome. A l'exception d'un petit nombre de cas, les cérémonies des grandes canonisations se sont faites, de tout temps, dans l'église de Saint-Pierre.

« La plus ancienne canonisation est celle de saint Uldaric, faite par Jean XV, en 993.

« Parmi les bienheureux dont les titres, quoique non constatés par la cérémonie, n'en sont pas moins authentiques, il en est auxquels on attribue des miracles bien prodigieux! Saint Goar, qui vivait à la fin du seizième siècle, suspendait son manteau à un rayon du soleil, à défaut de clou. Quant aux miracles, les protestans pensent que le don en a été enlevé à l'église chrétienne, vers le temps de la conversion de Constantin. Les théologiens raisonnables ne sont pas disposés à admettre les miracles du quatrième siècle, tandis que les théologiens crédules ne veulent pas rejeter ceux du cinquième.

« Au nombre des papes qui ont le plus aimé à béatifier, on cite Benoît XIII (Orsini); il était fort pieux, très-faible, d'autres ajoutent fort sot; il n'avait pas de plus grand amusement au monde, que de faire des saints. Profitant de cette heureuse disposition, on lui proposa Grégoire VII, qu'il adopta tout aussitôt. En France, le parlement fit un éclat à propos de l'office que l'on introduisit dans le bréviaire pour le nouveau saint.

« Parmi les dernières canonisations, l'une des plus curieuses, est celle de ce Julien que Léon XII sanctifia en 1825; son principal miracle avait été de ressusciter des mauviettes embrochées et rôties. »

CONSISTOIRES.

« Le consistoire est l'assemblée des cardinaux réunis en présence du pape. Il y en a de trois sortes : les uns secrets, d'autres publics, et enfin d'autres demi-publics.

« C'est dans le consistoire secret que se traitent les affaires importantes et délicates. Le pape y fait appeler un petit nombre de cardinaux; on en choisit ordinairement cinq ou six remarquables par leurs talens et deux ou trois fort vieux, fort pieux, et surtout fort sourds. Le despotisme a fait de tels progrès à la cour de Rome, que même ce conseil si restreint n'est plus consulté. Le pape lui annonce la création des cardinaux et la nomination des nonces, des légats, des évêques, l'érection des églises, etc. etc. Sa Sainteté, le secrétaire d'Etat, le confesseur du pape même, décident des nominations importantes.

« Le consistoire public est l'assemblée générale des cardinaux, et se tient ordinairement tous les mois, pour donner le *pallium* à un archevêque, ou pour déclarer la béatification de quelque saint; tout le monde peut y entrer.

« Dans le consistoire public, les cardinaux sont assis sur des banquettes; ils portent le rochet; mais le rochet étant une marque de juridiction, ils le couvrent de leur manteau lorsque le pape paraît. Le souverain pontife, en chape et en mitre, se place sous un dais, dans un fauteuil à dossier fort élevé. S'il s'agit d'introduire un nouveau cardinal, quatre cardinaux vont chercher le récipiendaire. En entrant, il va se mettre à genoux aux pieds du pape, pour les baiser; le pape le relève en l'embrassant. La joie du nouveau cardinal le trouble d'ordinaire tellement, que souvent il est sur le point de tomber. Il quitte le trône du pape, pour aller donner le baiser de paix à tous les cardinaux, les uns après les autres. Il n'y en a guère qui, en l'embrassant, ne l'arrêtent pour lui dire quelques mots agréables et lui serrer les mains. C'est chose curieuse à voir que la manière dont le récipiendaire compose et décompose son visage, pour paraître gai lorsqu'il embrasse un cardinal, reprendre son air grave après qu'il l'a embrassé, et faire sur-le-champ une nouvelle démonstration de joie quand il embrasse le suivant.

« Après le baiser de paix, le nouveau cardinal se repose un instant; puis il va se prosterner aux pieds du pape, qui lui donne le chapeau rouge, en lui disant que sa couleur est le signe du sang que Jésus-Christ a répandu pour nous, et de celui qu'il doit être toujours prêt à verser pour la foi.

« Pendant les trois jours qui suivent la réception d'un cardinal, on illumine les palais et les maisons de tous les ambassadeurs et de tous ceux qui prennent une part quelconque à sa promotion.

« Le consistoire demi-public est celui où l'on a besoin de la présence momentanée, soit des avocats consistoriaux, soit de quelques prélats ou ambassadeurs ; force est bien alors de les y admettre. »

CONCILES.

« Les conciles ont été un des grands leviers de l'administration spirituelle des papes ; le jugement des conciles généraux, en matière de foi, sert encore de règle aux fidèles.

« Le concile est une assemblée de pasteurs de l'Eglise et de docteurs en théologie, réunis pour traiter et juger les matières qui concernent la foi, la religion et la discipline ecclésiastique.

« Il y a des conciles généraux et œcuméniques ; c'est la réunion de tous les évêques de la chrétienté, soit présens, soit convoqués ; des conciles nationaux, composés de tous, ou du plus grand nombre des évêques des différentes provinces de l'Etat ; des conciles provinciaux, composés des archevêques et des évêques suffragans.

« Les conciles tenus depuis la fondation du christianisme sont en trop grand nombre pour être cités ici. Le dernier de tous a eu lieu en France, en 1811, sous le pontificat de Pie VII, le cardinal Maury étant archevêque de Paris. M. l'abbé de Boulogne, si connu depuis par son intolérance dans le diocèse de Troyes, y prononça un discours qui déplut à Napoléon, et le concile fut dissous, sans avoir rien décidé sur les objets qu'il était appelé à examiner. »

TRIBUNAUX A ROME.

« Si la multiplicité des tribunaux assurait la bonne administration de la justice, nulle ville au monde ne serait plus favorisée que Rome ; car, indépendamment de tous ceux auxquels on donne ici le nom de *congrégations*, différentes charges confèrent une juridiction plus ou moins étendue, dont plusieurs sont suprêmes, et vont jusqu'au droit de mort. Si vous vous sentez assez de courage et de patience pour en prendre une connaissance approfondie, lisez le livre intitulé : *Lo stato presente della corte di Roma, da Andrea Tossi.* Vous y verrez que les biens, la liberté, l'honneur, la vie des sujets du pape, tout est à la merci de juges ecclésiastiques. Quant à moi, je me bornerai à quelques observations sur les tribunaux ordinaires, véritables commissions comme celles qu'établissait, sous Louis XIII, votre cardinal de Richelieu. Au surplus, le code pénal romain offre dans toutes ses parties l'empreinte de cet esprit ombrageux et cruel qui distingue le despotisme théocratique.

« Ces tribunaux sont au nombre de cinq : celui du Sénateur, celui du Vicaire, celui du Gouverneur de Rome, celui de l'Auditeur de la chambre, ou de *Monte citorio*, et celui de *la Rote*.

« Ce qui distingue les trois premiers, c'est que celui du Gouverneur concerne plus spécialement les laïcs et la police de sûreté ; et celui du Vicaire, les ecclésiastiques et la police des mœurs. Quant au tribunal du Sénateur, il est le plus limité de tous : ses attributions se réduisent à peu près au maintien des statuts de la ville, et à l'expédition des brevets des notaires du Capitole.

« Ce n'est pas sans motif qu'on a toléré l'existence d'un magistrat portant le titre de Sénateur de Rome; ce nom rappelle des idées de gloire et de grandeur que le chef du catholicisme a voulu entretenir. Il sait quelle puissance de souvenirs la république romaine exerce encore sur les esprits. Eh bien! son habileté l'a porté à conserver, sous des formes théocratiques, le simulacre d'un gouvernement qui fit de si grandes choses. Le Sénateur, aujourd'hui M. le prince Altieri, habite un beau palais au Capitole. Ce juge séculier est toujours étranger. Assisté de ses trois lieutenans, il tient des audiences; connaît, en première instance, des causes dont l'importance ne s'élève pas au-dessus de 500 écus romains; fixe le prix hebdomadaire de la viande de boucherie; fait rembourser les petites dettes; ne s'occupe que de causes de laïcs, et, le cas échéant, les envoie dans ses prisons, en vertu d'une constitution donnée par Benoît XIV, le 4 janvier 1746. Jusqu'au onzième siècle, le Sénateur fut indépendant de l'Empereur et du pape; mais depuis, il est aussi soumis au pouvoir de la tiare que tous les autres fonctionnaires. Dans les cérémonies publiques, il est habillé en ancien sénateur, et porte une robe qui traîne jusqu'à terre.

« L'infame tribunal du Vicaire procède selon les formes de l'inquisition ; tout le monde peut être arrêté sans motif ; un délateur obscur, une femme-de-chambre mécontente, vous dénoncent, il suffit : la nuit, avec des échelles, on pénètre dans votre domicile, ou bien l'on entre avec de fausses clés ; ensuite intervient un procès, qui n'admet pas de défenseur pour l'accusé. Malheur alors à l'homme sans protecteurs !

« Les tribunaux du Sénateur, du Vicaire et du Gouverneur, ont cela de commun entre eux, que leur juridiction ne s'étend pas au-delà de Rome et des quarante milles d'alentour, qui forment son district ; leur compétence est restreinte à une somme très-modique en matières civiles, et presque illimitée dans les causes criminelles. Ils ne peuvent prononcer en dernier ressort que sur un litige de 25 écus ; et ils disposent, sans appel, de la liberté et de la vie des hommes !

« Le tribunal de l'Auditeur prononce sur les causes, tant sacrées que civiles, dont l'objet ne dépasse pas la somme de 500 écus. Toutefois, on peut se pourvoir en cassation de ses arrêts, aux deux tribunaux de *Justice* et de *Graces*.

« Le célèbre tribunal de la Rote a quelque analogie avec vos anciens parlemens. Il est composé de douze prélats de différentes nations catholiques, revêtus du titre d'Auditeurs. Ces juges connaissent de toutes les affaires ecclésiastiques de la chrétienté, et il faut trois jugemens semblables pour rendre l'arrêt irrévocable. Jugez de la patience et de l'argent à dépenser, pour arriver à la solution définitive d'un procès !

« Les douze Auditeurs de Rote sont ainsi répartis : trois Romains, deux Espagnols, un Français, un Allemand, un Vénitien, un Milanais, un Bolonais, un Ferrarais et un Toscan, ou Péruginois. Ainsi, c'est quatre ultramontains contre huit Italiens, dont six, ou au moins cinq, sont des Etats du pape ; le plus ancien est de droit président.

« La *Segnatura* est un tribunal de révision, ou assation. Il met au néant tout acte judiciaire ou sentences pour défaut de formes, juge les questions de compétence entre les tribunaux, décide si les jugemens rendus en première instance doivent être provisoirement exécutés nonobstant appel. Investi d'un pouvoir arbitraire, ce tribunal ne suit aucune règle fixe dans l'exercice de sa juridiction.

« Une exception remarquable existe en faveur des prêtres et des femmes ; la peine capitale ne leur est jamais appliquée ; ils ne peuvent encourir qu'une réclusion plus ou moins longue.

« L'usage de plaider n'existe plus à Rome ; il n'y a pas d'audiences publiques ; la défense s'établit maintenant par *factum*, ou mémoire (1). »

---

(1) La réforme judiciaire, décrétée en 1831 par Grégoire XVI, toute incomplète qu'elle est, présente des améliorations notables. L'édit du 5 octobre ne concerne que la justice civile, celui du 8 novembre suivant règle la justice criminelle.

CONSERVATEURS DE ROME.

« Un respect apparent pour les formes républicaines a fait décorer du nom de Conservateurs de Rome trois magistrats municipaux qui sont censés représenter le peuple romain. C'est d'eux que Montaigne reçut, le 13 mars 1581, ces belles lettres qui lui conféraient le titre de citoyen romain, afin, y est-il dit, « de procurer quelque lustre et quel« que avantage à notre république. »

« Au surplus, les Conservateurs représentent les consuls de l'ancienne Rome, à peu près comme les cordeliers d'*Ara Cœli* tiennent la place des prêtres du temple de Jupiter Capitolin. Ces Conservateurs se garderaient bien de lutter d'autorité avec les curés (1), dont le pouvoir va jusqu'à faire jeter en prison celui dont ils croient avoir à se plaindre.

« Les statuts indiquent, plutôt qu'ils n'établissent, le droit, exercé par le pape, de nommer le Sénateur et les Conservateurs; ces derniers ne sont brevetés que pour six mois. »

FONCTIONS.

« On donne à Rome le nom de *Funzioni* à toutes les cérémonies civiles ou religieuses qu'accompagnent la pompe et l'éclat.

« La plus brillante des *fonctions* est celle du

(1) Les paroisses à Rome sont au nombre de cinquante-quatre.

possesso (1); c'est le cortège du pape, lorsque après son couronnement il va prendre possession de l'église de Saint-Jean de Latran, regardée comme la première des églises de Rome et comme la mère de toutes celles de la chrétienté. Dans aucune circonstance le pontife ne se montre entouré d'autant de magnificence. A la chute du jour, les trois palais du Capitole sont superbement illuminés en bougies. Pendant fort long-temps, l'usage a exigé que, le jour du *possesso*, le pape s'assît sur la fameuse chaise percée; vous savez pourquoi.

« Rien de plus humiliant que l'obligation à laquelle les malheureux juifs étaient soumis jadis, lors du *possesso*. Vers l'arc de Titus, dans un lieu paré et décoré à leurs frais, les rabbins et les anciens se présentaient au passage du pape, dans sa marche du vatican à Saint-Jean de Latran. Là ils lui offraient, à genoux, le Pentateuque, dans un bassin rempli de pièces d'or et d'argent. Le pape donnait un coup de baguette sur le bassin, et un autre sur la tête ou sur les épaules du premier rabbin; ce qui indiquait que Sa Sainteté acceptait l'hommage des juifs et qu'elle leur permettait de rester à Rome pendant son pontificat.

« Aujourd'hui les choses se passent d'une manière moins offensante; les juifs font tapisser le chemin

(1) Après seize mois de règne, Grégoire XVI a pris enfin possession du saint-siège, le 31 mai 1832. Cette cérémonie, entourée ordinairement d'un si grand appareil, a eu lieu, pour ainsi dire, comme à la dérobée; les seuls cardinaux y ont assisté.

entre l'arc de Titus et le Colysée; le rabbin le plus considérable, en tête de ses co-religionaires, offre à Sa Sainteté une bible hébraïque; le pape la reçoit, et les engage à ne plus attendre le Messie que ce livre leur annonce, puisqu'il y a plus de dix-huit cents ans qu'il est venu; Sa Sainteté ajoute quelques exhortations pour amener les juifs au giron de l'Eglise.

« Vous remarquerez que le lieu choisi pour l'acte d'obédience ajoute encore à ce que la démarche a d'humiliant; car vous savez que parmi les bas-reliefs de l'arc de Titus, il en est un qui représente des juifs chargés de chaînes et figurant au triomphe de leur vainqueur. Les Israélites qui habitent Rome, par un vieux reste de patriotisme et d'amour pour leur religion, ne passent jamais sous l'arc de Titus; ils se sont pratiqué un petit chemin à côté, pour aller au Campo Vaccino, lorsque leurs affaires les y appellent.

« Entre autres vexations inventées pour ces pauvres juifs, en voici une assez curieuse : Grégoire XIII imagina de les soumettre, tous les samedis, à une prédication spéciale; elle a lieu dans l'église de Santa Trinità de' Pelegrini, voisine du Ghetto. Les juifs, sous peine d'amende au profit de l'église des Catéchumènes, sont obligés d'envoyer au sermon cent hommes et cinquante femmes; mais comme le sommeil les gagne bientôt, un bedeau, armé d'une longue baguette, va de rang en rang réveiller ceux que le sermon assoupit. Pie VI a plus qu'aucun de ses prédécesseurs appesanti le joug de l'intolérance sur ces malheureux.

« Une fonction qui ne le cédait à aucune autre pour le ridicule, c'était l'*hommage de la haquenée*.

« Charles Ier, roi de Sicile, avant de recevoir la couronne des mains d'Urbain IV, prêta serment de fidélité au pape et à ses successeurs, dans l'église de Saint-Pierre, et promit d'y offrir chaque année une redevance de 40,000 florins. En 1472, Sixte IV obligea Ferdinand, roi de Naples, à payer un tribut plus élevé et à y ajouter la présentation de la haquenée.

« Tous les ans, la veille de la fête des apôtres saint Pierre et saint Paul, le connétable du roi de Naples offrait, au nom de son souverain, dans l'église de Saint-Pierre, une haquenée et une bourse contenant le tribut, en signe de vassalité. Ferrée en argent, couverte d'un harnais du même métal, la haquenée était parée de magnifiques panaches. Aussi long-temps qu'elle pouvait se tenir sur ses jambes, c'était toujours la même; car la pauvre bête avait un rôle à jouer, et qu'on ne parvenait à lui apprendre qu'avec de grandes difficultés; elle devait s'agenouiller devant le pape, tout comme les fidèles.

« La dernière présentation a eu lieu en 1787. Le prince Colonna y figurait comme connétable de Naples. La cérémonie se fit avec toute la pompe accoutumée. Le pape, assis sur un trône, à l'entrée de l'église de Saint-Pierre, reçut du connétable la bourse contenant le tribut (1), ainsi que la haquenée.

« Le roi des Deux-Siciles, qui depuis long-temps contestait la légitimité de cette redevance, la supprima l'année suivante (1788). Pie VI, douloureusement affecté de ce refus, adressa des réclamations dans l'objet, à la cour de Naples ; on les reçut avec aigreur ; mais la révolution française s'avançant à grands pas, le gouvernement napolitain se hâta de terminer cette petite querelle ; il s'engagea à payer cinq cent mille ducats, en forme de pieuse offrande à Saint-Pierre, à l'avènement de chaque roi au trône des Deux-Siciles. Rome consentit, à ces conditions, à l'abolition du tribut annuel, ainsi qu'à celle de la cérémonie humiliante de la haquenée et du vasselage.

« En 1818, les gouvernemens de Naples et de Rome conclurent un nouvel arrangement, duquel résultait pour la couronne des Deux-Siciles l'affranchissement de tout tribut; le traité fut signé à Terracina par M. de Medici et par le cardinal Consalvi.

« La cour de Rome paraît, au surplus, avoir fait tout dernièrement de nouvelles démarches pour rétablir l'exercice de son droit de suzeraineté ; mais il n'y a guère d'apparence que le roi de Naples satisfasse à cette prétention (2).

(1) Il était de 6,000 ducats, équivalant à 63,400 fr.
(2) Dans un consistoire secret, tenu en mars 1831, par Grégoire XVI, Sa Sainteté a annoncé aux cardinaux la mort de François II, roi de Naples,

« Au reste, depuis le congrès de Vienne (1814), le pape proteste tous les ans contre l'abandon d'Avignon (réuni à la France en 1791), de Parme et du royaume de Naples.

« Je terminerai par quelques mots sur la plus grande fête de l'année, celle de Saint-Pierre : elle attire à Rome beaucoup d'étrangers. Outre la solennité et la pompe qui accompagnent l'office du jour, le soir la coupole de Michel-Ange est entièrement illuminée, et l'on tire un feu d'artifice sur le château Saint-Ange ; il est du plus brillant effet, et coûte ordinairement cinq cents écus romains (2700). Quant à l'illumination de la coupole, c'est la plus belle chose que l'on puisse voir dans ce genre, et je ne saurais, par de simples paroles, vous donner une idée de sa magie. Cette illumination, ainsi que le feu d'artifice du château Saint-Ange, se répètent deux jours de suite, la veille et le jour de la fête du patron de la cité sainte.

« A propos de saint Pierre (Simon Barjone), le spirituel Érasme faisait une singulière remarque ; c'est que le chef de la religion chrétienne commença son apostolat par renier Jésus-Christ et que le pre-

---

ainsi que l'avénement de Ferdinand II, son fils, au trône des Deux-Siciles. Le souverain pontife a annoncé, en même temps, qu'il allait donner l'investiture au nouveau monarque et lui réclamer le *tribut*; toutefois, il n'a pas été offert le 29 juin 1831. — L'origine de l'investiture du royaume de Naples, que donnait le pape, date réellement de la transaction de Léon IX avec les Normands, à la suite de la défaite et de la captivité du pontife, le 18 juin 1053.

mier pontife des juifs (Aaron) avait commencé son ministère par faire un veau d'or et par l'adorer. »

17 *mai*. — Je vois dans la belle galerie du palais Sciarra : une Cléopâtre de Lanfranc. — Le Noé ivre, d'André Sacchi. — Le Moïse, du Guide, et deux Madelaine du même peintre. — Le saint Jérôme, du Guerchin. — La mort de la Vierge, d'Albert Durer. — La maîtresse du Titien, peinte par ce grand coloriste. — Saint Jacques, du Guerchin. — Saint Sébastien, du Pérugin. — La famille du Titien, de sa main. — La Modestie et la Vanité, par Léonard de Vinci. — Les Trois Joueurs, du Caravage. — L'Amour conjugal, d'Augustin Carrache, me paraît charmant, mais mon jugement est peut-être influencé. — Saint Jean et saint Marc, deux portraits du Guerchin. — Un portrait inconnu, fait par Raphaël, en 1518, deux ans avant sa mort.

« Passé demi-heure à Monte Cavallo, devant les chevaux de Phidias et de Praxitèles.

Entré au palais de' Rospigliosi, bâti sur les ruines des thermes de Constantin. Remarqué dans la galerie : les Douze Apôtres, de Rubens. — Adam et Eve, du Dominiquin. — Un buste en basalte de Scipion l'Africain. — Le Triomphe de David, tableau du Dominiquin. — L'Andromède, du Guide.

En entrant dans le casin du jardin, à gauche, on voit au plafond du vestibule l'Aurore, du Guide. Cette admirable fresque, dont tout le monde connaît au moins la gravure, a conservé ses couleurs dans toute leur vivacité ; la première et la dernière des jeunes filles qui représentent les Heures, ont des têtes charmantes.

En sortant du palais Rospigliosi, j'aurais bien désiré aller voir à la villa Ludovisi la fresque de l'Aurore, du Guerchin ; mais le prince est en ce moment à cent lieues de Rome, et l'on ne peut entrer chez lui sans une permission signée de sa main.

Passé sous la tour de' Conti, au pied du Quirinal, près le Forum de Nerva.

Monté sur la tour du Capitole.

De ce point élevé, je passe en revue tous les monumens antiques et modernes de Rome. Quel autre lieu pourrait donner une aussi juste idée de ce que fut, de ce qu'est encore cette ville célèbre !

Pendant les sept cent vingt-deux années qui s'écoulèrent depuis la fondation de Rome, jusqu'à l'avènement d'Auguste à l'empire, les descendans de Romulus s'occupèrent peu de plaisirs et de beaux-arts ; les guerres continuelles qu'ils eurent à soutenir contre les différens peuples de la terre leur laissaient à peine le temps nécessaire pour se former au métier des armes ; on ne songeait qu'à l'utile. Mais l'univers étant en paix, Auguste ferma le temple de Janus. Dès ce moment, la culture des arts et les plaisirs entrèrent pour une forte part dans l'emploi du temps. *Des spectacles!* devint le cri général, fut l'expression d'un besoin universel. Le gouvernement dut donc s'occuper activement de créer, pour les Romains, des spectacles en harmonie avec leur humeur belliqueuse, et leurs habitudes encore un peu sauvages.

Les amphithéâtres, les naumachies, les cirques, furent imaginés dans ce but. Ces combats de bêtes, ces joûtes sur l'eau, et ces courses de chars, jouirent d'une vogue dont il est difficile de se faire une juste idée maintenant.

Dans ce joli vallon, couvert de beaux arbres, entre le Palatin et l'Aventin, était le grand Cirque, où eut lieu l'enlèvement des Sabines, où Androclès fut épargné par le lion. Quel coup d'œil devaient offrir les gradins placés dans l'intérieur de ce monument, lorsque quatre cent mille ames y attendaient impatiemment que l'empereur donnât le signal pour l'ouverture des courses!

Cet édifice, bâti par Tarquin l'Ancien, agrandi successivement par Jules César, Trajan, Constantin, avait, comme tous les autres cirques, la forme d'un carré long, dont l'un des petits côtés était légèrement arrondi, tandis que celui opposé formait un demi-cercle; c'est de ce dernier côté qu'était l'entrée principale. Le cirque avait deux cent soixante-quinze toises de longueur, et quatre-vingt-quinze de largeur.

Une plate-forme longue et étroite, appelée la *spina*, régnait au milieu de l'arène, dans sa grande longueur; elle était ornée de deux obélisques égyptiens, de petits autels, de statues, de colonnes. A chacune des deux extrémités de la *spina*, se trouvaient trois bornes (*metæ*), réunies sur un soubassement; les chars exécutaient les courses autour de cette plate-forme; il en partait quatre en même temps, et ils faisaient sept fois le tour.

Le Circus Maximus était entouré de portiques sur trois de ses côtés. Indépendamment de sa destination principale, il servit souvent à d'autres exercices. Ainsi, on y vit des courses à pied et à cheval, des luttes, des chasses aux bêtes féroces et aux autruches.

A l'angle du Palatin, qui touche la rue Saint-Grégoire, s'élevait le Septizonium. Son nom a fait supposer pendant long-temps que ce monument était un magnifique sépulcre, composé de sept rangs de colonnes placées les unes sur les autres. Aujourd'hui on croit que le Septizonium fut un beau portique à trois étages, élevé par Septime Sévère, probablement pour servir d'entrée, de ce côté, au palais des Césars. Quoi qu'il en soit, Sixte-Quint démolit cet édifice, et dota l'église de Saint-Pierre des belles colonnes de granit qui en faisaient l'ornement.

Cette petite église en rotonde, au pied du Palatin (Saint-Théodore), était autrefois un temple bâti par Tatius, sur le lieu même où Romulus et Rémus furent allaités par la louve; circonstance que l'on regarde comme attestée par la figure en bronze de cette louve trouvée dans ce temple, et maintenant au musée du Capitole; le Forum Romanum se terminait là. Un plan de Rome, gravé sur albâtre, formait une partie du pavé du temple de Romulus et de Rémus; quelques fragmens de ce plan, que l'on voit incrustés dans un mur du Capitole, donnent une idée de la topographie de la primitive ville.

Quel beau chaos de ruines sur le Palatin !

Le temple de Vesta et le bosquet consacré à cette déesse se voyaient à l'extrémité occidentale du Forum, du côté du Tibre; on y conservait la statue de Minerve, appelée Palladium, qui passait pour avoir été apportée de Troie. C'est dans ce temple qu'on gardait avec tant de soin le feu sacré, entretenu avec du bois placé sur des cendres, dans plusieurs vases.

Une statue de Rome triomphante, tenant une grande croix de fer, couronne la tour du Capitole.

Les restes du temple d'Antonin le Pieux, sur la place di Pietra, forment la façade de l'hôtel des douanes; ce sont onze superbes colonnes de marbre blanc, malheureusement entablées dans le mur qui ferme la cour; rien de plus beau que ces colonnes.

L'immense galerie du palais Borghese contient 17 à 1,800 tableaux originaux, des premiers maîtres; voici les noms de quelques-uns : La chasse de Diane, du Dominiquin.—Les trois Graces bandant les yeux à l'Amour, du Titien.—Une Déposition de croix de Vandick.—Deux apôtres, par Michel-Ange.—Une Déposition de croix de Raphaël.—Une Sibylle, du Dominiquin.—Une Visitation de Rubens.—Les quatre Elémens, de l'Albane.—Une Madone, l'enfant Jésus et le petit saint Jean, d'André del Sarto.—Une salle pleine de Vénus attribuées à Léonard de Vinci, au Titien, à Rubens, à André del Sarto. — La Vanité et l'Innocence, du Titien. — L'Enfant prodigue, du Guerchin. — La Danaé du Corrège (1), sur l'authenticité de laquelle il s'est élevé des doutes ; car il paraît que la véritable Danaé du Corrège, qui a appartenu autrefois à M. le duc d'Orléans, a été détruite, comme tableau trop licencieux.

Le palais Farnèse, considéré comme le plus beau de Rome, fut bâti par Sangallo, Michel-Ange et Jacques de la Porte ; il est isolé sur une jolie place ; on dirait une forteresse. Le danger courait les rues lorsque Paul III, n'étant encore que cardinal, jeta les fondemens de ce sombre palais.

On y entre par un vestibule orné de douze colonnes doriques, de granit égyptien ; trois ordres de colonnes les unes sur les autres décorent sur ses quatre façades cette cour carrée et si triste. L'ordre inférieur forme un portique, sous lequel on voit, entre autres curiosités, la grande urne sépulcrale prise au tombeau de Cecilia Metella.

Les appartemens supérieurs contiennent des peintures de Lanfranc, du Dominiquin. — Galerie peinte à fresque par Annibal Carrache. — On raconte de lui une singulière anecdote :

Ce peintre, parcourant à pied les environs de Naples, fut attaqué par des voleurs et dévalisé. N'étant pas le plus fort, Annibal se soumit de bonne

---

(1) Tableau acheté 30,000 fr. à la vente de la galerie de M. Bonnemaison, à Paris.

grâce; mais comme il avait une facilité admirable pour retenir dans sa mémoire les traits des personnes qu'il ne voyait qu'en passant, il alla chez le juge dessiner les figures des brigands qui l'avaient dépouillé, et au moyen de ce signalement, il parvint à les faire arrêter.

Le caractère de l'architecture des palais de Rome est la solidité plutôt que l'élégance; il en existe peu de complètement isolés; la cour est ordinairement dans l'intérieur, et comme la porte d'entrée est toujours ouverte, cette cour devient le réceptacle de toutes sortes d'ordures. Tel palais a pour quatre à cinq millions de francs de tableaux ou de statues. Le noble propriétaire occupe ordinairement un recoin. Les grands appartemens, les galeries, sont livrés à la curiosité des étrangers, qui y entrent comme dans un lieu public, et n'ont d'autre chose à faire en sortant, que de donner la *buona mano* au *custode* qui les a accompagnés.

J'entre à neuf heures au théâtre della Valle; le lustre n'est pas encore allumé; il y a une seule petite lampe dans la salle; je m'assieds sur un banc, sans avoir pris de billet; demi-heure après, on me prévient que je dois remplir cette formalité. Vers dix heures, le rideau se lève. On donne l'*Inganno Felice*, de Rossini.— Une belle voix d'homme, deux autres passables, mais des acteurs toujours dans la charge et constamment ridicules. Après l'opéra, vient un mélodrame, tiré d'un roman allemand; je suis au milieu de gens qui pleurent sans qu'il me soit possible de bien comprendre pourquoi. Je sors à minuit, à la fin du second acte.

M. P...., ce Hambourgeois, qui s'est cramponné à moi depuis Naples, part demain pour Florence; je n'en suis pas fâché. C'est le plus honnête garçon du monde; pendant trois semaines, il n'a eu de volonté que la mienne; mais il m'a souvent ennuyé.

« Il ne tenait qu'à moi, me dit M. M....., avec lequel j'ai passé la soirée, de troubler votre sécurité au spectacle. Entre l'opéra et le ballet, j'ai lu le réglement de police affiché à la porte de la salle; j'en tremble encore! Figurez-vous que, pour le spectateur qui prendrait la place d'un autre, il y a cent coups de bâton, administrés à l'instant, sur l'échafaud qui est en permanence à la place Navone; cinq ans de galère sont appliqués à celui qui déclinerait l'autorité du portier du théâtre, chargé de distribuer les places; et ces peines sont infligées suivant les formes de l'inquisition! »

COLLINES DE ROME.

Rome a quinze milles d'Italie de circuit et renferme onze collines.

Les sept montagnes qui firent appeler *Septicollis* la ville de Romulus, étaient : le Palatin, le Capitole, le Celius, l'Aventin, le Quirinal, le Viminal et l'Esquilin.

Le Janicule et le Pincio ne sont qu'en partie dans

l'enceinte de Rome ; le Testaccio, montagne artificielle, ne fut formé que long-temps après qu'on eut donné des noms aux sept premières. Quant au Citorio, son peu d'élévation l'avait sans doute fait laisser dans l'oubli. Sous la république, le mont Célien fut pendant long-temps un bois de chênes, et le mont Viminal était couvert d'osiers. Dans le quatrième siècle, le mont Aventin était une retraite solitaire sans habitation ; jusqu'au règne d'Auguste, le mont Esquilin fut un terrain malsain, destiné à enterrer les morts; et les nombreuses inégalités que les anciens remarquaient sur le mont Quirinal prouvent qu'il n'était pas couvert de bâtimens. Des sept collines, le Capitole et le Palatin seulement, avec les vallées adjacentes, furent occupés par les premiers habitans de Rome. L'enceinte de la ville, commencée par Aurélien et finie par Probus, avait environ vingt un milles anglais de circuit.

Aujourd'hui, le Palatin est couvert par les jardins Farnese et Spada, et par des ruines pittoresques entremêlées de verdure. — Le Capitole a, à l'un de ses deux sommets, l'église d'Ara Cœli. — Le Celius est occupé dans sa partie supérieure par la basilique de Saint-Jean de Latran.—L'Aventin, par l'église de Sainte-Sabine. — Le Quirinal, par le palais de Monte-Cavallo. — Le Viminal a la fontaine de Moïse (ou de' Termini), et l'église de San-Lorenzo in Panisperna, dans la rue qui va de la colonne Trajane à Sainte-Marie-Majeure. — L'Esquilin est couronné par la basilique de Santa Maria Maggiore

— Le Janicule, par la fontaine de Paul V, près Saint-Pierre in Montorio.

On sait que les collines de Rome moderne sont moins hautes que celles de l'ancienne. Cette singularité apparente n'étonne plus lorsqu'on remarque que la ville actuelle, dans sa partie la plus basse, est de quatorze pieds, au moins, plus élevée que l'ancienne, sur les ruines de laquelle on a bâti la nouvelle. Cet exhaussement est l'effet des pluies; elles ont entraîné quantité de terres des collines, dans les vallées qui les séparaient; de sorte que tout le terrain tend incessamment à se niveler. Il n'y a pas d'autre explication à donner de l'origine de ces terres qui couvrent le Forum, les alentours de la colonne Trajane et tant d'autres lieux; car cette masse est bien de la terre, et non des débris de briques ou de mortier.

POPULATION DE ROME.

Rien de plus variable que la population de Rome. Cette ville est une espèce de gouffre qui, par différentes causes, attire environ deux mille étrangers, par an, pour y réparer l'excédant de la mortalité sur les naissances.

A la mort de Romulus, la population de Rome ne s'élevait pas à plus de seize mille habitans; à la mort de Numa, à trente mille; sous le règne de Tullus Hostilius, de cinquante à soixante mille; à la mort d'Ancus Marcius, à quatre-vingt-dix ou cent mille.

En l'an 278 de sa fondation, trente-six ans après l'expulsion des Tarquins, Rome avait quatre cent quarante mille habitans. Des auteurs lui en donnent quatre millions sous Auguste, et six ou sept millions sous Claude ; ils ajoutent, à la vérité, que la ville s'étendait alors jusqu'à Tivoli et Ostie, d'où l'on peut inférer qu'ils entendaient par la population de Rome, celle de tout le Latium.

Une peste cruelle ravagea tout l'empire romain, de 250 à 265 de notre ère, et pendant quelque temps il mourut à Rome jusqu'à cinq mille personnes par jour.

A l'avènement d'Aurélien, en 270, Rome ne contenait pas plus de deux cent soixante-dix mille habitans. Au moment où Alaric se présenta à ses portes (en 408), elle pouvait contenir un million deux cent mille ames.

En 1198, sous Innocent III, trente-cinq mille. — En 1377, dix-sept mille. — Sous Léon X (1513 à 1522), soixante mille. — En 1527, après l'invasion des soldats de Charles-Quint, trente-trois mille. — En 1702, sous Clément XI, cent trente-huit mille. — En 1709, cent quarante-huit mille. — En 1740, cent quarante-six mille. — En 1817, cent trente-un mille.

Maintenant sa population est de cent quarante-cinq mille ames, divisées en trente-cinq mille six cent quatre-vingt-neuf familles. On compte trente-cinq évêques. — Quatorze cent quatre-vingt-dix prêtres. — Mille sept cent quatre-vingts moines ou religieux. — Deux mille trois cent quatre-vingt-dix religieuses. — Au total, cent sept mille six cents catholiques — et trente-sept mille quatre cents non catholiques (1).

Voici un tableau dressé sur des documens authentiques, et présentant le mouvement de la population de Rome pendant quarante-trois ans. Il établit nettement que la reproduction de l'espèce humaine n'y est pas à beaucoup près au niveau de la mortalité.

(1) D'après un recensement fait vers la fin de 1831, la population s'élevait alors à cent cinquante mille âmes, non compris les étrangers, et trois mille cinq cents juifs.

TABLEAU

DE LA POPULATION DE ROME, PENDANT 43 ANS.

Années.	Naissances.	Morts.	Totalité de la population.	Années.	Naissances.	Morts.	Totalité de la population.
1716	4,285	5,470	137,958	1780	5,221	7,096	163,428
1726	4,548	5,215	145,937	1781	5,959	7,121	161,895
1736	4,799	5,466	150,649	1782	5,132	6,334	162,803
1746	4,852	5,565	151,188	1783	5,755	7,240	163,996
1756	5,358	5,028	153,848	1784	5,304	9,101	161,552
1763	4,893	5,962	156,449	1785	5,375	6,037	162,432
1764	5,420	7,361	161,899	1786	5,406	6,741	163,956
1765	4,828	8,375	158,095	1787	5,125	7,104	164,595
1766	4,962	7,322	157,868	1788	5,127	7,908	165,441
1767	4,510	7,528	159,760	1789	5,462	6,984	163,034
1768	4,595	9,574	158,847	1790	5,169	7,203	162,983
1769	4,891	6,972	158,906	1791	5,497	7,121	163,395
1770	4,967	6,646	158,443	1792	5,227	5,819	162,427
1771	4,216	5,850	159,675	1793	5,260	5,988	165,316
1772	5,154	5,740	158,849	1794	5,545	8,439	166,948
1773	5,022	6,183	158,563	1795	5,193	6,378	164,586
1774	5,259	4,887	160,896	1796	5,117	7,087	166,417
1775	5,457	5,037	165,046	1797	5,622	6,857	166,280
1776	5,212	5,656	163,310	1798	5,622	8,183	151,657
1777	5,445	6,446	163,102	1799	5,384	7,540	147,026
1778	5,661	5,380	162,442	1800	5,193	8,457	153,004
1779	5,555	7,863	162,245				

18 *mai*. Grande promenade.

Je vais faire mes adieux à la Sainte-Thérèse de la Vittoria. *È un gran peccato*, dit le moine préposé à la garde de l'église, en vous montrant ce prodige du

Bernin. Jamais, en effet, on ne reproduisit avec une énergie plus séduisante le point extrême de la plus vive des passions! Cet amour divin agite si violemment la bienheureuse Thérèse, qu'on la voit le sein découvert, la poitrine élevée, la respiration interceptée, tous les nerfs crispés; l'extase se manifeste dans l'égarement de ses yeux, dans le désordre de son visage, de toute sa personne, et de ses vêtemens, qui laissent voir une très-jolie jambe nue.

Je m'arrête quelques instans devant la fontaine de Moïse.

Demi-heure s'écoule bien vite dans l'église de' Certosini.

Je passe sur le Campo Scelerato, lieu du supplice des vestales; il était en dedans des murs, près l'ancienne porte Collina, où se rencontrent aujourd'hui les deux rues qui conduisent à la porte Pia et à la porte Salara. C'est sous le rempart de Servius qu'était l'antre terrible où l'on enterrait toute vivante la vestale qui avait failli! Lorsqu'un semblable malheur arrivait, Rome entière était plongée dans la consternation. La première victime de cette loi atroce fut la malheureuse Pinaria, l'an 172 de Rome. Minucia subit le même supplice, l'an 418.

Sortant par la porte Pia, je suis une belle route pavée, ayant de chaque côté un trottoir de dix pieds de large, et j'arrive à l'église de S. Agnese fuori delle Mura; on y descend par un escalier de trente-deux marches de marbre blanc; trente-quatre colonnes antiques soutiennent la nef. Le maître-autel est incrusté de pierres précieuses, et orné de quatre colonnes du plus beau porphyre.

Le 21 janvier, jour de la fête de sainte Agnès, il y a dans cette église une cérémonie qui rappelle tant soit peu les rites du paganisme; c'est la bénédiction des agneaux, dont la toison est destinée à faire les *pallium*. On sait que le *pallium* est un ornement de laine blanche, semé de croix noires, que le pape envoie aux archevêques comme la marque distinctive de l'autorité et de la plénitude du pouvoir ecclésiastique.

Or donc, le jour de la fête de sainte Agnès, on place sur le maître-autel deux agneaux couronnés de fleurs, et ornés de rubans; ils sont couchés sur des coussins de damas blanc, bordés de galons d'or. Après la bénédiction des prêtres, on porte ces innocens animaux au pape; Sa Sainteté les bénit encore elle-même, et après elle les confie à des religieuses qui veillent à leur conservation avec la plus grande sollicitude. Le moment de la tonte arrivé, on recueille précieusement leur laine et on la tisse.

Sous le grand autel de Saint-Pierre est le lieu où l'on croit que repose le corps de l'apôtre; on place sur une ouverture carrée, fermée par des barreaux de bronze, le *pallium*. Il est alors censé être sur le corps de saint Pierre, considéré comme le centre de l'unité de l'Eglise. Benoît XIV, par une bulle de 1748, confirma ce privilège à la basilique du Vatican, et ordonna que la bénédiction des *pallium* s'y ferait chaque année, la veille de la fête de l'apôtre, après vêpres.

La petite église de S. Costanza, à côté de Sainte-Agnès, paraît avoir été un temple à Bacchus; des peintures en mosaïque, représentant la récolte du raisin et le pressurage des vins, donnent lieu de le croire. Vingt-quatre colonnes de granit égyptien soutiennent la petite coupole de cette rotonde. — Tout près, ruines d'un aquéduc qui conduisait des eaux à Ponte-Molle.

Les trois nefs de l'église de S. Bibiana sont formées par huit colonnes antiques. — Fresques de Pierre de Cortone. — Deux colonnes de la plus belle brèche qu'on puisse voir. — Au maître-autel, statue en marbre blanc, de sainte Bibiane; elle est un des chefs-d'œuvre du Bernin. La bienheureuse paraît s'appuyer contre une colonne; elle a une palme à la main et une couronne sur la tête; à ses pieds une touffe de laurier.

L'église de S. Lorenzo fuori delle Mura, est sur la voie Tiburtine, à un mille de la porte Saint-Laurent. Comme toutes les anciennes basiliques, elle a un vestibule ou portique. — Siège pontifical au fond de la tribune. — Belles colonnes cannelées, mais en partie enterrées. — Colonnes de porphyre, soutenant un baldaquin de marbre.

Sainte Hélène, mère de Constantin, fit bâtir l'église de S. Croce in Gerusalemme. Le portique, d'une architecture originale, est une espèce de labyrinthe formé de colonnes, soutenant une coupole. On y conserve trois gros morceaux de la croix de N. S. — Fresques de Corrado.

Il reste dans le jardin des religieux de Sainte-Croix de Jérusalem une grande niche et deux pans de murs, que l'on dit avoir appartenu au temple de Vénus et de Cupidon.

A côté de S. Croce sont les ruines de l'amphithéâtre Castrense, où les soldats s'exerçaient à la lutte contre des bêtes féroces, et où l'on célébrait des jeux militaires.

Le dimanche, pendant les offices du matin (trois à quatre heures), les cafés et restaurans sont hermétiquement fermés. Aujourd'hui, ayant oublié pour la seconde fois cette règle de police religieuse, je me suis vu obligé de déjeuner au milieu de la rue avec du pain et des oranges.

On ne trouve à Rome que très-peu de ruines des temps républicains. Les aquéducs, les canaux sous terre, pour l'écoulement des eaux, étaient le seul luxe de la république et des rois qui l'ont précédée. Il ne reste de cette époque que des édifices utiles, des tombeaux élevés à la mémoire des grands hommes, et quelques temples de briques. C'est seulement après la conquête de la Sicile que les Romains, pour la première fois, employèrent du marbre dans leurs monumens.

En me promenant sur le Pincio, avec un ami, il me donne de singuliers détails sur une scène plus que scandaleuse, qui a eu lieu en mai 1827, au couvent des capucins de la place Barberini. Le cardinal Micara a voulu introduire des réformes dans le boire et le manger de ses moines; le veau devait remplacer le bœuf; l'eau être substituée au vin, etc., etc. Des discussions très-vives s'en sont suivies entre les partisans de l'ancienne règle et ceux de la nouvelle; des menaces on en est venu aux coups; enfin un jour, dans le réfectoire, à la suite d'un combat très-acharné à coups d'assiettes, de bouteilles et de couteaux, il y a eu beaucoup de blessés, peut-être même des morts. On croit que dans cette lutte le parti de l'austère général a remporté la victoire.

19 *mai*. — Départ de Rome.

Il faut avoir ressenti cette émotion que fait naître la première vue de Rome, pour bien comprendre l'état de l'ame, au moment où on s'éloigne de cette ville, sans conserver l'espérance de la revoir; à l'arrivée le cœur bat de joie, au départ il se serre de tristesse.

Je mets pied à terre au Ponte-Molle, et je salue le Latium d'un dernier regard. Pour peu qu'un cœur soit accessible au doux plaisir de la mélancolie, il s'émeut facilement à son aspect.

La solitude profonde et l'absence de culture qui règnent à plusieurs lieues à l'entour de la ville éternelle, donnent un caractère sublime à ces longues lignes d'aquéducs et à ces débris de monumens que l'œil aperçoit de toutes parts; vus dans le lointain, et surtout quand ils font la bordure du paysage et se découpent sur le ciel, ils saisissent l'ame vivement. On regarde ces ruines, on s'en rappelle l'histoire; ensuite on est porté à s'avancer dans la campagne, et l'on reste des heures entières assis sur quelque morceau d'entablement, s'élevant au-dessus d'une herbe qui bientôt sera jaunie par un soleil brûlant. Puis on regarde couler le Tibre, qui serpente dans ces campagnes désertes ; ce nom immortel vous jette bientôt dans une rêverie profonde.

D'après la terreur qu'inspirent les fièvres de la campagne de Rome, on se figure un marais infect ; rien de plus beau, au contraire, que ces champs presque tous en pente, coupés de petites collines et entourés de petits arbres ; ce sont les haies qui, abandonnées à elles-mêmes, ont poussé au hasard. Au milieu de cette jolie verdure, la mort règnera bientôt en souveraine.

Quelle admirable préface pour les monumens de Rome, que cette vaste solitude et ce silence ! quel sérieux à la fois sombre et mélancolique ils jettent dans l'ame ! Un tombeau en ruines, ou le dôme de Saint-Pierre, qu'on aperçoit à l'horizon, rappellent incessamment combien Rome diffère de toutes les villes du monde !

L'aspect de ce pays est désolé, et pourtant sa magie est telle qu'en le considérant on ne peut s'empêcher de regarder presque en pitié nos grandes villes avec leurs guinguettes et la petite civilisation qui les entoure. Quel plaisir de n'avoir point à redouter ces équipages, ces cris, ce bruit qui gâte toutes les sensations ! Si l'ame est touchée à la vue de quelque monument chrétien, on se dit tout aussitôt :

« Combien le séjour de Rome convient au chef

« de cette religion si magnifique, mais si sombre et
« si terrible quand on a le courage de la regarder en
« face ! »

A quelque distance du Ponte-Molle, deux chemins se présentent; nous prenons celui qui va directment au nord.

La voiture est occupée par une femme qui s'est emparée de ma place, par un gros *canonico* de Macerata, et par un homme, peut-être fort honnête, mais qui a la tournure d'un chevalier d'industrie; un vieux ciseleur sur bois, et un maçon suisse, se disant architecte, sont dans le cabriolet. Voilà une société qui m'offre une assez triste perspective pour les neuf jours que doit durer le voyage de Rome à Bologne. Le chanoine, après avoir pris la seconde place du fond, me fait espérer qu'il l'échangera de temps en temps contre celle que, bien malgré moi, il m'a fallu prendre au rebours. — La conversation roule sur les miracles; on s'entretient avec beaucoup d'intérêt de quelques-uns, qui sont tout récens.

Bellardini, mon voiturin, arrête deux heures à Baccano.

La ville de Veïes, qui fut pendant trois cent cinquante ans l'écueil de la puissance romaine, a été si profondément bouleversée, si entièrement détruite, qu'on ne sait trop où elle était. Quelques antiquaires avaient cru reconnaître son emplacement à Baccano; d'autres à Cività-Castellana; d'autres à Torre-in-Pietro, près Monterosi; aujourd'hui des vestiges de Veies leur apparaissent à l'Isola Farnese, village d'une cinquantaine d'habitans, près du relai de la Storta. Qui sait si, dans dix ans, cette opinion n'aura pas fait place à une autre?

Joli aqueduc de Nepi.

Soixante malheureux, prévenus de délits politiques, sont renfermés dans la forteresse de Cività-Castellana. — Pont sur le Rio Maggiore, élevé de deux cent quarante pieds au-dessus du niveau des eaux.

20 *mai*. Nous passons sous les ruines du fort de Borghetto. — Traversé le Tibre sur le pont Felice.

Narni, ville de trois mille ames, bâtie en amphithéâtre sur le penchant d'une colline. — Jolie église.

Au bas de Narni, un peu au-delà du pont que l'on passe pour aller à Pérouse, sont les restes d'un magnifique pont, bâti par Auguste pour joindre les deux collines.

Terni, patrie de Tacite, a sept mille habitans.

La cascade formée par la chute du Velino dans la Nera est à quatre milles, dans la montagne ; j'y monte à pied, par le chemin que le bon Lambertini (Benoît XIV) fit faire à grands frais, il y a quatre-vingts ans. En une heure et un quart j'arrive au pavillon nommé la Specola, élevé par Pie VI en 1781. Le Velino se précipite de quatre cent quarante pieds de haut ; divisées en trois branches, ses eaux se réunissent au fond du gouffre qu'elles ont creusé dans le roc. Il est cinq heures trente-cinq minutes ; un double arc-en-ciel enceint cette admirable cascade. Des mèches de poussière d'eau s'échappent du gouffre, comme des fusées; aidée par le vent que produit l'agitation des eaux et par la violence du refoulement, cette poussière remonte jusqu'au point du rocher d'où la rivière se précipite. Combien ce spectacle est supérieur à toutes les eaux si puantes de Versailles !

Revenu à Terni après avoir vu la chute sous tous ses aspects. Cette promenade m'a pris trois heures et demie; on peut la faire en voiture ou à cheval. Soixante ciceroni m'ont accablé de leurs importunités; de prétendus *custodi* de lieux ouverts m'ont demandé l'aumône à chaque pas ; puis sont venus les enfans qui offrent des fleurs et des pétrifications du Velino. Il faut avoir beaucoup de patience pour supporter tout cela, sans se mettre en colère.

21 *mai*.—Nous dînons à Spolette, ville de sept mille habitans. — Belle cathédrale. — Peintures et tombeau de Filippo Lippi. Ce peintre florentin fut banni de sa patrie pour avoir séduit une religieuse du monastère de Prato, et un mari outragé l'empoisonna à Spolette, tandis qu'il peignait cette église.—Tableaux du Guerchin, d'Annibal Carrache.

Un aquéduc de six cents pieds de longueur, sur trois cents de hauteur, joint deux montagnes; on le donne pour un ouvrage des Romains, bien cependant que quelques-unes de ses parties soient gothiques.

Notre *canonico* est un assez bon vivant, gros

et joyeux, riant de tout, et pour la forme marmottant de temps en temps, le nez dans le bréviaire; mais son habit exerce une autorité à laquelle je ne puis m'accoutumer; l'heure du départ, celle du souper, sont à peu près réglées par lui; lorsqu'il n'occupe pas la place que nous devions partager ensemble, il en fait les honneurs à M. T......

Arrivé à Foligno. — La belle Madone au Donataire, de Raphaël, était autrefois à l'église des religieuses de Sainte-Anne, dite les *Contesse*; ce superbe tableau avait été primitivement dans l'église d'Ara Cœli, à Rome.

22 *mai*. — Le point le plus élevé des Apennins, dans l'Ombrie, est entre Foligno et Serravalle; on y a planté le long de la route des poteaux en bois noir, avec des numéros, pour reconnaître la hauteur des neiges lorsqu'elles couvrent ces montagnes.

Le chanoine ramène souvent la conversation sur des sujets dont un prêtre ne peut décemment s'occuper hors du tribunal de la pénitence; il est curieux jusqu'à l'indiscrétion; je suis même obligé de le lui dire nettement.

Le bourg de Serravalle porte ce nom parce qu'il occupe le col le plus étroit de la vallée; le chemin en suit les détours jusqu'au-delà de Valcimara, où nous passons la nuit.

23 *mai*. — Entré dans la belle et fertile Marche d'Ancône. Elle a vingt-six lieues de long, et seize de large; autrefois elle faisait partie du Samnium, ou pays des Samnites. Le reste du Samnium compre-

nait l'Abbruze ultérieure et citérieure, la Capitanate et la terre de Labour, dépendant aujourd'hui du royaume de Naples.

On me montre à Tolentino la maison où Bonaparte signa, en 1797, avec le cardinal Mattei, délégué de Pie VI, le traité qui a retenu le nom de Tolentino; une inscription, placée sur la porte de la maison, en consacre le souvenir. — Eglise degli Agostiniani, bâtie en l'honneur de saint Nicolas, le grand saint du pays.

Tout en sommeillant dans la voiture, je saisis quelques mots d'une conversation fort extraordinaire entre le chanoine et notre compagne de voyage; elle en est consternée, et voudrait bien punir son insolence grossière, mais l'habit que porte cet homme permet tout.

Macerata est situé agréablement sur une colline, d'où l'on aperçoit la mer Adriatique.

Ici, nous quittons le canonico; il vient se reposer de ses travaux apostoliques au milieu de ses ouailles. Les facchini l'accueillent avec des huées; mais il les menace de la police, et ils se taisent.

Belle cathédrale. — On me montre avec vénération le palais où logea Bonaparte en 1797. Le jeu de ballon que l'on construit à Macerata, coûtera 500,000 fr.

La voiture traverse Recanati, ville bâtie sur la crête d'une colline, formant amphithéâtre.

A la chute du jour, en approchant de Loreto, la terre, les prés, les arbres, les buissons, se couvrent de *luccioli*, petits insectes lumineux, inconnus en-deçà des Alpes; l'air en est comme parsemé; on les voit étinceler par millions; ces lumières sont plus vives que celles des vers luisans que nous avons en France. A la lueur produite par un de ces insectes, on peut apercevoir l'heure sur une montre; avec cinq ou six on parviendrait à lire des caractères un peu gros. Les *luccioli* me rappellent la mouche porte-lanterne d'Amérique; elle a dans la tête un réservoir de lumière si gros, qu'une seule mouche est plus que suffisante pour lire et pour se conduire durant la nuit.

A peine arrivés à Loreto, nous sommes assaillis à l'auberge par les marchands de chapelets, et autres petits objets que l'on y fait bénir; ce commerce, assez considérable, paraît être le seul du pays.

24 mai. — Lorette, située sur une petite montagne, à un quart de lieue de la mer Adriatique, n'a de remarquable que l'église où est la maison de la Sainte-Vierge. Le ciseleur sur bois, mon compagnon de voyage, ayant obtenu du vetturino de pouvoir faire ses dévotions dans la santissima casa, j'ai eu le temps de tout voir.

La place devant l'église n'est qu'à moitié faite; le Bramante en donna les dessins, et Sansovino surveilla l'exécution. Une grande fontaine et la statue en bronze de Sixte-Quint décorent la place.

Trois portes en bronze ciselé, donnent entrée dans l'église; le travail de celle du milieu me plaît infiniment.

La santissima casa, placée au centre de l'église, est celle-là même dans laquelle Marie est née, où elle a été fiancée et mariée, où s'est faite l'Annonciation par l'ange, et l'incarnation du Sauveur des hommes.

L'histoire de la translation de cette petite maison de Nazareth à Lorette, est tout aussi merveilleuse que les miracles dont elle a été le théâtre. La Galilée étant devenue mahométane, les anges transportèrent la sainte maison de Nazareth en Dalmatie, sur une montagne appelée Tersatto; c'était le 10 mai 1291. Mais les chrétiens du pays ne répondant pas à cette haute faveur, les anges reprirent la maisonnette trois ans sept mois après; ils lui firent traverser l'Adriatique, et la déposèrent dans un bois appartenant à une dame de Recanati, nommée Lorette. Le grand concours de pèlerins, attiré par la lumière qui environnait la petite maison, occasiona dans ce bois beaucoup de débauches, de vols et de meurtres; les anges reprirent encore la santa casa, après huit mois de séjour, et la placèrent à un mille de là.

Mais elle y fut à peine arrivée, qu'il s'éleva de grandes contestations entre deux frères, possesseurs du terrain sur lequel elle reposait. Afin de terminer la querelle, au bout de quatre mois les anges l'enlevèrent de nouveau, et la fixèrent à quelques pas plus loin, où nous la voyons maintenant, et où on a bâti la ville de Loreto.

Pour préserver cette maisonnette de toute insulte, et pour la mieux conserver, on l'a environnée de quatre murailles, où elle est renfermée comme dans une boîte. Ces murs, recouverts de bas-reliefs de toute beauté, sont entourés de statues. Le Bramante fit les dessins de la chapelle; Sansovino, Sangallo, Bandinelli, exécutèrent les sculptures.

Les pèlerins font à genoux le tour de la chapelle, et le frottement de leur rotule sur le marbre a été si prodigieusement répété, qu'il y a tracé une espèce de sillon.

La statue miraculeuse de la madone est en bois de cèdre, et a trente-trois pouces de hauteur; le visage a le teint d'une mulâtre et une expression peu agréable; elle fut enlevée pendant la guerre, et déposée à la Bibliothèque Nationale à Paris.

Le trésor, où l'argent était à peine reçu, et où l'or même faisait assez petite figure, à côté des pierres précieuses, le trésor est maintenant au-dessous d'une boutique d'orfèvre du faubourg Saint-Marceau. — Dans la sacristie : joli tableau du Guide, représentant de jeunes filles prenant des leçons de couture. — Autres tableaux du Scidone, du Corrège, d'André del Sarto.

Nous passons devant la petite ville d'Osimo, bâtie sur une éminence.

Ancône a vingt mille habitans. La ville, située sur une côte agréable, dont la pente est tournée vers la mer, a le plus beau port des Etats Romains sur l'Adriatique.

S. Ciriaco, la cathédrale, domine la ville et la mer. — Au portique, colonnes et lions, assez remarquables. Ce monument fut jadis un temple à Vénus.

Le Christ à la croix, de S. Domenico, passe pour être du Titien. — Entré dans trois autres églises.

La Loggia de' mercanti (la Bourse) a des peintures et des statues.

L'arc de triomphe élevé à Trajan, sur la jetée du port, est de marbre de Paros, et un des mieux conservés qu'il y ait en Italie. — A peu de distance, un arc moderne élevé à Clément XII.

Ancône étant port franc, à la sortie les douaniers y sont d'une grande rigueur: bien que la voiture ne soit pas entrée en ville, on visite très-scrupuleusement nos effets.

Sinigaglia est renommée en Italie par la grande foire qui s'y tient chaque année en juillet; elle attire des marchands de tous les pays. — Beaux portiques sur le canal.

Ici, comme dans toutes les villes, depuis Rome, les prisons regorgent de prévenus politiques. La femme avec laquelle je voyage, a son frère aux galères à Ancône; il a été convaincu d'un peu de patriotisme. La malheureuse sœur vient de supplier et d'intercéder à Rome, pendant trois mois; impossible de répéter les propositions qui lui ont été faites par les agens de ce gouvernement impitoyable; mais son frère est encore chargé de chaînes. Je redouble d'égards envers cette pauvre femme.

25 *mai.* Le Metauro, que l'on passe près de Fano, est célèbre par la défaite qu'Asdrubal éprouva sur ses

bords, 208 ans avant Jésus-Christ. Il y périt avec cinquante mille hommes de son armée.

Notre vetturino s'arrête deux heures à Pesaro, ville de douze mille ames, et la patrie de Rossini. — J'entre dans quelques églises.

Au sortir de Pesaro, l'on commence à s'éloigner de la mer.

J'aperçois à ma gauche, vers l'Apennin, la ville et république de S. Marino, sur le sommet d'une montagne, au bas de laquelle sont les limites de l'Etat. Ce petit essaim d'abeilles se maintient heureusement depuis plusieurs siècles. La république compte quatre mille habitans, dont six cents pour la capitale ; les revenus de l'Etat s'élèvent à 30,000 francs; l'armée est de quarante hommes ; son territoire a deux lieues de diamètre. Napoléon voulut l'agrandir ; mais les magistrats eurent assez de sagesse pour refuser cette offre dangereuse, et pour comprendre que ce faible avantage pourrait un jour amener leur ruine politique.

Saint Marin, maçon de Dalmatie, mort en 257, fonda la ville qui porte son nom, et passe pour lui avoir donné ses premières lois. Rome commença par un asile de brigands ; S. Marino dut sa naissance à la piété, à la religion. Ce tout petit Etat a son gouvernement particulier, ses magistrats; et si son administration peut être appréciée par sa longue durée, certes il n'est pas de pays qui en ait eu une aussi bonne.

Rimini a seize à dix-sept mille ames de population ; elle est le point où venaient aboutir les deux voies Emilia et Flaminia. L'arc de triomphe dont on voit les restes dans la porte par laquelle on entre, en venant de Pesaro, est un monument de la reconnaissance des habitans pour Auguste. Ce souverain commença, et Tibère acheva le magnifique pont de marbre sur la Marecchia ; il a cinq arches ; c'est l'un des quatre grands ponts qu'Auguste avait résolu de construire sur la voie Flaminienne.

Statue en bronze de Paul V, sur la place de' Signori Consoli. Les statues des papes les représentent toujours assis ; c'est sans doute pour marquer l'empire qu'ils ont sur les autres princes de la terre. — Belle poissonnerie ; aujourd'hui fête de la Pentecôte, on l'a illuminée.

26 mai. — A deux lieues et demie de Rimini, on passe le Luso, et demi-lieue plus loin le Fiumesino ; ces deux torrens, ainsi que le Pisatello, se sont disputé tour à tour l'honneur de représenter ce célèbre Rubicon, que César passa contre l'ordre du sénat, l'an 50 avant Jésus-Christ. La politique ne permettait point qu'il y eût des armées auprès de Rome ; mais on tenait des forces considérables dans la Gaule cisalpine, c'est-à-dire, dans le pays qui est depuis le Rubicon jusqu'aux Alpes.

Un jeune voyageur s'occupant de recherches sur le Rubicon, m'affirmait dernièrement que le Luso était son véritable héritier.

Cesena a dix mille habitans. — Visité deux églises. — Statue en bronze de Pie VI, né à Césène.

Long entretien sur l'affaire du cardinal Rivarola. Le 31 août 1825, ce prince de l'Eglise, légat à Ravenne, prononça un arrêt d'après lequel six cents individus au moins furent condamnés à mort ou aux galères. Dans cet infame procès, instruit selon les formes de l'inquisition, la plus grande partie des victimes ne fut pas même interrogée. Quel monument de la justice ecclésiastique! Une telle atrocité ne pouvait être oubliée de sitôt par un peuple chez lequel il y a autant de haine pour le gouvernement pontifical; aussi, en 1827 on tenta à Ravenne d'assassiner le cardinal Rivarola; le prêtre qui était assis à côté de lui, en voiture, fut tué au lieu du légat. Une commission chargée d'informer, réside à Ravenne depuis lors; la terreur règne dans cette malheureuse ville et aux environs. Le 6 de ce mois, cinq pauvres diables ont encore été pendus; la commission poursuit son enquête, et chacun tremble d'être dénoncé, fût-ce même à tort.

Nous traversons Forli, ville de quinze mille ames.

Trois heures après nous sommes à Faenza; le mot *faïence* tire son origine des poteries qui s'y fabriquent. — Place décorée de portiques. — Quinze mille habitans. — Patrie du mathématicien Toricelli. — Cinq prêtres gouvernent la ville; ils y sèment le trouble et la désunion.

Je remarque partout que le *panem et circenses* des anciens Romains est encore, à peu de chose près, le refrain des Italiens de nos jours; le matin ils vont à la messe ; dans le jour à la procession ; le soir au théâtre.

27 mai. — Avant d'entrer à Imola, on passe le Santerno sur un beau pont de six arches nouvellement construit ; à chacune des deux issues sont deux lions et deux statues en marbre blanc. Le vetturino me fait remarquer, en souriant, l'empreinte grise des balles tirées sur la statue du cardinal Rivarola ; pour faire cesser ce scandale, on a été obligé de mettre une sentinelle sur le pont. Quant au cardinal il est à Rome, et ne reviendra probablement pas de sitôt à Ravenne.

Imola est au commencement de l'immense plaine de Lombardie ; les vignes tressées en guirlande unissent les ormeaux entre eux ; la campagne a l'air parée comme pour un jour de fête.

Mes compagnons de voyage me fournissent à chaque instant des exemples de la sotte vanité qu'ont en général les Italiens. La bonne opinion que chacun d'eux a de la ville qu'il habite, devient risible à force d'être exagérée ; sa petite patrie est, suivant lui, le plus bel endroit de l'univers ; nulle autre n'a fourni des artistes et des littérateurs aussi distingués. Depuis le citoyen de Rome, jusqu'au bourgeois de Macerata, ce défaut est commun à presque tous les Italiens.

D'Imola à Castel S. Pietro, il y a deux lieues. Pendant notre station dans ce bourg il y passe six charrettes portant vingt-cinq malheureux, les fers aux pieds et aux mains ; ce sont encore des prévenus ou des condamnés pour délits politiques.

Arrivé à Bologne.

Cette ville, dont la population dépasse soixante-dix mille ames, me paraît bien au-dessus de la réputation dont elle jouit à l'étranger. Ces innombrables galeries à portiques lui donnent un grand air; il y en a à peu près dans toutes les rues, en sorte que la pluie et le soleil n'incommodent guère. Bologne se donna pour la seconde fois au pape Jules II, en 1506. De nos jours elle fit partie de la république cisalpine; en 1814, elle est redevenue la seconde ville des Etats de l'Eglise. L'université de Bologne, la plus ancienne de l'Italie, et à laquelle on doit quelques-unes des belles découvertes de l'esprit humain (la première dissection, le galvanisme), a encore aujourd'hui des professeurs célèbres.

28 mai. — La galerie dell' Academia delle Belle-Arti, renferme une très-riche collection de tableaux, notamment de l'école de Bologne. Voici l'indication des principaux : portraits de la Madelaine et de saint Jean, par le Guerchin; Jésus à la croix, du Guide; la Madone, les Anges et saint Bruno, du Guerchin, tableau qui lui fut payé 781 écus, équivalant à 3,373 fr. 92 c.; la Madone du Rosaire, grande et belle composition du Dominiquin; beaucoup de tableaux des Carrache; le Samson, du Guide; la conversion de saint Paul, de Louis Carrache; le martyre de sainte Agnès, un des chefs-d'œuvre du Dominiquin; le baptême du Sauveur, de l'Albane. — La sainte Cécile, de Raphaël, composition pleine de grace : saint Paul, la Madelaine, saint Jean, saint Augustin et sainte Cécile, écoutent avec attention un concert d'anges qui unissent leurs voix pour chanter les louanges du Seigneur; la sainte tient à la main un instrument ressemblant un peu à la flûte à sept tuyaux. C'est à force de voir et d'étudier ce beau tableau, que les Carrache et leurs disciples sont devenus de si grands maîtres, et ont fondé l'école de Bologne. — Le Corrège, venu à Bologne pour voir la sainte Cécile de Raphaël, s'écria, après être resté une demi-heure devant ce tableau : « Et moi aussi, je suis peintre! *Ed anch'io son pittore.* »

Saint Jean dans le désert, de Jules Romain; très-beau tableau du Pérugin, représentant la Vierge dans sa gloire; *Santa Maria della pietà*, un des meilleurs ouvrages du Guide; Communion de saint Jérôme, le chef-d'œuvre d'Augustin Carrache; la tête et la pose du saint sont absolument celles du célèbre tableau du Dominiquin, qui prit l'idée du sien, en voyant l'esquisse d'Augustin Carrache, actuellement à la galerie du Capitole. Massacre des Innocens, par le Guide; quatre Saints, de Giotto; le portrait de l'évêque saint André Corsini, par le Guide; un excellent portrait de ce peintre, par Simone da Pesaro.

Hors de la ville, à la porte de Sarragosse, je prends un portique d'une lieue de longueur sans interruption, et je monte à la madonna di S. Lucca, église située au sommet du mont de la Guardia. Ce portique est un des plus grands monumens de la dévotion des Italiens à la sainte Vierge. Les trois cent six arcades de la plaine furent terminées en 1676; elles avaient coûté 90,900 écus romains; les arcades de la colline complétant la lieue, étaient achevées en 1739; le portique a en tout six cent trente-cinq arcades.

L'église, de moyenne grandeur, est fort bien décorée; entre autres tableaux, on y voit la *véritable* Madone, peinte sur bois, par S. Luc; c'est un objet de grande vénération : ce tableau prouve, au reste, qu'on peut être bon historien, bon évangéliste, et en même temps mauvais peintre. Au surplus, la Vierge est la divinité par excellence en Italie. Partout c'est elle qui accorde les faveurs et écarte les dangers; il faut vraiment toute la bonté de Dieu pour n'en être pas quelquefois un peu jaloux.

On doit sans doute attribuer à la passion si vive que les Italiens nourrissent pour la sainte Vierge l'espèce de vandalisme dont ils se rendent journellement coupables à l'égard de tableaux représentant la mère du Sauveur. On voit souvent un véritable collier de perles passé au cou de Marie, une demi-couronne d'argent appliquée sur sa tête, et quelquefois un bouquet en fleurs de métal au côté. Rien de plus sot que cet usage; on défigure, on gâte tous les jours des tableaux précieux, en y appliquant mille niaiseries.

Très-beau point de vue : j'aperçois Modène, Reggio, la Mirandola, Ferrare.

Je redescends la colline, et j'arrive, après une

autre heure de marche, au cimetière public fondé, le 5 avril 1801, par les Français, sur l'emplacement d'un monastère de chartreux. Les sépultures gratis ont lieu dans quatre grands carrés de verdure, séparés par des allées; l'un de ces carrés est destiné aux petits garçons au-dessous de six ans; un autre aux petites filles du même âge; le troisième à tous les morts du sexe masculin, au-dessus de six ans; le dernier pour les filles et femmes du même âge. Le *custode*, fort poli, qui m'accompagne, me dit qu'en comptant les inhumations d'aujourd'hui, soixante-dix-neuf mille trois cent vingt-six corps sont enterrés dans ce cimetière. De longs dortoirs servent à la sépulture des familles qui en achètent le droit. Les monumens sont placés tout le long de ces dortoirs, que l'on accroît chaque jour. Le mausolée le plus remarquable est celui de la famille Caprara; on y voit deux belles statues de femmes, dont l'une est voilée à la manière de celle de la Pudeur de S. Maria della Pietà, à Naples. La sœur du célèbre compositeur de ballets Vigano, mort en 1821, lui a élevé un cénotaphe. Une enceinte particulière est réservée aux protestans et aux juifs; il n'y a pas d'exclusion pour les suicidés, qui, à Rome, sont également reçus dans les cimetières. On doit cette tolérance au bon Lambertini (Benoît XIV); il déclara par une bulle que le suicide était un acte de folie.

A côté du cimetière est une fort jolie église élégamment décorée, et ornée de tableaux et de statues de prix. Le Baptême de Jésus-Christ fut peint par Elisabeth Sirani, à l'âge de vingt ans. — Le Christ portant sa croix, fresque de Louis Carrache.

La salle del Teatro Communale est une des plus riches et des mieux distribuées de toute l'Italie. On donne la *Cenerentola* de Rossini ; sauf deux belles voix, tout le reste me semble fort médiocre. Les Bolonais applaudissent avec fureur l'actrice qui chante et joue très-mal le rôle de Cendrillon ; il y a galanterie ou cabale.

29 *mai.* — Je vois plusieurs beaux tableaux dans les églises de' Celestini et del Santissimo Salvatore, où le Guerchin repose auprès du frère qu'il avait tant aimé ; aucune pierre ou inscription n'indique sa sépulture.

A S. Paolo, au maître-autel, il y a un groupe en marbre blanc de l'Algarde. Saint Paul à genoux, plein de résignation, de fermeté et de douceur, attend le coup fatal qui va lui donner la mort. Manigoldo, le bourreau debout, tient l'épée levée pour lui abattre la tête ; son visage respire la fureur, et son corps est tranquille.

Il y a sur la place San-Domenico, deux colonnes qui me paraissent antiques. Les deux tombeaux, dont l'un est supporté par neuf petites colonnes de marbre blanc, sont revêtus de bas-reliefs que leur ancienneté rend curieux. Ces tombeaux du treizième siècle furent élevés au jurisconsulte Passaggieri Rolandino et à l'ancienne famille des Foscherari, éteinte maintenant.

Par les ouvrages de l'art et par les tombeaux qu'elle renferme, l'église San-Domenico peut être considérée comme un musée fort curieux et comme un panthéon.

Au tombeau de saint Dominique est un ange plein de grace, de la jeunesse de Michel-Ange ; la petite statue de saint Pétrone, sur le haut du monument, fut également faite par Buonarotti. Les bas-reliefs sont de Nicolas de Pise, le premier précurseur de la renaissance (en 1200). Admirable fresque du Guide représentant la réception de l'ame de saint Dominique, par le Christ et la Vierge.

On remarque dans diverses chapelles : saint Thomas d'Aquin écrivant sur l'Eucharistie, du Guerchin ; le saint Raymond traversant la mer, de Louis Carrache ; l'Adoration des Mages, de Cesi. Les tombeaux de Taddeo Pepoli, de Lanfrani, du roi Enzius, fils de l'empereur Frédéric II ; du général Marsigli, fondateur de l'institut de Bologne ; du jurisconculte Tartagni.

Le Guide et son élève bien-aimée Elisabeth Sirani, reposent dans la chapelle du Rosaire. Cette femme célèbre mourut empoisonnée, à l'âge de vingt-six ans.

L'église et le portique majestueux des Servi, sont remarquables par leurs peintures et leurs monumens.

Je monte à S. Michele in Bosco, église admirablement située sur une colline couverte de bois, hors de la porte San-Mamolo. De la plate-forme, on jouit du coup d'œil de la ville, ainsi que de la grande et riche plaine dont Bologne occupe un des côtés. L'église étant fermée, je ne puis voir les fresques des Carrache; on m'assure, au reste, qu'elles ont à peu près disparu; car depuis la suppression du monastère, cette église a successivement servi de caserne et de prison.

La décoration de la Piazza Maggiore consiste principalement dans une fontaine magnifique; toutes les figures sont en bronze et de Jean de Bologne; on y voit Neptune debout, le pied sur un dauphin, tenant son trident à la main. Quant aux quatre Sirènes qui se pressent les seins pour en faire jaillir de maigres filets d'eau, elles me paraissent de mauvais goût; mais le Neptune est si beau, que les imperfections des accessoires disparaissent sous le prestige qui l'entoure.

De tous les édifices de Bologne, le plus frappant et celui qu'on aperçoit de plus loin, est une tour de briques appelée la tour degli Asinelli, bâtie l'an 1119. Sa hauteur est de trois cent sept pieds de Paris, et son inclinaison, peu sensible, de trois pieds et demi; la tour degli Asinelli, la plus haute de l'Italie, se trouve juste au milieu de la ville.

La tour de' Garisendi, tout à côté, et qui n'a que cent quarante-quatre pieds de hauteur, a huit pieds deux pouces d'inclinaison; sa déviation si prodigieuse, fait qu'on n'aperçoit pas celle de la tour degli Asinelli. L'opinion la plus générale est, comme pour celle de Pise, que l'inclinaison de ces deux monumens provient de l'instabilité du terrain, ou d'un tremblement de terre.

Il Duomo, ou S. Pietro, la cathédrale, a un beau portail. Au-dessus du sanctuaire on voit une Annonciation à fresque, dernier ouvrage de Louis Carrache.

San-Petronio, église de quatre cents pieds de long, moins belle, mais plus célèbre et plus vaste que la précédente. La statue colossale de Jules II, en bronze, par Michel-Ange, était devant le portail. Ce pape guerrier avait voulu être représenté réprimandant de la main droite les Bolonais et portant une épée de la gauche. La statue menaçante fut brisée par le peuple, à l'arrivée des Bentivoglio; elle passait pour être le chef-d'œuvre de Michel-Ange.

C'est dans San-Petronio que l'empereur Charles-Quint reçut la couronne des mains de Clément VII. — La voûte de la nef du milieu a une grande élévation. — Statues. — Peinture sur verre d'après des dessins de Michel-Ange; baldaquin du maître-autel soutenu par quatre colonnes de marbre. — Statue de saint Antoine, par le Sansovino. — Peintures de Jules Romain, d'Annibal Carrache.

La fameuse méridienne de Cassini est dans San-Petronio; son gnomon a quatre-vingt-trois pieds de hauteur. Cette méridienne est destinée à mesurer l'obliquité de l'écliptique; elle est ménagée dans la plus grande longueur de l'église, passant obliquement entre deux piliers : la longueur de cette ligne égale la 600/1000 (six-cent-millième) partie de la circonférence de la terre. Elle est de marbre, divisée dans sa longueur en deux parties égales, par un filet de cuivre, qui marque précisément le méridien; sur le marbre sont gravées toutes les choses qui peuvent avoir rapport à l'ouvrage pour le rendre parfait. La pierre de la voûte où est placé le petit trou par lequel l'image du soleil va se porter à midi sur la ligne de cuivre, s'étant un peu affaissée, on fut obligé, sur la fin du dix-septième siècle, de réparer la méridienne; elle passe pour la plus parfaite de toutes celles qui existent en ce genre.

Il Pubblico Giardino, plus connu sous le nom de la Montagnola, est une jolie promenade, élevée de trente pieds au-dessus de la plaine.

Le jeu du Pallone touche à la Montagnola. Les Italiens sont fous du jeu de ballon et ne regardent point à l'argent lorsqu'il s'agit d'avoir un *giuoco* plus beau que celui de la ville voisine.

La Madonna di Galiera, belle et élégante église. — Tableaux de l'Albane, du Guerchin, d'Elisabeth Sirani, de Louis Carrache. — Statues d'Angelo Piò.

30 *mai*. — Dans le trajet de Bologne à Ferrare, je vois pour la première fois des rizières; la plante du riz, qui ressemble à celle du froment, n'a encore que quatre à cinq pouces de hauteur et baigne dans l'eau. Pendant les grandes chaleurs, ce pays est affecté du *malaria*, et par suite de la fièvre.

Un conseil à donner aux voyageurs, c'est de prendre vingt-quatre heures pour voir Cento, patrie du Guerchin. Cette jolie petite ville a encore beaucoup de tableaux de ce grand artiste, surnommé le magicien de la peinture.

Ferrare est vaste, spacieuse; ses rues longues et larges, sont tirées au cordeau.

La police des passeports se fait ici de la manière la plus vexatoire; il me faut débourser de l'argent et perdre deux heures en courses, pour obtenir les visas sans lesquels je ne pourrais sortir de la ville. Un moment de réflexion m'explique ce surcroît de tracasseries; la police autrichienne veille ici pour le saint-père. Par le traité de Vienne, l'Autriche s'est adjugé le droit de tenir garnison dans la citadelle de Ferrare, afin d'être maîtresse du Pô.

Aussitôt après m'être débarrassé de la police, je vais à l'hôpital Sainte-Anne, visiter la prison du Tasse; on entre dans une espèce de cave où, selon l'opinion vulgaire, mais fausse d'après toutes les apparences, ce grand poète fut enfermé pendant sept ans huit mois et quelques jours, et en sortit le 6 juillet 1586. La chronique ajoute que, du temps de la captivité de Torquato, il y avait au-devant de son cachot un petit jardin, dans lequel il obtint la permission de passer chaque jour quelques instans. Cette version semble tout-à-fait inconciliable avec la disposition actuelle des lieux. Néanmoins, chaque voyageur qui traverse Ferrare va à la prison du Tasse.

On voit la maison de l'Arioste, rue de Mirasole, et son mausolée à la bibliothèque publique. Les

Français l'y transportèrent de l'église de Saint-Benoît, le 6 juin 1801, jour anniversaire de sa mort en 1533.

La cathédrale occupe une partie de la grande place; ses principaux tableaux sont du Guerchin, des Carrache, du Garofolo, du Mantègne.

Le château, entouré de fossés pleins d'eau, que l'on voit au milieu de la ville, est celui qu'habitaient les ducs de Ferrare, dont la cour fut si célèbre, dans le seizième siècle, pour la littérature et l'esprit. Le légat y a ses appartemens et ses bureaux.

Ferrare, jadis le rendez-vous et l'asile de tout ce qu'il y avait de plus spirituel et de plus distingué, offre aujourd'hui l'aspect d'une solitude! Le calme et le silence règnent partout. Depuis que Ferrare a passé sous la domination du saint-siège, elle est tombée dans une complète décadence; sa population, autrefois de cent mille habitans, s'élève à peine aujourd'hui à trente-deux mille, y compris cinq mille quatre cents appartenant aux faubourgs. Les juifs forment environ un tiers de la population; ils sont contraints d'habiter un quartier séparé, mais qui se trouve être le plus beau de la ville.

31 *mai.* — La belle route de Ferrare à Padoue est presque constamment sur une chaussée. — Passé le Pô à Francolini, sur un grand bac; là, le fleuve a un quart de lieue de large; son lit élevé ressemble à un aqueduc immense, qui domine et qui menace continuellement les villages et les campagnes d'une submersion complète; aussi prend-on de grandes pré-

cautions pour prévenir ce danger. Dès que les eaux sont à quatre pieds au-dessus du niveau ordinaire des moyennes, on met le fleuve *in guardia*; c'est-à-dire, que les habitans organisés en surveillans, gardent les chaussées nuit et jour, les visitent fréquemment, remédient au moindre danger, enfoncent des pieux, rebouchent les ouvertures, etc., etc.

De ce côté du Pô on se trouve sur le territoire autrichien. Les douaniers n'exigeant pas l'ouverture de ma malle, je paie ce petit service par une aumône de huit bajocchi.

Déjeuné à Rovigo.

Après avoir traversé l'Adige, nous cheminons le long de la Brenta, et entrons à Padoue.

Cette ville qui, selon quelques historiens, avait cent cinquante mille habitans sous l'empire romain, en compte à peine aujourd'hui trente-cinq à quarante mille; elle a deux lieues et demie de tour; sa situation, au milieu d'une plaine agréable, produisant abondamment tout ce qui est nécessaire à la vie, faisait dire d'elle à l'empereur Constantin Paléologue :

« Si l'on n'était pas assuré que le paradis terrestre « a été dans l'Asie, je croirais qu'il n'a pu être que « dans le territoire de Padoue. »

L'église de Santa-Giustina, l'une des plus belles du monde, occupe l'emplacement d'un temple de la Concorde; huit coupoles éclairent l'intérieur de l'édifice, orné de plus de vingt autels, de statues, de colonnes, de tableaux estimés. Le Martyre de sainte

Justine, au fond du chœur, passe pour un des meilleurs morceaux de Paul Veronese ; la composition et la couleur laissent cependant quelque chose à désirer.

Il Santo, l'église de Saint-Antoine, patron de la ville, est un des lieux de dévotion les plus célèbres de l'Italie. Six dômes, dont deux composent sa nef. — Bas-reliefs en bronze du Donatello, à la chapelle du Saint-Sacrement. — Le tableau du Martyre de sainte Agathe, par Tiepolo, fait frissonner ; après avoir coupé les seins à cette malheureuse, on vient lui proposer de sacrifier aux faux dieux, pour sauver sa vie ; la réponse se lit dans ses yeux ; s'ils expriment la douleur, on y découvre aussi la joie d'une félicité prochaine. — La chapelle du Saint a pour principal ornement neuf bas-reliefs représentant ses miracles. Cette chapelle est la partie principale de l'église.

On voit sur la place une statue équestre en bronze; c'est celle du condottiere Erasme de Narni, surnommé *Gattamelata*, la première qui ait été fondue en Italie et chez les modernes. Gattamelata fut général des troupes de Venise. Vasari fait un grand éloge de cet ouvrage du Donatello. Est-il fondé? La figure me semble trop petite pour le cheval.

L'immense salon, autrefois salle d'audience du palais-de-justice, est la plus grande construction de ce genre qu'il y ait en Europe. On y donna une fête charmante, au mois de décembre 1815, à l'empereur

François et à sa fille Marie-Louise. M. Japelli, architecte de Padoue, transforma le salon en jardin, avec une salle de bal et un salon de réception ; les arbres étaient en pleine terre ; ils formaient d'épais massifs illuminés ; on représenta un petit opéra, et il y avait jusqu'à des mouvemens de terrain au milieu de ce jardin d'appartement.

Il Prato della Valle, est une promenade ovale, entourée d'un canal avec quatre ponts ; les bords sont ornés de deux rangs de statues des hommes célèbres de l'Italie : Anténor, l'Arioste, Pétrarque, Galilée, Canova, Poleni, Capello (ces deux dernières de la main de Canova) ; la statue du Tasse, élevée quatre-vingts ans après sa mort aux frais des étudians, excite un intérêt particulier.

Padoue est la patrie de Tite-Live.

A neuf heures du soir j'entre dans la *barca corriera*, allant à Venise par le canal de la Brenta. Le trajet de Padoue à Venise passe pour être des plus agréables ; malheureusement je le fais en grande partie de nuit, et ne puis jouir des vues que l'on dit admirables. Autour de moi on parle des palais Foscari, Bembo, Tiepolo, Pisani, Giovanelli ; mais plusieurs ont déjà disparu, et d'autres sont menacés d'une prochaine destruction.

1*er juin*. — La barque aborde à quatre heures du matin à Fusina, à l'entrée des lagunes ; demi-heure est employée à l'examen des passeports, que nous échangeons contre des billets-reçus.

On dit généralement que Venise est bâtie dans la mer; ceci n'est point exact, car les lagunes ne sont pas la pleine mer, mais des terres inondées avant la fondation de Venise, c'est-à-dire depuis quatorze à quinze siècles. Les plus grands vaisseaux vogueraient en quelques endroits sur ces eaux; et pour qu'aucun navire ne puisse s'engraver, on a pris la précaution de planter des pieux de distance en distance : ils indiquent la route que l'on doit suivre pour aborder à Venise.

La reine de l'Adriatique sort du milieu des eaux, à deux lieues de Fusina; ses nombreux clochers, ses dômes, ses tours, produisent un effet admirable. Le grand canal, dans lequel nous entrons à six heures, offre encore un des points de vue les plus magnifiques de l'univers; avec ses détours, il a au moins une lieue de longueur; les meilleurs architectes ont employé dix siècles à construire les palais admirables élevés sur ses bords; ces gondoliers, dont les barques se croisent dans tous les sens, ne chantent plus les stances de l'Arioste ou du Tasse; leur silence rappelle tristement ces jolis vers d'André Chénier :

« Près des bords où Venise est reine de la mer,
« Le gondolier nocturne, au retour du vesper,
« D'un aviron léger bat la vague aplanie;
« Chante Renaud, Tancrède et la belle Herminie :
« Il aime ses chansons; il chante sans désir,
« Sans gloire, sans projets, sans craindre l'avenir,
« Il chante; et plein du dieu qui doucement l'anime,
« Sait égayer du moins sa route sur l'abime.

« Comme lui, sans échos, je me plais à chanter ;
« Et les vers inconnus que j'aime à méditer
« Adoucissent pour moi la route de la vie,
« Où, de tant d'aquilons ma voile est poursuivie. »

Tandis qu'on visite nos effets à la douane, il éclate un orage épouvantable, accompagné de grêle, de tonnerre et d'éclairs.

Je vais déjeuner au café Florian, sous les arcades des *Procuratie nuove*. Ainsi que les autres grands cafés de la place Saint-Marc, il est ouvert toute la nuit et en toutes saisons ; il ne ferme jamais.

La place Saint-Marc, malgré sa beauté, ne répond pas à l'idée que je m'en étais faite ; je comptais être plus émerveillé, plus surpris, elle n'est que magnifique ; ses galeries à portiques sur trois des côtés, sa forme, sa grandeur même, rappellent tout de suite le Palais-Royal de Paris ; seulement l'architecture dentelée de Saint-Marc, avec ses balcons et ses galeries des monumens arabes, a un caractère tout particulier. A Paris, c'est de la pierre grise ; ici c'est du marbre blanc noirci par le temps. A l'extrémité de la place, sont trois *pili*, ou porte-enseignes, mâts élevés, sur lesquels flottait jadis l'étendard glorieux de saint Marc, et que remplace le drapeau autrichien.

L'église de Saint-Marc, la plus ornée, la plus riche, la plus célèbre de Venise, occupe en entier l'un des petits côtés de la place. Sa façade est gothique, originale, et chargée d'un travail considérable. Au milieu de la galerie, et au-dessus de la grande porte de l'église, sont les quatre chevaux antiques de bronze doré, attribués à Lysippe, et qui ont décoré pendant plusieurs années l'arc-de-triomphe du Carrousel. Il est peu de chevaux vivans qui aient fait autant de chemin que ceux-ci.

Toute l'église est couverte de mosaïques à fond d'or, faites en 1071 par des ouvriers grecs venus tout exprès; elles sont considérées comme les plus anciennes de l'Italie; on en voit dans les coupoles, les voûtes, les niches, sur les murailles et sous le portique; ces dernières représentent des sujets tirés de l'Ancien Testament. Il en est de fort curieuses, entre autres celle où l'on voit Adam et Eve couchés ensemble, et l'exhortation latine: *Crescite et multiplicate vos.*

L'église de Saint-Marc a sept dômes, et rappelle un peu, dit-on, Sainte-Sophie de Constantinople. L'intérieur est obscur. Cinq cents colonnes de porphyre, de bronze, d'albâtre, de serpentine, de marbre, de granit, en sont le principal ornement. Parmi beaucoup de belles choses, on en trouve de bizarres, de mauvais goût; mais elles sont toujours originales, extraordinaires. Le pavé est divisé en compartimens qui représentent des animaux, des arbres, des hiéroglyphes en pierres de différentes couleurs.

Deux colonnes de granit, apportées de Grèce en 1174, terminent la Piazetta, au midi, du côté de la mer; l'une porte le lion de saint Marc, qui a décoré la fontaine des Invalides à Paris; sur l'autre s'élève la statue de saint Théodore, patron de Venise;

armé et monté sur un crocodile. On raconte qu'un nommé Barathier, chargé de mettre en place ces deux colones, demanda pour toute récompense la permission d'établir un brelan privilégié dans l'espace qui les sépare, ce que le gouvernement lui accorda.

Venise doit à Palladio ses plus beaux édifices; leur architecture diffère de celle de tout ce qu'on a vu ailleurs; cet heureux mélange de gothique et d'oriental subjugue et enchante; mais tout tombe en ruines, on ne construit plus, on ne répare rien; Venise est un septuagénaire sans postérité. Cette ville, si brillante autrefois, si belle, si florissante, est maintenant morne, pauvre, souffrante; elle est la plus déchue de l'Italie. Cette Venise si célèbre, qui a eu jusqu'à deux cent mille habitans, n'en compte peut-être pas cent mille à présent; encore quarante mille vivent-ils de la charité des autres.

Aujourd'hui dimanche, à une heure après-midi, les cafés de la place Saint-Marc sont pleins; on y cause comme dans un salon; les militaires et les abbés font les aimables auprès des femmes. M. Simon dit, dans son Voyage, qu'il a compté trois cent soixante-quinze cafés sur la place Saint-Marc; il ne s'est guère trompé que de trois cent cinquante; car on pourrait bien en trouver vingt-cinq à trente.

Le S. Pierre martyr, du Titien, que l'on voit à l'église dei SS. Giovanni e Paolo, est peut-être le plus beau tableau de ce grand peintre. — Dix-sept doges ont leurs sépultures, tant dans l'église que dans le cloître.

Sur la place de Saint-Jean et Paul, est la statue équestre, en bronze, de Barthélemi Colleone, faite par André Verocchio; le cheval, surtout, a de la réputation. C'est ce guerrier célèbre qui, le premier, fit usage de l'artillerie de campagne et inventa les affûts de canon.

Monté sur la tour de San-Marco, construite dans un coin de la place afin de masquer son irrégularité. De là, vue magnifique; la ville, les quinze ou vingt îlots chargés de fabriques qui l'entourent, les lagunes, le Lido, les coupoles, les clochers, les tours; je suis ravi!

On montre dans l'église dei Greci, des peintures de Giotto et de son école.

Je m'achemine par la riva degli Schiavoni, au Giardino Pubblico, presqu'île dont on a fait une belle promenade; gazons, bosquets, beaux arbres: rien n'y manque.

Je passe devant la porte de l'arsenal, jadis l'une des merveilles de Venise, aujourd'hui un magnifique témoignage de sa décadence. A l'entrée sont les deux lions colossaux de marbre, enlevés d'Athènes par Morosini, qui, ainsi que lord Byron, mourut à Napoli di Romanie.

Six artistes vénitiens se sont réunis pour élever un tombeau à Canova, dans l'église des Frari; quelques parties sont bien, mais d'autres laissent beaucoup à désirer; c'est une large pyramide de marbre de Carrare, renfermant son cœur; le monument a coûté 102,000 fr. — Le tombeau du Titien est dans la même église, au pied de l'autel du Crucifix. Ce grand peintre mourut de la peste, en 1576, à l'âge de quatre-vingt-dix-neuf ans.

De chaque côté du Grand-Canal, qui sépare la ville en deux parties à peu près égales, sont de vastes palais de marbre, surchargés de colonnes, de chapiteaux et autres ornemens. Tout dans Venise a un caractère original; des rues avec un canal au milieu, des trottoirs et des ponts à profusion; d'autres rues fort étroites, pavées de marbre; des maisons alignées des deux côtés d'un canal, sans trottoirs, et dont on ne peut sortir qu'en bateau; de larges rues, comme on en voit ailleurs; des gondoles d'une longueur démesurée, couvertes de draperies noires, amarrées au bas de maisons dont l'unique entrée est souvent dans une ruelle obscure, entièrement occupée par l'eau de la mer. Cet ensemble fait de Venise un labyrinthe unique au monde, le gai, le triste, le bruit, le silence, le beau, le laid, se montrent tour à tour, en passant d'un quartier à un autre.

2 *juin*. — Le Doge de Venise était nommé à vie et jouissait d'un revenu annuel qui n'excédait pas 40,000 fr. — On donnait le nom de Livre d'Or au registre destiné à l'inscription des naissances de tous les nobles; il fut publiquement jeté au feu, ainsi que la couronne du Doge, lors de l'entrée des Français dans Venise.

Je prends une gondole pour parcourir la ville; toutes sont noires; le gouvernement et les ambassadeurs peuvent seuls avoir des gondoles d'autre couleur. Voici la description de ma voiture :

C'est une barque longue et étroite, comme un poisson; au milieu est posée une espèce de caisse de carrosse, fort basse. Deux personnes peuvent trouver place au fond; la caisse est ouverte comme le devant et les côtés de nos coupés, et se ferme à volonté, soit par des glaces, soit par des panneaux de bois recouverts de drap noir. Le bec d'avant de la gondole est armé d'un grand fer en col de grue, garni de six larges dents; il sert à la tenir en équilibre. Tout le bateau est peint en noir et verni; la caisse, doublée de velours noir dans l'intérieur, est garnie de coussins en maroquin, de la même couleur. Deux hommes, l'un à l'avant, l'autre à l'arrière, vous conduisent sans vous voir, si vous le voulez. Au détour de chaque calle ou canal, le gondolier placé à l'avant crie : *primiera!* afin de prévenir le choc des gondoles, s'il en vient de l'autre canal. Dans les canaux étroits et sous les ponts, il y a quelquefois des embarras de gondoles. — Le flux et le reflux se font sentir; aussi, en été, quand la mer est basse, les canaux étroits sont d'une horrible infection.

Promenade dans le port. — Je revois ce grand canal en forme de *S*, où sont les habitations monumentales, les palais Grimani, Pezarro, Cornaro, Labia, Mocenigo, occupé naguère par lord Byron; ces palais de marbre, à façades noires, ont un charme indéfinissable.

Je me fais conduire à l'église de S. Sebastiano, où Paul Veronese repose, entouré de ses superbes peintures. — Joli groupe de Lombardi, composé de la Vierge, de l'Enfant Jésus et du petit saint Jean. — Charmant bas-relief en marbre devant le maître-autel. — Ce temple vit naître et grandir la gloire de Paul Veronese.

On n'aperçoit nulle part ni chevaux ni voitures. Une femme qui s'ennuie à l'Opéra, après minuit, propose à son cavalier servant un plaisir piquant pour quiconque va toujours par eau : c'est de courir une poste. Aussitôt ils montent en gondole, font six milles pour gagner la terre, courent une poste en chaise, prennent du café ou des glaces, et retournent à leur bateau, qui les ramène au jour à la ville.

L'église de' Gesuiti est curieuse et belle; les colonnes du sanctuaire et les entre-pilastres de la nef sont de stuc à fleurs vertes, d'un goût singulier; de loin, les marches du maître-autel semblent couvertes d'un tapis; elles sont de marbre rapporté, dont le fond est de vert de mer, avec des raies et des fleurs de marbre jaune. Dix colonnes torses soutiennent le baldaquin du grand autel; beaucoup de statues. Jésus et le Père Eternel, groupe en marbre blanc; arabesques très-jolies à la voûte; belle façade, mais à peu près perdue dans une espèce de couloir fort étroit.

Le feu du ciel a renversé le 27 mars dernier l'élégant clocher de la Madonna dell' Orto; on s'occupe des réparations. Les meilleurs tableaux sont du Tintoret : l'Adoration du Veau d'Or, où on voit des femmes se dépouillant de leurs joyaux ; saint Pierre, saint Christophe ; le Jugement dernier, dans lequel sont de fort belles figures, mais où il y a peut-être un peu de confusion ; sainte Agnès ressuscitant le fils de Sempronius, préfet de Rome, tableau qui a été à Paris pendant dix-sept ans ; peintures au-dessous de l'orgue.

L'église de' Scalzi est remarquable par la richesse de ses marbres et par ses sculptures ; la façade, toute en marbre de Carrare, a des colonnes, des statues, des bas-reliefs à profusion. On voit dans l'intérieur une copie du groupe de la jolie sainte Thérèse en extase, du Bernin ; des peintures de Palma Vecchio, du Padouan, du Giorgion, de Tiepolo.

A peu de distance de la place Saint-Marc, et fort près du grand canal, est l'église de S. Lucca, où fut enterré le fameux Pierre Arétin. Malheureusement je trouve la porte fermée ; j'aurais voulu vérifier si son épitaphe est vraiment la mordante épigramme dont voici la traduction :

« Le temps par qui tout se consume,
« Sous cette pierre a mis le corps
« De l'Aretin, de qui la plume
« Blessa les vivans et les morts.
« Son encre noircit la mémoire
« Des monarques de qui la gloire
« Est vivante après le trépas :
« Et s'il n'a pas contre Dieu même

« Vomi quelque horrible blasphème,
« C'est qu'il ne le connaissait pas. »

Ce poète satirique était craint des artistes, des souverains, de Charles-Quint lui-même. Chacun, pour se le rendre favorable, lui envoyait des présens. Salviati, le Titien, Michel-Ange, et tous les artistes les plus renommés, achetaient par des tableaux ou par des statues la protection de l'Arétin. Il s'était ainsi procuré une fort belle galerie.

Pour 15 centimes je traverse un canal dans une gondole.

Le Palazzo Ducale, où résidait le doge, est un vaste édifice ; la porte principale donne entrée dans une grande cour, dont un des côtés seulement est terminé ; on y voit plusieurs statues de marbre, entre autres, Cicéron et Marc-Aurèle, Adam et Eve ; le puits au milieu de la cour est revêtu de bas-reliefs en bronze. L'escalier des Géans voyait couronner les doges ; au-dessus de l'escalier on trouve des galeries ouvertes, où sont les fameuses bouches des dénonciations, *denunzie secrete*, que les inquisiteurs recueillaient avec tant de soin. Puis, viennent les diverses salles où se réunissaient les vingt-cinq principaux magistrats, le sénat, le conseil des Dix, ayant une assez grande part du pouvoir exécutif ; le redoutable conseil des Trois, qui jouissait d'une autorité absolue, et sans aucune responsabilité ; l'assemblée générale des nobles, la secrétairerie secrète. Toutes ces salles sont ornées de peintures du Bassan, du Palma, du Tintoret, du Titien, de Paul Veronese.

Je visite les deux étages de cachots pratiqués sous le palais ducal; prisons terribles par l'obscurité, l'humidité, le manque d'air. Ces cachots sont au nombre de dix-neuf, et portent le nom de puits (*pozzi*); ce n'est pas sans raison, car, creusés au-dessous du niveau de la mer, ses eaux s'y infiltrent et en font souvent d'affreux cloaques. On montre dans l'un de ces cachots l'issue qu'un malheureux était parvenu à se frayer. Arrivé au-dehors, il fut surpris, renfermé de nouveau, et mourut dans sa prison. — Je vois le logement de l'exécuteur; le lieu où l'on étranglait les condamnés, celui où on leur tranchait la tête, l'ouverture par laquelle on faisait passer les corps des justiciés, de la prison au canal.

Une captivité non moins redoutée que la prison des *Puits*, était celle sous les plombs. On désignait ainsi des réduits préparés pour les criminels d'Etat, dans les greniers du palais ducal. Il y en avait sept, distribués sous les combles des deux faces: trois au couchant et quatre au levant; ces derniers donnant sur le canal appelé *Rio di Palazzo*, recevaient quelque clarté; mais les autres étaient fort obscurs, et un homme ordinaire ne pouvait pas s'y tenir debout. Les toits étant couverts de feuilles de plomb, le séjour de ces prisons devenait des plus pernicieux, surtout à l'époque des grandes chaleurs. Il n'était pas rare de voir des malheureux, d'abord atteints de vertiges, avoir plus tard des transports au cerveau, et finir par une aliénation mentale complète. On regarde avec intérêt la lucarne qui occupe une place si importante dans la relation de l'évasion de Casanova de Seingalt, ce prototype des aventuriers érotiques.

Maintenant les cachots des Plombs et ceux des Puits ne sont pas utilisés. Le gouvernement autrichien trouve mieux son compte à jeter dans la forteresse du Spielberg, en Moravie, les prévenus de délits politiques. Là, ils meurent après une lente agonie; la vie solitaire amène l'engourdissement de l'esprit et l'apathie; l'obscurité produit la cécité; l'humidité, des douleurs aiguës; le désespoir les mine sourdement. Enfin, après un laps de temps qui varie selon la force morale et le tempérament de la victime, on se trouve débarrassé d'un homme qu'il a paru plus humain de faire mourir en détail, que de le livrer à une commission qui aurait peut-être hésité à le faire pendre.

Les *Prigioni nuove*, celles occupées aujourd'hui, ne sont séparées du palais ducal que par le Rio di Palazzo, canal traversé par le Ponte de' Sospiri, sur lequel passaient les prévenus pour se rendre de la prison au tribunal.

Le doge qui commença le palais ducal, Marino Faliero, eut la tête tranchée en 1355, et l'architecte qui en avait fait le plan, Philippe Calendario, fut pendu comme conspirateur.

Je remarque dans la galerie de tableaux de l'*Accademia delle Belle Arti*: une Assomption de la Vierge, grande et belle composition du Titien; Adam et

Eve, de Paul Veronese; la Résurrection de Lazare, du Bassan; le Miracle de saint Marc, par le Tintoret, ce peintre d'une si grande fécondité; les Noces de Cana, du Padovanino (le Padouan). On voit dans une salle particulière, ornée de peintures du Titien, et de bas-reliefs en bronze du Donatello, une urne de porphyre contenant la main droite de Canova; le ciseau de ce grand sculpteur est fixé dans le mur sur une plaque de marbre. Il y a une salle où sont réunis les plâtres des plus belles statues disséminées dans les diverses galeries de l'Italie.

Le quartier di Merceria se compose de rues étroites, comme celles de Gênes, pavées de larges dalles et fort propres; là se trouvent des boutiques de tailleurs, de cordonniers, de marchandes de modes.

Traversé le pont de Rialto, le seul qu'il y ait sur le grand canal; il est formé d'une arche unique de quatre-vingt-neuf pieds d'ouverture, et de soixante-dix de large. On arrive sur le pont par de beaux escaliers, en haut desquels se présentent deux rangs de boutiques de joailliers et de bouchers, formant trois rues.

Une gondole me porte en dix minutes de la Piazzetta à l'église de S. Giorgio Maggiore, l'une des merveilles de Palladio; sept statues en marbre décorent la façade; au maître-autel, les quatre Evangélistes en bronze soutiennent un énorme globe sur lequel s'élève la figure du Rédempteur: c'est une belle et harmonieuse composition. On voit dans le chœur cinquante bas-reliefs représentant l'histoire de saint Benoît; six tableaux du Tintoret; le Martyre de sainte Lucie, par le Bassan.

Façade, plutôt bizarre que belle, de l'église de S. Maria Zobenigo.

Depuis Bologne, et même avant, il n'y a sur les tables d'auberges que de ce mauvais pain pétri avec de petits bâtons; la farine qu'on y emploie est très-fine, très-blanche; mais le pain est lourd, indigeste, détestable.

Ce soir, en prenant une glace au café, je trouve des nouvelles politiques de France, dans la très-orthodoxe *Quotidienne*.

3 juin. — A une heure du matin, départ de Venise. Je descends en gondole ce grand canal, que j'ai tant admiré malgré, et peut-être à cause des traces de sa désolation actuelle; tous ses palais se dessinent majestueusement au clair de la lune; les illusions, les souvenirs, me reportent à deux siècles en arrière; personne ne dit mot dans la barque; le seul bruit des rames tombant sur les eaux, interrompt le silence de la nuit; mais ce bruit monotone, au lieu de troubler ma rêverie, contribue à lui donner une teinte mélancolique. Adieu, Venise! Un voyageur inconnu s'éloigne de tes murs, pour ne plus les revoir; ta destinée l'effraie. Qui sait pour combien de temps encore tu es destinée à faire l'admiration du monde? Un siècle, deux siècles, peut-être, et tes bords ne seront plus fréquentés que par le savant qui viendra interroger tes ruines, si toutefois elles n'ont pas disparu sous la mer, impatiente de recouvrer le sol qui lui fut ravi ! Ces pensées, ce silence, ce clair de lune, me jettent dans une tristesse poussée jusqu'aux larmes. — Venise commence à Attila et finit à Bonaparte; sa puissance de quatorze siècles devait naître et mourir au milieu des plus violens orages politiques.

Nous prenons terre à Mestre, petite ville sur les bords du golfe, à cinq milles de Venise.

De Mestre à Padoue, la route est couverte de villages populeux; quantité de palais, de maisons de plaisance, de jardins sur les bords de la Brenta; je voyage dans de belles et riches plaines; les vignes sont montées sur des arbres dont elles recouvrent les branches; puis, en retombant, elles retrouvent d'autres jets descendant de l'arbre voisin, et avec lesquels on les rattache.

Traversé Vicence, patrie de Palladio qui l'a enrichie de palais.

Passé à Montebello.

Arrivé à Vérone, située au pied des montagnes sur les bords de l'Adige.

L'Arena, la chose la plus curieuse qu'il y ait à Vérone, est un amphithéâtre bâti dans le goût du Colysée; ce bel édifice a la forme ovale; sa circonférence entière, prise extérieurement, a treize cent trente-un pieds; celle du Colysée en a seize cent quinze; l'Arena n'est pas aussi bien conservée que les Itinéraires l'affirment; en dehors, on l'a encombrée de boutiques de chaudronniers qui la déparent et lui donnent un aspect ignoble; de l'intérieur on a fait un théâtre, où vingt-deux mille spectateurs peuvent trouver place. Cet édifice avait soixante-douze arcades dans son ellipse.

Vérone est bien bâtie; elle a de grandes places et de fort belles rues, dont la plupart ont des trottoirs. Les maisons, les ponts, sont presque tous en marbre.

Je vais voir une Assomption du Titien dans la cathédrale. Il y a quelques bons tableaux dans l'église de S. Anastasia. Le *cicerone* me fait remarquer le palais où s'assemblait le congrès, en 1822; il montre avec emphase quelques débris de monumens anciens qui ne me semblent pas valoir grand' chose.

Vérone est la patrie de Pline le naturaliste (ou l'ancien), de Catulle, de Cornelius Nepos, de Vitruve, qui fut l'ami d'Auguste et dont les écrits nous sont restés.

On peut aller voir dans un jardin le prétendu sarcophage de Juliette, transformé aujourd'hui en un bassin où les paysannes lavent leurs laitues; mais le temps, et la foi dans cette espèce de relique de l'amour me manquent également.

4 *juin*. — La campagne est couverte de mûriers et de toutes sortes de récoltes; on dirait une suite de jardins bien verts, bien fertiles, bien cultivés. La poussière nous incommode beaucoup; j'en fais la remarque, parce que ce n'est guère que pour la troisième fois, depuis le commencement de mon voyage, que cet inconvénient se fait sentir.

Nous traversons au pas la forteresse de Peschiera; elle est située à l'endroit où le Mincio sort du lac de Garda, pour se rendre à Mantoue, et coûta 35 millions aux Vénitiens. Le Mincio tombe dans le Pô, à Governolo.

Nous cotoyons pendant quelques instans l'extrémité méridionale du lac de Garda. — Ses bords sont couverts de petits villages; on y pêche des truites saumonées, dont le poids va jusqu'à quarante livres. — Le bateau à vapeur part de Desenzano et descend à Riva et Torbole, petites villes à l'autre extrémité du lac.

Déjeuné à Brescia. — On ne voit que fontaines, de quelque côté qu'on se tourne; il y en a soixante-douze publiques et plus de quatre cents particulières. — En 1826, le hasard a fait découvrir un temple antique fort beau, ainsi que de belles statues en bronze; les fouilles se continuent.

Cette ville a donné le jour à un hérétique célèbre, qui fut maître dans Rome de 1144 à 1154.

Arnaud de Brescia, simple moine, disciple et ami de l'infortuné Abeilard, et antagoniste de saint Bernard, joignait à de l'esprit cette éloquence passionnée qui agite les masses. Plusieurs de ses doctrines religieuses furent taxées d'hétérodoxie; mais son hérésie politique fut la véritable source de ses malheurs. Le prédicateur patriote osa parler de liberté aux Romains; il soutint hardiment que le pape et les ecclésiastiques, en général, devaient renoncer à toute autorité temporelle ainsi qu'à leurs domaines, ou faire le sacrifice de leur salut; il reprocha aux successeurs de saint Pierre leur orgueilleuse opulence, leur cupidité et leur immoralité. Ses dangereuses leçons soulevèrent bientôt la ville de Brescia contre son évêque. Arnaud, vivement poursuivi, n'ayant plus d'asile sûr en Italie, se sauva à Zurich, où sa parole eut un grand retentissement. En 1144 il vint prêcher au Capitole le rétablissement de la république romaine; une révolution, accompagnée d'assez grands désordres, lui donna le pouvoir pendant dix ans.

Un pape ferme et heureux monta sur le trône de saint Pierre et reconquit le pouvoir. Banni de Rome, le courageux réformateur se retira en Campanie: mais Adrien IV voulait laver dans le sang l'outrage qu'avait essuyé la tiare. Ce pontife exigea de Frédéric Barberousse, qu'il usât de son pouvoir pour lui livrer l'illustre proscrit. Ramené à Rome, Arnaud y fut brûlé vif sous les yeux du peuple (1155), et on jeta ses cendres dans le Tibre, de peur que des hérétiques n'en fissent des reliques.

Rien de plus fertile que les environs de Brescia. — Passé l'Adda et arrivé à Milan, à onze heures du soir.

5 *juin*. — Fête-Dieu.

La population de Milan peut être évaluée aujourd'hui à cent trente ou cent quarante mille âmes; au dix-septième siècle, elle en comptait encore trois cent mille, et en 1758 quatre-vingt mille seulement.

Milan ne fut jamais plus peuplé, plus riche, plus florissant, que dans le temps de ses plus grands désastres; il en était ainsi de toute l'Italie, lors des guerres acharnées que se faisaient les Guelfes et les Gibelins.

Il est peu de villes qui aient changé aussi souvent de maître que Milan; celui qu'elle a actuellement ne paraît pas lui plaire beaucoup; chacun en connaît les motifs.

Toute la population est en mouvement, à propos de la Fête-Dieu; aux environs de la cathédrale, les rues sont encombrées et les croisées garnies de curieux, pour voir la procession; on a tendu d'étoffes de soie brochées en or les lieux qu'elle doit parcourir; des draperies pendent devant les fenêtres, ou traversent la rue d'une croisée à l'autre. Je vois défiler la procession; l'archiduc Rainier la suit, avec les autorités de tous les étages et leur nombreuse livrée; il y a de la musique, des coups de canon; c'est toujours ce même peuple si avide de spectacles.

Malgré tout ce que j'avais entendu dire du Dôme, j'ai été saisi d'admiration à son aspect; c'est le chef-d'œuvre de l'architecture gothique en Italie, comme Saint-Pierre est celui de l'architecture moderne. Cette église, d'un goût allemand et très-original, fut fondée en 1386; après Saint-Pierre de Rome, elle est la plus grande d'Italie. Plus on examine à l'extérieur cette masse imposante et la richesse de ses détails, plus l'étonnement augmente; il y aurait du nouveau à voir pendant plusieurs mois. Petites ou grandes, on y compte, tant en dedans qu'en dehors, plus de quatre mille cinq cents statues.

L'intérieur de l'église, vers le chœur, est fort obscur, ce qui contraste singulièrement avec la blancheur d'une partie de l'extérieur; tout absolument est de marbre; dix rangs de piliers d'une grosseur et d'une hauteur extraordinaires, divisent le vaisseau en trois nefs; le pavé n'est pas entièrement fini. Impossible de bien voir cette statue de saint Barthélemy, placée derrière le maître-autel, en un lieu tellement sombre que c'est à peine si on aperçoit que le saint est écorché et qu'il porte sa peau sur l'épaule; je laisse aux anatomistes pourvus de bons yeux le soin d'apprécier l'œuvre de Marc Agrato. Le chœur est garni intérieurement de sculptures en bois, d'un travail remarquable; ses murs sur les bas-côtés sont ornés de jolis bas-reliefs en marbre, représentant l'histoire de la Vierge.

Saint Charles Borromée fut le protecteur de Milan; son corps repose dans une chapelle souterraine de la plus grande richesse; tous les arts ont concouru à son embellissement.

Le grand autel est riche et élégant; huit colonnes dorées supportent une coupole d'argent. — A l'occasion de la fête, on a exposé dans la nef du milieu quelques bons tableaux. — Une grande cuve de porphyre sert de fonts baptismaux. — Délicieuse musique d'orgue.

Au bas de l'escalier qui conduit aux combles, est un petit bureau, où des employés vous font payer vingt-cinq centimes le droit d'y monter. Une heure et demie s'écoule bien vite, sur la galerie autour de l'aiguille, la plus haute, celle terminée par une madonc ; c'est de ce point élevé que l'on peut apprécier l'immense travail dont la couverture du dôme est chargée ; de la place j'avais vu une montagne de marbre blanc ; d'ici, j'aperçois une forêt de la même pierre. — Vue très-étendue de villes, de villages, de canaux, de la plaine de la Lombardie, qui de loin apparaît comme une immense forêt. Plus près, autour de la cathédrale, les jardins, les promenades, les édifices, la ville entière, dont l'aspect est beau, mais complètement moderne. — Cent vingt aiguilles, toutes terminées par une statue, sortent magiquement des combles ; il en reste encore trente à faire, pour compléter le nombre de cent cinquante qu'il doit y avoir d'après le plan. On montre du campanile une aiguille couronnée par la statue de Napoléon ; l'empereur tient de la main droite une pique, servant de paratonnerre ; la statue est de Canova.

On voit beaucoup de fresques dans l'église de Saint-Alexandre ; la chaire et le maître-autel sont incrustés de pierres précieuses. — Belles colonnes de granit.

La bibliothèque Ambrosiana, fondée par le cardinal Frédéric Borromée, a de tout temps été citée pour ses précieux manuscrits. On feuillette avec une émotion respectueuse le Virgile annoté par Pétrarque ; parcouru l'immense recueil de feuilles où Léonard de Vinci a tracé des figures de physique et de mécanique, avec leur explication écrite de sa main, de droite à gauche, ce qui oblige à se servir d'un miroir pour les lire. — Le fameux carton de l'Ecole d'Athènes, par Raphaël, est le morceau le plus précieux des peintures de l'Ambrosiana ; mais voici la désignation de quelques autres qui méritent une mention particulière : un Christ, du Guide ; une Sainte Famille, de B. Luini ; un Christ à la colonne, par le Titien ; deux portraits, d'André del Sarto ; celui d'un médecin, par Léonard de Vinci ; trois dessins, de Michel-Ange ; le portrait de Léonard de Vinci, de sa main et au crayon rouge.

La coupole de l'église de Santa Maria delle Grazie, faite sous la direction du Bramante, est belle sans doute ; mais on ne va guère à ce couvent que pour le célèbre Cenacolo de Léonard de Vinci : malgré les outrages du temps, les beautés de ce chef-d'œuvre apparaissent encore fort bien. On avait eu l'intention de mettre de nouvelles couleurs en suivant les contours de Léonard ; déjà deux pommes, un petit pain, deux verres où il y a du vin, et la main gauche de Jésus-Christ, étaient, ce qu'on appelle, *restaurés ;* heureusement, ce vandalisme n'a pas été poussé plus loin ; on en est resté là. La figure du Sauveur, qui, comme on le sait, ne fut jamais entièrement terminée, n'en est pas moins admirable ; celle de saint Jean a été très-maltraitée ; toutefois elle a conservé l'expression délicieuse et pleine de douceur que le Vinci lui a donnée. On a cru pendant long-temps que le Cénacle était peint à fresque ; mais il a été reconnu depuis que c'était un tableau à l'huile. M. Francesco Gagna de Verceil en fait une copie sur bois et de grandeur naturelle, pour le roi de Sardaigne; sa couleur me paraît bien rouge.

L'arc de triomphe en construction à l'entrée de la route du Simplon, et qui en porte le nom, est de marbre blanc; il fut commencé sous Napoléon, dont il devait immortaliser les victoires en Italie : plusieurs bas-reliefs sont placés; d'autres, entièrement finis, pourraient l'être également. On achève le monument en modifiant, corrigeant, etc. Quel embarras! L'arc doit être terminé dans dix ans et aux frais de la ville. La statue de la Paix remplacera celle de Napoléon; l'empereur François ne s'est pas jugé de taille à occuper la place qui était réservée à son gendre. Le char sera tiré par six chevaux de bronze, et quatre autres seront placés aux angles.

Tout près est un vaste amphithéâtre (le cirque ou l'arena), destiné aux courses et aux naumachies. Ce monument, ouvrage des Français, a la forme elliptique; il peut contenir trente-six mille spectateurs assis sur le gazon; la cour et les grands ont des places réservées.

La place d'armes, naguère le foro Buonaparte, immense esplanade gazonnée, devant l'amphithéâtre.

A chaque instant j'entends placer le nom de Napoléon à côté de celui des plus grands hommes; on lui attribue tout ce qui est beau et grand, même ce qu'il n'a pas fait; ce colosse des temps modernes occupe déjà en Italie la place que la postérité lui assignera.

Le corso a lieu chaque soir de la Porta Nuova à la Porta Renza, ou orientale; il y a aujourd'hui affluence d'équipages et de gens à pied; c'est une sorte de revue de la bonne compagnie de Milan.

6 juin. — Le palais delle Scienze e delle Arti (Brera) est d'une architecture majestueuse; trois établissemens y sont réunis: le musée, la bibliothèque, l'école des beaux-arts.

Le musée renferme une riche collection de tableaux: fresque de B. Luini. — Saint Paul et les Ames du purgatoire, de Salvator Rosa. — Le carton de la tête du Sauveur de la Cène, de Leonardo da Vinci. — Un portrait de moine, par Velasquez. — Plusieurs portraits de Vandick et du Titien. — Esther devant Assuérus, par Miéris. — Un saint Jérôme du Titien. — Un superbe Ecce-Homo, et l'Agar renvoyée par Abraham, du Guerchin: ce dernier et admirable ouvrage fut payé au peintre soixante et dix écus une livre huit sols (303 fr. 48 c.)! — Tableaux de Bellino. — Un Christ mort, du Mantègne; singulier effet de raccourci. — Tableaux de Paul Veronese, du Garofolo, de Jules Romain, des Carrache, de Jules Procaccino, du Tintoret, de l'Albane, du Caravage, du Guide, de Crespi, etc., etc. — Nous voici devant le morceau le plus célèbre de Brera, le Mariage de la Vierge. Raphaël n'avait que vingt et un ans lorsqu'il peignit le Sposalizio. Toutes ces figures sont belles, gracieuses, ont un charme indéfinissable; saint Joseph passe l'anneau au doigt de Marie; la seconde tête à droite est le portrait de Raphaël. Ce tableau, peint sur bois, porte la date de 1504.

Deux grands et beaux garçons, aux cheveux blonds, entrent dans la galerie, suivis d'un cicerone. Les deux étrangers, munis chacun d'un crayon et d'un livret, passent rapidement devant chaque tableau, ne prenant que le temps nécessaire pour constater son indentité, par une marque au crayon, sur leur catalogue. On dirait des huissiers-priseurs faisant, la veille d'une vente, le récolement des objets inventoriés.

Cependant ces voyageurs froids et ignorans, de retour dans leur pays, se croiront obligés de porter un jugement sur les tableaux qu'ils auront vus en Italie. Mais voyez leur embarras! incapables de se faire une opinion personnelle, ils chercheront à s'en composer une d'après les ciceroni, les custodi et les Itinéraires. Or rien de plus difficile; car les jugemens sur tout objet d'art varient à l'infini; cela est tout naturel; chacun, à cet égard, s'exprime selon ce qu'il sent, ce qu'il voit, ou ce qu'il croit voir.

Trois choses dominent dans un tableau : le sujet, le coloris, le dessin; tout le reste échappe au vulgaire. Si l'une de ces trois choses séduit le spectateur, il se laisse facilement entraîner pour le reste; la perfection qui l'a frappé se communique insensiblement, et à son insu, aux autres parties du tableau. Bientôt le prestige est complet, et si le sujet, par exemple, a déterminé sa prédilection, il n'est guère plus capable d'apprécier avec impartialité le dessin, la couleur, la composition et toutes les autres subdivisions de l'art. Voilà ce qui arrive, à peu près, à tout le monde; si j'en excepte toutefois certains ouvriers-artistes, et les gens qui ne se prononcent qu'après avoir longuement promené sur un tableau une loupe à très-forte lentille.

Que conclure de ceci? c'est que pour le spectateur tant soit peu exercé, tout tableau qui plaît ou produit une émotion réelle, est bon, au moins pour lui. Si un, si cent autres, pensent le contraire du même tableau, c'est qu'apparemment ils sentent ou ils voient différemment; mais leur opinion ne peut être d'aucun poids pour le dissident; car, à moins qu'il ne soit un sot, elle ne saurait lui enlever le plaisir qu'il a éprouvé ou la terreur qu'il a ressentie.

Voilà une conclusion bien paradoxale, aux yeux des fabricans de tableaux et des personnes dont le jugement se forme sur le feuilleton de leur journal; je le conçois. Mais s'avise-t-on de demander à un physiologiste si la femme qui est devant soi, est laide ou jolie? Eh bien! pourquoi donc aurait-on besoin de la permission d'un peintre, ou de l'avis d'un rédacteur-camarade, pour se prononcer sur le tableau qui a produit sur vous une véritable sensation?

On va voir seize colonnes antiques, de marbre blanc, ayant appartenu, selon quelques auteurs, à des bains de Néron, et selon d'autres au portique d'un palais de l'empereur Verus : c'est la seule chose qui reste à Milan des travaux des anciens. On sait que cette ville fut détruite une première fois par les Francs, lors de leur invasion de l'Italie en 538 et 539, et ruinée de fond en comble, en 1162, par l'empereur Frédéric Barberousse.

L'église de San Lorenzo, derrière ces colonnes, est une espèce de rotonde octogone, d'un plan fort singulier. On croit qu'il existait autrefois un temple d'Hercule sur l'emplacement qu'elle occupe.

L'architecture de l'église della Madonna di San-Celso, est du Bramante; il a mis l'ordre dorique au-dessus du corinthien, ce qui produit un effet peu agréable. — Belle façade décorée de statues d'Adam et d'Eve; cette dernière, d'Adolphe Florentin, vaut de l'antique. — Il y a beaucoup de richesses dans l'intérieur de l'église.

Parmi les hommes célèbres dont Milan peut se glorifier, il a donné le jour au marquis Beccaria Bonesano. A vingt-sept ans, ce bienfaiteur de l'humanité publia son traité *des Délits et des Peines*, ouvrage qui effaça de plusieurs codes des barbaries trop long-temps usitées. En France, la question fut abolie; en Suède, il en fut de même de la chambre des Roses, où s'exerçait une affreuse torture. On voit dans la rue de Brera le médaillon de Beccaria, sur la façade de l'hôtel qu'il habita.

Mademoiselle Agnesi (Maria Gaetana), née à Milan, est connue dans les mathématiques par ses *Institutions analytiques*, ouvrage très-savant qu'elle imprima étant encore fort jeune. Cette fille étonnante disputait en latin et en français, sur les courbes, sur la physique newtonnienne, sur la métaphysique, avec une facilité et une pureté de langage qui tenaient du prodige; elle parlait les langues orientales, comme quelqu'un qui se serait voué exclusivement à leur étude. Mademoiselle Agnesi, dont l'érudition si variée faisait à l'âge de vingt ans (en 1740) l'admiration des savans et des hommes d'esprit de l'époque, était fille d'un marchand de Milan. Après la mort de son père, elle se retira dans un couvent, et s'y consacra entièrement aux pratiques de la vie dévote.

Je suis retourné ce soir au corso; il y avait peu de promeneurs à pied, mais considérablement de voitures; des lanciers autrichiens caracolaient autour des équipages pour maintenir les files. Tous ces gens à cheval et en voiture meurent d'ennui; cette affectation de gaieté, en se saluant de la main, ne m'en impose pas.

7 juin. — Après avoir passé une heure au Duomo, je vais retirer mon passeport à la police. Un employé, fort poli, m'adresse une foule de questions; je me permets de lui faire remarquer qu'elles sont un peu niaises. — A propos de passeport, voici une petite espièglerie que se permet l'honnête police de Milan envers ses administrés: un Italien, voulant faire son tour de France ou d'Angleterre, demande un passeport; le temps nécessaire aux informations étant écoulé, il va le réclamer; au lieu d'un passeport pour Paris ou pour

Londres, on lui en remet un pour Vienne, en lui assurant que la capitale de l'Autriche est à tous égards plus curieuse et plus agréable; l'Italien, qui croit que c'est une plaisanterie, insiste; mais il ne peut obtenir autre chose. Cette anecdote, que je tiens de deux personnes dignes de foi, peut donner une idée de l'effroi qu'inspire à l'Autriche tout contact de ses peuples avec ceux d'un pays libre; elle explique en même temps l'espionnage et les misérables tracasseries de ce gouvernement envers les pauvres étrangers qui se trouvent accidentellement sous sa griffe.

M. B.... me présente à M. Palaggi, un des premiers peintres de l'époque; il me montre des esquisses, des tableaux achevés, ainsi qu'une fort jolie collection de vases étrusques et d'antiquités.

En traversant la place San Fedele, M. B.... me fait remarquer qu'elle doit son agrandissement à un crime d'autant plus exécrable, qu'il paraît avoir été suscité par l'Autriche, comme moyen d'arriver à ses fins.

Le 20 avril 1814, le comte Prina, ministre des finances du royaume d'Italie, fut assassiné, en quelque sorte, à coups de parapluies; son épouvantable agonie dura cinq heures (de midi à cinq heures du soir). La populace ameutée par le parti autrichien, secondé des nobles et des prêtres, lui fit subir d'horribles tortures; puis elle se porta à son hôtel, qui occupait une partie de la place S. Fedele, le dévalisa et le démolit. Un prêtre de S. Giovanni alle Case Rotte, refusa d'ouvrir son église, où l'on voulait transporter le comte Prina, qui n'était encore que grièvement blessé; ce refus décida de la mort du malheureux ministre.

Le préfet de police Villa informait sérieusement contre les assassins; il recueillait les effets volés; M. de Metternich destitua M. Villa.

Je vais au théâtre de la Scala; on donne *le Mariage Secret*, et le ballet de *la Silfide, ovvero il genio dell' aria*.

Il n'y a pas de baignoires; deux cent vingt-cinq loges sont distribuées sur six rangs, plus dix loges d'avant-scène, en tout deux cent trente-cinq. Le lustre est fort petit et ne répand qu'une faible clarté dans cette vaste salle. Lablache développe admirablement sa belle voix, dans le rôle de don Geronimo, qu'il joue en acteur consommé; les femmes sont médiocres. Le ballet est fort joli. Au plus petit applaudissement, acteurs et actrices se confondent en saluts respectueux.

8 juin. — En deux heures et demie on va, par le vélocifère, de Milan à la chartreuse de Pavie.

La façade, tout en marbre, de l'église de la Certosa, est un magnifique chaos d'ornemens de toute espèce, statues, bas-reliefs, feuillages, bronzes, médailles, colonnes, clochers, et que sais-je encore? Du haut en bas, on ne trouverait pas deux pieds carrés sans ornemens; le mélange de diverses architectures offre un coup-d'œil bizarre, mais original et curieux.

Jean Galéas commença cette église en 1396; Pellegrini fut le premier architecte, et Jacques de Laporte acheva le monument en 1562. A l'intérieur, c'est une croix latine surmontée d'une coupole; les peintures de la voûte sont en outremer semé d'étoiles d'or; à chaque chapelle il y a une grille; celle qui ferme le chœur est un très-bel ouvrage. — Beaucoup de tableaux de prix. — Tombeau de Jean Galéas, orné d'arabesques et de statues. — Fresque de Luini, trouvée depuis peu, représentant la Madone et l'enfant Jésus. — Grand autel fort remarquable. — Portrait du cardinal Colonna, par le Guide. — Tombeau de Ludovic Sforze, le More, mort en France, au château de Loches, après douze ans de captivité : ce méchant homme avait une grosse et bonne figure. Le tombeau de Béatrix d'Este, sa femme, est à côté. — Il y a six tableaux réunis en un même cadre dans la chapelle de S. Michel ; celui qui représente le Père Éternel est un beau Pérugin.

Deux cloîtres, dont un immense; des colonnes de marbre soutiennent les portiques en terre cuite qui règnent tout autour. Cette chartreuse couvre autant de terrain qu'un village ordinaire. Depuis 1782, époque à laquelle Joseph II supprima les chartreux dans tous les États de l'Empire, quatre prêtres disent la messe et font les offices. Chaque moine avait une habitation séparée, se composant :

de deux pièces au rez-de-chaussée, de deux autres au premier étage, d'un oratoire, d'un cabinet servant de serre chaude pendant l'hiver, d'un puits et d'un jardin ; en voilà suffisamment pour passer assez bien la vie, loin des agitations du monde.

C'est près des murs de la chartreuse que se donna, en 1525, la bataille dite de Pavie, où François I*er* fut fait prisonnier par Charles-Quint. Quelques auteurs prétendent qu'on conduisit le roi dans le monastère même, et que c'est de là qu'il écrivit à la duchesse d'Angoulême cette lettre si laconique : « Tout est perdu, fors l'honneur. »

D'autres pensent que la prison de François I*er* était à Mirabello, à une lieue de Pavie.

Les troupes autrichiennes portent également ici ce petit bouquet de verdure au schakos qui nous blessait tant lors de leur invasion en France, en 1814 et 1815.

De la chartreuse à Pavie, il y a cinq milles ; je ne connais pas de route plus agréable pour un piéton ; chemin pour les voitures ; chemin gazonné pour les gens à pied ; beau canal d'eau pure, de chaque côté, et quatre rangs d'arbres.

J'entre à Pavie par la porte S. Vito, où commence la Strada Nuova, qui traverse la ville du nord au sud et va à la porte del Ponte Ticino ; c'est la rue la plus peuplée de Pavie ; on y voit le bâtiment de l'Université, ayant actuellement mille quatre cents élèves.

La cathédrale est vieille et bâtie de travers ; on y

a suspendu, à la voûte, la lance de Roland. — Visité trois autres églises. — Le tombeau de S. Augustin, dont un livre fait une honorable mention, est déposé provisoirement à l'archevêché, où je n'ai pas le temps d'aller le chercher.

En entrant à Pavie du côté de Vogherra, on passe le Tessin sur un grand pont couvert ; je m'y trouve au moment de la promenade du dimanche, après la messe paroissiale ; brillante jeunesse masculine.

Conversation d'un élève de l'Université, avec lequel je voyage de Pavie à Milan ; haine profonde qu'ils ont *tous* pour le gouvernement *paternel* de l'Autriche.

9 *juin*. — Je parcours la ville sans but fixe. — Traversé la belle rue del Monte. — Les femmes de la classe élevée sont mises à peu près comme à Paris ; celles de la classe moyenne portent une robe simple, assez souvent sans schall, mais elles se couvrent la tête d'un voile de dentelle noire, dont la partie antérieure ne laisse à découvert que le menton ; quant aux femmes du peuple, elles ont toutes la tête nue et les cheveux retroussés avec un peigne d'argent et une flèche ayant à chaque bout un ornement, également en argent, de la forme et de la grosseur d'un œuf de pigeon. — Dans les rues, personne ne se dérangeant pour vous faire place, on est coudoyé à chaque instant.

Ce peuple désœuvré passe une grande partie de la journée à l'église, le plus souvent sans prier, uniquement pour entendre quelque musique et voir du monde ; j'ai eu lieu de faire souvent la même remarque à Rome et à Naples.

Je ne me lasse pas de voir il Duomo. Parmi les statues à l'extérieur, il en est de payennes ; je crois avoir reconnu, du côté du palais habité par le vice-roi, un groupe de Vénus et l'Amour ; et ailleurs Andromède enchaînée au rocher.

Dans l'intérieur de l'église, les peintures en clair-obscur à la voûte de la grande nef, imitent tellement le dentelé du marbre blanc sculpté à jour, que j'ai été obligé de prendre des informations pour savoir à quoi m'en tenir. — Ce sont les peintures des vitraux qui rendent l'église obscure vers le chœur ; près de la porte, où les carreaux sont blancs, il y a beaucoup de lumière. — Tout le marbre employé à ce monument a été tiré des carrières aux environs du lac Majeur et des montagnes de Como : ces carrières continuent à être exploitées.

Proportions de la cathédrale de Milan.

Le vaisseau a quatre cent quarante-neuf pieds de longueur ; deux cent soixante-quinze de largeur dans la croisée, et cent quatre-vingts dans la nef ; il a deux cent trente-huit pieds de hauteur sous la coupole ; cent quarante-sept dans la nef ; cent dix dans les bas-côtés, et soixante-treize dans les chapelles. La hauteur extérieure de la coupole et du couronnement qu'on y a mis, est de trois cent soixante-dix pieds. La voûte est soutenue par cinquante-deux colonnes de quatre-vingt-quatre pieds de hauteur (y compris les chapiteaux et les bases), et de vingt-quatre pieds de circonférence.

Départ pour Como, à quatre heures après-midi.

Il y a dans la voiture deux jeunes gens, non militaires, portant des moustaches; elles sont en grande faveur en Italie; on ne se figure pas combien ce peu de barbe sous le nez donne d'à-plomb à un sot (1).

En approchant de Como, un voyageur me fait remarquer, au clair de la lune, et sur une hauteur, la tour du Baradello; ce monument des fureurs civiles et des révolutions du moyen âge produit un charmant effet, au milieu des arbres dont il est entouré. C'est dans cette tour que fut enfermé et périt dans une cage de fer (en 1278), après un supplice de dix-neuf mois, Napoléon della Torre. Sa défaite par l'archevêque de Milan, Othon Visconti, renversa le pouvoir des Torriani et amena la souveraineté des Visconti.

10 *juin*. — Como, dans une plaine agréable, mais entourée de montagnes, se trouve à la pointe d'un lac qui a dix lieues de long.

La cathédrale est revêtue de marbre. — Trois chapelles sur les dessins du Bramante. — Cinq ou six tableaux de Luini et de Ferrari.

Como a donné le jour à Paul Jove, à Celius poète comique, à Pline le jeune.

J'entre à huit heures du matin dans le bateau à

(1) Voyez Paris en 1833, et ses boulevards empestés de l'odeur de la pipe.

vapeur établi sur le lac. Des palais, des clochers, des maisons de plaisance, des cabanes, des villages, couvrent ses rives enchantées; des bois, des prairies, descendent du sommet des montagnes jusqu'au bord de l'eau: la nature et l'art ont réuni tous leurs efforts pour décorer ces beaux lieux.

Quitté le bateau à Bellaggio; monté à la villa Serbelloni; elle couronne le promontoire qui sépare les deux branches du lac; vue magnifique, belle chaleur : je suis tout en eau, et cependant je n'éprouve aucune fatigue.

La Casa Melzi étant fermée, je traverse le lac; je débarque à la Cadenabbia et j'entre dans le palais de M. le comte de Sommariva, bâti sur une éminence, au milieu de jardins plantés de lauriers, de myrtes, de grenadiers. Une jeune fille, aux yeux noirs, remplit les fonctions de cicerone; elle m'accompagne dans les galeries et les salons; ils sont garnis de statues et de tableaux; on y voit d'assez mauvaises nudités, faites à Paris. Voici ce qu'il y a de mieux dans ce musée : Palamède, statue de Canova; les modèles de sa Madelaine et de sa Terpsichore; la mort d'Atala, tableau de Lordon; une copie sur bois de la Joconde de Léonard de Vinci : cette copie ressemble tellement à l'original de la galerie du Louvre, qu'on pourrait croire qu'elle est également de la main de Léonard de Vinci, de ce grand homme dont l'esprit pouvait tout embrasser. Il était mathématicien, poète, peintre, sculpteur, architecte, chimiste, anatomiste ; il avait encore toutes les qualités extérieures et aimables; il était éloquent, d'une belle figure, et d'une force de corps extraordinaire. Le Vinci mourut en 1518, à Fontainebleau, entre les bras de François I*'*.

Je remarque encore : Andromède demi-couchée, jolie statue grecque, dont l'expression de douleur est admirablement rendue ; la seconde partie des bas-reliefs du triomphe d'Alexandre, par Thorwaldsen; divers tableaux de Meynier, Robert Lefehvre, etc.

Repris le bateau à vapeur jusqu'à Torno ; de là une barque me conduit à la Pliniana, propriété du marquis Canarighi, de Como; mon vieux batelier a habité quarante-cinq ans la France ; il m'intéresse par ses récits, par toutes ses prévenances pour moi.

Derrière le château de la Pliniana, belle source intermittente, dont parlent Pline l'ancien et Pline le jeune. Je la vois au moment où ses eaux sont basses; et cependant leur volume serait assez considérable pour faire aller un moulin. L'intermittence se fait remarquer trois à quatre fois par jour; de onze heures du matin à une heure après midi, la source augmente de volume, fort régulièrement ; mais il n'y a rien de bien fixe pour les autres variations.

Traversé le lac pour la quatrième fois et abordé à Moltrasio; plusieurs petites barques filent à la voile ; le paysage est vraiment enchanteur; il rappelle ces vers de Chapelle :

« Hélas! que l'on serait heureux
« Dans ce beau lieu digne d'envie; etc., etc. »

De Menaggio à Varena, dans sa plus grande largeur, le lac de Como a cinq milles, et de Como à Chiavenna, sa plus grande longueur, soixante milles.

Revenu à pied de Moltrasio à Como, en suivant la jolie route que la princesse de Galles (la reine, femme de Georges IV) avait fait faire, sur les bords du lac, pour se rendre à sa *villa d'Este*; elle l'a habitée pendant trois années. Lorsque cette *villa* appartenait au général Pino, il avait élevé sur le flanc du coteau qui la domine des murs et des créneaux imitant les fortifications de Tarragone, dont il s'était emparé. Ceci est plutôt bizarre que joli; mais il y a au moins de l'originalité.

11 *juin*.—Parti de Como à cinq heures du matin; arrivé à Varese à neuf heures.

Les Italiens ont un goût particulier pour la peinture en plein air; à Como et à Varese, il y a peu de maisons qui ne soient décorées à l'extérieur d'un ou deux tableaux à fresque; ils représentent généralement des sujets sacrés. A la sortie de Como, j'ai vu ce matin deux squelettes qui jouent aux dés, des mitres, des rochets et des couronnes. Qu'on se figure semblable chose sur les murs d'une des rues de Paris: mais c'est ici un autre monde; ce sont d'autres préjugés, d'autres mœurs, par conséquent d'autres goûts.

A la porte de Varese, je prends un chemin à

droite qui conduit à la Madonna del Monte ; après une heure et demie de marche, par un soleil ardent, j'arrive à l'église, située au sommet de la montagne ; on passe successivement devant quatorze chapelles, ou petites églises, remplies de saints et de saintes en terre cuite. Les gueux-mendians gardent toutes les avenues, et considèrent l'aumône qu'ils vous arrachent comme un droit de passage.

De cette église d'une des madones les plus en vénération, on jouit d'une vue fort étendue et de celle de cinq lacs. Il y a à côté de l'église une mauvaise petite chapelle, dans l'intérieur de laquelle sont rangés quarante-deux crânes desséchés ayant appartenu à des ecclésiastiques, et à des moines, attachés à l'église.

Je me débarrasse difficilement des marchands de chapelets ; après les mendians, je ne connais rien de pire. Bonne petite auberge sur ce belvédère.

De Varese à Laveno, le pays est ravissant. A Laveno, je prends une barque et trois rameurs qui me déposent à l'Isola Bella. Le lac est parfaitement calme ; demi-heure avant d'arriver, l'atmosphère est embaumée ; une brise légère m'apporte le parfum de la fleur d'orange. Je descends à l'auberge del Delfino, la seule qu'il y ait aux îles Borromées.

12 juin. — Les quatre îles et la plus grande partie du lac Majeur, sont la propriété de M. le comte Borromée ; chaque année il vient de Milan, avec sa

nombreuse famille, passer le mois d'août en *villeggiatura*, à l'Isola Bella. La ferme de la pêche du lac donne au comte un revenu considérable. Deux petits canons, sur leur affût, sont placés devant le château, en signe de souveraineté. Le lac est entouré de coteaux, de collines, de montagnes de toutes les hauteurs, de toutes les formes, qui jettent une grande variété sur le paysage; du milieu de ces touffes d'arbres bien verts, s'élèvent quelques centaines de maisons; au total, ensemble délicieux, sous un ciel pur éclairé par un beau soleil.

Palais et jardins de l'Isola Bella.

On a tant dit et tant écrit sur cette île, qu'il est désormais impossible de trouver une pensée neuve à glisser dans sa description. J'ai été plus frappé, il faut l'avouer, de l'originalité du plan, que de sa beauté; de la dépense qui a été faite, que de ses résultats. On parle sans cesse des marbres qui ornent ces jardins; la vérité, c'est qu'il n'y en a pas gros comme une pièce de dix centimes sur les terrasses et sur les murs du palais, et fort peu dans les appartemens. Quelques parties du palais et même des jardins sont fondées sur pilotis. Le comte Vitaliano Borromeo, cadet de famille, jeta en 1670 les fondemens de ces grands travaux; effrayé lui-même des dépenses qu'ils entraînaient, il en brûla les mémoires.

J'ai parcouru le beau bosquet planté de lauriers, dont plusieurs sont de grands arbres; ils croissent sur un pied et demi de terre. Ce *laurus nobilis* qui, à partir du sol, se divise en deux énormes tiges, attire particulièrement l'attention. Napoléon grava, en 1800, le mot *bataille*, sur la branche qui a neuf pieds de circonférence; un officier autrichien a frappé d'un coup de sabre ces caractères inoffensifs; un Anglais a enlevé plus tard, comme relique, un morceau de l'écorce; le temps, enfin, a à peu près achevé ce que ces vandales d'espèces différentes avaient si bien commencé; en sorte qu'on ne voit presque plus rien.

Il y a dans la galerie des tableaux de Scidone, du Caravage, de Procaccino, de Crespi, de Lucca Giordano et un petit nombre de statues de marbre. Quelques salons au rez-de-chaussée sont revêtus de cailloutages auxquels on donne le nom de mosaïques. Des vieilleries de toute espèce, que le custode qualifie de *bellissime*, garnissent tant bien que mal les appartemens. En Italie, le superlatif est habituellement employé lorsqu'il s'agit de beaux-arts; ce qui leur plaît est toujours *stupendo*, *maraviglioso*, *incomparabile*. Très-souvent ils donnent le nom de *palais* à des maisons qui ne sont que communes ou simplement jolies.

Pris le *vapore*, comme on l'appelle, jusqu'à Arona, sur le territoire du roi de Sardaigne. J'aperçois d'assez loin le monument de saint Charles Borromée, législateur et protecteur du Milanais. On a élevé sa statue sur le sommet d'une colline, près du lieu de sa naissance et à vingt minutes de la ville. Cette statue pédestre a soixante-six pieds de hauteur, et pose sur un piédestal de quarante-six pieds. La tête, les mains et les pieds sont de bronze fondu; le reste est de lames de cuivre fort épaisses. Le saint, en costume d'évêque, tient un livre sous le bras gauche et donne sa bénédiction de la main droite; l'expression de la physionomie est douce et mélancolique; l'attitude simple et belle. Cette statue, faite en 1697 par Siro Zanella et de Falcono, ne paraît point aussi colossale qu'elle l'est réellement.

Revenu sur la route du Simplon. —De la statue à Stresa, où je suis arrivé à pied en deux heures et demie, il y a dix milles; la route est unie comme l'allée la mieux entretenue d'un parc.

Passé en bateau de Stresa à l'Isola Madre, la plus grande des quatre îles Borromées. — Belle végétation; arbres superbes; les appartemens de la maison ou du palais, puisqu'on veut à toute force lui donner ce nom, sont délabrés; mais les jardins me plaisent infiniment. Somme toute, je préfère l'Isola Madre à l'Isola Bella; elle est plus naturelle. C'est une belle fille de dix-huit ans qui remplit près de moi les fonctions de cicerone; elle a l'air fort simple, fort innocente; une fleur d'héliotrope paraît me plaire; elle s'empresse de la cueillir et de me la donner: ce trait de candeur m'enchante. En nous quittant, elle me dit avec une grace charmante : « Buon viaggio. »

Je fais le tour de l'Ile-Mère, et je rentre à l'Isola Bella.

13 *juin*. — Il n'y a pas d'autre voyageur que moi à l'*albergo* del Delfino : j'y suis vraiment très-bien ; depuis trois mois je n'ai pas joui d'une semblable tranquillité. Des balcons de ma chambre, la vue est très-agréable ; en face, sur la route du Simplon, les écuries du comte Borromée ; plus haut, de jolies maisonnettes, sortant des bois ; à droite, Baveno et son clocher ; tout près de là, également à droite, l'île habitée par des pêcheurs, dont le *campanille* et les habitations produisent un effet très-pittoresque.

Les promenades sur le lac Majeur sont peu coûteuses, et les bateliers très-polis ; ils ne parlent du *vapore* qu'en poussant un soupir ; la chose est toute naturelle ; car le bateau à vapeur *le Verbano* nuit autant à leur industrie particulière qu'il est utile et agréable aux voyageurs. Il va chaque jour de Sesto-Calende à Magadino, parcourant ainsi le lac, dans toute son étendue, en six heures, et vous faisant naviguer sur trois États différens : la Lombardie, le Piémont et la Suisse.

Station de trois heures dans les jardins de l'Isola Bella. — L'hiver, le thermomètre de Réaumur descendant jusqu'à six ou sept degrés au-dessous de zéro, on est obligé d'entourer de serres tous les orangers et citronniers. Je m'assieds quelques instans sous des grottes, moitié naturelles, moitié artificielles, dont les parois sont tapissées de lierres et de capillaires ; des guirlandes de petites roses, des aloës et d'autres plantes étrangères, en ornent l'intérieur; de mon charmant réduit je vois passer les barques.

On compte dix terrasses les unes sur les autres, à partir du niveau du lac. Ces obélisques, ces statues de pierre grise avec des ornemens en fer rouillé, que l'on vante tant, ne me plaisent pas du tout; mais ce qui m'enchante, ce sont les beaux arbres, l'air embaumé, la végétation puissante et gracieuse des montagnes voisines, le Simplon que j'aperçois à travers les nuages, la variété dans les jardins et les parterres, le panorama que j'ai sous les yeux, le chant des oiseaux, qui, seul, interrompt le silence dans ces beaux lieux; voilà ce que l'on ne peut se lasser d'admirer. Mais cependant, il faut l'avouer, ce tableau porterait encore plus à la rêverie, si ce qu'il y a d'artificiel était mieux déguisé. C'est ce motif qui détourna Rousseau de placer la scène de la Nouvelle Héloïse à l'Isola Bella, comme c'était d'abord son intention; il choisit un pays plus simple, plus agreste, plus en rapport avec la pensée principale, avec la teinte de tristesse qui domine dans son roman.

Réflexion. — Chaque jour on voit porter sur la nation italienne des jugemens qui diffèrent du tout au tout; les circonstances particulières dans lesquelles se sont trouvées les personnes qui les émettent, déterminent leur opinion. Le mal qu'on en dit si souvent s'accorde quelquefois avec ce que l'on voit, et d'autres fois il paraît souverainement injuste. Dans un pays où les gouvernemens n'offrent aucune garantie, et où l'opinion est sans empire; dans un pays où la religion est plus occupée du culte que de la morale, il y a peu de bien à dire de la nation considérée d'une manière générale; mais on rencontre en Italie, comme partout ailleurs, beaucoup de qualités privées. C'est, j'en suis convaincu, le hasard des relations individuelles qui inspire le plus souvent aux voyageurs-écrivains la satire ou la louange; les personnes que l'on connaît particulièrement décident du jugement qu'on porte sur la nation entière; jugement qui, pour l'Italie, ne peut trouver de base fixe ni dans les institutions, ni dans les mœurs, ni dans l'esprit public.

Sur la liste des sept péchés capitaux que les plaisans attribuent aux principales villes d'Italie, ils placent l'orgueil, à Gênes; l'avarice, à Florence; la luxure, à Venise; la colère, à Bologne; la gourmandise, à Milan; l'envie, à Rome; la paresse, à Naples.

Parti de l'Isola Bella par le bateau à vapeur. — Arrivé à Magadino à sept heures du soir. Ici je fais mes adieux à l'Italie; me voilà en Suisse; je vois le Tessin entrer dans le lac Majeur.

Arrivé à Bellinzona, à dix heures.

14 *juin*. — Parti à quatre heures du matin pour Airolo. Je suis le val de Leventina, au fond duquel coule le Tessin; ce pays fut cruellement dévasté pendant la guerre de 1799. — Grand nombre d'oratoires et de chapelles couvertes de peintures. — Beaucoup de couvens.

Pris quelques instans de repos à Giornico.

Les vignes sont cultivées d'une manière toute particulière; on les élève en tonnelles, soutenues par des blocs de pierre tirés des rochers voisins et taillés en pilastres.—Chaque ruisseau qui se jette dans le Tessin forme sa petite cascade.

Les maisons des villages sont construites en mélèse ou en sapin, sur un soubassement en pierre qui n'est habité que par les bestiaux, ou sert de magasin ou même de cave. L'escalier extérieur conduit à la galerie du premier étage, abrité par la saillie du toit. Chaque étage (il y en a deux, ou trois au plus) est marqué par un rang de petites fenêtres garnies de tout petits carreaux montés en plomb. La boiserie de la façade n'est point peinte, mais la résine qui en suinte la couvre bientôt d'un vernis naturel, de couleur rousse.

Je commence à pouvoir boire du lait à discrétion, ce qui n'est guère possible en Italie, où généralement il est fort rare.

Couché à Airolo.

15 *juin*.—Parti à pied, à quatre heures du matin, pour le Saint-Gothard; un guide conduit le cheval chargé de mon bagage; nous suivons la rive gauche du Tessin. Je marche sur la neige pendant une heure, et en même temps mon parapluie me garantit du soleil. Dans plusieurs endroits la neige forme des ponts sur le Ticino. Il fait le plus beau temps possible.

Les voyages à pied offrent décidément quatre grands avantages :

1° Exercice salutaire;

2° Les objets se gravent mieux dans la mémoire;

3° Plus de liberté dans la pensée;

4° Économie d'argent;

Arrivé à six heures et demie au col du Saint-Gothard, par un sentier de quinze pouces de large, sur la neige. Là je laisse le Tessin derrière moi et je longe la rive droite de la Reuss, avec laquelle je descends à l'Ospenthal. — Jolies petites maisons en bois; charmante auberge. — Pendant mon déjeuner, on charge ma malle sur un nouveau cheval, et après une heure de repos ou de réfection je m'achemine vers Goeschenen. On emprunte de temps en temps la route que les cantons d'Uri et du Tessin font faire à travers le Saint-Gothard; elle sera finie avant trois ans.

Passé la galerie d'Urnerloch, taillée au travers des rochers du Teufelsberg, dans une longueur de deux cents pieds.

Traversé le Pont-du-Diable, sur la Reuss : je n'y vois rien de très-curieux; son élévation au-dessus des eaux n'est que de soixante-dix pieds. — A Goeschenen, monté dans un char-à-banc. — Très-forte chaleur. — Pris une chambre, à Fluelen, dans la jolie auberge de la Croix-Blanche, au bord du lac des Quatre-Cantons.

Je retourne à Altorff (à demi-heure de Fluelen), que je viens de traverser en voiture. — Autour d'une assez belle église, est un cimetière couvert de croix en fer, avec des ornemens en cuivre de mauvais goût; beaucoup de vases en pierre, pleins d'eau bénite, avec le goupillon.

Fontaine publique, surmontée de deux mauvaises statues, en pierre grise, représentant Guillaume Tell et son enfant. — Vieille tour couverte de peintures détestables; elle indique l'endroit qu'occupait le tilleul sous lequel le fils de Tell fut placé lorsque son père reçut l'ordre d'abattre la pomme mise sur sa tête.

Fluelen est dans une situation gracieuse et solitaire ; c'est le port d'Altorff.

16 *juin*. — Promenade sur le lac de Lucerne, ou des Quatre-Cantons; je la commence de bonne heure, non-seulement pour mettre mon temps mieux à profit, mais encore parce que le matin est l'époque la plus propice de la journée pour voyager sur les lacs et sur les hautes montagnes; on est plus certain de ne pas éprouver de tempête et de n'avoir pas des brouillards qui, le soir, cachent souvent les points de vue. Sous le rapport tempête, le lac des Quatre-Cantons a une renommée effrayante.

Je prends une barque et deux rameurs, pour visiter les points les plus curieux du lac, qui appartient tout entier à l'époque héroïque de la Suisse. Mes bateliers me conduisent d'abord à Tells-Platt, chapelle bâtie sur le lieu même où, par un saut hardi, Tell se délivra du tyran qui l'emmenait prisonnier; rien de remarquable dans cette chapelle, si ce n'est sa situation et les souvenirs qu'elle consacre.

Abordé au Grutli, petite prairie très en pente.

Là, sous une cabane ombragée, sont trois sources, objet de la vénération du peuple; elles indiquent la place qu'occupaient les trois libérateurs lorsqu'ils prononcèrent leur serment; voici une courte analyse de ce grand épisode de l'histoire de la Suisse.

Les trois communautés d'Uri, de Schwitz et d'Underwalden se réunissaient dans de certaines occasions : on les nommait les Waldstœtten, les cantons des bois; ils étaient à peine connus. Des bergers habitaient cette vallée sauvage dominée par de hautes montagnes et baignée par le beau lac des Quatre-Cantons; c'est là le berceau de la liberté suisse. Les Waldstœtten descendaient des Scandinaves, et en cherchant un asile au sein de ces montagnes, ils avaient juré de ne jamais se quitter. Fatigués du joug des abbés, ainsi que de celui du duc Albert de Habsbourg, fils et successeur de Rodolphe, fondateur de la maison d'Autriche, ils résolurent de s'affranchir de l'un et de l'autre. — Hermann Gessler de Bronnegg et Beringuer de Landenberg s'établissent dans le pays, chargés d'y exercer au nom d'Albert les fonctions de gouverneur impérial et de grand-juge. Le despotisme de ces baillis devient insupportable. Le peuple berger souffre en silence pendant plusieurs années. L'injustice et l'insolence des oppresseurs sont portées au dernier point. Werner Stauffacher, du village de Steinem, Walter Furst, d'Attinghausen, et Arnold de Melchtal, victimes des baillis, se réunirent pour s'entretenir ensemble des souffrances de leur pays. Le 17 novembre 1307, au milieu de la nuit, sur les bords du lac des Quatre-Cantons, près du petit village de Grutli, ces trois conjurés amenèrent chacun dix hommes dévoués. Stauffacher, Furst et Arnold, à la clarté de la lune, font le serment de mourir plutôt que de supporter davantage une tyrannie aussi révoltante. Ce serment est répété par tous, en élevant au ciel des mains pures de tout crime, et des cœurs remplis de confiance en la bonté de leur cause. La nuit du 1ᵉʳ janvier 1308 est l'instant choisi pour l'accomplissement de leur projet : en attendant, chacun retourne à sa vallée et au soin de ses troupeaux. Le moment arrivé, les conjurés s'emparent des deux baillis, les chassent, et se bornent à leur faire jurer de ne jamais remettre le pied dans les Waldstœtten. Des feux de joie, signaux de la liberté conquise sans une goutte de sang répandu, brillent au loin sur les Alpes. Ces hommes libres s'assemblent le 7 du même mois, pour cimenter une alliance perpétuelle : bien dignes, par leur humanité dans la victoire et par leur courage, d'assurer à leur pays cinq siècles de tranquillité, d'indépendance et de gloire.

La naissance des trois sources du Grutli est, dans l'opinion populaire suisse, un miracle républicain. L'invalide préposé à la garde de ce sanctuaire de la liberté me donne à boire un verre des eaux mélangées de ces trois sources ; il me tend amicalement la main, et je la lui serre de bon cœur.

Je passe devant le village de Gersau sur le bord

du lac ; cette pauvre petite république, qui comptait vingt maisons et formait un Etat souverain de deux lieues de long, sur une lieue de large, fut oubliée lors du congrès de Vienne en 1814, et son existence politique ne se trouvant pas reconnue, elle a été absorbée par Schwitz, canton dans le territoire duquel elle se trouvait enclavée.

Débarqué à Veggis. — Pris un bain dans les eaux bleues du lac. — Excellent accueil de l'aubergiste du Lion; il me donne un guide, et à deux heures après midi nous partons pour le Righi, par un sentier au milieu des hêtres et des bouleaux. — Cette montagne, par sa situation isolée, est le véritable observatoire de la Suisse. — J'arrive à cinq heures au sommet du Righi ; je ne crois pas avoir jamais été en un semblable état de transpiration. — Grande auberge en bois, fort bien tenue. Magnifique coucher du soleil, à sept heures trois quarts. Nous sommes douze à quinze voyageurs à table, au souper.

17 *juin*. — Dès trois heures, la cloche sonne, et chacun sort de son lit pour assister au lever du soleil; on va prendre place sur la prairie en plate-forme qui s'étend devant l'auberge ; tous les yeux se tournent vers Goldau, devenu tristement célèbre par l'horrible catastrophe du 2 septembre 1806. C'est de ce côté que va paraître le soleil; à trois heures trois quarts, ses premiers rayons commencent à rougir les sommets neigeux des hautes montagnes. Tous mes vêtemens sont encore humides de la sueur

si abondante d'hier; malgré une lourde capote, j'ai très-froid; femmes et hommes, chacun tremble de tous ses membres. De ce haut belvédère, on distingue quatorze lacs.

Descendu le Righi. — Visité Tells-Kappel, autre chapelle de Guillaume Tell, sur la route de Kusnacht à Immensee; elle est bâtie au bord du chemin creux, à l'endroit même où Tell donna la mort à Gessler.

Des bergers chantent *la Tyrolienne*. — Pris à Kusnacht une barque pour Lucerne. — Cette petite île d'Altstadt, à l'entrée du bras de Kusnacht, du côté de Lucerne, est la seule sur le lac des Quatre-Cantons; l'abbé Raynal y avait élevé un monument aux fondateurs de la confédération; c'était une espèce d'obélisque; il fut renversé par la foudre en 1796.

Lucerne a six mille habitans; elle est située presqu'au centre de la Suisse, au pied d'un coteau, à l'extrémité septentrionale du lac des Waldstettes, d'où sort la Reuss; cette rivière divise la ville en deux parties inégales, communiquant entre elles au moyen de trois ponts. — Joli effet des maisons bâties au bord de l'eau.

Pendant quelque temps Lucerne a été le siège du gouvernement; aujourd'hui elle partage cette prérogative avec Zurich et Berne.

On va voir, à cent pas de la ville, un monument élevé aux Suisses morts à Paris, par suite des événemens des 10 août et 2 et 3 septembre 1792;

c'est un bas-relief pris et sculpté dans le roc même. M. Thorwaldsen a fait un lion expirant, sur l'écusson aux fleurs de lys; le lion a le flanc gauche percé d'une lance, dont le dard est resté dans la plaie; cet ouvrage, d'une composition fort originale, me plaît beaucoup.

L'orgue de l'église de S. Léodegar est le plus grand qu'il y ait en Suisse; il a trois mille tuyaux, dont quelques-uns ont jusqu'à trente-sept pieds de hauteur, sur deux pieds de diamètre.

Vers sept heures du soir, on aperçoit dans la direction de Stantz, à quatre lieues de Lucerne, une masse considérable de fumée et de flammes; c'est un incendie de forêt; le vent chasse la fumée sur Lucerne, et malgré la distance on n'y est pas sans inquiétude.

18 *juin*. — Parti pour Zurich.

Située sur la Limmat, qui sort du lac de Zurich, la ville a onze mille habitans; elle est entourée de fortifications étendues, mais dominées par des hauteurs.

Le Platz, jolie promenade sur la langue de terre entre la Limmat et la Silh, vers leur confluent. Là, au milieu de bosquets silencieux, est le monument en marbre élevé à Gessner, et orné de son buste en bronze; jamais tombeau ne fut plus convenablement placé.

On montre le lieu où Lavater reçut le coup de fusil dont il mourut après avoir langui une année dans les souffrances; ce malheur arriva le 25 septembre 1799, le jour même où Masséna entra à Zurich après la défaite des Russes. Le général fit faire beaucoup de recherches pour découvrir le meurtrier, mais sans succès.

19 juin. — Pris la route de Schaffausen.

Traversé le Rhin à Eglisau sur un pont en bois et couvert, comme le sont la plupart de ceux de la Suisse.

Arrivé à la chute du Rhin à quatre heures après midi. Je la vois successivement sous ses différens aspects. Le plus beau est, sans comparaison, celui de la petite galerie avancée, au-dessous de la chute, et que l'on nomme Fischetz ; le malheur, c'est que le soleil donnant sur ces masses blanches, les yeux en sont très-fatigués, et se remplissent encore de poussière d'eau. Traversé le Rhin en bateau ; d'abord pour aller à Lauffen, et ensuite pour revenir du côté de Neuhausen.

Schaffouse a sept mille habitans. Au devant de chaque maison bourgeoise il y a, au premier étage, un cabinet en demi-lune, formant saillie ; c'est une espèce d'observatoire, d'où les jeunes filles regardent les passans.

Un pont en bois sur le Rhin, a remplacé celui brûlé par les Français le 13 avril 1799, au moment où les Autrichiens s'emparaient de la ville.

20 juin. — Je retourne à la chute du Rhin. — De mon hôtel au banc de bois placé derrière le petit château d'Im-Worth, il faut trois quarts d'heure à pied ; j'y arrive à cinq heures et demie. Le soleil commence à éclairer de ses premiers rayons ce fleuve de lait; à mesure que l'astre s'élève, le paysage change d'aspect. Les fumées des usines de Neuhausen, sur les bords de la cataracte, produisent un effet charmant. Le saut est, dit-on, de soixante pieds de hauteur, et le fleuve en a quatre cent cinquante de large. Quant au bruit que fait la cascade, il est considérable, sans doute, mais en général on l'exagère beaucoup. La pureté des eaux et les effets ravissans de la lumière, font de cette chute un magnifique spectacle; il n'a rien d'effrayant; des fabriques, des collines, des bois, mille accidens heureux, composent un superbe paysage.

Parti à neuf heures du soir pour Bâle.

21 *juin*. — Arrivé à Bâle à dix heures du matin. — Population de dix-sept mille ames. — Le Rhin divise la ville en deux parties, le Grand et le Petit Bâle, qui communiquent par un pont en bois de six cents pieds de long. — La cathédrale étant fermée, je ne puis voir le tombeau d'Erasme. — Dans une espèce de Campo Santo, à côté de l'église, il y a beaucoup de mausolées; mais ne connaissant pas un mot d'allemand, les noms et les vertus des illustres morts sont perdus pour moi. — De la Pfaltz, ou place de la cathédrale, belle vue.

Excursion en France; promenade à Huningue, pauvre ville rasée, à trois quarts de lieue de Bâle. — Serrement de cœur à la vue des ruines de cette forteresse; çà et là quelques pans de murs encore debout, afin de mieux attester l'affront sanglant reçu en 1815. — Pour la solitude, on se croirait à Pompéï ; un ancien militaire à jambe de bois, passe ; je l'aborde ; nous nous entretenons quelques instans d'Abatucci et de Barbanègre. — C'est à Huningue que débouche dans le Rhin le canal communiquant à la Saône, qui portait, sous l'empire, le nom de Canal Napoléon.

22 *juin*. — Traversé Mulhausen, Colmar, passé devant Schelestadt, arrivé à Strasbourg à sept heures du soir. Ici les vexations italiennes au sujet du passeport se reproduisent identiquement ; on retient le mien à la porte, et il me faut valeter pendant plus d'une heure pour le ravoir, revêtu des formalités imposées aux pauvres voyageurs ; c'est tout juste la répétition de ce qui m'est arrivé à Ferrare.

23 *juin*. — Pluie battante ; impossible d'aller déjeuner à Kehl, comme j'en avais formé le projet. Les huit heures que j'ai à passer à Strasbourg seront employées à parcourir la ville et à voir les deux seules choses qui tentent ma curiosité.

Je commence par la cathédrale, que les dictionnaires géographiques français présentent, sans façon, comme une des plus belles églises de l'Europe. Elle est grande, gothique, et a trois nefs élevées ; l'intérieur me semble pauvre. Il y a dans un coin, à côté du chœur, une horloge du même mécanicien qui a fait celle de l'église Saint-Jean à Lyon ; toutes deux sont au repos depuis bien des années. Vitraux coloriés.

J'arrive au sommet du clocher ; il a quatre cent vingt-six pieds de hauteur, dix-huit de plus que Saint-Pierre de Rome ; c'est la plus haute pyramide de l'Europe. On ne trouve rien de semblable en Italie : ils ont des dômes, et des tours séparées du corps de l'église ; mais ils ne savent pas ce que c'est qu'un clocher comme celui de Strasbourg. De ce point, vue très-étendue. J'aperçois Kehl à une lieue.

S'il fallait absolument me prononcer entre le style gothique et l'architecture grecque, mon choix serait bientôt fait ; jamais la tour de Strasbourg ne me donnera autant de plaisir que la Maison Carrée de Nîmes. Mais je goûte les beautés de l'architecture gothique, et sans elle j'apprécierais peut-être moins, ou autrement, tout ce qu'il y a de charme dans une colonne couronnée d'un chapiteau corinthien. D'ailleurs, chacun de ces deux genres est parfaitement approprié au climat où il a pris naissance. L'art antique, né sous un beau ciel, pouvait faire reposer le faîte des édifices sur des colonnes et laisser le contour des temples percé presque entièrement à jour. L'art moderne, né au contraire sous un ciel brumeux, avait pour but principal de nous abriter contre la rigueur des saisons. Il fallait donc nous entourer partout d'épaisses murailles, et ce fut un trait de génie de trouver le moyen de varier leur aspect en faisant pénétrer le jour dans l'intérieur de l'édifice par d'élégantes ogives découpées avec une extrême délicatesse. Ces tours, ces flèches élancées dans les airs, occupent à la fois l'œil et la pensée. Eh puis! comment ne pas être sensible aux harmonies de l'ordre gothique lorsqu'on a lu les deux admirables pages que M. de Châteaubriand lui a consacrées dans le *Génie du christianisme!* cette lecture produit l'effet du plus brillant plaidoyer.

La petite rivière de l'Iller traverse Strasbourg et s'y distribue en divers canaux. Le Rhin en est éloigné d'un à deux milles. Les toits des maisons se terminent tous par une arête fort mince; ils sont faits ainsi, pour éviter de trop grands amas de neige.

Le mausolée du maréchal de Saxe occupe la tribune du temple réformé de Saint-Thomas. Ce chef-d'œuvre de Pigale, en comparaison des tombeaux de Rome, me semble petit, mesquin; l'alliance des marbres manque de goût: c'est du blanc, couleur de plâtre, sans transparence aucune, mêlé avec du gris de diverses nuances. Cependant la tête et la pose du maréchal ont de la noblesse; la France, disputant le héros à la Mort, a une belle expression et de la grace. Mais cet Hercule vieux et aux jambes grêles me déplaît. « La figure du maréchal a six pieds, » me dit le gardien; je lui en aurais donné à peine cinq.

Je quitte Strasbourg à deux heures après midi. On rencontre par ci, par là, quelques anabaptistes à longue barbe. Des champs entiers sont cultivés en pavots, dont la graine sert à faire de l'huile. Soupé à Phalsbourg.

24 *juin.* — Arrivé à Metz.

La cathédrale, d'architecture gothique, a de l'élégance ; malheureusement elle est entourée de baraques ; l'inscription placée au-dessus de la porte principale rappelle le voyage que Louis XV fit à Metz, et où il tomba malade.

25 *juin.* — Dîné à Châlons-sur-Marne.

26 *juin.* — Arrivé à Paris.

En trois mois et demi j'ai vu, à peu de chose près, tout ce qui est de nature à exciter la curiosité en Italie et même dans une petite partie de la Suisse. La satisfaction que m'a procuré ce voyage ne se bornera pas à sa courte durée; les pensées qui s'y rattachent seront le sujet de mille plaisirs. Rendu à mes habitudes, mais toujours sous le charme des souvenirs, j'éprouve ce bonheur du voyageur, qu'un poète a si bien rendu dans ces vers :

« De retour sous son toit, tel que l'airain sonore,
« Qu'on cesse de frapper et qui résonne encore,
« Dans la tranquillité d'un loisir studieux,
« Il repasse en esprit ce qu'il a vu des yeux ;
« Dans cent climats divers présent par la pensée,
« Son plaisir dure encor quand sa peine est passée. »

Un exercice violent, joint à une grande excitation morale, ont promptement chassé les maux de tête dont je souffrais. A aucune époque je ne m'étais trouvé autant de force, autant de disposition à une vie active. Ce voyage guérirait bien des maladies; mais pour faire usage du remède, il faut encore un certain courage ; il faut savoir braver ou se mettre au-dessus d'une foule de contrariétés, de petites vexations, de petites friponneries.

Si l'on en excepte celles des grandes villes, les auberges en Italie sont fort mauvaises ; on n'y trouve généralement qu'un vin doucereux, auquel les Français ont peine à s'accoutumer. Les gens du peuple à qui l'on a affaire, regardent les étrangers comme leurs dupes et les trompent grossièrement, sans s'émouvoir de ce qu'on peut leur dire ; ils sont d'une lenteur désespérante, malgré leur *adesso* et leur *subito*, qu'ils répètent à chaque chose qu'on leur demande.

Une fois de retour, on oublie bien vite les inconvéniens; il ne reste plus alors de ce beau voyage que la provision de souvenirs qu'on a faite ; souvenirs qui donneront un nouvel attrait à toutes les lectures sur l'histoire, sur les arts, et à peu de chose près sur tous les sujets ; car l'Italie, pour qui veut l'observer avec quelque attention, peut devenir l'objet de toutes sortes d'études. Je suis loin, sans doute, d'avoir retiré de mon voyage tous les fruits qu'on peut en recueillir ; le temps et beaucoup d'autres conditions m'ont manqué ; mais j'ai entrevu des choses que, plus tard, je pourrai approfondir dans les livres.

Malgré l'impossibilité qu'il y a eu pour moi d'étudier la situation politique du pays, je crois pouvoir affirmer que la masse pensante, en Italie, est dans un état de mécontentement qui, pour beaucoup d'individus, va jusqu'au désespoir. Les Toscans sont sans doute moins malheureux que leurs voisins ; mais on s'aperçoit bien vite, cependant, que quelque chose manque à la sécurité générale, et que l'on ne voit que du provisoire, là où il faudrait voir du définitif.

L'un des malheurs actuels de l'Italie, c'est d'avoir été jadis divisée en un grand nombre de petits États. Le souverain de chacun d'eux pourvoyait souvent à sa sûreté par la dissimulation et l'artifice; du chef, cette habitude est passée aux sujets. De là probablement cette haine insultante, ce mépris sans borne, qui existe de ville à ville.

Si jamais la question de former de l'Italie un seul État se discute sérieusement, de graves embarras se présenteront. Les premiers naîtront de la désunion des Italiens. Ensuite, quand viendra le moment de désigner la capitale, Turin, Gênes, Florence, Rome, Naples, Bologne, Venise, Milan, feront valoir leurs titres. Qui les jugera? A laquelle de ces villes donnera-t-on la préférence? Voilà un petit échantillon des difficultés que l'on aura à surmonter; difficultés d'autant plus déplorables qu'elles deviennent pour l'Autriche un utile auxiliaire à l'établissement plus ou moins ostensible de sa domination sur les vingt-un millions d'habitans dont se compose la population totale de l'Italie. On voit ses tentatives renouvelées dernièrement à Naples, et personne n'ignore les intrigues qu'elle met en jeu pour étendre son oppression jusqu'en Piémont.

APPENDICE.

1° Itinéraire, distances parcourues, hôtels où le voyageur a logé, dépenses diverses. Page 443.

2° Modèle du Traité (*il patto*) à faire avec les voiturins. Page 453.

3° Conseils aux voyageurs qui se proposent de parcourir l'Italie. Page 455.

4° Catalogue des principaux ouvrages sur l'Italie, écrits ou traduits en français, avec mention du genre particulier de leur mérite. Page 458.

5° Notice sur les cérémonies de la Semaine Sainte à Rome. Page 466.

6° Renseignemens financiers sur les États Romains. Page 470.

ITINÉRAIRE, DISTANCES PARCOURUES,
HÔTELS OU LE VOYAGEUR A LOGÉ, DÉPENSES DIVERSES.

(NOTA. Toutes les distances sont calculées en lieues de poste de France.)

Mars 1828.

	Lieues parcourues.	Dépenses.
Passeport à l'étranger		10
Menus frais relatifs au voyage		10
14 mars. Départ de Paris à six heures du soir.		
16. Arrivé à Lyon, à quatre heures et demie du soir	120	
Totaux à reporter. . . .	120	20

APPENDICE.

	Lieues parcourues.	Dépenses.
Report.................	120	20
Dépense de Paris à Lyon........		6
Malle-poste de Paris à Lyon, y compris l'étrenne au courrier.......		96 50
Logé, hôtel de Provence, place de la Charité.		
17. Dépenses à Lyon............		10 95
Départ de Lyon à huit heures du soir.		
21. Arrivé à Turin à six heures du matin.	95	
Dépense de Lyon à Turin........		30 15
Diligence de Lyon à Turin.......		68 80
Logé, hôtel de l'Europe, place du Château.		
22. Promenade à la Superga et retour..	3 1/2	
23 Dépense à Turin............		19 75
Départ de Turin, à cinq heures du matin.		
25. Arrivé à Gênes, à huit heures du soir	48	
Dépenses de Turin à Gênes.......		8 10
Vetturino de Turin à Gênes, y compris le souper et la couchée, payés par lui.....................		26
Logé à l'hôtel de Londres.		
29. Dépenses à Gênes............		34 27
Départ de Gênes, à six heures du matin.		

1ᵉʳ avril.

Arrivé à Pise, à neuf heures du matin (avec la promenade à Carrara)	54	
Dépenses de Gênes à Pise........		10 55
Vetturino de Gênes à Pise, y compris la nourriture et la couchée, payés par lui.....................		40
Totaux à reporter......	320 1/2	371 07

APPENDICE. 445

	Lieues parcourues.	Dépenses.
Report	320 1/2	371 07
Dépense à Pise.		5 15
Départ de Pise.		
Arrivé à Livourne	6	
Voiture de Pise à Livourne		2 55
Logé, hôtel de l'Aguila Nera.		
3 avril. Dépense à Livourne		8 83
Départ de Livourne, à cinq heures du matin.		
Arrivé à Florence à cinq heures du soir.	18	
Voiturin de Livourne à Florence . . .		9
Dépenses . . . id. . . . . id.		3 36
Logé, hôtel de madame Imbert, sur le Longarno. C'est l'ancien palais des comtes Acciaioli, qui furent les derniers ducs d'Athènes.		
4. Description de Florence		1 68
10. Dépenses à Florence.		55 66
Départ de Florence, à midi.		
14. Arrivé à Rome, à cinq heures du soir	79	
Dépenses de Florence à Rome.		13 29
Vetturino, de Florence à Rome, y compris le souper et la couchée, à sa charge		49
Logé, hôtel de M. Franz, Via de' Condotti.		
21. Dépenses à Rome		42 12
Départ de Rome, à une heure du matin.		
22. Arrivé à Naples à neuf heures du soir	54	
Dépenses de Rome à Naples.		7 13
Diligence de Rome à Naples, souper et couchée à Terracina, étrenne au		
Totaux à reporter	477 1/2	568 84

	Lieues parcourues.	Dépenses.
Report	477 1/2	568 84
conducteur		56 60
Logé, hôtel de l'Europe, Largo del Castello.		
24. Description de Naples		3 44
26. Promenade, avec trois amis, à Pompeï et Ercolano	6	7 34
27. Promenade à l'île d'Ischia, sur le bateau à vapeur	10	10 65
28. Promenade, avec deux amis, à Pozzuoli, Baja, etc.	8	9 12
30. Promenade, avec trois amis, au Vésuve	5	6 56

5 mai.

Dépenses à Naples		85 81
Départ de Naples, à trois heures du matin.		
Offrande aux brigands, près de Sainte-Agathe		40
6 mai. Arrivé à Rome à huit heures du soir	54	
Dépenses de Naples à Rome		7 7
Diligence de Naples à Rome, souper et couchée à Terracina, étrenne au conducteur		57
Logé, hôtel de M. Franz, Via de' Condotti.		
10. Promenade à Tivoli, avec deux amis	16	10 58
12. Promenade à Frascati, Albano, Castel-Gandolfo, avec quatre amis	15	9 89
19 Dépenses à Rome		79 16
Départ de Rome, à cinq heures du matin.		
Totaux à reporter	591 1/2	952 06

APPENDICE.

	Lieues parcourues.	Dépenses.
Report............	591 1/2	952 06

27. Arrivé à Bologne, à quatre heures du soir (passant par Lorette, Ancône, Rimini, etc., etc.) 98

Dépenses de Rome à Bologne...... 15 21

Vetturino de Rome à Bologne, y compris le souper et la couchée, payés par lui................ 85 20

Logé, hôtel de' tre Re Mori, via de' Vetturini.

Promenade à pied à la Madonna di S. Luca, au cimetière, etc........ 3

Description de Bologne......... 2 20

30. Dépenses à Bologne.......... 18 78

Départ de Bologne, à huit heures du matin.

Arrivé à Ferrare, à quatre heures du soir................. 7

Dépenses de Bologne à Ferrare, et de séjour à Ferrare........... 7 43

Voiture de Bologne à Ferrare..... 5 83

Logé, hôtel des Trois rois Maures.

31. Départ de Ferrare, à cinq heures du matin.

Arrivé à Padoue à trois heures du soir 14

Dépenses de Ferrare à Padoue, et dîner à Padoue............. 4 80

Calèche de Ferrare à Padoue, avec un compagnon............. 13 50

Départ de Padoue, à neuf heures du soir

Totaux à reporter......	713 1/2	1105 01

	Lieues parcourues.	Dépenses.
Report	713 1/2	1105 01

1ᵉʳ juin.

Arrivé à Venise, à six heures du matin.	8	
Barca corriera de Padoue à Venise.		2 50
Logé, hôtel de la Reine de Hongrie.		
3 juin. Dépenses à Venise		21 17
Départ de Venise, à une heure du matin.		
4. Arrivé à Milan, à onze heures du soir.	48	
Dépenses de Venise à Milan		11 85
Diligence de Venise à Milan		42 70
Logé, hôtel delle due Torri, via S. Radegonda, tout près de la cathédrale.		
6. Promenade à la chartreuse de Pavie et à Pavie, par le vélocifère	11	7 97
9. Dépenses à Milan.		46 78
Départ de Milan, à quatre heures du soir.		
Arrivé à Como, à neuf heures du soir	6	
Vélocifère de Milan à Como.		3 70
Logé, hôtel de la Couronne, dans le faubourg.		
10. Promenade sur le lac de Como, par le bateau à vapeur et sur des barques particulières.	10	12 38
11. Dépenses à Como		12
Départ de Como, à cinq heures du matin.		
Arrivé à Laveno, sur les bords du lac Majeur, en visitant la Madonna del Monte, à Varese.	11	
11. Dépenses de Como à Laveno		1 10
Totaux à reporter.	807 1/2	1267 16

APPENDICE.

	Lieues parcourues.	Dépenses
Report	807 1/2	1267 16
Cabriolet de Como à Laveno, avec un compagnon		1 1
Arrivé à l'Isola Bella, sur le lac Majeur, à sept heures du soir.	2	
Bateau de Laveno à l'Isola Bella . . .		10 90
Logé, à l'albergo del Delfino.		
12. Promenade à Arona et à l'Isola Madre, sur le bateau à vapeur et sur une barque particulière.	8	6 60
13. Dépenses à l'Isola bella.		11 5
Départ de l'Isola bella, à trois heures du soir.		
Arrivé à Magadino, à sept heures du soir	8	
Bateau à vapeur de l'Isola Bella à Magadino		4 40
Douanes suisses et *facchini* à Magadino		65
Arrivé à Bellinzona, à dix heures du soir	3	
Calèche de Magadino à Bellinzona . .		4 50
14. Dépenses à Bellinzona		3
Départ de Bellinzona, à quatre heures du matin.		
Arrivé à Airolo, à sept heures du soir	9	
Dépenses de Bellinzona à Airolo. . .		1 40
Cabriolet de Bellinzona à Airolo. . .		12 90
Logé, hôtel de la Poste.		
15. Dépenses à Airolo		3 50
Départ d'Airolo, à quatre heures du matin et à pied.		
Arrivé à l'Ospenthal (après avoir tra-		
Totaux à reporter.	837 1/2	1337 06

	Lieues parcourues.	Dépenses.
Report .... versé le Saint-Gothard), à neuf heures du matin.	837 1/2	1337 06
Cheval pour porter la malle d'Airolo à l'Ospenthal.............		10
Déjeuner, à l'Ospenthal		1 50
Parti à pied de l'Ospenthal, à dix heures du matin.		
Arrivé à Goeschenen, à onze heures et demie.		
Droit de barrière (*il dazio*)		1 20
Arrivé à Fluelen (par Altorff), en char-à-banc, à quatre heures et demie du soir.............	17	
Cheval, char-à-banc et conducteur, de l'Ospenthal à Fluelen, sur les bords du lac des Quatre-Cantons..		15 75
Logé, hôtel de la Croix Blanche.		
16. Dépenses à Fluelen...........		4 25
Départ de Fluelen, à sept heures du matin.		
Arrivé à Veggis à midi	4 1/2	
Un bateau et deux rameurs de Fluelen à Veggis.............		8 50
Parti à pied de Veggis, à deux heures après midi.		
Arrivé au sommet du Righi, à cinq heures du soir............	3 1/2	
Dépenses de Fluelen au Righi		4 15
17. Dépenses au Righi		5 25
Parti à pied du Righi, à six heures du matin.		
Arrivé à Lucerne, par Kusnacht et le		
Totaux à reporter......	862 1/2	1387 66

APPENDICE.

	Lieues parcourues.	Dépenses.
Report.	862 1/2	1387 66
lac, à onze heures du matin. . . .	4	
Dépenses du Righi à Lucerne, y compris celle du guide, pris à Veggis.		8 35
Logé, hôtel du Cheval Blanc.		
18. Dépenses à Lucerne.		4 75
Départ de Lucerne, à cinq heures du matin.		
Arrivé à Zurich, à trois heures après midi.	11	
Cabriolet de Lucerne à Zurich, avec un compagnon		13 80
Dépenses en route et à Zurich		7 65
Logé, hôtel du Corbeau.		
19. Départ de Zurich, à huit heures du matin.		
Arrivé à Schaffausen, à six heures du soir.	11	
Dépenses de Zurich à Schaffausen . .		2 70
Cabriolet de Zurich à Schaffausen . .		19
Logé, hôtel de la Couronne.		
20. Dépenses à Schaffausen.		7 90
Départ de Schaffausen, à neuf heures du soir.		
21. Arrivé à Bâle, à dix heures du matin	19	
Diligence de Schaffausen à Bâle . . .		16 20
Logé, hôtel de la Cigogne.		
Promenade à Huningue	1 1/2	
22. Dépenses à Bâle		5 97
Départ de Bâle, à quatre heures du matin.		
Arrivé à Strasbourg, à sept heures du soir.	35	
Totaux à reporter. . . . ,	944	1473 98

	Lieues parcourues.	Dépenses.
Report..........	944	1473 98
Dépenses de Bâle à Strasbourg....		2 55
Diligence de Bâle à Strasbourg ...		9
Logé, hôtel de la Haute Montée.		
23. Dépenses à Strasbourg........		5 60
Départ de Strasbourg, à deux heures après midi.		
26. Arrivé à Paris, à sept heures du matin	120	
Dépenses de Strasbourg à Paris ...		19 52
Diligence de Strasbourg à Paris ...		82 10
Totaux..........	1064	1592 75

MODÈLE

DU TRAITÉ (il patto) A FAIRE AVEC LES VOITURINS.

Parmi les voiturins, il en est beaucoup d'honnêtes et qui ont les meilleurs procédés avec leurs voyageurs; mais la classe d'hommes exerçant ce genre d'industrie est généralement pauvre. De là, l'immense variété des moyens employés pour tromper le *forestiere* (l'étranger). Je ne prétends point avoir prévu dans le traité, dont voici un modèle, tous les cas de contestations. Toutefois, ceux qui se présentent le plus fréquemment y sont; on pourra ajouter, au fur et à mesure, ceux que l'expérience, acquise à ses dépens, fera reconnaître.

Entre les soussignés :

N..... voyageur, d'une part, et *Luigi Bellardini*, *vetturino* de Bologne, d'autre part ;

Il a été convenu ce qui suit :

Bellardini s'engage à transporter N..... de Rome à Bologne, passant par *Terni*, Lorette, Ancône, *Rimini*, *Imola*, etc., etc., aux conditions suivantes :

1° N..... occupera l'une des deux places du fond de la berline, appe   es *posti buoni*.

2° Il ne pourra pas y avoir d'enfans au-dessous de sept ans, dans l'intérieur de la voiture ;

3° Le souper et la couchée, pendant le voyage, seront aux meilleures auberges des lieux où on passera la nuit; N..... aura toujours un lit pour lui seul;

4° Le trajet de Rome à Bologne s'effectuera en neuf jours ;

partant de Rome le lundi 19 mai, N...... sera rendu à Bologne, le mardi, 27 du même mois. Le voyage sera disposé de manière à ce que N.... ait quatre heures *de jour* à passer à *Terni*, pour voir la cascade, et autant à Ancône, pour parcourir la ville ;

5° Le voyage aura lieu dans la même voiture et avec le même conducteur ;

6° La malle, ainsi que le reste du bagage de N..... seront placés sur l'impériale de la voiture et non ailleurs ;

7° *Bellardini* reste chargé d'acquitter de ses deniers les divers droits de péage ou de barrière, qui peuvent être établis sur toute la route de Rome à Bologne ;

8° N..... paiera à *Bellardini*, pour ladite place, et à son arrivée à Bologne seulement, la somme de *quatre-vingts fr.* argent de France, tout compris (1) ;

9° Sur cette somme de quatre-vingts francs, *Bellardini* paiera le souper et la couchée, jusqu'à l'arrivée à Bologne.

Et avons signé le présent traité, pour les conditions en être exécutées de bonne foi.

Fait double à Rome, le 15 mai 1828.

N........

   J'approuve quoique d'autre main
  soit écrit :

      BELLARDINI.

(1) Malgré cette stipulation, il est d'usage de donner une étrenne de 5 à 6 fr., lorsqu'on est content du voiturin.

CONSEILS AUX VOYAGEURS

QUI SE PROPOSENT DE PARCOURIR L'ITALIE.

Pour retirer quelque utilité du voyage d'Italie, et s'y procurer tout le plaisir possible, plusieurs précautions sont nécessaires. Je vais tâcher de les indiquer.

Quoi qu'on en puisse dire, la première chose à faire, est de se préparer à ce voyage par la lecture des livres dont il a été l'objet; mais on en a fait un si grand nombre, qu'il est impossible, non-seulement de les lire tous, mais même de se procurer beaucoup d'entre eux. D'ailleurs ce serait se donner une fatigue inutile; car plusieurs ne font que répéter ce que les autres ont déjà dit. Le catalogue faisant partie de cet appendice ne comprend donc que les ouvrages dont la lecture est plus ou moins indispensable pour bien voir et bien observer l'Italie. On y trouvera le jugement de l'auteur sur ces livres.

L'esprit une fois préparé par les lectures, le voyageur, s'il ne sait pas l'italien, doit en prendre quelques leçons. Cette étude est d'une nécessité absolue; celui qui n'a aucune connaissance de la langue, rencontrera souvent des obstacles qui suspendront le cours de ses observations, ou tout au moins les rendront imparfaites.

Ces préalables remplis, on se pourvoira :

1° D'une bonne carte d'Italie, collée sur toile; à chaque instant il y a plaisir à la consulter.

2° D'un Itinéraire. Le mieux fait me paraît être celui de Vallardi (se vend à Paris et à Milan). Accompagné de 17 cartes, écrit en italien et d'une lecture facile, il contient tous les renseignemens qu'on peut s'attendre à trouver dans un volume in-12, de 340 pages.

3° A Florence, on achètera une description de la ville.

4° A Rome, on se procurera l'itinéraire de Vasi, 2 volumes in-12, avec des vues de monumens; le plan de Rome moderne, et même celui de Rome antique.

5° A Naples, il faut acheter un vol. in-12, contenant la description de Naples et de ses environs; on le trouve, soit en français, soit en italien.

6° A Bologne, on ne peut guère se dispenser d'avoir un petit in-18, fort mal écrit, servant d'indicateur. Peut-être a-t-on fait quelque chose de mieux depuis 1828.

7° A Venise, on trouve une description et un plan de la ville; deux choses indispensables pour tout voir et ne pas s'égarer au milieu d'un tel labyrinthe.

8° Pour les autres villes d'Italie, l'Itinéraire de Vallardi fait suffisamment connaître ce qu'il y a de curieux.

Il reste maintenant à indiquer la manière dont celui qui a une année, par exemple, à donner au voyage d'Italie, doit l'entreprendre, et les époques auxquelles il convient de se trouver dans telle ou telle ville. Pour cela, je n'ai rien de mieux à faire que de copier littéralement ce que l'aimable de Brosses écrivait, en 1739, à M. de Neuilly.

« Si vous voulez venir faire une course d'un an, je vous conseille de partir au commencement de septembre, et de passer par la Provence, sans oublier de voir Nîmes; je vous engage aussi de vous embarquer à Toulon, à passer à Gênes, Via-Reggia, Livourne, Pise, Lucques, Florence, Vicence; à arriver à Rome le 20 octobre, et à en partir huit jours après pour Naples, afin d'y être pour la Toussaint, où la belle saison dure encore, et où les spectacles commencent; vous devez en être de retour avant la fin de novembre, et séjourner à Rome jusqu'aux environs de la fête de l'Ascension, pour laquelle il faut être arrivé à Venise, en passant tout droit et rapiecment par la route de Lorette, Ancône, Ravenne.

Vous aurez le petit carnaval de Venise, plus beau et moins fastidieux que le grand, qui ennuie par sa longueur. Revenez en France par Vicence, Vérone, Mantoue, Bologne, Modène, la Lombardie, Parme, Plaisance, Milan, les îles Borromées, Pavie; bientôt je vous vois à Turin, Chambéry, Genève, Besançon. Vous voilà de retour chez vous; je vous ai mené sans fatigue. Or çà, à quand la partie? »

CATALOGUE

DES PRINCIPAUX OUVRAGES SUR L'ITALIE,

ÉCRITS OU TRADUITS EN FRANÇAIS.

— Journal du voyage de Michel de Montaigne, en Italie, par la Suisse et l'Allemagne, en 1580 et 1581, avec des notes, par M. de Querlon. *Paris*, 1774. 3 vol. in-12.

Ne répond nullement à ce que le nom du célèbre auteur des *Essais* promet. L'état maladif de Montaigne réagissait prodigieusement sur son esprit. A part un très-petit nombre de faits intéressans, ce journal ne mentionne que des actes de dévotion ou des détails de garderobe. Montaigne entreprit son voyage à quarante-sept ans.

— Nouveau voyage d'Italie, avec un mémoire contenant des avis utiles aux voyageurs, par Misson : ouvrage orné de gravures, troisième édition, beaucoup augmentée. *La Haye*, 1698. 4 vol. in-12.

La première édition avait été publiée en 1691. Misson parcourut l'Italie avec le comte d'Arran, pair d'Angleterre, petit-fils du duc d'Ormond, pendant les années 1687 et 1688. Son noble compagnon l'introduisit auprès de grands personnages et le mit même en relation avec plusieurs souverains. L'auteur était protestant ; on ne doit donc pas s'étonner s'il s'exprime avec peu de respect, toutes les fois qu'il s'agit de miracles. Livre curieux, estimé, souvent cité.

—Lettres historiques et critiques sur l'Italie, de Charles de Brosses, premier président du parlement de Dijon. *Paris*, an VII de la République française, 1798, 1799. 3 vol. in-8.

Ouvrage écrit pour des amis, en 1739 et 1740, et publié 60 ans après la mort de l'auteur. Chef-d'œuvre d'esprit, de grace, de gaieté, ce livre instructif et amusant, a été et sera long-temps encore le désespoir de tous ceux qui ont écrit et écriront sur l'Italie. Eh bien ! il n'a eu qu'une seule édition, dont, à la vérité, il ne reste guère d'exemplaires dans le commerce.

—Voyage en Italie, de M. l'abbé Barthélemy. *Paris*, 1801. 1 vol. in-8.

Ce livre agréable se compose de lettres écrites de Rome, en grande partie ; Barthélemy les adressait au comte de Caylus, dans les papiers duquel elles ont été trouvées après sa mort. L'auteur s'occupait plus particulièrement de la recherche et de l'achat de médailles pour le cabinet du roi, dont il était devenu directeur en 1753, après la mort de M. de Boze; mais son attention se porta également sur les inscriptions grecques.

Barthélemy partit pour l'Italie au mois d'août 1755, avec M. de Cotte, directeur de la monnaie des médailles, et il fut de retour à Paris en avril 1757. Il faut voir quelle fut sa joie, lorsqu'il reçut sa mission ! Partout Barthélemy fut accueilli avec l'empressement dû à un homme de son mérite, et si gai, si aimable.

Ces lettres sont pleines d'enjouement, d'érudition, de bons mots, d'épigrammes. Elles respirent cet esprit, cette pensée d'artiste, cet espoir de pouvoir être de quelque utilité à la science, ce désintéressement, cette noble fierté qui honorent et rehaussent encore le talent.

— Le troisième volume des œuvres de madame du Boccage contient quelques lettres écrites à sa sœur pendant son voyage d'Italie, en 1757 et 1758. 1 vol. in-12.

Il n'y faut pas chercher de grands développemens ; mais c'est bien cette femme aimable et bonne, dont Voltaire a fait un portrait si séduisant. L'esprit et l'érudition se produisent toujours, dans cette causerie, avec candeur et élégance. L'auteur n'écrivait point sous l'influence de ces passions haineuses qui, de nos jours, se mêlent à tout et gâtent les meilleures choses; il rend compte de ses impressions avec une simplicité charmante. Son style facile, enjoué, dénote la liberté d'esprit, le contentement intérieur, et respire un noble enthousiasme pour les arts.

Madame du Boccage vit en Italie tous les gens marquans de l'époque : Algarotti, Goldoni, mesdemoiselles Agnesi, Laura Bassi, etc.

— Voyage d'Italie et de Hollande, par l'abbé Coyer, en 1763 et 1764, publiés à Paris en 1775. 2 vol. in-12.

L'auteur était bon observateur, libéral et fort amusant; sa gaieté va quelquefois jusqu'à la gravelure. Malheureusement il manque souvent d'exactitude, et son style est prétentieux et maniéré.

— Nouveaux mémoires, ou Observations sur l'Italie et sur les Italiens, par deux gentilshommes suédois. *Londres*, 1764. 3 vol. in-12.

M. Grosley, auteur de ce joli ouvrage, ne voulant que s'amuser, a peu approfondi les sujets qu'il traite. Livre intéressant, plein d'anecdotes.

— Description historique et critique de l'Italie, par l'abbé Richard. *Dijon*, 1766. 6 vol. in-12.

Bon livre. Richard accompagnait M. de Bourbonne, président au parlement de Dijon, qui lui ouvrait toutes les portes.

— Voyage en Italie, par M. de Lalande, deuxième édition, corrigée et augmentée, avec un atlas contenant les plans de 25 villes et quelques vues de monumens. *Paris*, 1786. 9 vol. in-12.

L'auteur parcourait l'Italie en 1765 et 1766. Cet homme qui, depuis, a affecté l'athéisme, montrait alors des sentimens d'une grande dévotion, et caressait beaucoup les jésuites. Sous tous les rapports, son livre est encore le plus complet qu'il y ait sur l'Italie; tout, à peu de choses près, s'y trouve, et il y a infiniment de méthode dans la composition de l'ouvrage.

— Voyage en Italie, ou Considérations sur l'Italie, par Duclos, de l'académie française. *Paris*, 1791. 1 vol. in-8.

Ce livre, écrit en 1767, n'a été publié, comme on le voit, que vingt-quatre ans après la mort de l'auteur; il s'y occupait plus particulièrement de mœurs, du pape, de son système financier, du gouvernement pontifical. Agréable, bon à consulter.

— Lettres contenant le journal d'un voyage fait à Rome en 1773. *Genève*, 1783. 2 vol. in-12.

Ouvrage attribué à M. Guidi. Détails intéressans.

— Tableau de l'Italie, par M. d'Archenholz, traduit de l'allemand. *Paris*, 1788. 1 vol. in-8.

Paraît avoir été fait en 1775. Bon à consulter.

— Nouvelles lettres d'un voyageur anglais, par M. Sherlock. *Londres*, 1780. 1 vol. in-8.

Détails de mœurs. Réflexions sur les arts. Ouvrage spirituel et original, mais peu développé.

— Voyage en Italie, par le docteur Meyer, traduit de l'allemand par M. Vanderbourg. *Paris*, an x. (1801.) 1 vol. in-8.

Suite de tableaux. L'auteur donne une attention particulière aux environs de Rome et de Naples. Meyer, philosophe et observateur, voyageait en Italie, pendant l'année 1783.

— Lettres sur l'Italie, par Dupaty. 1 vol. in-8.

Ce livre, écrit en 1785, est de tous ceux publiés sur l'Italie celui qui a eu le plus d'éditions. Il y a par-ci, par-là, quelques jolies choses.—Superficiel, style emphatique, boursouflé; c'est du Boucher.

— Voyage en Italie, pendant l'année 1789, par Arthur Young; traduit de l'anglais. *Paris*, 1796. 1 vol. in-8.

L'auteur s'occupe plus particulièrement de l'agriculture.

— Tableau politique, religieux et moral, de Rome et des Etats ecclésiastiques, par Maurice Lévesque. *Paris*, 1791. 1 vol. in-8.

M. Lévesque a séjourné quatre ans à Rome ou dans l'Etat pontifical. Livre instructif, consciencieux, répondant tout-à-fait à son titre.

— Corinne ou l'Italie, par madame de Staël. *Paris*, 1819. septième édition. 3 vol. in-12.

L'ouvrage semble avoir été écrit en 1794 et 1795; son plan est mauvais; mais malgré ses nombreux défauts, on le parcourt avec plaisir.

— Voyage dans le Latium, par de Bonstetten. *Genève*, an XIII. 1 vol. in-8.

Voici un de ces livres que l'amour de la science a seul inspirés. Celui qui l'écrivait, en 1803, se passionnait sans effort pour l'antiquité; il s'identifiait avec sa grandeur. Parcourant ces vastes solitudes, où de grands débris témoignent si haut de l'instabilité des choses humaines, M. de Bonstetten éprouvait ce bonheur mélancolique, ce sentiment à la fois si triste et si doux, qui s'empare de certaines ames, à l'aspect des ruines. Rien de plus curieux, de plus instructif que ce Voyage consciencieux, dans lequel l'auteur fait des remarques fort intéressantes sur l'état de l'agriculture, sur les causes du mauvais air, sur la mendicité et ses effets déplorables. Plein de pitié et de compassion pour les malheureux, son cœur d'honnête homme se soulève d'indignation contre des institutions qui ne laissent d'autre alternative au pauvre que de mourir de faim, ou de voler sur les grandes routes.

— Il y a dans les œuvres complètes de M. de Châteaubriand quelques lettres sur l'Italie. La plus importante fut adressée, le 10 janvier 1804, à M. de Fontanes. Ces lettres contiennent de fort jolies choses, comme toutes les productions de ce grand écrivain.

— Lettres écrites d'Italie, en 1812 et 1813, à M. Charles Pictet, par Frédéric Lullin de Chateauvieux, deuxième édition. *Genève*, 1820. 1 vol. in-8.

M. de Chateauvieux s'est proposé principalement, dans ces lettres, de décrire l'aspect champêtre de l'Italie, ainsi que ses procédés d'exploitation rurale. Mais en remplissant si spirituellement une tâche qui pouvait être aride, il a fait un excellent livre. Au milieu de ce tableau complet de l'agriculture, on trouve une foule de pensées heureuses, rendues avec une gracieuse élégance.

— Tableau de Rome en 1814, par Guinan Laoureins; deuxième édition, augmentée. *Paris*, 1821. 3 vol. in-12.

Ce livre, peu connu, est généralement bien écrit; le plan peut être critiqué, mais il est original et donne à l'ouvrage une sorte d'individualité. L'auteur connaît bien la matière dont il parle; c'est peut-être à cause de cela qu'il donne rarement de descriptions; il parle plutôt à propos des choses, que d'elles-mêmes. Ses allusions à l'histoire ancienne et ses citations, sont bien amenées; il en est de même de ses conjectures sur la situation des monumens antiques. Le plan de l'écrivain a cela de particulier, qu'il groupe ensemble tous les objets de même nature.

— Voyage en Italie et en Sicile, par L. Simond, écrit en 1817 et 1818. Publié à Paris en 1828. 2 vol. in-8.

De l'esprit, quelques mots heureux, ont fait à ce livre une espèce de succès. Ecrit d'un bout à l'autre avec prévention manifeste contre l'Italie. L'auteur est toujours sous l'empire de la peur qu'il a des brigands.

— Séjour de trois mois dans les montagnes près de Rome, pendant l'année 1819, par Marie Graham. Traduit de l'anglais, sur la deuxième édition. *Paris*, 1822. 1 vol. in-8.

Renseignement sur la vie nomade des brigands, sur les bergers et sur la campagne de Rome.

— L'Italie, par lady Morgan, traduit de l'anglais. *Paris*, 1821. 4 vol. in-8.

Ouvrage composé d'après un journal fait pendant les années 1819 et 1820. Lady Morgan a vu toute l'Italie; elle parle de tout, souvent avec légèreté et peu de connaissance du sujet, mais toujours avec esprit. Beaucoup de petits faits politiques et autres. Lecture amusante.

— Tablettes romaines, par Santo-Domingo. *Paris*, 1826. 1 vol. in-12.

Livre saisi et condamné par les tribunaux. Quelques parties intéressantes, notamment celles concernant le brigandage.

— Voyages historiques et littéraires en Italie pendant les années 1826, 1827 et 1828, ou l'indicateur Italien, par M. Valery. *Paris*, 1831 (Commencement) 3 vol. in-8.

Livre consciencieux, froid, impartial; il pourra peut-être remplacer l'ouvrage de Lalande, si l'auteur donne aux volumes qu'il lui reste à publier les développemens dont ils sont susceptibles.

— Promenades dans Rome, par M. de Stendhal. *Paris*, 1829. Écrit en 1827, 1828 et 1829. 2 vol. in-8.

Le meilleur, le plus complet et le plus spirituel des livres sur Rome. On fera bien également de lire deux ouvrages du même auteur, intitulés :

—Histoire de la peinture en Italie. *Paris*, 1817. 2 v. in-8.

—Rome, Naples et Florence. *Paris*, 1826. 2 vol. in-8.

— Des caractères physiologiques des races humaines, considérées dans leurs rapports avec l'histoire, par M. Edwards, D. M., Paris, 1819. 1 vol. in-8.

Les voyageurs qui parcourent l'Italie ne s'occupent guère de recherches de la nature de celles qui ont donné naissance à ce livre. Le savant académicien auquel nous le devons, s'est appliqué à retrouver dans les formes du visage des habitans actuels de la péninsule italique, les types de ceux de leurs ancêtres. Il faut lire son ouvrage, pour bien comprendre tout ce que cette étude offre d'attraits, et tout ce qu'elle peut jeter de lumières sur les rapports des races anciennes avec les modernes.

— Études statistiques sur Rome, par le comte de Tournon, pair de France, préfet de Rome, de 1810 à 1814. Paris, 1831 (avec un atlas); 2 vol. in-8°.

Le titre de cet ouvrage indique son objet; c'est dire que l'auteur a traité un sujet peu connu; car, avant de pouvoir écrire sur cette matière, il faut se livrer à de longues recherches et avoir encore la possibilité de puiser aux bonnes sources; or, par sa position, M. de Tournon a joui de ce double avantage.

Son plan embrasse la description du territoire composant l'ancien gouvernement de Rome; il traite successivement:

1° Des procédés agricoles, des dépenses occasionées par la culture, et du produit net;

2° Des manufactures et du commerce;

3° Du gouvernement papal dans ses diverses parties;

4° Des routes, ponts, aqueducs, desséchemens;

5° Des travaux exécutés par l'administration française, pour la restauration et la conservation des monumens, tant anciens que modernes.

On voit que le préfet de Napoléon, pendant le temps de son administration, qu'il se complait à appeler *une époque de malheurs* (1), a étudié fructueusement le pays confié à ses soins. Seulement, quand il apprécie les faits touchant à la politique et aux papes, M. de Tournon se montre peut-être un peu trop fidèle aux opinions dont il est un des représentans à la chambre des pairs. Du reste, son livre contient beaucoup de documens utiles à la connaissance des lieux.

(1) C'est le ton général de l'ouvrage. Voir notamment le deuxième volume, pages 20, 60, 238.

NOTICE

SUR LES CÉRÉMONIES DE LA SEMAINE SAINTE A ROME.

Rome, à l'approche de la semaine Sainte, offre un aspect tout particulier ; il y règne un mouvement inconnu aux autres époques de l'année ; les étrangers y accourent de tous les points de l'Europe. Alors les appartemens sont à des prix fous, et même on ne parvient à se loger, dans certains quartiers, qu'avec beaucoup de difficulté.

Les principales cérémonies de la semaine Sainte ont lieu à Saint-Pierre ; toutefois il est d'autres églises dont les *funzioni* ne laissent pas que d'offrir un certain intérêt. L'étranger qui va à Rome, sera peut-être bien aise de trouver ici quelques indications à ce sujet.

Ces cérémonies commencent le dimanche des Rameaux. A neuf heures du matin on va à la chapelle Paolina, au Quirinal, si le pape est à Monte-Cavallo, ou à la chapelle Sistina, si Sa Sainteté habite le Vatican ; il y a messe, bénédiction, distribution des rameaux et procession.

Les étrangers, désirant recevoir la palme bénite au trône du Saint-Père, devront se faire inscrire à l'avance chez monseigneur le majordome ; ils se présenteront sans épée, chapeau, canne, gants, ni manchons, et en soutane s'ils sont ecclésiastiques.

Les dames de l'Etat romain qui auront le même désir, seront également obligées de se faire inscrire chez le majordome ; elles recevront un billet d'entrée pour les tribunes. Les dames étrangères s'adresseront pour cet objet à leurs ministres ou ambassadeurs respectifs.

A vingt et une heures et demie, le grand-pénitencier, accompagné des prélats et juges de son tribunal, se rend à Saint-Jean de Latran ; Son Éminence y entend la confession des gros péchés ou cas réservés.

Mercredi soir, vers vingt-deux heures, les ténèbres sont chantées dans la chapelle Sixtine ; à la fin on exécute le célèbre *Miserere* d'Allegri, à deux chœurs et à quatre voix. On peut voir la même cérémonie aux églises de Saint-Apollinaire et de Saint-Jacques des Espagnols.

Le soir, il faut aller à la Trinité des pélerins pour assister au lavement des pieds et au repas des pélerins venus à Rome pour la semaine Sainte ; ils sont régalés gratuitement, ainsi que les deux jours suivans, et servis par des cardinaux, des prélats, des seigneurs, des dames, des princesses même. Le festin est composé de saumon salé, ris, pruneaux et pommes. Les dames sont parées, quoique avec un grand tablier ; leurs chevaliers leur présentent des limons, des cédras, pour ôter aux mains l'odeur qu'elles ont pu contracter en lavant les pieds des pélerins, qui quelquefois ont parcouru trois à quatre cents lieues pédestrement.

Le jeudi, l'office du matin se fait avec pompe à Saint-Pierre ; le pape ou le doyen des cardinaux officie, et tous les cardinaux assistent à la cérémonie. Il y a bénédiction papale de la Loggia. On va voir dans la salle Ducale le lavement de pieds des treize pélerins, par le pape, ainsi que le magnifique festin où ils sont servis par Sa Sainteté. Les cardinaux dînent dans la même salle, mais à une autre table.

Ces prêtres pélerins sont vêtus de blanc aux frais de Sa Sainteté, en robe de laine, bonnet et petit manteau de satin ; cet habillement leur reste, ainsi que la serviette qui sert à les essuyer ; on leur donne deux médailles.

A vingt-deux heures on chante à la Sixtine le *Miserere* de

Thomas Bai. Après, il faut descendre à Saint-Pierre pour voir laver l'autel de la Confession, et pour jouir du coup d'œil de la croix lumineuse, suspendue devant le maître-autel. Cette croix, de dix-huit à vingt pieds de hauteur et garnie de lampions, est une des belles inventions de Michel-Ange.

On va ensuite visiter les sépulcres à la chapelle Pauline, et aux églises de Saint-Jacques des Espagnols, Saint-Antoine des Portugais, Saint-Silvestre *in capite*.

Le vendredi, trois heures avant midi, il y a procession à la chapelle Pauline et exposition du Saint-Sacrement pour les *quarante heures*.

Comme, depuis l'incendie de Saint-Paul hors des murs, il n'est plus possible d'aller visiter le crucifix qui a parlé à sainte Brigitte, on va vers vingt-deux heures entendre les ténèbres et un nouveau *Miserere* à la Sixtine. Au sortir de la chapelle, seconde visite à la croix illuminée, devant la Confession.

Le soir, adoration du crucifix, dans les églises de SS. Lorenzo e Damazo, Sainte-Marie de la Traspontina, Sainte-Cécile in Trastevere, Saint-André della Valle et Saint-Marcel.

A une heure et demie, il y a lecture à l'académie des Arcades, de morceaux en vers et en prose sur la Passion.

Le samedi, à vingt-une heures, l'évêque arménien célèbre la grand'messe à l'église de Sainte-Marie Égyptienne, près le Ponte-Rotto, suivant le rite particulier à ce culte.

Dans l'après-midi, on chante les vêpres à Saint-Pierre, on fait la procession, et il y a exposition et bénédiction de trois reliques fort vénérées, du bois de la vraie croix, la lance sacrée et le volto santo.

A trois heures après midi, il faut aller voir baptiser quelques Juifs ou Turcs, à Saint-Jean de Latran.

Chants à la Sixtine.

Jour de Pâques. — Messe pontificale à Saint-Pierre ; le pape officie au maître-autel et communie. La messe est la même que celle des jours de Noël, de Saint-Pierre et de Saint-Paul. — Sa Sainteté est portée dans l'église; puis elle va donner sa bénédiction au grand balcon.

A la chute du jour, on va voir l'illumination de l'église et de la colonnade de Saint-Pierre, ainsi que le feu d'artifice tiré au château Saint-Ange, qui passent l'un et l'autre pour ce qu'il y a de plus beau dans ce genre.

RENSEIGNEMENS FINANCIERS

SUR LES ÉTATS ROMAINS.

Rien de plus difficile à Rome, que de pénétrer dans le dédale des finances ; le gouvernement, à moins d'une nécessité absolue, ne laisse jamais rien percer dans le public sur ce qui concerne ses revenus et ses besoins. Voici les renseignemens que j'ai pu me procurer sur cet important objet.

Quelques années avant la révolution française, les tributs prélevés par le Saint-Siège sur les pays étrangers montaient encore annuellement à 2,500,000 écus romains (11,875,000 f.), savoir :

L'Espagne et ses colonies.	640,845
L'Allemagne et les Pays-Bas	488,811
La France	357,133
La Pologne.	180,745
Le Portugal et ses colonies.	260,100
Les Deux-Siciles.	136,170
L'Italie, non compris les États du pape et la Toscane.	107,067
La Suisse	87,234
Les pays du Nord	87,033
La Sardaigne	60,712
La Toscane.	3,052
Total.	2,408,902

Le revenu papal, ou de la chambre apostolique, s'élevait en 1788 à 3,200,000 écus.

Je joins ici le budget du pape pour l'année 1831 ; il m'a été envoyé par une personne en position de puiser aux meilleures sources.

BUDGET DE 1831.

RECETTES.

	Écus romains (1).
Impôts fonciers.	1,750,000
Sels et tabacs (2).	1,700,000
Impôts sur la farine, dans les délégations.	860,000
Droits-réunis dans les délégations et droits de consommations.	840,000
Douanes.	1,460,000
Domaines de l'État.	416,000
Papier timbré, droits et revenus divers.	1,974,000
Total des recettes présumées.	9,000,000
Taxes imposées aux communes pour des objets que le gouvernement devrait payer. (Les communes font face à ces dépenses par des taxes additionnelles à celles destinés à acquitter les véritables dépenses communales).	800,000
Taxes qui, sans être encaissées par le ministère des finances sont reçues directement par les prêtres, sous le titre : *Droits du clergé*, comme : le dixième dans diverses communes ; les taxes des funérailles, des chancelleries, des évêchés en affaires civiles ; revenus divers, etc.	1,200,000
Total général des recettes.	11,000,000

(1) L'écu romain équivaut, à peu près, à 5 fr. 40 c.
(2) Les sels et tabacs, d'après le bail passé vers la fin de 1831, n'ont été affermés que 1,003,000 écus.

BUDGET DE 1831.

DÉPENSES.

	Écus romains (1).
Dépenses de perception, administration, faux frais, etc.	2,600,000
Dépenses diverses et œuvres pies.	1,800,000
Dette publique, pensions, fêtes, réjouissances.	1,660,000
Liste civile, sacré collège. (Chaque cardinal, non autrement pourvu, reçoit une pension de 4,000 fr. à peu près).	370,000
Guerre, marine, gouvernement de l'État, administration de la santé.	2,500,000
Actes de bienfaisance.	460,000
Total des dépenses présumées. . . .	9,390,000
Dépenses supportées directement par les communes; comme casernement de la gendarmerie, logemens militaires, dépenses des délégations, etc.	800,000
Taxes prélevées par le clergé.	1,200,000
Total général des dépenses.	11,390,000

Observations sur le budget du pape.

On ne comprend pas dans les recettes :

1° Les bénéfices des fermiers sur les taxes louées; ils sont considérables. Souvent on favorise l'entrepreneur, comme cela a eu lieu en 1831;

2° Les taxes et recettes qui, sous une foule de dénominations et de prétextes, sont perçues directement (sans entrer dans les coffres du ministère des finances), par diverses administrations, comme : la secrétairerie d'État, le camerlingat, la congrégation *del buon governo*, la congrégation des routes, la présidence des vivres, les tribunaux, les légations, délégations, capitaines dans les ports de mer, l'administration du cens, etc., etc.

Du reste, le pape crée des impôts comme et quand il lui plaît, et le trésorier n'est obligé de rendre compte à qui que ce soit.

Par suite de la révolte de Bologne en 1831, les recettes sur la farine, les sels, les biens de l'État vendus, ont dû présenter un déficit d'un million à quinze cent mille écus.

FIN.

TABLE GÉNÉRALE
DES MATIÈRES.

Abondance des fontaines à Rome. 126.
Absolution des péchés véniels. 270.
Acquapendente. 57.
Acqua Tofana et acquetta. 76.
Adda. 398.
Adige. 378.
Adrien. 213.
Agathe (Ste.). 140.
Agnesi (mademoiselle). 407.
Agrumi. 17.
Aiguebelle. 4.
Airolo. 426.
Albano. 184. 227.
Alexandrie. 13.
Alfieri. 12.
Aloës. 24.
Alstadt (île d'). 432.
Altorff. 427.
Améric Vespuce. 37.
Amphithéâtres. De Rome. Colisée, 83, 92. Castrense. 351. De Pozzuoli, 159. De Milan. 403. De Vérone, 395.
Ancône, 361.
Anio. 214.
Antoine (St.), église de Padoue. 379.
Anglais (les) en Italie. 168.
Appendice. 443.
Apennins (les). 14. 357.
Aquéducs. 259.
Arazzi (les). 191.
Architectes célèbres. Palladio, 384.
Michel-Ange Buonarotti, 46. Le Bernin, 112, 179. Le Borromini, 112.
Arcs de triomphe. De Suze, 6. D'Ancône, 362. De Constantin, 83. De Titus, 82. De Janus, 223. De Septime-Sévère, 77. De Rimini, 364. De Milan, 403. De St. George ou de Septime Sévère, 223.
Aretin (Pierre), 389.
Arnaud de Brescia, 397.
Arno, fleuve, 28, 36.
Arona, 421.
Asiles, 257.
Associations de Voyageurs, 167.
Asti, 12.
Ateliers de sculpture. De Canova, 189. De Carrare, 25. De Torwaldsen, 208.
Attaque de brigands, 180.
Avantages des voyages à pied, 426.
Aventin (l'), 261.
Averne (le lac), 156.
Aversa, ville, 179.
Aurore (l') du Guide, 335
Baccano, 354.
Baie de Naples, 155.
Baja, 157.
Bains. De Pise, 27. De Néron, 156.
Bal à Florence, 44.

Baldaquin de Saint-Pierre, 67.
Bambino (le), 79.
Basle, 435.
Bas-reliefs. Représentant Sainte-Agnès, 111. De Lucerne, 432.
Basilique : ce que c'est. 84.
Baveno, 423.
Beccaria, 407.
Bélisaire, 65.
Bellinzona, 425.
Bénédiction du pape, 266, 271.
Bibliothèques. Ambrosienne, 401. De Brera, 404. Du Vatican, 191.
Bocchetta, 14.
Bologne, 367. Eglises principales, 370, 371, 375. La Madonna di San Lucca, 368. S. Michele in Bosco, 372. S. Petronio, 374. S. Pietro, 374. S. Domenico, 372. Cimetière, 370. Musée, 367. Piazza Maggiore, 373. Portiques, 367. Théâtre, 371. Tombeaux du 13º siècle, 371. Tours, 373.
Bolsena, 59.
Borghetto, 24.
Borromée (St. Charles), 421.
Borromées (îles), 419, 422.
Bravi (les), 229.
Brenta, 378, 380, 395.
Brescia, 397.
Brigands en Italie (les), 228.
Buffles, 183.

Cabriolets à Naples, 176.
Cachots à Venise, 391.
Cafés. De Naples, 172. Ruspoli à Rome, 188.
Cailles, 169.
Camaldoli, 171.
Camerlingue, 301.
Campanie, 140
Campagne de Rome, 60, 353.
Campo di Marte à Naples, 170.
Campo S. Vecchio à Naples, 172.
Campo Santo à Pise, 27.
Campo Scelerato à Rome, 348.
Campo Vaccino, 81.

Canaux de Venise, 386.
Canonisations, 318.
Canova, 190.
Capitole, 77, 97.
Capo di Monte, 170.
Capoue, 140.
Capucins, 351.
Caractère de Sixte-Quint, 269.
Cardinaux (les), 266, 269, 297.
Cardinal Gabrielli, 267.
Carrache (Annibal), 340.
Carrare, 25.
Carrières de marbre, 25.
Casamiccia, 153.
Cascades. De Terni, 355. De St. Thibaud de Couz, 3. De Tivoli, 214, 215.
Cascine, 37.
Castel-Gandolfo, 227.
Castel San-Pietro, 366.
Castrats, 265.
Catacombes de St.-Sébastien, 203.
Catalogue des principaux ouvrages sur l'Italie, 458.
Célibat des prêtres, 125.
Cenci (les), 90, 211.
Cento Camerelle, 158.
Cento et le Guerchin, 375.
Cérémonies de l'église de Rome, 329.
Cesena, 364.
Chaire de St. Pierre, 68.
Chaise percée, 86, 95.
Chambéry, 3.
Chanoine (un), 354, 356, 357, 358.
Chapelle Sixtine, 217, 265.
Charges cardinalices, 310.
Charges principales à Rome, 301.
Chartreuse de Pavie, 410.
Château St.-Ange, 64.
Chiavari, 24.
Chute du Rhin, 434.
Cimetières. De Bologne. 370. Des Anglais à Livourne, 29. De Naples, 172.

DES MATIÈRES. 477

Cirque de Caracalla, 204.
Circus Maximus, 337.
Città Castellana, 355.
Clément XIV, 74.
Climat de Rome, 272.
Clou de Volterra, 38.
Colisée, 83, 92.
Collines de Rome, 342.
Colonna (famille des), 232.
Colonnes. A Florence, 36. A Rome. Trajane, 74. De Marc-Aurèle, vulgairement appelée Antonine, 98. Petite colonne Antonine, 98. De Duilius, 97. De Jupiter Stator, 82. De la Concorde, 82. De Jupiter Tonnant, 81. De Phocas, 82. Du temple de la Paix, 82. De la douane, 339. A Milan, 406.
Como, 415.
Composition de ma voiture, 354.
Conciles, 324.
Conclave, 298.
Congrégations à Rome, 311.
Connétable de Bourbon, 107, 201.
Consalvi (le cardinal), 209.
Conseils aux voyageurs, 455.
Consistoires, 322.
Copies de tableaux en mosaïque, 70.
Corniche (chemin de la), 23.
Costumes. Des brigands, 235. Des femmes d'Albano, 228. Des femmes de Milan, 413. Des paysans Romains, 135. Des ecclésiastiques à Rome, 127.
Coupole de Saint-Pierre, 67.
Course de chevaux, 228.
Crassus, 205.
Culture du coton, 157.

Dante (le), 30, 39.
Débordemens du Tibre, 222.
Demidoff (M.), 81.
Départ de Rome, 352.
Desaix (le général), 13.
Dévotion à la Sainte Vierge, 369.
Distances des villes entre elles, 444.

Distribution de dots, mariages à Rome, 122.
Donations faites au pape, 287.
Douaniers, 57, 138, 183, 378.
Duc de Modène, 26.

Ecoles de peinture en Italie, 163.
Egérie (sa fontaine), 206.
Eglisau, 434.
Eglises. Ste.-Christine à Turin, 10. St.-Dominique à Bologne, 972. De Notre-Dame à Lorete, 359. St.-Antoine et Ste.-Justine à Padoue, 378, 379. St.-Marc à Venise, 382. De St.-Pierre à Rome, ne convient pas au catholicisme, 268.
Emissario à Albano, 227.
Epitaphes. De la comtesse Albany, 39. De Pierre Aretin, 389. Du Tasse, 115.
Escaliers. De la Trinité du Mont, 128. Du palais Ruspoli, 188. Du palais royal, à Naples, 163. Du palais del Duca, à Turin, 8.
Esquilin (le mont), 207.
Essai d'une papauté féminine, 296.
Etuves de S.-Germano, 159.
Exhaussement du sol de Rome, 344.
Ex-voto. Des chrétiens, 176. Des payens, 177.

Facchini, 14.
Faenza, 365.
Falerne (vin de), 140.
Fano, 362.
Farnesina et fresques de Raphaël, 219.
Femme de cent quatorze ans, 5.
Ferrare devenue une solitude, 377.
Fête de l'Ascension, à Rome, 268.
Fiumesino, 364.
Florence, 29. Architecture, 34. Bal, 44. Bellosguardo, 42. Cabinet d'histoire naturelle, 50. Cascine, 37. Cathédrale, 30, 43. Cam-

panile, 30. Chapeaux de paille, 29. Colonnes, 36. Eglises principales, 33, 34, 35, 38, 39, 40, 43, 45, 46. Galerie de Médicis, 46. Grand-duc régnant, 36, 37. Jardins Boboli, 36, 42. Maison de Médicis, 51. Palais, 34, 38. Palais Pitti, 40. Places, 32, 51. Ponts, 34, 36. Statues, 40, 51. Théâtre, 42.
Fluelen, 427.
Foire de Sinigaglia, 362.
Foligno, 357.
Fonctions ou cérémonies, à Rome, 329.
Fondi, 138, 183.
Fontaines. De Neptune, à Bologne, 373.
(*voy.* Rome.)
Forceps antique. 170.
Forli, 365.
Forum Romanum, 80.
Forteresse de Bramant, 5.
François Ier 412.
Frascati, 226.
Fusina, 380.

Galerie d'Urnerloch, 427.
Galériens, 13, 19, 92.
Galilée, 42.
Garigliano, 139.
Gênes. 14. Albergo de' Poveri, 20. Aqua sola, 22. Cathédrale, 17. Doge (palais du), 15. Eglises principales, 15, 16, 19. Hôpital, 21. Jardin Durazzo, 17. Palais remarquables, 17, 22. Population, 19. Rues étroites, 15. St. Pierre d'Arena, 15. Théâtre, 22.
Gensano, 135.
Gersau, 430.
Giornico, 425.
Giotto, 27.
Goîtres, 4.
Gothard (le St.), 426.
Grotta ferrata, 227.
Grottes. Du Chien, 159. D'Egérie,

206. De Pausilippe, 143. De la Sibylle, 156.
Grutli, 428.

Haquenée présentée au pape, 332.
Haine des Italiens entre eux, 441.
Herculanum, 152.
Hercule Farnese, 161.
Hermaphrodite, 47.
Heures italiques, 188.
Huningue, 435.

Imola, 366.
Inquisition, 313.
Insalubrité de la campagne de Rome, 271.
Insectes lumineux, 183.
Ischia (île d'), 153.
Itinéraire, 443.
Itri, 139, 183.

Janvier (miracle de St.), 146, 174, 175.
Jardins. Boboli, 96. Durazzo à Gênes, 17. Public à Venise, 385.
Jean (St.) de Maurienne, réception de Henri II, 4.
Joubert (le général), 14.
Jubilé (le), 116.
Jugemens sur l'Italie, 424.
Jugement dernier de Michel-Ange, 218.
Juifs à Rome, 306, 330.
Justine (Ste.-), église de Padoue, 378.

Kusnacht, 432.

Lacrima-Christi, 163.
Lacs. Agnano, 159. Albano, 227. Averno, 156. De Como, 415. De Garda, 397. Lucrino, 156. Majeur, 419. De Nemi, 135. Des Quatre-Cantons, ou de Lucerne, 428. De S.-Lorenzo, ou de Bolsena, 58. De Vico, 60. De Zurich, 433.

DES MATIÈRES.

Lagunes de Venise, 381.
Lamartine (M. de), 41.
Lanslebourg, 5.
Latium, 184, 352.
Laurus nobilis, 421.
Lavater, 433.
Laveno, 419.
Lavenza, 24.
Lazzaroni, 169.
Léon XII et Canning, 262.
Léonard de Vinci, 416.
Léopold Ier, grand-duc de Toscane, 54.
Lettore di Rinaldo, à Naples, 169.
Libérateurs de la Suisse, 429.
Limmat (la), 433.
Lits d'auberges, 58.
Livourne, 28.
Loges de Raphaël, 201.
Lorenzo (San), 57.
Lorete, 359.
Loteries, 149.
Luccioli, 183, 359.
Lucerne, 432.
Luso (le), 364.
Lyon, 2.

Macerata, 358.
Madonna del Monte à Varese, 419.
Magadino, 425.
Maisons. De l'Arioste, 376. De Cicéron, 226. D'Horace, 215. De Rienzi, 96. Suisses, 426.
Maistre (M. le comte de), 41.
Mal'aria, 272.
Manie des décorations, 44.
Marais Pontins, 136, 183.
Marchand de vin de la Romagne, 61.
Marche d'Ancône, 357.
Marengo, 13.
Marforio, 98.
Marin (république de St.-), 363.
Marino (village), 227.
Massa, 26.
Mausolées (*Voy.* Tombeaux).

Mazaniello, 149.
Mécanisme du gouvernement papal, 279.
Mendians à Rome, 128.
Méridiennes. De Bologne, 374. De Rome, 120.
Mestre, 395.
Metauro, 362.
Michel (bourg de St.-), 5.
Michel-Ange, 46.
Milan, 398. Arc de Triomphe, 403. Bibliothèque l'Ambrosienne, 401. Bibliothèque de Brera, 404. Cathédrale, 399, 414. Cenacolo de Léonard de Vinci, 402. Colonnes antiques, 406. Eglises principales, 401, 407. Assassinat du comte Prina, 409. Population, 398. Théâtre de la Scala, 410.
Mincio (le), 397.
Minturnes, 139.
Miracle républicain, 430.
Misène, 157.
Mola di Gaeta, 139, 182.
Monsignore, 135, 137, 138, 139, 307.
Montebello, 395.
Mont Cenis, 5.
Monte di Chiesa, 26.
Montefiascone, 59.
Montmélian, 3.
Monte Nuovo, 156.
Mont Palatin, 93, 343.
Monte Pincio, 131.
Montesquieu, 305.
Mosaïque, sa fabrication, 260.
Mot de la Condamine, 160.
Musées. De Bologne, 367. Du Capitole, 98. Egyptien, de Turin, 11. De Florence, 46, 50. De Milan, 404. De Naples, 160, 170. Du Vatican, 191, 200, 202. De Venise, 392.

Naples, 140. Aiguilles ou obélisques, 145. Camaldoli, 171 Cathédrale, 145, 174. Chiaja, 144.

Eglises principales, 144, 145, 173, 175, 176, 178. Etat des arts, 162. Lazzaroni, 169. Limonadiers ambulans, 142. Palais du roi, 163. Population, 141. Rue de Tolède, 141. Studj (les), 160, 170. Théâtre de S. Carlo, 142.
Napoléon, 402.
Narni, 355.
Nepi, 355.
Nera (la), 355.
Nisida (île de), 153.
Notice sur le jubilé, 116.
Notice sur les cérémonies de la semaine Sainte, à Rome, 466.
Novella (la), 57.
Novi, 13.
Nymphées d'Albano, 227.

Obélisques égyptiens, à Rome, 131.
Obélisque de la place St. Pierre, 71.
Ombrone (rivière), 30.
Orgue de Lucerne, 433.
Orviette, 59.
Orsini (les), 232.
Osimo, 361.
Ospenthal (l'), 427.
Ostie, 185.

Padoue, 378. Eglises: Del Santo, 379. De Ste. Justine, 378. Grand salon, 379. Prato della valle, 380. Statue de Gattamelata, 379.
Palaggi (peintre), 409.
Palais. Barberini, 210. Borghese, 339. Corsini, 220. Ducal, à Venise, 390. Durazzo, à Gênes, 17. Du roi, à Naples, 163. Du roi, à Turin, 11. De la Farnésine, 219. De Monte Cavallo, 121. Du Vatican, 190. Farnese, 340. Pitti, 40. Rospigliosi, 335. Sciarra, 335. Serra, 21. Spada, 226. Vieux de Florence, 51.
Palais de Rome, 341.
Pallium, 349.

Panthéon, 109.
Pape (le), 290.
Papesse Jeanne, 86.
Passeport, 9, 183, 279, 376, 408. 436.
Pauline Borghese, 189.
Pausilippe, 143.
Pavie, 412.
Peinture, sculpture (quelques pensées sur la), 154.
Pesaro, 363.
Peschiera, 396.
Pestum, 247.
Piazzetta, 383.
Pic de la Mirandole, 40.
Pierre (St.-) de Rome, description, 65, 113, 268.
Piramide de Cestius, 95.
Pisatello, 364.
Piscina mirabile, 158.
Pise, 26. Batistère, 27. Campo Santo, 27. Cathédrale, 27. Ste.-Marie della Spina, 28. Tour inclinée, 26.
Places. Du Capitole, 77, 97. D'Espagne, 128. Du Forum, ou Campo Vaccino, 81. Del Mercato, à Naples, 148. De Monte Cavallo, 120. De Monte Citorio, 108. Navone, 110. Du Peuple, 73. De la Rotonde, 108. De St.-Marc, à Venise, 382. De St.-Pierre, à Rome, 269.
Plaine de Lombardie, 6.
Platz (le), 433.
Pliniana (la), 417.
Pô (le), à Francolini, 377.
Poddigibonzi, 55.
Poggio imperiale, 32.
Police autrichienne, 376, 408.
Politique de la cour de Rome, 276.
Pompeï, 150.
Pont de Beauvoisin, 3.
Ponte Centino, 57.
Ponte Molle, 62.
Ponts. Du Diable, 427. Felice, 355. De Florence, 34, 36. D'Imola,

366. De Narni, 355. De Rialto, à Venise, 393. De Rimini, 364.
Population de Rome, 344.
Port de Naples, 155.
Portici, 150, 152.
Portiques à Bologne, 367.
Portofino, 23.
Portrait de Béatrix Cenci, 211.
Possesso (le), 330.
Posto Buono (le), 55.
Pouzzoles, 156, 158.
Prédicateurs en plein vent, 175.
Prédilection pour la S. Vierge, 369.
Prévenus politiques, 362, 366.
Prince de Carignan (le), 8.
Principales vicissitudes de Rome, 99.
Prisons. Mamertine, 263. Du Tasse, 376. De Venise, 391.
Processions. A Milan, 399. A Naples, 174.
Procida (île de), 153.

Quirico (San), 57.

Radicofani, 57.
Raynal (l'abbé), 432.
Recanati, 358.
Renseignemens financiers sur les Etats-Romains, 470.
Resina, 163.
Restaurant à Turin, 11.
Reuss (la), 427, 432.
Rhin (le), 434.
Riccia (la), 135.
Righi (le), 431.
Rimini, 363.
Rivage composé de morceaux de vases en terre cuite, 261.
Rivarola (le cardinal), 365, 366.
Rivoli (le village de), 6.
Rizières, 375.
Rome. Agriculture dans la campagne, 274. Aquéducs, 259. Bibliothèque du Vatican, 191, Bœufs à longues cornes, 95. Boule de St.-Pierre, 114. Campo Scelerato, 348. Campo Vaccino

81. Capitole, 77, 97. Capo di Bove, 205. Cérémonies, 329. Chapelle du Salvatore, 95. Château St.-Ange, 64. Climat, 272. Cloaca Massima, 223. Colisée, 83, 92. Collines, 342.
Colonnes. Antonine, ou de Marc-Aurèle, 98. Trajane, 74. Conservateurs, 329. Corso (le), 90. Costume ecclésiastique, 127.
Eglises principales. Batistère de St. Jean, 88. Des chevaliers de Malte, 261. Des Capucins, 134. Gesù (il), 263. La Madonna del Sole, 96. La Scala Santa, 87. San Andrea della valle, 265. San Antonio de' Portoghesi, 265. San Carlo a' Catinari, 264. San Carlo al Corso, 190. San Carlo alle quattro fontane, 268. San Giovanni in Laterano, 85. San Giuseppe de' Falegnami, 263. San Gregorio al monte Celio, 93. San Ignazio, 190. San Lorenzo, hors des murs, 350. San Lorenzo, in lucina, 188. San Luigi de' Francesi, 279. San Onofrio, 115. San Paolo, hors des murs, 96. San Pantaleo, 265. San Pietro montorio, 221. San Pietro in carcere, 263. San Pietro in Vaticano, 65, 113, 127, 268. San Pietro in Vincoli, 208. San Sebastiano alle catacombe, 203. San Stefano Rotondo, 94. San Teodoro, 338. San Urbano, 206. Santi Apostoli, 74. Santa Agnese, à la place Navone, 111. Santa Agnese, hors des murs, 348. Santa Bibiana, 350. Santa Costanza, 350. Santa Croce in Gerusalemme, 350. SS. Martina, e Luca, 264. Santa Sabina, 262. Santa Suzanna, 120. S. Trinità de' Monti, 260. S. Maria degl'angeli, 120. S. Maria Dell'Anima, 112. S. Maria Egizziaca, 96. — S. Maria Sopra Minerva, 122.

della Pace, 112. S. Maria del Popolo, 128. S. Maria della Rotonda, 109. S. Maria della Traspontina, 127. S. Maria della Vittoria, 119. 347. S. Maria in Araceli, 77. S. Maria in Cosmedin (la Bocca della verità), 262. S. Maria in Trastevere, 221. Maggiore, 89, 268.— Escalier de la Trinità de'Monti. 128. Exhaussement du sol, 344. Fonctions ou cérémonies, 329.
— *Fontaines*. d'Egérie, 206. De la place Navone, 110. De Trevi, 121, De'Termini, 119. De St. Pierre, 73. Du Triton, 134. Paolina, 187.
— *Forums*. Romano, 80. Trajano, 74. Gouvernement romain, 279. Ile St.-Barthélemi, 223. Juifs, 306, 330. Marchand de vin ambulant, 61. Marforio, 98. Obélisques, 71, 87, 108, 110, 121, 126, 131, 259. Pallium, 349. Panthéon, 109.
— *Ponts*. Molle, 62. Rotto, 96. Saint-Ange, 112. Sublicio, 222. Population, 344.
— *Portes*. Del Popolo, 62. Pia, 348. Pinciana, 134. Salara, 101. San Paolo, 95. San Sebastiano, 202. Portique de St.-Pierre, 65. Promenade du Pincio, 131. Roche Tarpéienne, 80. Ruines, 351. Septizonium (le), 338. Température, 272.
— *Théâtres*. Della Valle, sa police, 341. De Marcellus, tueries d'animaux, 223. Tibre (le), 222. Tribunaux, 325. Via Sacra, 82. Vicus sceleratus, 207.
Ronciglione, 60.
Ronco, 14.
Ronta, 23.
Rovigo, 378.
Rubicon, 364.
Rufinella (le parc de la), 226.
Ruffo (le cardinal), 242.

Salvadore (S.), 163.
San Pietrini, 115.
Santerno (le), 366.
Santissima Casa, 360.
Savoie (la), 3.
Savonarola, 41.
Savone, 16.
Schaffouse, 434.
Schnetz (M.), 90.
Scirocco, 278.
Septizonium, 338.
Serravalle, 357.
Sestri di Levante, 24.
Sienne, sa cathédrale, 56.
Sinigaglia, 362.
— *Solfatara*. De Pozzuoli, 159. Près de Tivoli. 212.
Sorrento, 157.
Spezzia (la), 24.
Spina (la), 337,
Spolette, 356.
Stabia, 153.
Stanze (les), 201.
Statues. — A Arona. 421. — A Bologne. Neptune. 373. — A Florence. Apollino, 49. Centaure, 47. Enlèvement d'une Sabine, 51. Espion, Remouleur, Scythe, 49. Faune, 49. Hermaphrodite, 47. Lutteurs, 49. Vénus de Canova, 40. Vénus de Médicis, 48. — A Gênes. Assomption du Puget, 21. Saint Sébastien, du même, 16. — A Livourne. 28. — A Lyon. Louis XIV, 2. — A Milan, Saint Barthélemy, 400. —A Naples. Flore Farnese, 162. Hercule Farnese 161. Nonius Balbus, 162. Taureau Farnese, 163. — A Rome. Antinoüs, 200. Apollon du Belvédère, 200. Christ, de Michel-Ange, 122. Gladiateur, 98. Laocoon, 200. Marc-Aurèle, 87, 97. Méléagre, 200, Moïse, de Michel-Ange, 208. Pompée, 225. Saint Pierre, 270. Sainte Bibiane, 350. Sainte Martine, 264. Sainte Thérèse, 119.

347. **Torse**. 200. — A Turin, Sainte Thérèse, 10.
Storta (la), 60.
Strasbourg, 436. Sa cathédrale, 436.
Style gothique, approprié au climat du nord, 437.
Suaire, 7.
Suisses du Vatican, 71.
Superga (la), 9.
Suze, 6.

Tableaux ornés de colliers, de perles, etc., 369.
Tableaux de la St. Barthélemi, 216.
Tanaro, 13.
Tasse (le), 115.
Temples de : Baies. 157. Pompeï, 150. Pozzuoli, 158. — A Rome. Antonin-le-Pieux. 339. La Concorde, 82. La Fortune, 82. Jupiter Capitolin, 78. La Paix, 82. Tous les dieux, ou Panthéon, 109. Vesta, 96, 339. — A Tivoli. La Sibylle. 214. La Tosse. 215.
Terni, 355.
Terracina, 137, 183.
Tessin (le), 413, 425. 427.
Testaccio (le), 261.
Teverone, 213.
Théâtres de : Bologne. 371. Florence, 42. Milan, 410. Naples (San-Carlo), 142. — Rome : Marcellus. 223. Della Valle, 341.
Thermes de : Caracalla, 94. Dioclétien, 120. Titus, 207. Tibre (le), 222. Tivoli, 214. Tolentino, 358. Tolérance, à Rome, 77.
Tombeaux de : Adrien, 64. Agrippine, 157. Alfieri, 39. Aretin (Pierre), 389. Arioste, 376. Ascagne, 184. Auguste, 189. Canova, 385. Cecilia Metella, 205. Cestius, 95. Charles Maratte, 120. Cicéron, 139. Clément XIII, 69. Clément XIV, poisons, 74.

Dante, 39. Erasme. 435. Filippo Lippi, 356. Galilée, 39. Gessner, 433. Guido Reni, 372. Horaces et des Curiaces (des), 184. Jules II, 208. 270. La famille Plantia, 213. Maréchal de Saxe, 438. Michel-Ange, 39. Munatius Plaucus, 139. Néron, 61. Paul III, 113. Pie VII, 209. Poussin (Nicolas), 188. Raphaël, 109, Salvator Rosa, 120. Scipions (des), 202. Sixte IV, 270, 304. Sixte-Quint, 268. Stuart (des), 70. Tasse (du), 115. Titien (du), 385. Urbain VIII, 114. Veronese (Paul). 388. Virgile, 144.
Torlonia, 91.
Toro, 153.
Torre del Greco. 166.
Tours de : Baradello, 415. Bologne, 373. Capitole (du), 336. Conti, 336. Florence, 51. Orlando, 139. Pise, 26. St. Marc. 385.
Transfiguration (la) de Raphaël, 202.
Travertin, 190.
Trésor de Lorette, 361.
Tribunaux à Rome, 325.
Tueries d'animaux féroces, 224.
Turin, 7. Cathédrale, 7. Castello del Duca, 8. Eglises principales, 7, 10. Galerie du roi, 11. Musée Egyptien, 11. Palais du roi. 11. Places, 10. Population, 12. Rue du Pô, 8.
Tusculum, 226.

Valcimara, 357.
Val de Leventina, 425.
Vanité Italienne, 366.
Varese, 418.
Vatican, 190.
Veggis, 431.
Veïes, 354.
Velino, 355.
Velletri, 135.
Venise, 381. Broglio, ou Piazetta,

383. Cachots. 391. Café Florian, 382. Canal (le grand), 381, 387. Canaux, 386. Chevaux de St. Marc, 383. Colonnes de St. Marc. 383. Dénonciations secrètes, 390.

— *Eglises de* : Frari (les), 385. Jésuites (des), 388. Saint Georges, 393. Saint Jean et Paul, 384. Saint Luc, 389. Saint Marc, 382. Saint Sébastien, 388. Santa Maria dell'Orto, 389. Scalzi (les), 389. Flux et reflux, 387, Gondoles, 386. Lion de St. Marc, 383. Musée, 392. Palais ducal, 390. Palais sur le grand canal, 386. Place St. Marc, 382. Plombs, 391. Ponts, 386. Population, 384. Procuraties. 382. Rialto, 393. Rues, 386. Statue équestre de Colleone. 385. Tour de St. Marc, 385.

Vérone, 395. Amphithéâtre, 395, Eglises, 396.
Vestales, 348.
Vésuve, 142, 163.
Vetturini, 12, 14, 24, 31, 55, 453.
Via Appia, 139.
Via Flamina, 90.
Vicence. 395.
Villa. Adriana, 213. Aldobrandini, 226. Bevilacqua, 90. Borghese, 90. Estense, 215. Falconieri, ou la Rufinella, 226. Farnesina, 219. Medici, 99. Pamfili-Doria, ou Belrespiro, 187. Reale, à Naples, 144.
Villanuova, 12.
Viterbe, 59.
Volturno, 139.
Voyage de la Santa Casa et sa description, 360.
Zurich, 433.

FIN DE LA TABLE.

ERRATA.

Pages.
- 30. Votterrano, *lisez* Volterrano.
- 32. S. Felic, *lisez* S. Felice.
- 48. 10ᵉ ligne. par Allori du, *lisez* par Allori. Du
- 48. 22ᵉ ligne. Veuus, *lisez* Vénus.
- 51. Jean de Boulogne, *lisez* Jean de Bologne.
- 55. Poddgibouzi, *lisez* Poddgibonzi.
- 57. Nous nous acheminons pour, *lisez* nous nous acheminons vers.
- 104. Apre, *lisez* après.
- 126. Mœastère, *lisez* monastère.
- 129. Es temples, *lisez* les temples.
- 138. Comment est-il maintenant? *lisez* comment est-il maintenu?
- 154. Soyez justes, *lisez* soyez juste.
- 162. Le corps de Farnese, *lisez* le corps de l'Hercule.
- 187. Exposé au malaria, *lisez* exposé au mal'aria.
- 207. La véritable position, *lisez* la véritable situation.
- 212. Un grand ruisseau, *lisez* un gros ruisseau.
- 222. De grandes calamités, *lisez* de nouveaux malheurs.
- 328. Ou assation, *lisez* ou cassation.
- 380. Sont menacés d'une prochaine destruction, *lisez* menacent ruine.
- 384. M. Simon, *lisez* M. Simond.
- 423. Campanille, *lisez* Campanile.
- 425. Me voilà en Suisse, *lisez* me voici en Suisse.
- 445. Hôtel de l'Aguila nera, *lisez* hôtel de l'Aquila nera.

www.ingramcontent.com/pod-product-compliance
Lightning Source LLC
Chambersburg PA
CBHW060234230426
43664CB00011B/1647